中国时尚产业
发展蓝皮书
(2019)

THE BLUE
BOOK ON THE
DEVELOPMENT
OF FASHION
INDUSTRY IN
CHINA (2019)

马胜杰 ◎ 主编

经济管理出版社
ECONOMY & MANAGEMENT PUBLISHING HOUSE

图书在版编目（CIP）数据

中国时尚产业发展蓝皮书（2019）/马胜杰主编 .—北京：经济管理出版社，2019.8
ISBN 978 – 7 – 5096 – 6910 – 5

Ⅰ.①中… Ⅱ.①马… Ⅲ.①轻工业—产业发展—研究报告—中国—2019 Ⅳ.①F426.8

中国版本图书馆 CIP 数据核字（2019）第 195677 号

组稿编辑：杜　菲
责任编辑：杜　菲　王　洋
责任印制：黄章平
责任校对：土淑卿

出版发行：经济管理出版社
　　　　　（北京市海淀区北蜂窝 8 号中雅大厦 A 座 11 层　100038）
网　　址：www.E – mp.com.cn
电　　话：(010) 51915602
印　　刷：廊坊市洪烽印刷有限公司
经　　销：新华书店
开　　本：787mm × 1092mm/16
印　　张：18.5
字　　数：438 千字
版　　次：2019 年 9 月第 1 版　2019 年 9 月第 1 次印刷
书　　号：ISBN 978 – 7 – 5096 – 6910 – 5
定　　价：198.00 元

·版权所有　翻印必究·
凡购本社图书，如有印装错误，由本社读者服务部负责调换。
联系地址：北京阜外月坛北小街 2 号
电话：(010) 68022974　　邮编：100836

中国时尚产业发展蓝皮书编委会

编委会主任 贾荣林 高 健

编委会副主任 张 伟 毛继鸿

编　　　委（按姓氏笔画排序）：

马胜杰 王晓红 王婧倩 丛 政 华 珊
陈文晖 郭宏钧 熊 兴

主　　　编 马胜杰

执 行 主 编 陈文晖 熊 兴 王婧倩

各专题撰稿人（按姓氏笔画排序）：

王 萍 王婧倩 王智毓 王 程 巨少达
丛 政 邢彦军 华 珊 刘 欣 刘雅婷
刘 慧 李 霞 吴小军 陈小倩 陈文晖
郑治民 袁宗刚 郭宏钧 韩 勇 熊 兴

前 言

2019年是中华人民共和国成立70周年。

70年的风雨兼程，70年的开拓进取，我国的经济社会建设成就举世瞩目，时尚产业发展也成绩斐然：已经发展成为全球最大的纺织品服装生产国、消费国与出口国，同时也是世界第二大珠宝加工国、第二大化妆品消费市场以及世界性消费电子产品的制造中心。时尚产业越发与人们的美好生活密切相关，也对我国经济增长和转型发展产生了重大的影响。

一、选题背景与意义

互联网、大数据、云计算、人工智能等新一代信息技术的深远影响开始显现，正逐步推动时尚产业的生产模式、生产工艺、消费模式的变革，推动时尚产业的全球空间格局逐步东移。面对新一轮信息科技革命与国内消费需求升级的历史交会，如何借助新经济的发展浪潮，促进时尚产业向更高层次攀升，彻底完成传统纺织服装转型升级，对于我国经济实现高质量发展具有重大意义。

立足2018年，要求我们正确掌握当前我国时尚产业发展的总体状况，研究当前我国市场产业在服装服饰、奢侈品、化妆品、家用纺织、工艺美术、时尚传播、文化创意、消费电子等细分行业的运行状况与存在问题，分析我国时尚产业发展的主要特征，进而展望未来我国时尚产业的发展态势，提出未来时尚产业发展的重点与策略。同时，还必须掌握我国不同行业、不同区域时尚产业的发展水平，总结行业和区域发展经验，以便行业和区域之间的互鉴与交流。

紧扣2019年，要求我们积极关注"消费升级与中国时尚产业发展"这一核心研究主题，剖析消费需求升级背景下我国时尚产业发展的应对策略。重点研究我国消费升级的主要特征及其影响因素，研究消费升级对时尚产业发展的影响。

放眼未来，要求我们从经济全球化视角出发，深刻把握当前科学技术的快速发展、人工智能、新材料和智能制造等最新科技成果对全球产业经济和区域竞争格局的改变以及科技进步对时尚产业发展的深远影响，深入研究全球时尚产业发展的新趋势和新动向，为我国时尚产业的发展目标和发展方向的确立提供指导性意见。

二、研究框架

本报告共分为六篇。

第一篇为2018年中国时尚产业发展总报告，主要分析研究2018年我国时尚产业发展取得的主要成就，讨论发展中存在的问题，围绕推动时尚产业的高质量发展，提出对策建议。除主报告和年度主题报告外，还从行业发展、业态变迁和区域创新三个不同维度，对2018年我国时尚产业发展进行分析研究。

第二篇选择消费升级与中国时尚产业发展为年度主题，重点研究新时代我国消费升级的主要特征与影响因素，剖析消费升级对时尚产业发展提出的要求，还能明确时尚产业发展方向与重点。

第三篇为行业发展研究。立足历史，展望未来，回顾70年我国时尚产业的跃迁与演进历程，总结我国时尚产业发展的成就与经验，针对当前时尚产业发展的问题与挑战，提出未来加快我国时尚产业发展的总体思路与实施对策。探讨科技创新对时尚产业发展的促进作用，典型分析人工智能、新材料和智能制造等科学技术对于时尚产业发展的挑战与影响，并提出在新科技创新领域时尚产业发展的前景与方向。

第四篇为业态变迁研究。立足业态创新，剖析时尚新模式，研发时尚与科技联盟新兴业态的形成条件，探讨时尚与科技融合创新对于生产方式和生活方式的改变，分析国际时尚消费中心对时尚产业发展的作用，同时展望时尚科技、时尚业态和时尚中心的未来发展动向。

第五篇为区域创新研究。立足典型城市，分析我国时尚产业现状，以北京、上海、深圳和青岛等时尚城市为样本，剖析不同城市发展主题与城市时尚产业定位之间的关系，并提出各市建设国际时尚城市的思路与建议。

第六篇为发展趋势研究。立足全球视野，判断产业新趋势。研究不同发展格局下全球时尚产业发展的特点与趋势，探讨绿色发展、新商业模式、国际消费中心建设对全球时尚产业发展的机遇与启示。

三、创新与特色

（一）基于消费升级引发的时尚浪潮及产业创新

党的十九大报告指出，我国社会主要矛盾已经转化为人民日益增长的美好生活需要和不平衡不充分的发展之间的矛盾。以需求为导向，深入分析消费升级、产业升级和服务升级对时尚产业发展的影响，研究消费需求升级背景下我国时尚产业发展的方向与重点，不断满足人民对美好生活向往的品质追求。消费升级带动时尚产业的兴起，时尚产业的发展又进一步促进消费升级，而且有助于我国产业结构转型升级和服务质量的不断提升。

（二）突出科技创新引领时尚理念

坚持问题导向，基于新一轮科技革命与产业变革引领新时尚浪潮的经济现象，研究科技创新对我国时尚产业的影响与作用，归纳和展望这一现象背景所反映的新业态、新理论、新模式。本报告研究论述新技术变革对于时尚产业的影响与作用，尝试既兼顾理论性与应用性，又兼顾政策性与实践性，体现出时尚产业研究结论的前瞻性与时尚性。新技术变革与国内消费升级的双重叠加效应，正在促进时尚产业快速发展，驱动时尚消费变革、孕育新时尚业态、催生新时尚商业模式和规范化时尚管理，有利于我国时尚产业的国内实践和国际化发展。

（三）立足全球化视野剖析时尚产业

本报告的一个尝试，就是试图跳出传统产业研究"就事论事"的狭隘思维，从全产业、全民化、全时空的角度，动态跟踪我国时尚产业发展研究，立体性呈现全球时尚产业发展的迭代和创新过程。作为新兴时尚产业大国，我国时尚产业的新发展，关系到民众日益增长的美好生活需求和实体经济转型升级，而且关系到国际时尚经济发展格局和全球人民福祉。注重研究时尚产业的产业链延伸、引领时尚消费空间延伸和时间延伸。通过梳理我国70年来时尚产业的演进历程，总结时尚产业70年发展成就，发现和应对我国产业发展的机遇与挑战。

（四）坚持高质量发展贯穿时尚经济

我国经济由高速增长阶段转向高质量发展阶段，时尚产业坚持高质量发展，既是高质量发展统领时尚经济，也是时尚产业高质量发展的具体实践。本报告在总结和研究我国时尚产业发展的过程中，紧抓"高质量发展"这一目标，推动时尚产业高质量发展，全面打造高品质产品、高知名度品牌和深层次文化融合。借力高新技术发展，通过打造行业标准、完善技术规范，不断提升产业水平，引领与助推我国时尚产业未来发展之路。

本报告由北京服装学院中国时尚研究院和青岛市市南区发展研究中心联合组织，在编委会统一指导下编写。本报告力求对人们全面理解中国时尚产业发展形势、推动中国时尚产业高质量发展和探索未来中国时尚产业的发展道路等方面，提供独到的观察视角，并希冀有一定的参考价值。

本报告撰写过程中得到学校和有关院系领导的鼎力支持，得到中国纺织联合会有关领导与同行的大力扶助，得到青岛市市南区区委区政府领导和有关部门的热情帮助，特别是从架构设计到成文、完善、定稿全过程得到青岛市市南区区委书记华玉松同志的悉心指导，也得到兄弟单位很多同仁的扶持与帮助，在此一并表示感谢！同时，我们也恳请广大读者提出宝贵意见，以利于本报告今后的不断完善。

本报告出版之际，喜逢国庆校庆之时，谨以此书献给新中国成立70周年及北服建校60周年华诞，祝愿中华人民共和国谱写中国特色社会主义新时代的新成就，祝愿北京服装学院蓬勃发展。

目 录

第一篇 主报告

第一章 2017~2018年中国时尚产业发展综述与未来展望 …… 003

第二篇 年度主题

第二章 消费升级与中国时尚产业发展 …… 033

第三篇 行业发展篇

第三章 中国纺织服装产业70年发展回顾与展望 …… 053
第四章 科技创新与时尚产业发展 …… 071
第五章 人工智能与时尚产业发展 …… 085
第六章 新一轮工业革命与时尚产业发展 …… 098
第七章 新材料与时尚产业发展 …… 116
第八章 智能制造与纺织时尚产业发展 …… 126

第四篇　业态变迁篇

第九章　时尚新零售 ······ 143
第十章　时尚消费综合体 ······ 166

第五篇　区域创新篇

第十一章　北京：京津冀协同与北京时尚产业发展 ······ 183
第十二章　上海：国际化与时尚产业发展 ······ 195
第十三章　深圳：产业融合与时尚产业发展 ······ 209
第十四章　青岛：新旧动能转换与时尚产业发展 ······ 222

第六篇　发展趋势篇

第十五章　绿色发展背景下的全球时尚产业发展 ······ 245
第十六章　新商业模式背景下的全球时尚产业发展 ······ 261
第十七章　国际消费中心建设背景下的时尚城市发展 ······ 272

第一篇 主报告

第一章
2017~2018 年中国时尚产业发展综述与未来展望

当前，新一轮科技革命与产业革命已经逐步渗入国民经济与社会发展的方方面面，并且在某些领域产生了深远的影响。虽然受到中美贸易摩擦和经济增长放缓的影响，但是，作为流行浪潮的引领者和践行者，借助新一轮信息技术变革，2018 年中国时尚产业依旧保持了平稳快速发展的态势，并且其发展趋势更加明朗。

一、2017~2018 年中国时尚产业发展回顾

面对复杂多变的内外部环境，2018 年中国时尚产业总体保持了平稳的发展态势，时尚经济氛围日益浓厚，时尚产业生态圈初步形成。与此同时，适应新一轮科技革命与产业变革的时代要求，时尚产业与科学技术密切结合，新技术、新模式、新业态、新机制不断涌现，企业转型升级加快，国内品牌海外拓展步伐加快，企业愈加注重品牌建设与海外拓展。

（一）时尚氛围日浓

当前，中国时尚产业的总体规模日渐扩大，时尚产品出口贸易依旧保持增长态势。随着经济增长方式由投资与出口拉动转向消费与创新驱动，居民可支配收入水平和社会消费

品零售总额已经成为时尚经济最主要的宏观驱动因素。2018年，中国城乡居民人均可支配收入28228元，比上年增长8.7%（见图1-1），同时，社会消费品零售总额380987亿元，比上年增长9.0%，城乡居民人均可支配收入增幅与经济增长基本同步，促进了时尚产业的稳步发展。

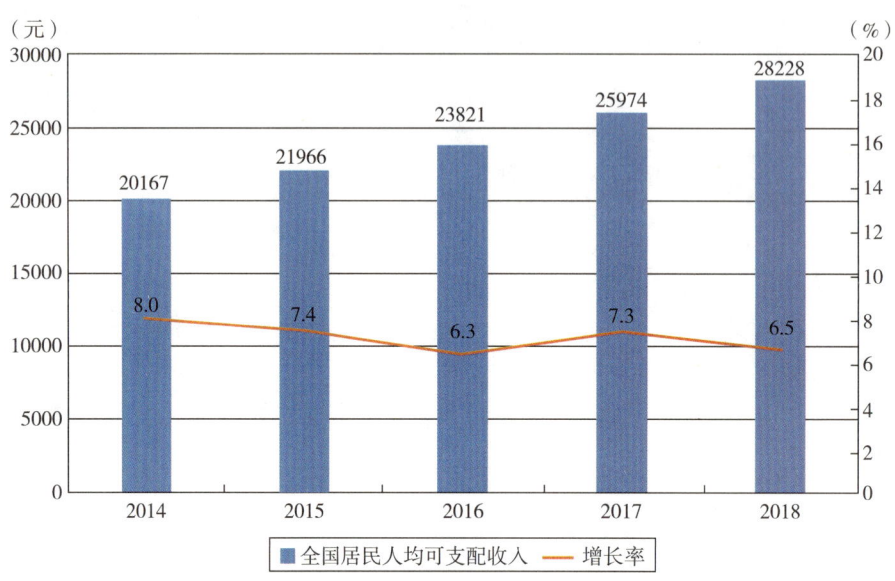

图1-1　2014~2018年全国居民人均可支配收入及增长速度

与此同时，虽然人民币持续贬值，2018年以来贬值幅度一度超过8%，中美贸易摩擦日益升级，但是，中国纺织服装时尚产业出口迅速回暖且表现良好。2018年1~10月，中国纺织服装累计出口额为2318.9亿美元，同比增长5.3%，中国服装行业依旧保持世界最大生产国、消费国和出口国的地位。时尚产业以时尚服装为核心，带动奢侈品、时尚电子、文化旅游等诸多领域消费需求，时尚氛围更浓，时尚产业生态圈初步形成。

（二）时尚产业积极向数字化转型

近年来，快时尚已经成为最新的消费趋势，不仅满足了消费者对新潮流、新产品快速消费的需求，而且企业快速反应策略也成就了国内外诸多快时尚品牌。整体而言，2018年快时尚行业进入了低迷期，其中Topshop、New Look、Forever21、Esprit等快时尚品牌均面临销售疲软，行业三大巨头优衣库、ZARA、H&M业绩明显下降，品牌经营店数量急剧减少。由此，众多时尚品牌着手于数字化转型，前瞻性布局未来企业发展的数字载体。时尚企业数字化转型的重点在于，加大企业数字技术研发投入，增加数字技术应用范围，促进企业掌握时尚领域的关键核心技术，增强企业的智能制造和柔性生产能力。不仅满足新时代消费者对于传统消费品科技化、智能化和个性化的要求，还能增强消费者的时尚服务体验，促进企业自身融入数字化经济浪潮，为企业更快地了解客户需求、迅速应对市场变化、大幅缩减运营成本、优化产品营销策略和打造数字化基础设施。

(三) 产业空间格局正在逐步延伸

随着城乡一体化发展和居民收入水平的不断提高，时尚产业的空间格局正由都市向乡村延展，时尚越发成为一种全民潮流，真正进入了"全民时尚"时代。虽然时尚产业最初起源于都市经济，产业发展根植于城市庞大的消费需求，得益于城市生产制造业的规模经济和良好的产业配套环境，然而，随着信息技术和商贸物流普及，接触时尚、消费时尚、引领时尚开始由都市走向乡村。正如最初的时尚产业仅发源于法国巴黎和意大利米兰两个大都市，当前，全球时尚产业以五大时尚都市为核心，开始进入多点多极化发展格局，时尚不仅发源于都市，而且更多地萌芽于乡村。因此，融入时代背景的特色产业小镇和特色旅游小镇，正是城市经济向乡村经济的拓展，也不断孕育着新的时尚文化、时尚潮流、时尚消费、时尚品牌。

(四) 国内品牌海外拓展迅速

海外品牌并购是中国时尚企业做大做强和实现国际化发展的主要途径。当前，国内品牌的海外拓展也成为时尚产业发展的热点之一。在2017年海澜之家在马来西亚与新加坡开拓十余家门店的基础上，2018年其旗下品牌再次进入马来西亚、新加坡、泰国、越南等国家，经过在东南亚地区的加速拓展，目前已经拥有27家海外门店，国际化扩张格局初步形成。海澜之家未来可能向新兴市场和部分发达国家市场进行开拓，组建研发和营销网络，逐步壮大企业全球网络规模，增强企业品牌的国际影响力。此外，复星集团收购法国时装屋 Lavin 的控股权和奥地利丝袜品牌 Wolford 的股份，山东如意集团收购 Sandro 和 Maje 等轻奢品牌，森马收购美国华裔设计师品牌 JasonWu 部分股权，并并购法国高端童装企业 Kidiliz，上海之禾时尚收购法国老牌时装屋 Carven，安踏巨资收购芬兰始祖鸟，均促进了这股国内品牌的海外并购浪潮。

(五) 企业更加注重品牌建设与推广

以互联网、大数据、云计算为代表的新一代信息技术推动了时尚企业从经营理念到商业模式的变革，国内时尚企业纷纷形成多领域的品牌矩阵发展模式，逐步拓展时尚产业链条，进行时尚产业生态链的长远布局。例如，赫基中国旗下拥有9大时尚品牌，品牌定位明晰，形成牛仔、潮牌、都市、轻奢等多个领域的品牌矩阵布局，建立核心商圈营销网络；通过完善零售渠道，在米兰、伦敦、香港、上海等全球时尚都市拓展零售渠道，伴随着全方位销售渠道布局，直营、经销与联营多种方式的结合，业务范围已经覆盖各大城市核心商圈，形成多领域业务矩阵。比音勒芬虽然是小众品牌，但其以独特的品牌风格，不断提高客户黏度和品牌复购率，从而支撑品牌高速成长。品牌发展兼具时尚设计与运动元素，赢得了较高的客户忠诚度。可以看出，当前时尚产业越来越重视品牌建设，品牌意识不断增强，并且依托品牌组合方式，不断开拓海外市场。

总体来看，当前中国时尚产业保持平稳快速发展，但是也应该看到中国时尚产业存在着产业特色不明显、产业发展人才不足、资源耗费与环保瓶颈、区域产业协作性不足以及产业发展体制机制不健全等一系列问题。进一步分析时尚产业细分行业的运行情况与现实问题，更有利于把握中国时尚产业优势与不足，对于加快产业发展步伐和制定针对性产业政策具有重要意义。

二、2017～2018年中国时尚产业细分市场发展情况

（一）服装服饰产业运行情况

2018年，中国服装行业总体保持较为平稳的发展态势，出口贸易逐步回升，国内服装企业紧紧抓住新技术、新模式、新业态、新机制的变革机遇，通过智能制造驱动生产变革和新零售促进营销变革，不断加快海外拓展步伐，服装服饰行业正积极由规模扩张向品质提升转变。

1. 保持较为平稳的发展态势

2018年，中国服装行业增长略微放缓，但整个产业保持良好发展状态。根据国家统计局统计结果，2018年服装行业规模以上企业累计完成服装产量222.74亿件，增长率下降3.37%，其中梭织服装和针织服装生产量分别为111.57亿件和111.17亿件，同比分别下降3.10%和3.62%（见表1-1）。

表1-1 2018年规模以上企业服装产量情况

名称	产量（万件）	增长率（%）
服装	2227421	-3.37
1. 梭织服装	1115733	-3.10
其中：羽绒服装	19199	-5.40
西服套装	30009	-2.39
衬衫	57340	-8.20
2. 针织服装	1111676	-3.62

资料来源：国家统计局。

服装行业工业增加值保持低速增长。根据统计，2018年规模以上服装企业工业实现产业增加值的增长率仅为4.4%（见图1-2），虽然增长速度略微放缓，但是行业发展走势与纺织服装产业基本同步。

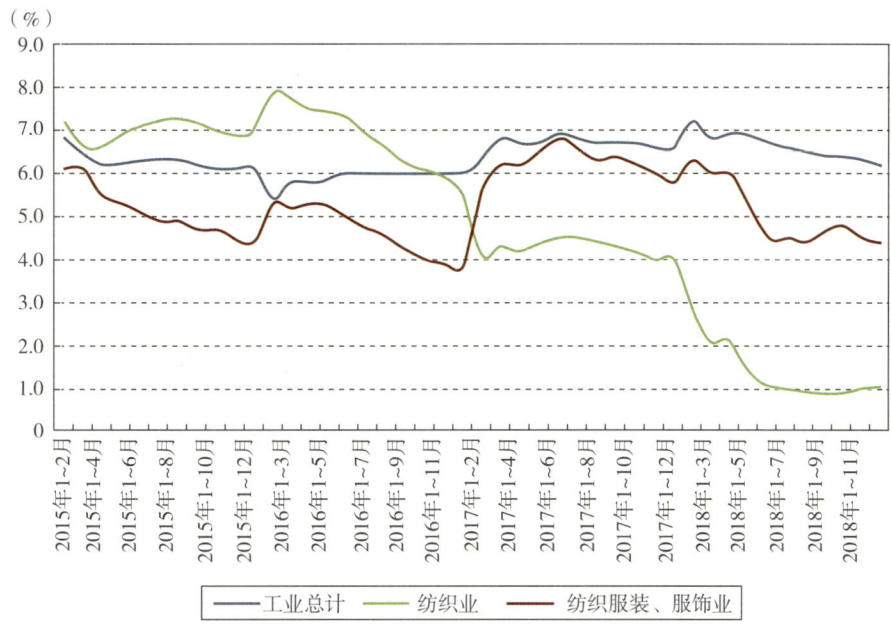

图1-2 2015~2018年服装行业工业增加值增速情况

资料来源：国家统计局。

2. 服装出口贸易逐步回升

受经济增长放缓的影响，近年来服装出口开始萎缩，2018年中国服装行业出口止跌回升。当前，中国虽已成为服装大国，却并非服装强国。就出口贸易而言，服装贸易在中国出口贸易中占据很大比重，受国内外形势影响，服装出口贸易正在逐步回升。根据中国海关数据，2018年中国完成服装及衣着附件出口1576.33亿美元，其中针织服装和梭织服装及衣着附件出口分别为733.35亿美元和713.02亿美元，针织服装出口情况好于梭织服装出口情况。2015~2018年中国服装及衣着附件出口全额增幅变化情况如图1-3所示。

3. 智能制造驱动效率变革

纺织服装行业是传统的劳动密集型行业，随着新经济时代的不断深入，产业竞争优势逐步由以劳动力为主的成本优势，向以科技为主的技术优势转变。智能制造将再次掀起传统纺织服装行业的效率变革，这种变革不仅停留于纺织品的材料性能、功能和价值含量等方面，更是对服装服饰生产和管理过程的重新塑造。结合《中国制造2025》，中国纺织工业智能制造主要包括智能化装备和智能化运营。以数字为核心，智能化制造装备是实现机器对于人工的替代，促进服装企业进行柔性化生产制造，并提高由研发、设计、制造和营销组成的整个链条的效率；智能化运营包括智能化生产管理和终端营销的智能化建设，增强客户的智能化体验，提高企业市场运营效率。

4. 新零售重塑服装生态圈

"新零售"意味着真正基于顾客的新消费需求，回归到商业现实、商业本源，以提升消费者的购物体验，实际上是零售商运营力、服务力和营销力的提升。为了满足分层次的

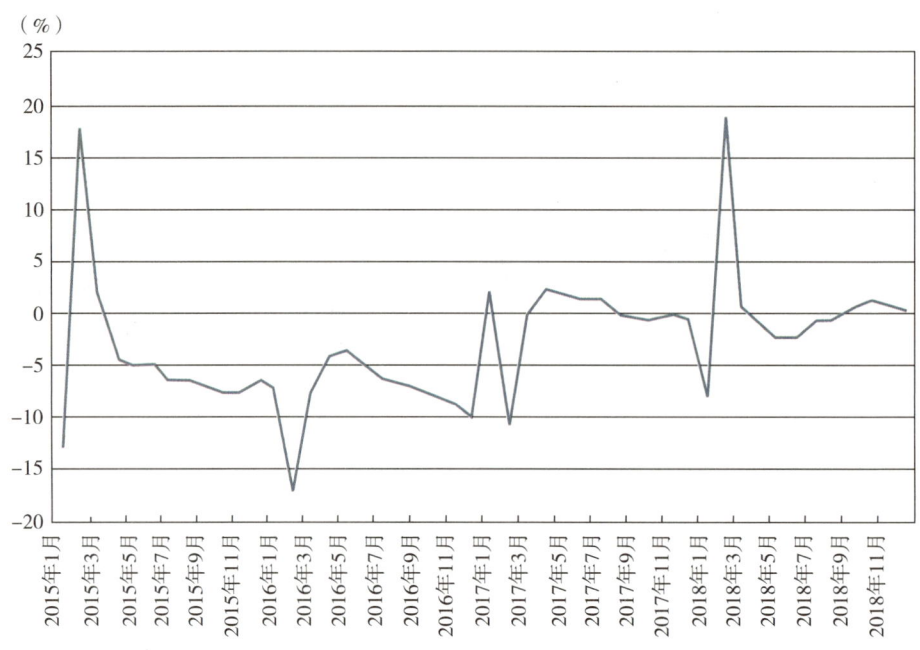

图 1-3　2015~2018 年中国服装及衣着附件出口金额增幅变化

资料来源：中国海关。

消费需求和时效性的消费节奏，纺织服装企业运用大数据、云计算等新一代信息化技术，完成线上、线下平台优势互补，跨过不同平台、不同环节、不同流程之间的鸿沟，实现消费去中心化，改造整个供应链，进而重塑品牌服装的生态圈。

5. 海外并购加快全球化进程

国内品牌不断开拓国际市场，品牌国际化程度持续提升。改革开放以来，国际著名品牌的进驻加速了国内服装行业转型升级步伐，服装行业重组和兼并的速度不断加快，规模与层次不断提升，国内品牌也积极探索"走出去"发展战略。当前也是服装行业海外并购较为活跃时期，国内品牌纷纷利用产品和渠道的综合竞争力，加快布局海外营销网络，提升品牌的国际形象。经历 2018 年的开疆拓土，海澜之家未来可能向新兴市场和部分发达国家进一步开拓市场，组建研发和营销网络，逐步壮大企业规模，增强品牌的国际影响力。

总而言之，服装服饰行业已经成为我国部分地区的支柱产业，借助信息化浪潮，服装行业集群化发展和数字化改造取得了一定成效，但是仍存在一些问题：一是品牌竞争意识不强，沿袭产量优先和成本优先的经营模式，生产营销急功近利，缺乏长远科学的品牌发展战略，品牌缺乏核心价值；二是缺乏技术创新的动力，虽然一些地区服装行业出现集聚现象，但在带来集群效应的同时，更多企业之间相互模仿，产品同构问题严重，并在低成本、低价格上进行恶性竞争，研发投入不足和设计能力不强表明行业发展始终缺乏技术创新和设计创新的原生动力；三是服务体系不健全，"重生产、轻服务"的现象根深蒂固，如部分服装园区物流体系不够完备，不仅降低产品时效性，而且增加社会化运营成本；四是一些行业协会作用不明显，与国外行业中介组织的功能和作用不同，中国虽然建立了一些区域行业自律性组织，如行会、协会、商会等，但服务能力有限，凝聚力不强，未能起到规范行业发展和促进信息沟通的作用。

(二) 珠宝首饰与奢侈品产业运行情况

当前,中国珠宝首饰市场规模仅次于美国,居世界第二位,部分珠宝产品的消费已居世界前列。随着消费不断提质升级和产业链不断完善,中国已经成为世界第二大珠宝加工国。

1. 珠宝首饰行业市场空间巨大

随着人均收入水平的增长和消费观念的日益改变,珠宝首饰作为高端消费品,已经逐渐被国内市场所接受,未来行业潜在市场空间巨大。以2003年中国贵金属制品市场全面开放为标志,国家不断出台鼓励珠宝首饰行业发展的新产业政策,珠宝首饰行业发展迅速,国内珠宝首饰企业不断发展壮大,国外企业与国内企业在竞争中并存。随着行业标准和规范不断修订与完善,标准化管理不仅提高了产业的技术能力和整体水平,而且为我国珠宝行业的稳定发展奠定了良好基础。

2. 黄金在中国消费者心中占据重要地位

与国外消费者对于钻石的偏好不同,黄金首饰在中国消费者心中一直占据重要地位,且渗透率非常高。当前,中国是世界上最大的黄金消费国,据中国黄金协会统计,2017年中国黄金消费量1089吨,2018年1~9月,全国黄金实际消费量850吨,增长5.1%(见图1-4)。就消费结构来看,黄金饰品、金条、金币消费是当前主要的黄金消费方式,其中黄金饰品消费始终保持60%以上的消费比重。我国黄金消费中消费性需求远远大于其投资性需求。由于受到政府行业管制的影响,虽然2018年黄金产量有所下降,但是黄金首饰作为主要黄金消费渠道,未来仍然具有较大的发展空间。

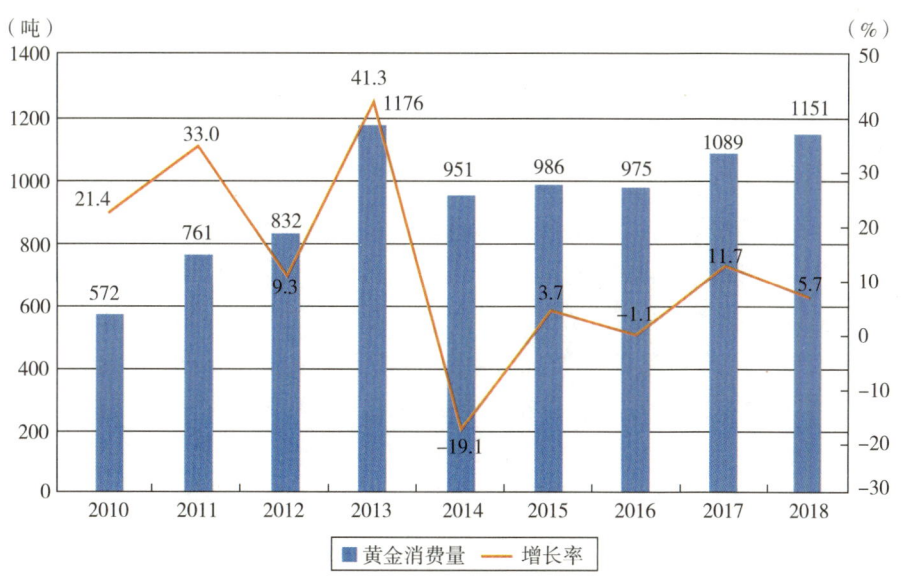

图1-4 2010~2018年中国黄金消费量及增长速度

资料来源:前瞻产业研究院。

3. 奢侈品市场规模依旧保持高速增长

当前,中国奢侈品消费已经占到全球市场份额的1/3,近两年保持着20%的高速增长。据贝恩调查数据显示,2018年中国内地奢侈品市场规模达到1700亿元,继续保持20%的增长速度(见图1-5)。与此相比,2011~2016年奢侈品市场规模年均增长率仅为2%。可以看出,2018年中国奢侈品消费市场国内外市场均衡逐步改变。虽然中美贸易摩擦不断深化,进出口贸易大幅减少,但国内奢侈品市场消费依旧保持高速增长,未来中国将会成为全球奢侈品市场的主导力量。在消费提质升级和产业转型升级背景下,中国奢侈品市场消费将会进一步提升,个性化定制将会成为高端珠宝的重要消费方式,黄金珠宝的高保值增值功能也将被中国消费者逐步认可。

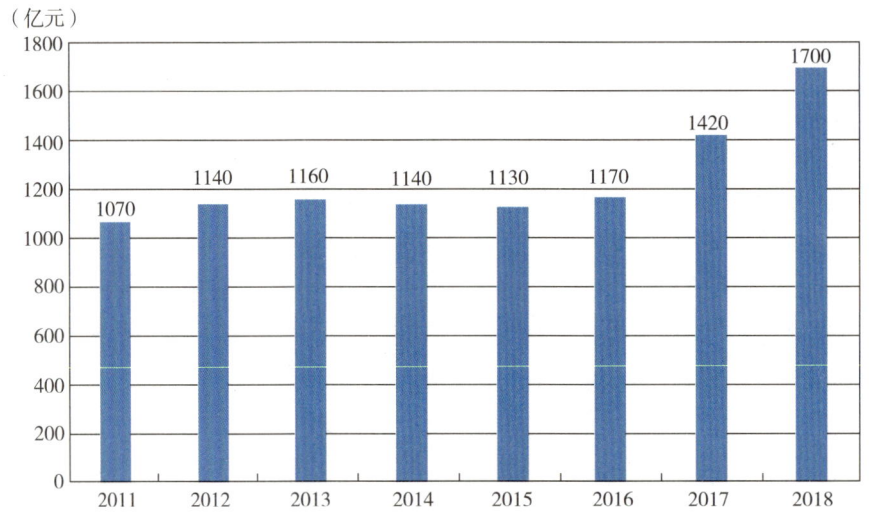

图1-5　2011~2018年中国内地奢侈品市场规模

资料来源:贝恩、中商产业研究院整理。

4. 产业集群发展格局逐渐形成

随着中国消费升级和对外开放程度不断扩大,中国珠宝首饰行业产业集聚现象明显,特色产业基地开始引导珠宝首饰行业向产业集群方向提升。2006年,国土资源部和中国珠宝玉石首饰行业协会开展了"中国珠宝玉石首饰特色产业基地"认定和培育工作,截至目前已经获批深圳罗湖、内蒙古赤峰、河南镇平、浙江诸暨、广西梧州、青岛城阳等25家"中国珠宝玉石首饰特色产业基地",这些基地或依托于资源禀赋,或依托于市场条件,产业竞争优势突出,主题产品特色鲜明,并且在区域内形成了良好产业集群效应,为区域经济发展带来了勃勃生机。从区域分布来看,中国珠宝玉石首饰特色产业基地多集中于南方地区,广东省培育发展了6家特色产业基地,在所有省份中最多,广东已经在珠宝首饰行业占据七成的市场份额,产业集群效应十分明显(见表1-2)。

表1-2 中国珠宝玉石首饰特色产业基地　　　　　　　　单位：家

区域	基地数量
广东	6
云南	3
浙江	3
福建	2
辽宁	2
广西	1
河南	1
湖北	1
湖南	1
江苏	2
内蒙古	1
山东	1
总计	25

资料来源：中国珠宝玉石首饰行业协会。

5. 企业销售模式进一步多元化

随着移动互联网时代来临，珠宝首饰和奢侈品的传统营销模式虽未受到大幅冲击，但为了顺应网络经济浪潮，2018年众多奢侈品企业纷纷尝试开启微信营销的新模式。一般而言，中国珠宝零售商传统营销模式主要有自营、经销和加盟三种模式，自营模式对于企业的研发实力和运营能力有较高要求，而加盟模式虽然有利于品牌迅速扩张，但要求企业具有加盟商管理能力。随着移动互联网的普及，相对于传统营销模式，微信营销的新模式具有时间异步和空间分散的优势。2018年7月和10月LV和爱马仕分别上线各自中国官网线上旗舰店，标志着顶尖奢侈品品牌进入移动互联网生态圈，奢侈品开启营销的新模式。

重视行业良好运行的同时，也应该认识到行业发展存在的问题几乎与行业发展趋势大相径庭。一是专业化统一性的交易市场发展不足。缺乏大型统一的交易市场，不仅不利于行业规范发展，更阻碍了中国作为珠宝奢侈品消费大国在国际领域的定价权。二是依旧缺乏大资本介入。虽然珠宝首饰行业拥有众多上市公司，但总体而言，中国该产业大部分处于粗放式加工生产阶段，必须依靠国际性大资本整合，以此促进产业向高端化发展。三是产业发展急需的人才缺乏。不仅缺少具有工匠精神的艺术设计和工艺制造人才，而且缺乏既懂得产业经营又懂得资本运作的经营管理复合人才。

（三）化妆品行业运行情况

中国化妆品市场规模位居全球第二，整体规模超过日本，仅次于美国。随着消费升级，化妆品市场规模扩大，化妆品进出口受经济放缓的影响不大，且线上销售渠道快速增长，市场定位更加明确。

1. 化妆品行业规模持续扩大

自2000年中国GDP突破1万亿美元以来，中国化妆品行业开始进入快速增长期，复合增长率接近20%。2018年中国化妆品行业的市场规模约为3968亿元，同比增长7.8%。近年来，中国化妆品行业保持8%左右的增速，虽然整个行业的增长速度放缓，但与整个经济下行相比，行业未来仍具有较大发展空间。

护肤品是化妆品行业中最大的子行业，且增长速度高于整个化妆品行业平均水平。一般而言，化妆品行业可以按护肤、彩妆、口腔、洗护的大日化行业进行分类。据欧睿咨询（Euromonitor）统计，2014~2018年中国护肤品行业市场规模实现稳定增长，2018年市场规模达到2122亿元，同比增长13.7%，行业增长速度在各个细分子产业中最高。

2. 出口贸易依旧维持高速增长

2018年，中国美容化妆品及护肤品出口量依旧维持高速增长趋势。据中商产业研究院数据库显示，2018年中国美容化妆品及护肤品出口量为208800吨，同比增长15.6%（见图1-6）。2013~2017年中国美容化妆品及护肤品出口量稳步增长，共增加43998吨，增长32.21%。

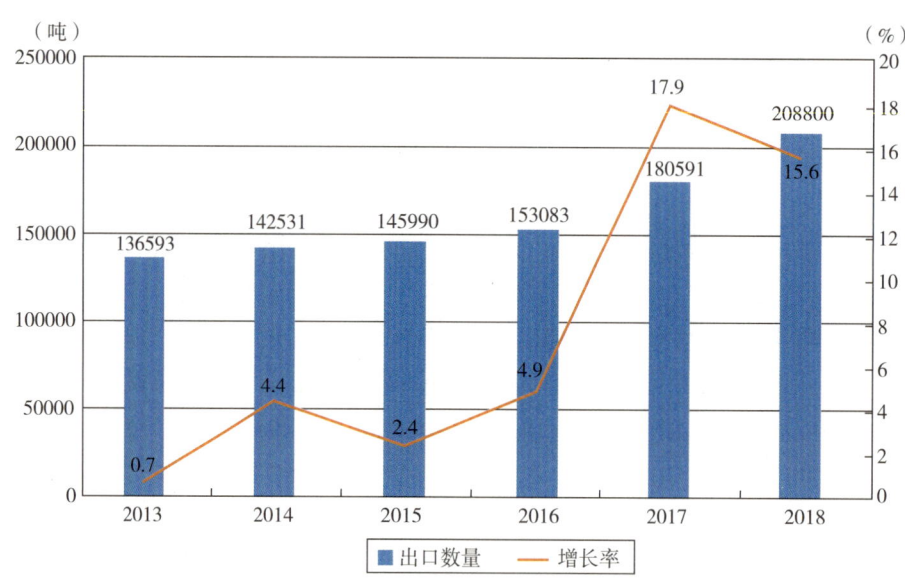

图1-6 2013~2018年中国美容化妆品及护肤品出口数量及增长速度

资料来源：中商产业研究院数据库。

从金额方面来看，2013~2018年中国美容化妆品及护肤品出口金额呈增长趋势，2018年中国美容化妆品及护肤品出口金额为2468.73百万美元，同比增长21.5%（见图1-7）。美容化妆品及护肤品的高速增长不仅说明我国出口贸易逐步回暖，更重要的是，在这个国际贸易的寒冬中，国内时尚品牌纷纷注重品牌发展，提高技术创新能力，加强品牌建立，赢得了国际消费者的认可。

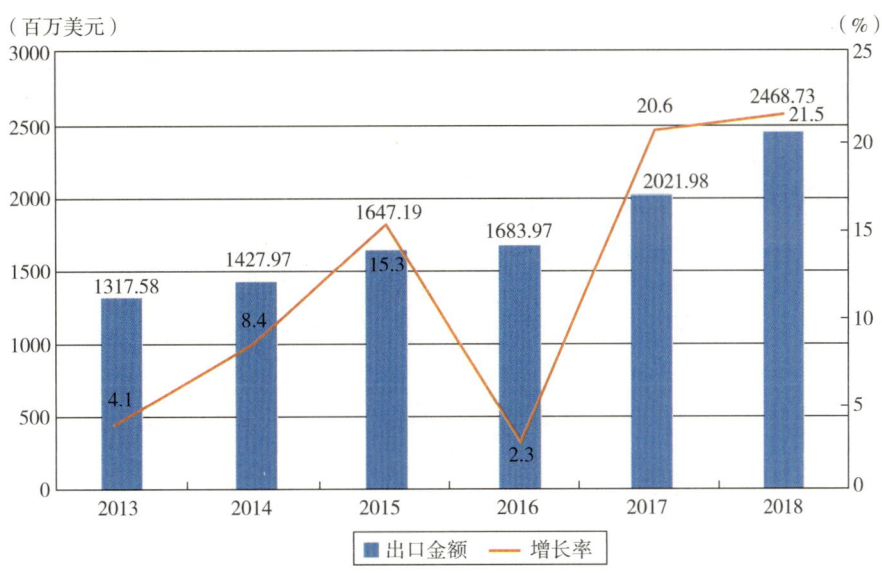

图1-7 2013~2018年中国美容化妆品及护肤品出口金额及增长速度

资料来源：中商产业研究院数据库。

3. 化妆品网络零售规模持续增长

随着电商平台迅速拓展，网购的信息获取比较快捷、高效，化妆品网购市场规模保持快速增长。根据调查报告显示，中国网民中女性占比由2015年底的46.4%上升至2016年底的47.6%，女性网民规模从3.19亿人增长至3.48亿人，女性网民的快速增长为化妆品互联网零售市场打开了更大的空间。未来随着化妆品品牌线上线下渠道的结合，通过电商平台与品牌服务的合作，为消费者提供了更好的服务体验。这一趋势表明网购活跃现象已经开始改变消费者的消费习惯，未来化妆品网络零售规模将持续增长，化妆品线上渗透将更加深入。2011~2018年中国化妆品网购市场规模及增长速度如图1-8所示。

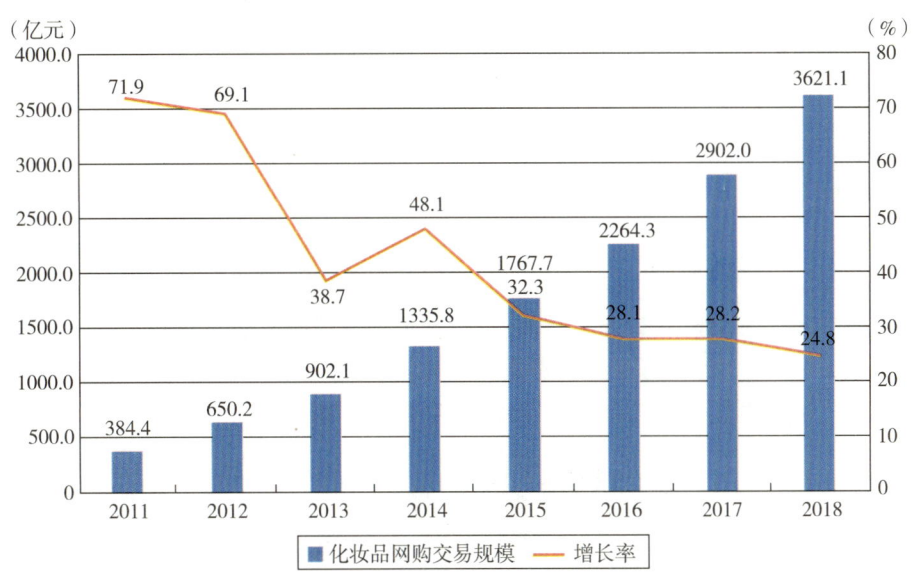

图1-8 2011~2018年中国化妆品网购市场规模及增长速度

4. 化妆品 B2C 平台渠道增速最快

中国化妆品 B2C 电商和品牌正品授权市场规模快速增长。目前，中国国内化妆品的线上渠道主要有 C2C 平台、综合 B2C 平台、垂直 B2C 平台、线下渠道自营网上商城、品牌自营网上商城和团购六类。化妆品网购发展初期，由于存在货源信息无法追溯、线上线下渠道冲突、售后服务无法保证等一系列问题，网络市场发展缓慢。随着大型品牌与大型 B2C 电商进行合作，由品牌方或其授权销售商在 B2C 平台开设官方旗舰店，一定程度上保证了产品的质量与售后服务。近年来，化妆品 B2C 市场规模快速增长，年复合增速达到 69.7%。

5. 一线城市和年轻高学历人群为消费主流群体

一线城市仍是化妆品市场规模实现增长的主力，年青一代群体成为化妆品消费的主流群体。以护肤品市场为例，根据 JDND 消费指数统计，上海和北京是护肤品市场消费最大的两个城市，消费额占全国比重分别为 22.61% 和 21.95%（见图 1-9），说明一线城市对于化妆品关注度较高，是消费市场主体。从消费年龄结构来看，化妆品的消费用户群体以 19~34 岁的高学历人群为主。

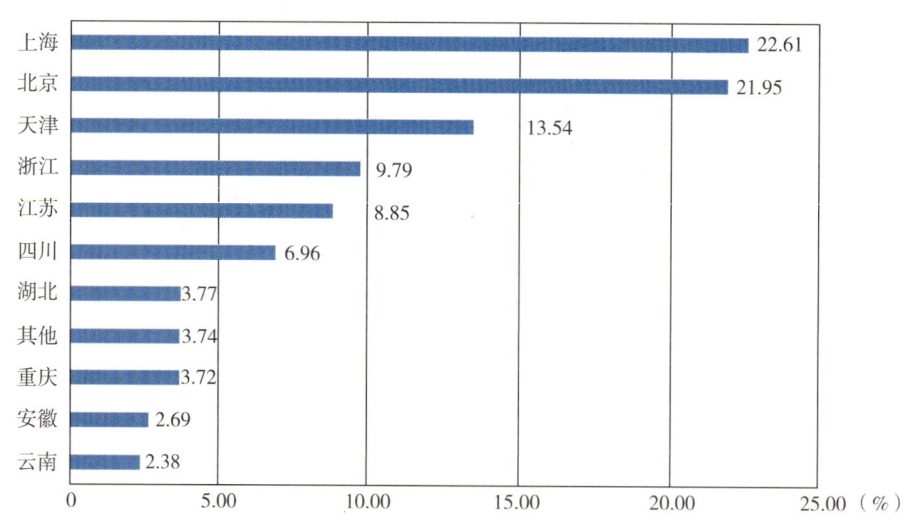

图 1-9　2018 年中国护肤品消费市场区域分布情况

资料来源：JDND 消费指数、前瞻产业研究院。

化妆品行业与人民群众生活密切相关，其中存在着两个方面主要问题。一方面，就产业发展角度而言，当前我国化妆品企业研发投入不足，产品同质化问题严重，高端技术人才十分匮乏；另一方面，就行业监管来看，化妆品行业缺乏完备的法律制度，行业监管体制机制需要进一步完善，对于网络销售等新现象需要不断创新监管方式。

（四）纺织行业运行情况

中国是世界上规模最大的纺织品服装生产国、消费国和出口国，纺织工业规模庞大，包括从纤维到终端产品的完整产业链，按统计分类包括化学纤维制造、纺织业、服装服饰业三个行业分类和纺织专用设备制造小类。服装服饰产业是纺织行业的一部分,纤维材料、纺纱面料、染整加工、智能制造等纺织行业的细分门类也是服装服饰产业发展的重要支撑。2018年纺织行业总体运行平稳,整个行业高质量发展特征逐步显现。

1. 纺织行业销售市场平稳运行

2018年,中国纺织品服装内需市场线上线下增速均处于近两年较高水平。根据国家统计局数据,2018年,全国限额以上服装鞋帽、针纺织品零售额同比增长8%,增速较2017年提高0.2个百分点。网上零售继续保持快速增长,2018年全国网上穿着类商品零售额同比增长22%,增速高于上年1.7个百分点。纺织品服装出口也有所加快,2018年中国纺织品服装出口总额为2767.3亿美元,同比增长3.5%,增速较上年提高2个百分点;其中,纺织品出口额同比增长8.1%,增速高于上年3.6个百分点;服装出口额同比增长0.3%,增速较上年提升0.7个百分点。

2. 纺织行业生产增速低位增长

2018年,纺织产业链中除化纤外,多数大类产品产量增速均有所放缓。2018年,规模以上企业化纤产量达5011.1万吨,同比增长7.7%,增速较上年提高2.7个百分点;纱、布、无纺布和服装产量同比减少0.2%、0.1%、8.0%和3.4%,增速分别较上年下降5.8个、1.3个、8.1个和0.8个百分点;印染布产量同比增长2.6%,增速较上年下降2.2个百分点(见表1-3)。

表1-3 2018年规模以上纺织企业主要大类产品产量

产品名称	单位	产量	同比(%)	增速较上年同期增减(个百分点)
纱	万吨	2976	-0.2	-5.8
布	亿米	498.9	-0.1	-1.3
印染布	亿米	490.7	2.6	-2.2
无纺布	万吨	366.3	-8.0	-8.1
服装	亿件	222.7	-3.4	-0.8
化学纤维	万吨	5011.1	7.7	2.7

资料来源:国家统计局。

3. 纺织行业经济效益总体向好

纺织行业主营业务收入增速略有放缓,利润增速持续加快。2018年,全国3.7万户规模以上纺织企业累计实现主营业务收入53703.5亿元,同比增长2.9%,增速较上年放缓1.3个百分点;实现利润总额2766.1亿元,同比增长8.0%,增速较上年同期加快1.1个百分点;企业销售利润率为5.2%,较上年提高0.2个百分点。其中,化纤行业主营业务收入和利润总额同比分别增长12.4%和10.3%,成为全行业经济增长的重要支撑。

4. 纺织业在线业务快速崛起

互联网给纺织行业带来了新的发展机遇,随着电子商务规模的不断扩大,纺织业电子商务进入高质量发展阶段。根据《2017～2018中国纺织服装产业互联网发展报告》，2017年纺织服装电子商务交易额为5.28万亿元，增长18.65%，占全国电子商务交易总额的18.11%。纺织行业在线营销的快速崛起不仅增强了企业的品牌意识，加强了分销渠道管理，形成了线上与线下融合发展的新格局，而且提升了企业的管理能力、产品品质和营销水平，推动了整个纺织行业的高质量发展。

5. 专业化平台加速智能化转型

随着新一代信息技术兴起，传统纺织市场正在运用大数据、云计算等前沿技术推动产业转型升级，搭建集成化、智能化、信息化的技术服务平台，实现纺织企业的数字化改造，提高企业的智能化水平。2018年，工信部公布第三批纺织服装创意设计试点园区（平台）名单共10个，分别是北京市的依文纺织服装创意设计平台、河北省永清云裳小镇、上海市POP时尚创意综合服务平台、浙江省嘉兴平湖服装文化创意园、江西省南昌青山湖纺织服装创意设计园区、山东省宁阳纺织服装文化创意园、湖南省新芦淞国际服饰创意园、广东省广州T.I.T创意园、广东省广州梧桐坮全球原创服饰品牌服务平台、四川省成都彭州家纺服装产业创意园。这些平台建设创意设计园区是提升创意设计能力的重要载体，更在一定程度上，增强了中国纺织行业创意设计能力，是建设纺织强国的最关键推动因素。

作为大型传统行业，当前中国纺织行业存在着成本负担较重、棉花价格受国际影响极不稳定、巨大的环境保护压力和激烈的国际市场竞争等主要问题，而面对未来的转型升级，传统企业的人才匮乏导致企业转型举步维艰，行业教育与企业需求脱节又直接影响我国纺织行业的未来前景。

（五）文化创意产业运行情况

1. 文化产业总体态势保持良好

近年来，中国文化产业总体态势保持良好，文化产业发展规模稳步提升。据国家统计局数据显示，2018年文化及相关企业实现营业收入89257亿元，增长8.2%（见图1-10）。从九个细分行业来看，2018年文化产业七个子行业的营业收入实现增长，其中，新闻信息服务行业增长速度最快，其次是创意设计服务，而文化娱乐休闲服务和文化投资运营行业则出现负增长。面对新一轮科技革命与产业变革的重要节点，以人工智能、大数据、物联网为代表的新一代信息技术将变革文化产业的生产经营方式，文化创意服务正是适合了时代变革和消费升级的需要，从而进入快速增长阶段。

2. 文化产业与科技创新快速融合

伴随国民消费水平不断提升，中国文化产业与科技创新呈现融合发展，不断催生出新的文化业态、新的文化产品、新的消费模式。在文化与旅游融合发展的背景下，以数字技术、智能技术、大数据技术、VR技术为代表的高新技术在文化与旅游产业中广泛应用，给消费者带来了全新的文化旅游消费体验。依托高新区等各类产业园区，借助高新技术的支撑效用，加强文化与科技项目的结合，培育出区域文化科技产业基地，进而促进文化产业的规模化和多样化。

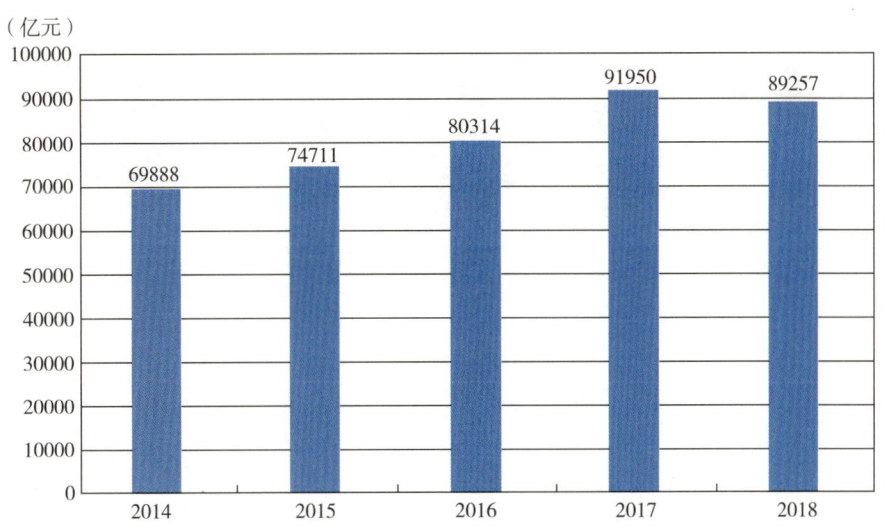

图 1-10　2014~2018 年中国规模以上文化及相关产业企业营业收入走势

资料来源：国家统计局。

3. 文化产业的时尚性逐步显现

文化产业发展逐步显现出其时尚价值，未来文化产业与时尚产业的结合将是新经济发展的必然趋势。首先，文化产业和时尚产业的发展核心均来自于创意，创意既是文化产业的基础，也是时尚产业的基础，两个产业之间有着天然联系；其次，时尚产业是文化产业发展的新动能。中国文化产业已经经历了长期发展，从各个发展阶段的驱动要素来看，文化产业发展首先以文化资源为驱动，其次又经历了以文化体制改革为驱动的阶段，最后又以科技创新为驱动，未来时尚必将成为文化产业新的驱动力量，文化产品只有转化为时尚产品时，才能融入消费浪潮，受到更广泛的认可，成为新的文化源。此外，时尚是文化产业发展的终点，而文化却是时尚产业发展的起点。虽然，当前中国时尚产业刚刚起步，但是只有以文化为基础，不断推动时尚产业与文化产业融合发展，让时尚产品立足于传统文化，并高于传统文化，才能适应时代需求，满足消费者需求升级的迫切需要。

当前，中国文化创意产业存在的问题长期影响着产业健康发展。一是创新能力不足，与国外相比，中国文化产品适应性较差，根本原因在于文化产业创新能力不足；二是中小企业的融资困难，中小企业是产业的活力，世界著名大型文化企业都是由小企业成长而来，中小企业融资难直接成为产业发展瓶颈；三是文化产业园区同质化严重，随着文化产业园区建设热情回落，园区同质化问题严重，园区发展偏离建设初衷，房地产色彩浓厚。

（六）工艺美术产业运行情况

工艺美术行业在中国历史悠久，文化底蕴深厚。2018 年，中国工艺美术行业重新回归增长态势，并且在出品贸易和专利方面表现突出，国内消费市场逐步成为工艺美术品消费的主阵地，研发投入和技术创新水平不断提升。

1. 整个产业保持稳定态势

2018年，中国工艺美术行业保持稳定发展态势，工业增加值增速高于轻工业平均水平，主营业务收入、利润实现双增长，出口增速由负转正。据国家统计局数据显示，2018年工艺美术行业规模以上企业累计实现工业增加值增速8.6%；累计完成主营业务收入8446.88亿元，同比增长4.39%；累计完成利润总额435.50亿元，同比增长6.12%。作为传统行业的工艺美术行业依旧处于转型升级的重要发展阶段，虽然部分企业已经走出发展困境，但整个行业景气指数仍处于比较低迷的状态。

2. 行业进出口贸易增速开始扭转

2018年，工艺美术行业进出口贸易增速开始扭转，一改受世界经济低迷影响出口贸易连续放缓的态势。据海关数据显示，2018年中国工艺美术行业实现进出口贸易总额402.61亿元，同比增长13.72%，实现贸易顺差348.62亿美元，其中出口额375.67亿美元，同比增长12.85%（见表1-4）。十三大类商品中，烟花爆竹和发制品出口增速较高。

表1-4 2018年工艺美术品进出口贸易情况　　　　　　　　　单位：美元

商品名称	进口额	出口额
工艺美术品	2694777445	37566531327
1. 雕塑工艺品	32517190	883405522
2. 珠宝玉石制品及半成品	346117626	204357724
3. 首饰及仿首饰	1605845042	14795693068
4. 抽纱刺绣工艺品	85159934	1641776260
5. 地毯、挂毯类工艺品	136700900	3002843099
6. 烟花爆竹	3260912	866365926
7. 金属工艺品	30950268	1333699782
8. 天然植物纤维编织工艺品	9212086	1040325329
9. 花画工艺品	85029675	3720484833
10. 发制品	32745824	3149346224
11. 玻璃装饰品	114375530	884454000
12. 陶瓷制塑像及装饰品	12547265	1547540527
13. 其他工艺品	200315193	4496239033

资料来源：中国海关。

3. 内销市场逐步成为主导力量

中国工艺美术市场以内销为主，2018年中国工艺美术行业规模以上企业内销率为78.52%，增长1.38%（见图1-11），创历史新高。从细分行业情况看，2018年珠宝首饰及有关物品制造、雕塑工艺品制造、地毯、挂毯制造、抽纱刺绣工艺品制造、金属工艺品制造等子行业内销比重居前，内销率达70%以上。随着中国经济增长和城镇化水平不断提高,消费升级有效地拉动了国内市场需求,不仅在传统工艺美术行业国内市场已经成为主导,而且其他时尚产业国内市场也逐步成为消费主流。

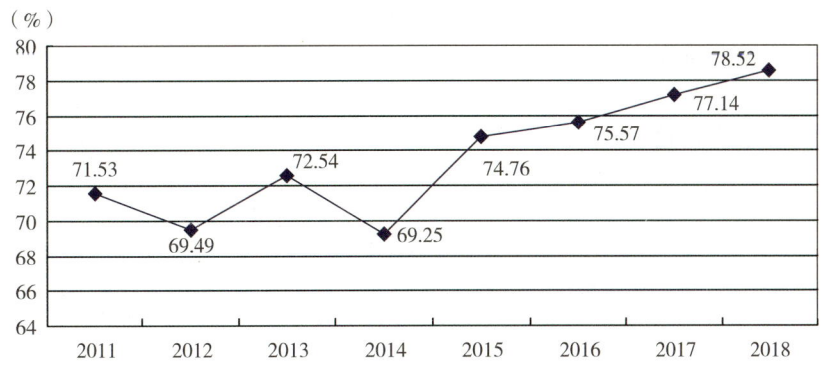

图1-11 2011~2018年中国工艺美术产品内销率变化情况

资料来源:《数说2018工艺美术行业》。

4. 国内外专利公布数量出现拐点

2018年工艺美术行业国内专利公布数量快速提升,而国外专利公布数量却大幅度下降,国内、国外工艺美术行业专利公布数量出现拐点(见图1-12)。2018年,中国工艺美术行业公布专利数量20118件,同比增长31.18%,约占轻工行业的1.62%,广东、浙江、江苏三省工艺美术行业专利数量接近全国总数量的一半。可以预见,未来这一优势将更为明显,东部沿海地区凭借着人才和区位优势将在工艺美术品方面具有更多的新型产品产出。

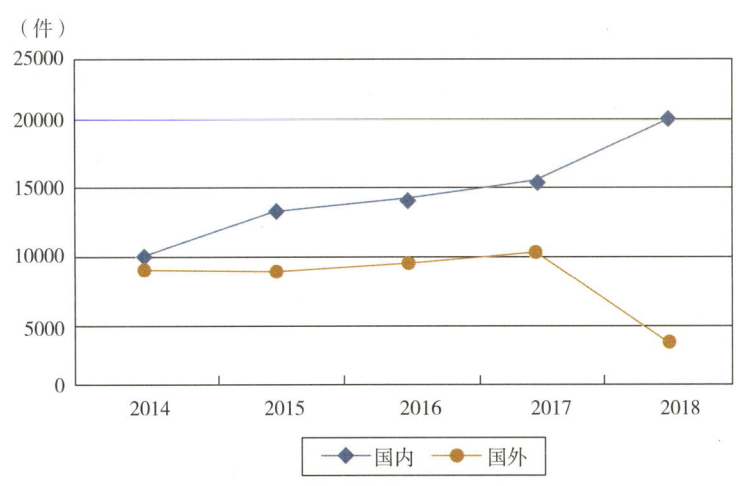

图1-12 2014~2018年中国工艺美术行业国内、外专利公布数量走势

5. 网络经济带来新的发展契机

新经济时代的来临为工艺美术行业带来了千载难逢的契机。以互联网、移动互联网、

电子商务为代表的网络经济打开了工艺美术行业新的发展空间,"90后""00后"新一代消费群体正在逐步主导市场,未来网络经济、共享经济等新经济模式将有效地重塑传统工艺美术行业的生产、制造与营销格局,数字驱动将改变行业的生产管理方式,电子商务将开拓产品营销渠道,信息网络将增强优质产品的传播力,因此,未来工艺美术行业会向更专业化方向发展,专业性机构主导整个市场格局。

(七) 时尚传播产业运行情况

时尚传播产业具有传播时尚理念、引领时尚消费、丰富时尚文化的重要作用。

本书研究的时尚传播产业的范围包括传统纸媒、专业时尚杂志、电视广播、新媒体以及时尚摄影、时尚表演等领域。

1. 产业依旧保持高速稳定发展态势

2017年中国传媒产业总规模达18966.7亿元,较上年同比增长16.6%(见图1-13)。普华永道数据表明,未来五年全球娱乐及媒体行业市场的复合年增长率为4.2%,中国传媒产业发展已经远远高于世界平均水平,高速增长的产业发展态势,一方面取决于政治经济形势稳定,为时尚传媒产业创造了良好的发展条件,另一方面取决于数字经济变革,为时尚传媒产业创造了良好的转型发展契机。

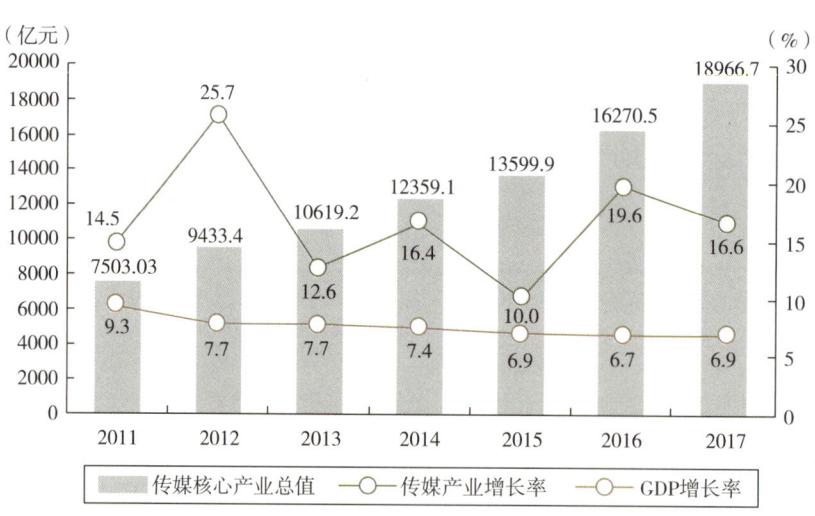

图1-13 2011~2017年中国传媒产业总值与年增长率及GDP增长率情况

从传媒行业细分市场发展状况看,互联网保持良好发展态势,传统媒体继续下行[1]。2017年,中国网络广告市场规模超过3800亿元,并以31.9%的速度快速增长,网络游戏收入首次突破了2000亿元,网络广告、网络游戏、网络视频成为拉动传媒产业发展的三大动力(见图1-14)。移动互联网则已经超过传统互联网的市场规模,移动广告占网络广告市场规模的比例达到69.2%,甚至超过了传统媒体广告市场总和[1]。

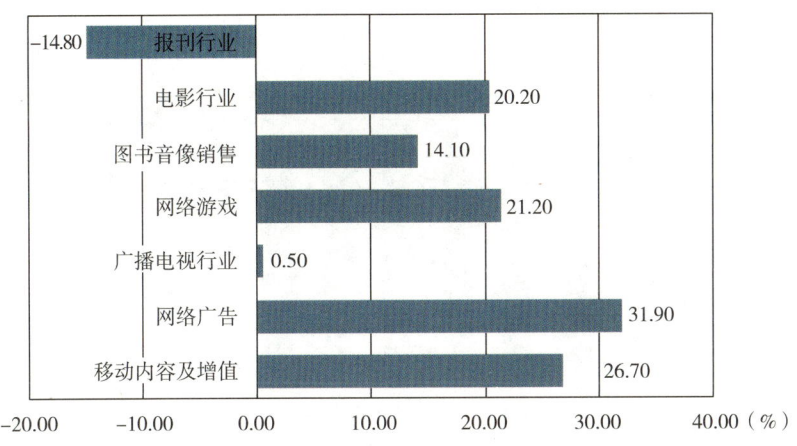

图1-14 2017年中国传媒产业细分市场增长情况

资料来源：根据公开资料整理。

2. 传统媒体纷纷向新媒体挺进

随着消费升级和文化需求的上升，用户对于文化消费品的需求越发旺盛，加之国内互联网公司布局全球、"文化出海"，传媒行业将长期处于景气阶段。以报业、期刊、广播等为代表的"旧媒介"整体继续表现出"断崖式"下滑。新媒体的代表——互联网增值业务收入2016年增长近40%，网络广告收入增长29.7%，发展势头强劲[2]。而与之相对应的传统媒体收入和市场份额急剧下滑，如报纸广告经营额下跌28.3%，传统媒体逐渐被新媒体挤压甚至取代的趋势已成为定局。传媒产业融合交叉使未来传媒业的去中心化特征越发显著，依靠互联网，特别是移动互联网收入的增长已经完全弥补了传统媒体的萎缩，进而带动产业整体发展向好[3]。

3. 新媒体业态不断变革

随着5G时代到来，中国网民数量也不断增长。2018年6月，中国网民规模8.02亿人（见图1-15），上半年新增网民2968万人，较2017年末增加3.8%，手机网民占比高达98.3%，庞大的网民规模促进传媒产业从传统媒体到互联网、移动互联网媒体，再到自媒体，从图文资讯时代进入短视频、音视频、直播时代[4]，由于2017~2018年手机硬件未出现突破性技术，未来将进入"耳朵经济"时代，传统主流媒体逐渐拥抱新媒介，时尚新媒体业态不断变革。

4. 新兴技术未来将推动数字经济持续发展

物联网的发展使物理世界、数字世界和人类社会之间的界限逐渐消失，计算技术进入"人、机、物三元融合"发展期[5]，虚拟现实成为"人、机、物三元融合"的重要支撑。虚拟现实显示出技术的深刻变革，被看作继计算机、智能手机之后的又一通用性技术平台[5]。电视屏、电脑屏、手机屏显示的都是二维画面，而虚拟现实却给我们提供了三维画面的展示屏，给人类认识世界、改造世界的方式方法带来巨大变革[5]。而区块链应用前景非常广阔，通过加密技术能形成一个去中心化的、可靠、透明、安全、可追溯的分布式数据库，推动互联网数据记录、传播及存储管理方式变革，大大降低了信用成本，简化

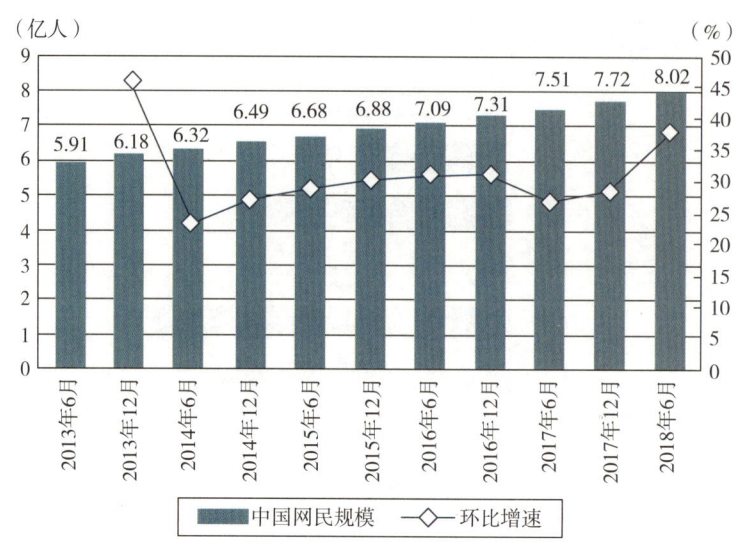

图1-15 2013~2018年中国网民规模及环比增速

资料来源：根据公开资料整理。

了业务流程，提高了交易效率，重塑了现有的产业组织模式、社会管理模式，提高了公共服务水平，实现了互联网从信息传播向价值转移的转变[6]。

5. 严格监管后政策将促进行业快速发展

传媒行业是意识形态塑造的"根据地"，新格局下监管将趋于专业化和精细化[7]。作为党的十九大后首次系统性机构改革，或将对未来传媒监管产生巨大影响[7]。本次机构调整完成后，网信办、中宣部权责加强，广电总局权责更为精确，总体来看未来传媒政策监管将不断专业化和精细化[7]。随着新格局逐渐清晰，预计未来将进入政策密集期[7]。2018年12月18日新出台了《文化体制改革中经营性文化事业单位转制为企业的规定》和《进一步支持文化企业发展的规定》两大利好文件，国家鼓励文化传媒产业做大做强的思路长期不会变化。

（八）消费电子产业运行情况

中国已经成为世界消费电子产业的制造中心，同时，居民收入水平稳步提高和手机等消费电子产品的普及率不断提高使中国成为了世界消费电子产品的较大消费国之一[8]。新产品和新技术的不断涌现使消费电子产业的产品种类更为丰富，未来全球消费电子产业规模有望保持增长态势。

1. 智能电子设备稳步发展

基于消费电子产品制造技术的迭代发展以及移动互联网应用的普及，以智能手机、平板和笔记本电脑为代表的全球移动设备市场规模快速增长，消费者群体持续扩大。2018年，全球智能手机出货量已达近14.05亿部。预计到2022年，全球智能手机出货量将上升至16.54亿部，呈现在高基数基础上继续稳步发展的态势（见图1-16）。

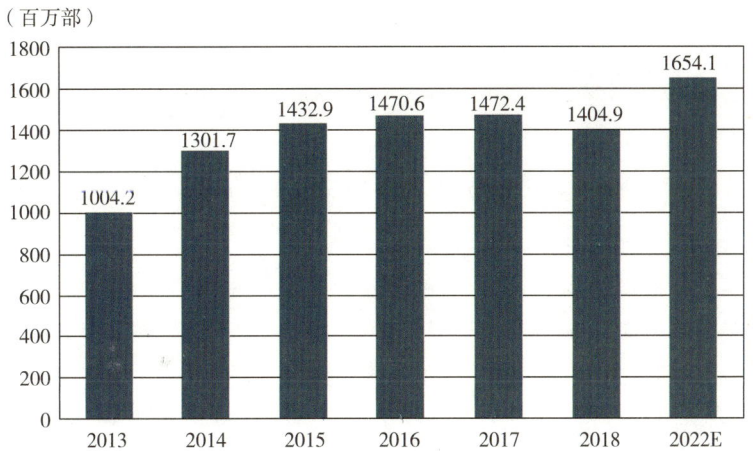

图1-16　2013~2022年全球智能手机出货量

2. 中国出口贸易稳定为消费电子带来利好

中国出口贸易整体呈现平稳发展的趋势，行业发展势头稳定，各类形式的出口贸易方兴未艾。2018年，中国出口商品总值为164177亿元，较2017年上升7.10%（见图1-17）。总体上看，中国出口贸易大环境整体向好，为消费电子行业的出口贸易持续良好发展奠定了扎实的经济基础。

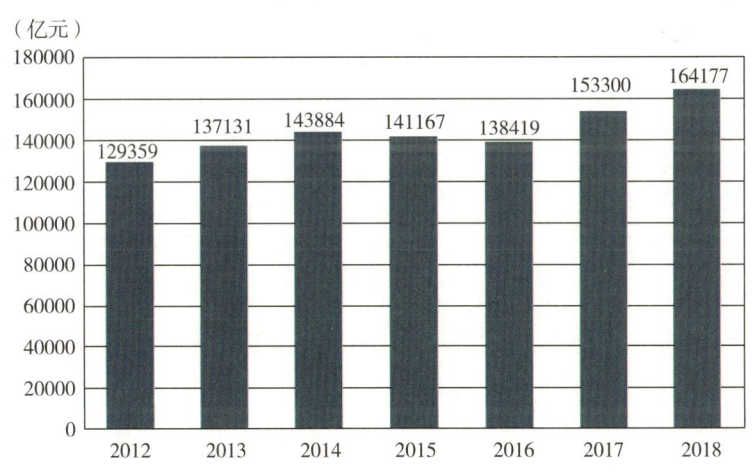

图1-17　2012~2018年中国出口商品总值

资料来源：根据公开资料整理。

3. 精品电商行业发展空间巨大

随着新消费时代的到来，将会诞生一大批新消费用户群体，他们购买力强，喜欢高性价比的产品，追求理性消费[9]。但传统电商平台商品质量参差不齐，优质产品价格居高不下，已无法满足这些新消费用户群体的需求，新兴的精品电商平台主打高性价比优质商品,符合新消费人群的消费观念[9]。这些用户拥有强大的消费力,将会推动精品电商成为新消费时代下发展潜力巨大的新兴市场[9]。

4. 国产化逐步成为发展亮点

针对社会关注的消费热点,如电饭煲、智能马桶盖等,轻工企业经过研发创新,已制造出达到甚至优于国外同类产品水平的"中国制造",并得到了国内外市场的认同[10]。2017年,中国出口电饭煲金额达7.3亿美元,产品遍及日本、印度尼西亚、美国、越南、韩国等181个国家和地区;出口马桶盖金额达3.4亿美元,产品遍及美国、英国、德国、荷兰、墨西哥等174个国家和地区[10]。中国轻工企业生产的冰箱、空调、洗衣机等家居消费品,也已能够满足中高端消费需求,如海尔公司卡萨帝品牌产品在高于行业平均单价3倍的情况下,冰箱实现高端市场占有率31.1%,洗衣机实现高端市场占有率69.2%,远超国外品牌[10]。中国的轻工企业针对中国国情,开发了适应中国家庭的创新产品,如无人智能豆浆机、水槽式洗碗机等新型厨电产品。这些创新与升级产品,提高了消费的品质,方便了人们的生活,让人民生活变得更加美好[10]。

5. 消费电子市场发展日益规范化

随着智能电子设备快速发展,消费电子行业也成为时尚流行的重点,近年来行业规模和增速均实现了跨越式发展。2017~2018年,中国轻工业联合会在工业和信息化部消费品司的指导下编制完成了五批《升级和创新消费品指南》,指南评定出的产品包括百姓生活中最常用的电饭煲、洗碗机、豆浆机、吸油烟机、乳制品、玩具和婴童用品等共计267项。其中,性能优良、质量稳定可靠、可引领消费趋势的升级消费品121项;采用新材料、新工艺,设计新颖,具有独特功能或使用价值的创新消费品146项(见表1-5)。

表1-5 《升级和创新消费品指南》历次认定产品情况

批次	时间	升级消费品(项)	创新消费品(项)
第一批	2017年1月	25	32
第二批	2017年12月	17	19
第三批	2018年1月	29	39
第四批	2018年6月	20	17
第五批	2018年12月	30	39

三、中国时尚产业的未来趋势与展望

中国作为世界人口最多的国家,未来也将是全球时尚产品最主要的消费市场。当前,伴随着经济增长、人口增长和消费升级带来的巨大红利,时尚产业已经在原先国际化、集群化和品牌化发展趋势基础上加速前进,并且面临消费驱动时代,中国时尚产业又开始在科技化、年轻化、数字化和文化兼容的道路上披荆斩棘。

(一)时尚产业科技化、智能化趋势

正如技术创新是经济增长的动力源泉,科技创新也是时尚产业发展的动力所在。时尚产业的科技化,正是时尚与科技的融合、互动和裂变的过程,不断催生出新的时尚产品、时尚消费、时尚形态与时尚方式。一是科技革新了时尚产品的原材料和基础工艺。科技进步促进了原材料的变革,高端材料为制造高质量产品打下了基础。2018年,李宁品牌在纽约和巴黎时装周的两次秀,不仅表现出产品的潮流,更体现了产品设计的科技元素。二是科技改变了时尚生产方式。例如,谷歌已经开始打造人工智能服装设计师,通过谷歌TensorFlow系统打造AI服装设计师,只需要与用户对话数个基本问题,就能完成服饰的个性化设计。三是科技变革时尚产品的消费体验。2018年7月,FLYING FUTURE迪莱2019春夏男装发布会将自然、科技与体验完美结合,运用科技手段来体验前卫的流行时尚,身处大自然的感受被科技完美地融进时尚。

随着时尚产业科技化和智能化的提升,未来服装时尚产品将呈现出专业性功能消费产品的有效增长,引起时尚消费从基本型向升级型转变。改革开放初期,国内居民的服饰还是一片"黑灰蓝",服装种类上也只有单衣、棉衣、毛衣、大衣等为数不多的品类。解决服装消费的基本需求后,时尚、功能、差异、个性的需求使服装消费呈现更加分散的格局,根据工作、家居、社交、休闲、运动、户外等多样化的场景,服装服饰消费提出针对场景变化的新需求。以户外运动和休闲活动为例,随着户外运动从少数人参与发展为大众广泛参加,中国户外用品销售规模也从2010年前的不足1亿元增长到2018年的249.8亿元,年均增长率为17.0%,其中很大份额是户外服装服饰产品的销售增长,功能性服装服饰产品的使用者已经从少数专业人员扩大到数量众多的普通消费者(见图1-18)。

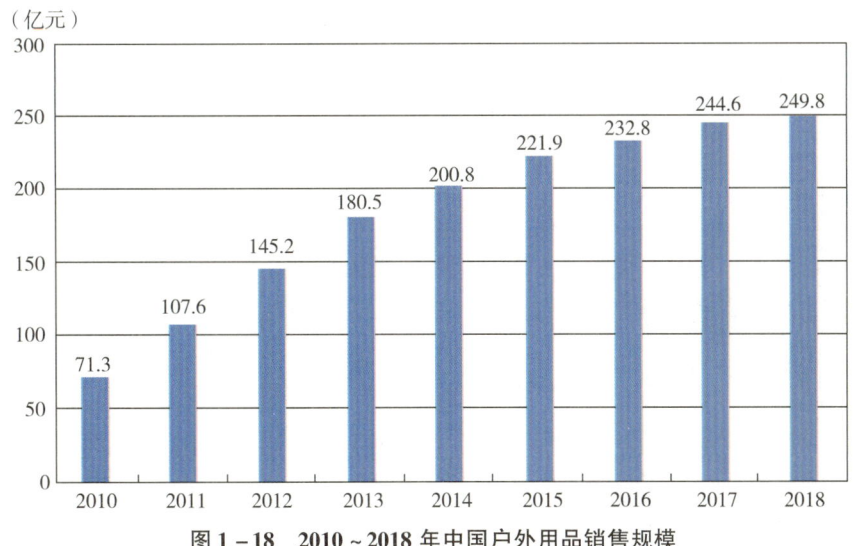

图1-18 2010~2018年中国户外用品销售规模

资料来源:中国纺织品商业协会户外用品分会。

运动功能性服装产品需求快速增长,并且衍生出商务化、大众化、家庭化的众多"轻户外"产品市场需求。运动功能性服装服饰产品经过20多年发展,从萌芽期、导入期,已经跨入成长期,从小众市场发展为大众化需求,帐篷、户外睡袋、冲锋衣裤、抓绒衣裤、软壳衣裤等产品已经在城市普通家庭中被广泛接受并逐渐普及,随着消费者专业水平不断提高,对户外服装服饰和装备用品的需求更加专业化、功能更加细分,在新材料开发、功能研究、户外实用性等方面需要进一步提升以适应不断升级的消费需求。

(二) 时尚消费年轻化、多元化趋势

伴随时代变迁,19~34岁的年轻人群正在成为社会的中坚力量,也成为时尚消费的主体。这一群体不仅是时尚产品的消费者,而且是时尚浪潮的引领者。与近年来时尚消费过度依赖品牌效应与明星效应不同,新一代年轻时尚消费群体成长于互联网时代,通过自媒体的新互联网特征更容易激发时尚共鸣,掀起时尚潮流,未来时尚产品年轻化的消费趋势愈加浓厚。2011年起,中国人均GDP超过5000美元,收入水平提升带动我国城乡居民,特别是城镇居民消费进入结构升级阶段,居民的消费水平明显提升,消费升级的特征也更加显著。根据波士顿咨询公司(BCG)和阿里研究院的共同研究,2016~2021年,中国上层中产(每月可支配收入12000~22000元)及富裕家庭(每月可支配收入22000元以上)数量将翻一番,超过1亿户,共同拉动75%的消费增长,崛起的富裕阶层、年轻人的消费习惯和全渠道的普及是我国消费保持较快增长的主要驱动力。

从服装服饰相关产品的消费情况看,数量型的消费需求已经基本满足,升级型消费呈现多元化的特征。有的产品紧跟时尚元素,时尚周期也不断缩短;有的产品追求科技功能,对纤维、面料、染整和加工制造都提出更高的要求;有的产品强调设计创意,注重文化内涵的融合;有的产品关注消费模式创新,受网红经济、场景经济影响;有的产品重视绿色可持续,倾向低碳、可循环、可降解的消费路径。年轻女性和儿童是服装服饰产品的传统消费主体,根据波士顿咨询公司和阿里研究院的《中国消费新趋势》报告,"都市潮流男士""活跃的银发老年"和"都市单身贵族"逐渐成为新的细分消费群体。生于20世纪八九十年代的男性更加关注时尚、享受生活,在个性化、时尚化的衣着类消费上有更多的差异化需求;中国老年人口已超过2亿人,老年人的收入也明显增加,消费逐渐从生存型向文化休闲型转变,在衣着消费上也有功能性、舒适性并不失时尚性的升级化需求;"都市单身贵族"有良好的经济基础、个性化的消费特质、享受型的个人空间,在衣着消费上会有较高投入。在家用纺织品方面,除基本功能以外,时尚、美观以及家居的整体协调性已经是普遍的追求,同时抗菌、助眠、抗螨、康复等功能性产品应用范围不断扩大。

(三) 时尚产品数字化、网络化趋势

新一轮科技革命背景下,以人工智能、大数据、物联网为代表的技术变革将引发一系列产品的数字化变革,生产和销售的各个环节都将依赖于数字技术的商品和服务。未来传统时尚产业的数字化改造和新兴时尚业态的数字化营销将是时尚产业适应数字经济的重要发展方向。研发和营销过程的数字化改造,将更有利于甄别客户的个性化需求,从而提高

研发速度和产品成功率。营销过程的数字化改造将实现精准营销,削减流通时间和营销成本,从而提高效益与客户忠诚度。数据是未来企业运营和经济发展的最小元素,时尚产业的数字化趋势,不仅适应了数字经济发展浪潮,增强了企业技术创新能力,提升消费者剩余,而且有利于迎合时尚浪潮,满足消费者对于时尚产品个性化消费需求。

服装服饰产品是网络零售最为活跃的商品品类。根据商务部发布的《中国电子商务报告2018》,2018年实物商品网上零售额为7.02万亿元,占社会消费品零售总额的18.4%。服装鞋帽、针纺织品在实物商品网络零售中占比最高,2018年占实物商品网络零售额的比重为25.2%,比位居第二和第三的日用品、家用电器和音像器材分别高10.8个和14.6个百分点。在跨境电商零售品类中,服装鞋帽在化妆品、粮油食品之后,成为第三大类进口商品,2018年在通过海关系统验收的跨境电商零售进口额中占比13.3%。

消费者网上购物的比重保持稳步提升的趋势。2015年初实物商品网上零售占社会消费品零售总额的比重还只有8.9%,到2018年底这一比重已经提高到18.4%,说明在吃、穿、用这些日常消费产品上,消费者越来越习惯于依赖网络销售平台。根据国家统计局数据,吃、穿、用这三个类别商品网上零售增速从2015年有统计数据以来一直保持两位数的高速增长,穿类商品网上零售的平均增速高于20%(见图1-19)。

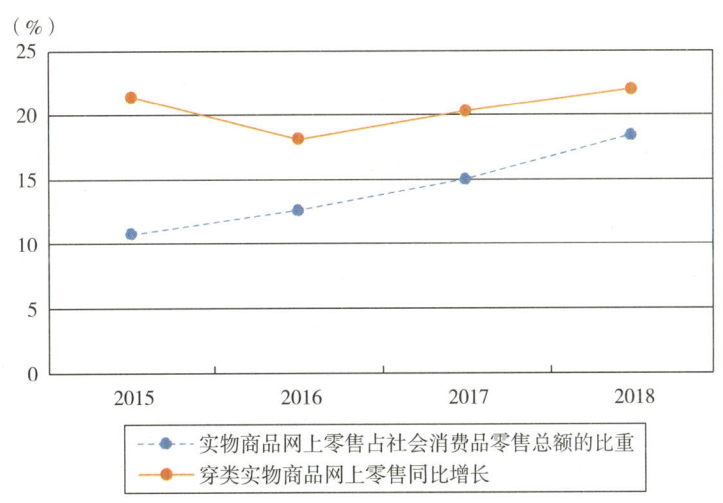

图1-19 2015年至2018年实物商品网上零售增长情况

资料来源:国家统计局。

服装家纺产品的网络零售除了交易额不断增加,结构也在不断发生变化。消费者的网上购买经验越来越丰富,网络零售呈现品牌化发展趋势,线上线下融合更加显著,线下知名服装服饰品牌也是网上零售主力品牌。2018年,天猫"双十一"大促销排行榜中,男装前10名分别为优衣库、GXG、太平鸟、森马、杰克琼斯、马克华菲、波司登、七匹狼、美特斯·邦威和斯莱德,这些全部是国内知名传统品牌,女装前10名分别为优衣库、ONLY、VERO MODA、波司登、伊芙丽、韩都衣舍、乐町、太平鸟、Teenie Weenie和

ZARA，可以看出，线上线下销售主体品牌已经越来越趋于一致。

（四）时尚品牌与文化高度兼容趋势

时尚产品将基于文化，致力于品牌的打造。时尚与文化相辅相成，兼容传统文化才能让时尚产品走得更远。传统观点认为，时尚是最新的，文化是历史的。然而，随着社会的不断发展进步，时尚与文化的开放融合，让时尚产品成为一种文化传播、一种时尚追求和一种生活态度。长远而言，时尚既是文化的载体，也是文化的创新，今天的时尚潮流在未来将以历史中的文化呈现。因此，时尚产业发展必将兼容传统文化，时尚产品蕴含着更多文化内涵，才能让越来越多人们的精神需求得以满足，促进时尚产业的可持续发展。

著名的时尚品牌纷纷实施融合文化要素策略。我国设计师在产品设计、推广过程中不断融入中国传统文化元素，实现产品的可视化、时尚化和国际化表达。例如，民族服饰品牌"楚和听香CHUYAN"致力于中国优秀传统文化的传承创新，将古代传统服饰与现代材料结合并经再创造，呈现出令人耳目一新的"新中式"文化服饰。我国的民族传统文化强调礼义道德，追求圆满完美，崇尚含蓄温和，将优秀的民族传统文化融入时尚品牌，更易让大众感兴趣并产生共鸣。2018年纽约时装周中，国民服装品牌——波司登以中国传统水墨画为基调，创造性运用古典元素，诸如"万字"、"回文"、"冰纹"等窗格式样，凭借传统文化与现代艺术相融合的策略完美地向世界展现了中国设计师的时尚创作水准。同时，随着鄂尔多斯、雅戈尔、红豆集团等不同细分领域的国产时尚品牌陆续在国际舞台登场亮相，这些融合了中国文化内核的时尚产品在吸引众多年轻消费者的同时，也向世界展现了中国的国民审美。随着设计师对于传统文化元素理解、表达的不断深入，时尚品牌与文化高度兼容越来越充分。中国设计师将以时尚产业为载体，更加注重将传统文化元素注入时尚品牌，使优秀的民族传统文化不断彰显新活力。

（五）理性消费并注重产品创新趋势

随着经济的发展和消费者素质的提高，当通过消费名牌商品满足虚荣心、达到炫耀目的的阶段被跨越后，消费者看重的是服装或家居纺织品是否实用，价格和品质是否能令人满意等，并且会密切关注商品打折促销活动，以获得更高的性价比。欧睿信息咨询有限公司将这种变化了的消费态度称为"新消费主义"，新消费主义者会理性估量自己的消费重点，会客观评估消费所能获得的真正价值。商品供给方不能仅靠"物美价廉"作为卖点来吸引消费者，而需要给消费者提供看得见的价值，包括技术投入、服务效率、产品体验、高性价比、个性化特征、品牌价值等。

在信息发达的今天，消费者可以通过各种渠道来对比商品的功能、质量和价格，了解商品的品质和口碑，仅靠品牌和广告已不能获得消费者的青睐和忠诚。消费者更加注重产品设计是否科学合理，不会选择华而不实的设计，会选择简约舒适的衣服，会看重服装或家居产品的面料如何，标签上成分如何，剪裁是否合身，产地是哪里等信息。就像优衣库提出的"服饰人生"理念，高质量的衣物、时尚的剪裁、可负担的价格、舒适的穿衣体验都是吸引消费者的关键因素。此外，产品创新也成为消费者看重的因素，如优衣库创新的吸湿发热面料、Supima 棉制圆领 T 恤、Airism 舒爽内衣等都是面料功能性创新的案例。

（六）蕴含时尚理念的绿色环保趋势

越来越多的消费者开始关注社会责任和绿色可持续发展，落实到消费行为上会关注品牌公司的社会责任现状，在购物时会考虑该产品品牌形象是否健康环保，原材料是否天然安全，一些发达国家的消费者还会关注是否有碳标签。H&M 推出牛仔时装产品的"时尚新生系列"，标明原料取自旧衣回收纤维，消费者只要将任何品牌的闲置服装、纺织品带到店铺都可以换取八五折优惠券，旧衣回收活动收入全部投入社会活动或者资源回收研究和创新项目中。优衣库从 2001 年开始在日本、美国、英国、法国等国家和地区开展全商品回收活动，回收衣服用于再次穿着或者合成纤维加工，已向 22 个国家进行了衣物捐赠慈善活动，得到消费者认可。

时尚产业的绿色消费主要指崇尚自然、追求健康舒适的消费行为，也指强调重复使用和再生利用的资源节约型消费行为。适应这种环境友好型的绿色消费提升路径主要包括两个方面，一是纺织品服装从设计、生产到销售的绿色供应链，二是从设计理念开始考虑的纺织品服装可循环利用体系。通过生态设计，开发绿色纺织产品，提高纺织服装等时尚产品的低碳水平，并能实现可循环、可降解。

（陈文晖　北京服装学院中国时尚研究院
郭宏钧　中国纺织建设规划院
刘欣　中国纺织工业联合会产业经济研究院
陈小倩　中国纺织工业联合会产业经济研究院）

参考文献

[1][3] 崔保国，郑维雄，何丹嵋. 数字经济时代的传媒产业创新发展 [EB/OL]. 人民网，http：//media. people. com. cn/n1/2018/0912/c420762 - 30288554. html，2018 - 09 - 12.

[2] 张越. 探析新媒体与传统媒体的竞合 [J]. 传媒论坛，2019 (11)：89.

[4] 丁朝峰. 媒介融合背景下电视媒体节目内容优化探究 [J]. 卫星电视与宽带多媒体，2019 (9)：43 - 44.

[5] 左宁. 试析智媒时代智能技术对媒体的重塑 [J]. 中国广播，2018 (10)：43 - 47.

[6] 腾讯研究院. 数字经济强势崛起，万字长文读懂经济增长新蓝海 [EB/OL]. 搜狐网，https：//www. sohu. com/a/128141707_ 455313，2017 - 03 - 07.

[7] 2018 年中国传媒行业发展回顾及 2019 年发展前景展望 [EB/OL]. 中国产业信息网，http：//www. chyxx. com/industry/201903/720155. html，2019 - 03 - 11.

[8] 陈新昊. 消费电子行业概况及发展情况 [EB/OL]. 证券时报网，http：//company. stcn. com/2016/0412/12665023. shtml，2016 - 04 - 12.

［9］艾媒咨询. 2018中国新消费专题研究报告［EB/OL］. 搜狐网，http://www.sohu.com/a/258439593_533924，2018-10-09.

［10］丁莹. 高质量发展在路上——"数说：我国轻工业经济运行与加快高质量发展［N］. 中国质量报，2018-03-08（A05）.

第二篇　年度主题

第二章
消费升级与中国时尚产业发展

党的十九大报告指出,中国社会主要矛盾已经转化为人民日益增长的美好生活需要和不平衡不充分的发展之间的矛盾。消费升级是经济增长的必然结果,进而消费升级将更深入地拉动经济增长,可以预见,新一轮经济增长将是以消费升级为引领,以时尚产业为动力,归根于满足人民对美好生活向往的品质追求。

一、消费升级的主要特征与影响因素

消费升级一般包含两层含义,一是消费结构的升级,是指居民各类消费支出中结构比例的变化,物质生活型消费比重明显减少,而精神享乐型消费比重和层次不断上升;二是消费意愿的提升,是对新品牌、新产品和新服务产生更多的接受意愿和支付意愿。深入剖析消费升级的主要特征和影响因素更有利于探讨消费升级和时尚产业的相互促进作用,从而认清在消费升级背景下时尚产业的发展方向和重点。

(一) 消费升级的主要特征

消费升级是在一定的经济社会条件下消费行为不断改善、不断提升的过程,具体表现为消费品质、消费层次、消费形态、消费行为四个方面的改进。

1. 消费品质由"量的增长"转向"质的提高"

消费升级首先是消费品质的升级。在社会物质生活得到一定满足的情况下,消费者开始由仅注重"量"的增长,转向对消费内容"质"的追求。"量"的增长,是消费的初级阶段,消费的关注点主要集中于消费品的种类、数量和基本用途,而"质"的追求是消费的相对高级阶段,消费内容追求消费品的质量、品牌和享乐奢华功能。整个消费升级过程,既表现为社会经济发展水平的历史跃迁,也体现出消费者对于品质、时尚、休闲、享乐的追求,是消费由中低端向高端发展的必要过程。

2. 消费层次由"生存型"转为"享乐型"

正如恩格尔定律所阐述的,随着家庭收入的增加,家庭收入中用于食品方面的支出比例将会逐渐减小。伴随社会不断进步,消费者在解决生存型的温饱问题之后,消费需求开始转向文化教育、娱乐休闲等享乐型消费。也就是说,随着消费者经济能力的增强,消费层次逐渐从生存型消费,向发展型,再向享乐型消费转变,对养生、休闲、时尚、健康的关注度逐步提高。因此,只有消费层次提升了,才有可能产生对时尚产品的消费需求。

3. 消费形态由"物质消费"转向"精神消费"

按马斯洛需求层次理论,人类需求结构分成生理需求、安全需求、爱和归属感、尊重和自我实现五类,由低层次到高层次依次排列,是一个消费形态升级,在满足基本的物质需求后,转向更高层次的精神需求不断拓展的过程。高层次的精神需求不是仅通过物质内容能够满足的,而是追求更多的精神消费和知识消费才能得到满足。这种精神消费和知识消费必须通过服务才能实现,其中精神消费主要体现在休闲、娱乐和康体的消费,知识消费主要是人们愿意为知识和自我提升方面进行人力资本投入。

4. 消费行为由"大众化"转向"个性化"

第二次工业革命以来,大规模的工业化生产促进了商品经济的快速发展,同时,生产过程的标准化也带来了商品消费的大众化。这种大众化消费在一定程度上满足了经济发展初步阶段供给相对不足的市场需求。然而,随着社会经济水平不断提升,尤其信息化和网络的快速发展,消费行为不再仅仅满足于大众化的排浪式消费,更多体现在追求个性化和多样化的时尚消费。

(二)消费升级的影响因素

影响消费升级的因素众多,大致可以分为微观因素和宏观因素。微观因素主要有消费者的个人预期、可支配收入水平、个人偏好及其消费意愿,而就产业而言,影响时尚产业发展的主要因素在于消费升级的宏观层面,即消费规模、消费结构与消费差距的深远影响。

1. 居民消费规模的不断增长

随着中国经济的发展,人均可支配收入不断增加,为增加消费支出金额和提高消费档次提供了支撑。2018年,中国人均国内生产总值64644.0元,同比增长6.1%,比2013年增长47.4%;人均可支配收入28228.0元,同比增长8.7%,比2013年增长54.2%

（见图2-1）。人均可支配收入增速高于人均国内生产总值增速，中国人均国内生产总值即将突破10000美元，根据其他国家的发展经验将进入消费快速增长的阶段。

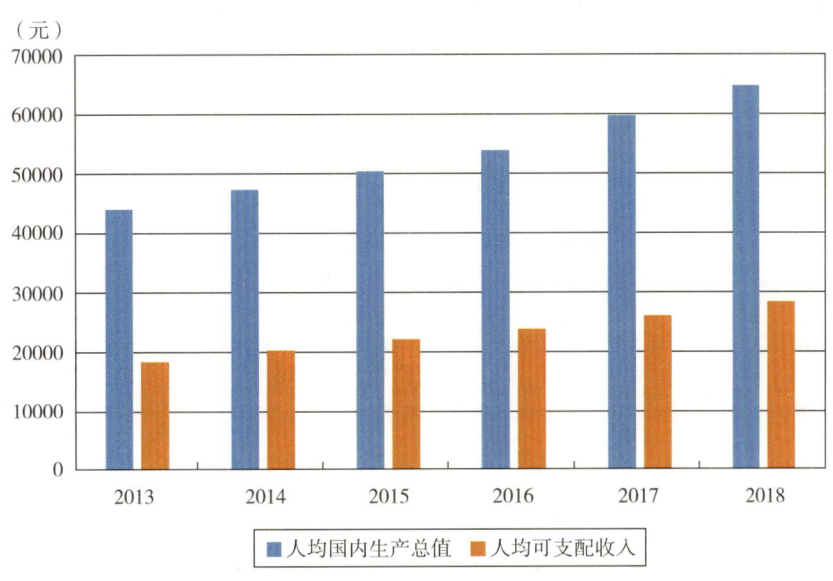

图2-1 人均国内生产总值和人均可支配收入情况

资料来源：国家统计局。

近年来，面对国际复杂的政治经济局势，中国投资与出口对国内生产总值的贡献程度不断降低。2013~2018年中有四年出口的贡献率都为负值，投资贡献率处于一路下滑趋势，由2013年的55.3%下降到2018年的32.4%；与之相对，国内最终消费支出的贡献程度处于不断上升趋势，2018年消费对于经济增长的贡献率达到历史最高值，贡献率为76.2%，未来消费促进国民经济和产业发展的作用会更加凸显（见图2-2）。

中国国民经济的持续增长，城镇化的稳步推进，国内消费需求也保持较高的增长水平。进入"十二五"以来国内消费总体平稳，2015年社会消费品零售总额达到300931.0亿元，"十二五"期间社会消费品零售总额年均复合增速为13.9%，比"十一五"期间年均复合增速低4.6个百分点，比"十二五"期间国内生产总值年均增速7.8%高6.1个百分点。2018年社会消费品零售总额380986.9亿元，同比增长9.0%，高于同期国内生产总值增速2.4个百分点（见图2-3）。未来中国居民消费总量如果继续保持高于国民经济增速的增长水平，将带动中国经济增长和消费结构不断升级。

2. 居民消费结构的优化与升级

随着中国人均GDP即将超过10000美元，将进入消费快速增长的阶段。2018年，中国居民人均消费支出19853元，比2013年增长50%，2013~2018年年均增速8.5%，其中，衣着消费支出1289元，2013~2018年年均增速4.6%（见图2-4）。中国居民衣着类消费支出的绝对值与发达国家相比还有较大差距，如美国年人均衣着类消费支出约1200美元，日本年人均衣着类消费支出也超过1000美元。随着居民收入提高、城镇化

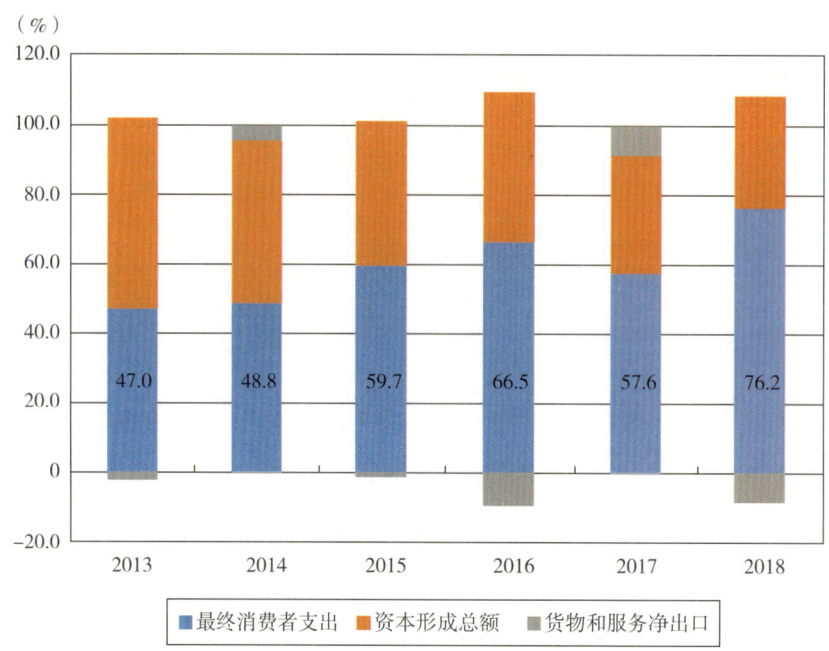

图2-2 三大需求对国内生产总值增长的贡献率

资料来源：国家统计局。

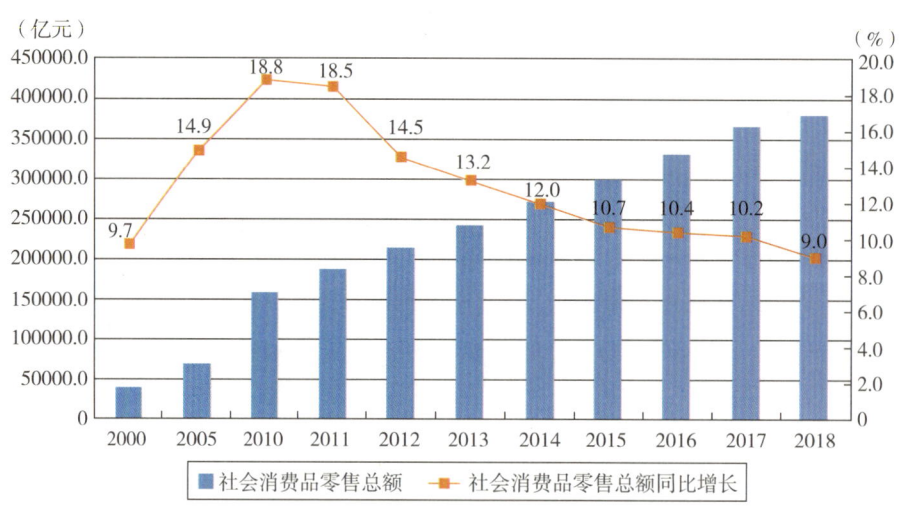

图2-3 中国社会消费品零售总额及增长情况

资料来源：国家统计局。

进程的推进以及消费结构的提升，对衣着类消费也提出了更高的需求，如种类更加丰富、功能更加齐全、品质更加优良等。因此，消费结构优化不仅促进了消费需求总体升级，而且也打开了时尚类消费品的增长空间。

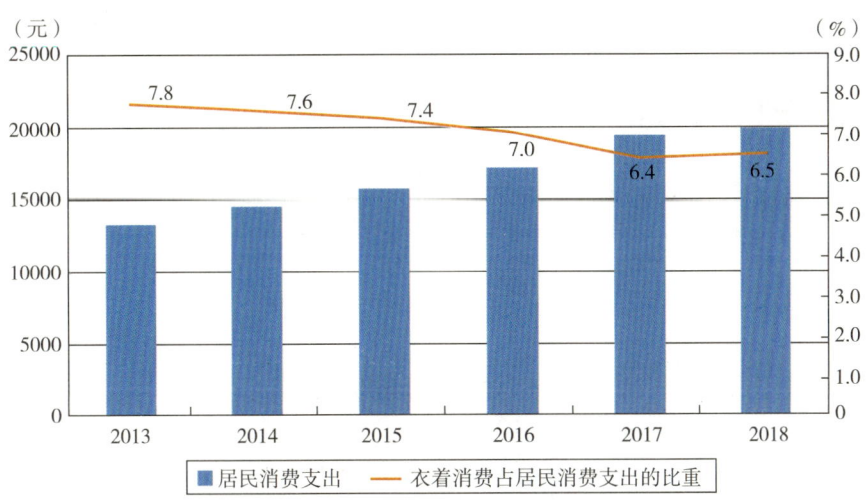

图 2-4 中国居民消费支出和衣着消费占居民消费支出的比重

资料来源：国家统计局。

2013 年，中国居民衣着消费占消费支出的比重为 7.8%，2018 年降低到 6.5%。根据发展经验，当收入水平上升到一定程度后，衣着类支出在居民消费支出总额中的比重将下降到一定程度并逐渐稳定。日本居民衣着消费占消费总支出的比重，较长时间以来都在 4% 左右波动（见图 2-5），中国城镇居民和农村居民的衣着消费支出比重还处于不同的阶段，城镇居民消费结构更加丰富，衣着消费占比呈现下降的趋势，而农村居民的衣着消费占比还处于平稳阶段，随着收入水平的增长存在着上涨空间。2005~2016 年，中国人均 GDP 从 1754 美元增长到 8127 美元，年均增长 15%，属于快速增长阶段，而同期日本的人均 GDP 在 40000 美元左右波动，属于基本平稳阶段，随着农村居民可支配收入的增长和城镇化进程的不断加快，衣着消费增长还有较大的上升空间，其中很大一部分将直接转化为对时尚服装的现实需求。

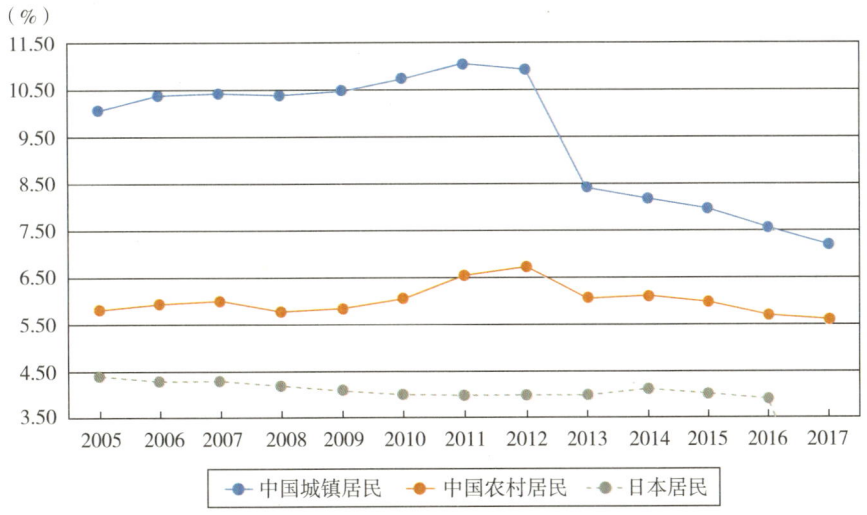

图 2-5　2005~2017 年中国城镇和农村居民以及日本居民衣着类消费支出占消费总支出的比重

资料来源：国家统计局，《日本纤维手册》。

从居民消费的结构看,衣着类消费这种基础消费的比重随收入水平的提高呈下降趋势,而升级类消费在居民消费结构中占据较大的比重,如医疗保健占比8.5%、教育文化娱乐占比11.2%、交通通信占比13.5%等,这也是消费结构自然升级的直接表现(见图2-6)。

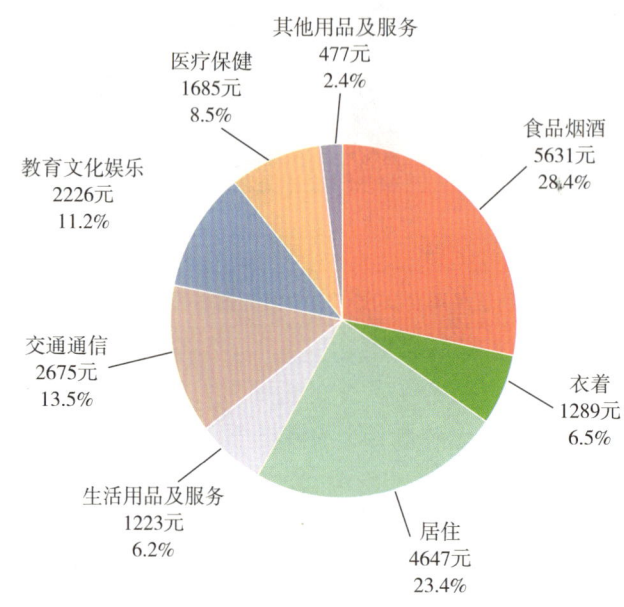

图2-6 2018年居民消费支出结构

资料来源:国家统计局。

从限额以上单位消费品零售情况看,消费品相关的品类都保持较高增速,普遍高于平均水平。2018年,限额以上单位消费品零售增长5.7%,服装鞋帽针纺织品类、化妆品类、金银珠宝类、家用电器和音像器材类、中西药品类以及通信器材类的限额以上单位零售增速分别为7.4%、9.6%、7.4%、8.9%、9.4%和7.1%,消费仍然呈现比较活跃的状态。但与2013年相比,2018年各项消费商品零售增速都明显下降(图2-7),国际国内经济风险会拉低居民在消费品上的支出预期,消费成熟和消费升级的情况也会使消费者越来越理性,常规产品开发和营销策略已不能适应不断升级的消费需求,消费升级对供给侧提出更高的要求。

3. 城乡和东西部差距导致消费需求提升

中国城乡收入水平和消费水平有较大差距,这也是居民消费升级存在的重要空间。2018年,中国城镇居民年人均可支配收入达到39250.8元,是2013年的1.5倍;我国农村居民年人均可支配收入达到14617元,是2013年的1.6倍。居民收入的增长有力支撑了消费的增长,同时农村居民收入和消费增长幅度都超过城镇居民,随着全面建成小康社会和城镇化进程的积极推进,中国居民消费水平具备进一步提高的基础和动力。但是,城镇和农村居民收入水平的差距仍然客观存在,2018年城镇居民年人均可支配收入是农村居民的2.7倍(见图2-8)。

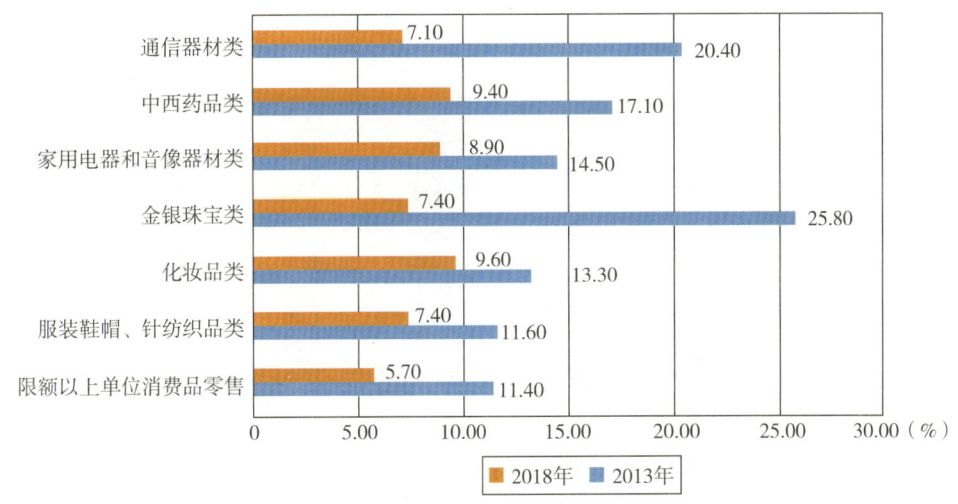

图 2-7　限额以上单位商品零售类值年度累计增长情况

资料来源：国家统计局。

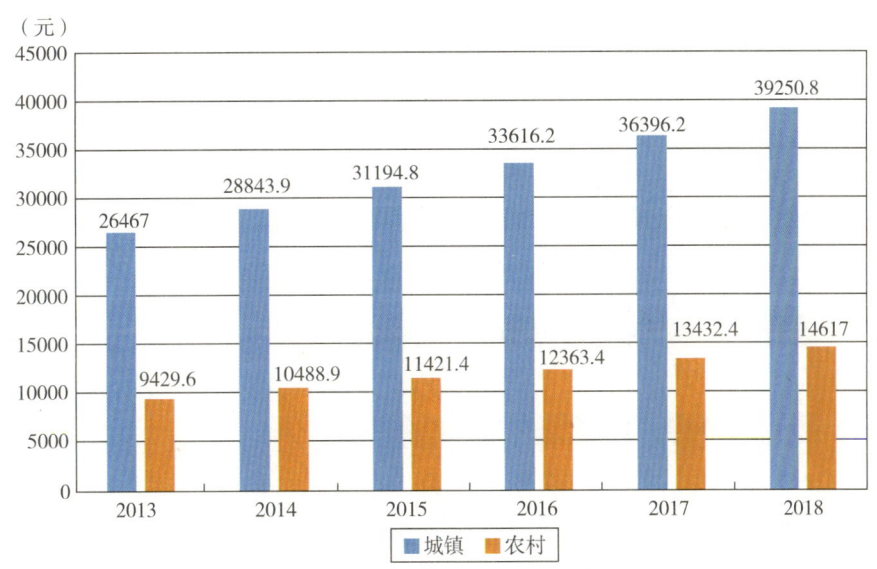

图 2-8　中国城镇和农村居民年人均可支配收入情况

资料来源：国家统计局。

城镇和农村收入水平的差距也决定了二者在支出水平上的差距，从衣着类消费支出看，城镇和农村居民均保持稳定的增长，但在消费支出水平上仍然存在着差距。根据国家统计局数据，2013 年城镇和农村居民家庭人均衣着类消费分别为 1553.7 元和 453.8 元，城镇是农村的 3.4 倍，2018 年城镇和农村居民家庭人均衣着类消费分别为 1730.7 元和 634.7 元，城镇是农村的 2.7 倍（见图 2-9）。随着城乡一体化进程的推进，城镇和农村的消费差距在缩小，农村居民收入和消费水平的提高必将向城市的时尚消费看齐，从而引发消费升级。

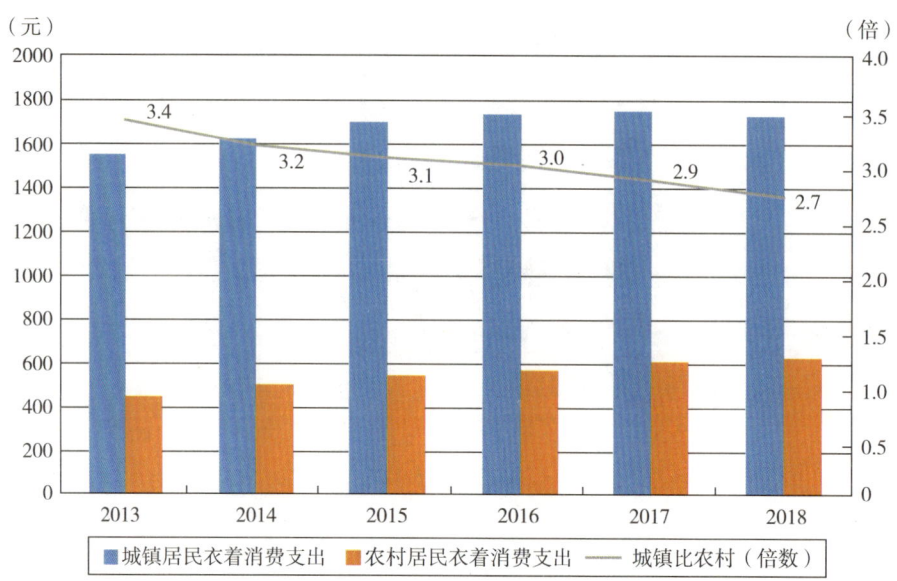

图 2-9 中国城镇和农村居民人均衣着消费支出水平

资料来源：国家统计局。

中国区域结构发展不平衡情况比较突出，东中西部居民收入的差异水平较大，导致东中西部地区居民的消费支出能力差异较大，区域不平衡造成的消费升级空间需求客观存在。2018 年，东部地区居民年人均可支配收入 36298.2 元（见图 2-10），比全国平均水平高 28.6%；而中部地区、西部地区和东北地区的居民年人均可支配收入分别比全国平均水平低 15.7%、22.3% 和 9.5%。

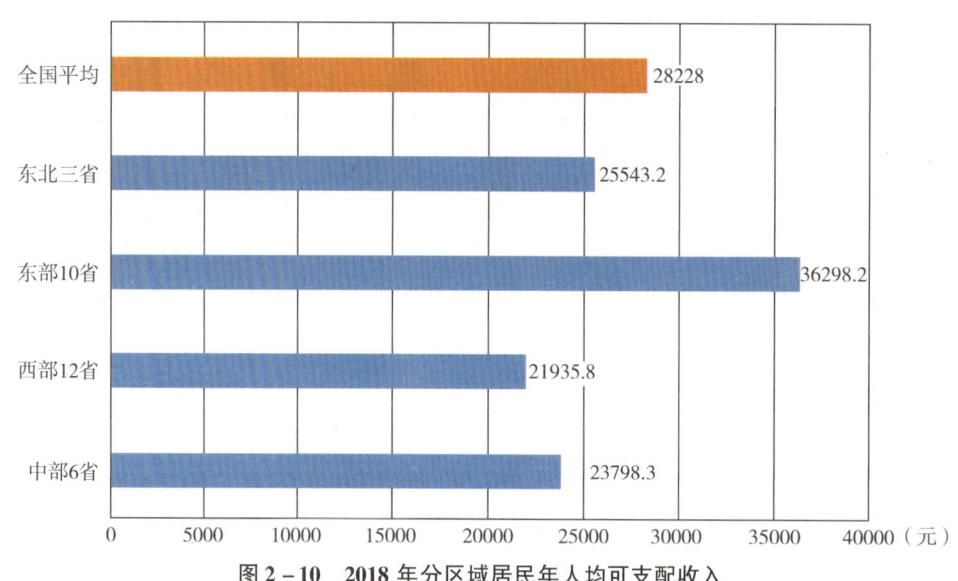

图 2-10 2018 年分区域居民年人均可支配收入

资料来源：国家统计局。

区域经济发展不平衡也使不同地区居民的消费支出水平有较大差异。从人均衣着消费支出情况看，2018 年东部地区人均衣着消费支出 1454 元，比全国平均水平高 17.5%，而中部地区、西部地区和东北地区人均衣着消费支出分别比全国平均水平低10.4%、低8.9%和高20.9%（见图2-11）。我国衣着消费总量较大的省份主要是经济发展和城镇化水平较高的东部沿海地区以及气候较为寒冷的东北地区，部分中部省份由于人口较多，消费需求也较为旺盛。根据2018年的数据估算，衣着类消费支出超过1000亿元的省份有4个，分别是山东、广东、江苏和河南，都是人口较多、经济发展水平较高的省份。从人均衣着消费支出情况看，年支出在1500元以上的有7个省市区，分别是北京、上海、天津、江苏、浙江、内蒙古和辽宁，除与经济发展水平密切相关外，还与气候和消费习惯有关，如内蒙古和辽宁都属于北方地区，而南方经济水平较高的广东和福建并不在其中。

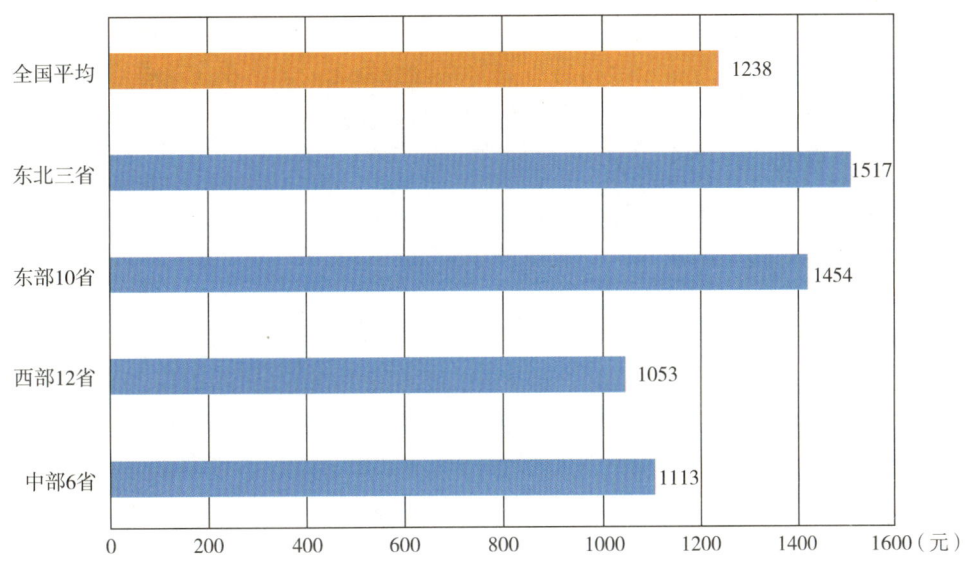

图2-11 2018年分区域居民人均衣着消费支出

资料来源：国家统计局。

以服装服饰为代表的时尚产业在我国城乡之间、东中西部之间呈现截然不同的消费特点，处于不同的消费阶段，从消费升级路径上看总体是从低消费区域向中消费区域和高消费区域转型，中小城市逐渐学习模仿大城市的消费和生活方式，时尚化、功能化、品牌化的时尚消费模式沿着消费渠道不断下沉，但由于城乡之间、不同区域之间文化习惯的差异性，又使每个市场有自己的固有特色，并不会被全部融合。

二、消费升级促进时尚产业发展的作用效果

消费升级与时尚产业的发展之间关系十分密切，消费升级带动了时尚产业的兴起，时

尚产业的发展又进一步促进了消费升级。消费升级促进时尚产业发展的作用效果主要体现在驱动时尚消费变革、催生新的时尚商业模式、孕育新的时尚业态和推动时尚管理规范化。

（一）消费升级驱动时尚消费变革

品质消费、个性消费是当前消费升级的重要方向，多样化、个性化的时尚产品正是消费品质的集中体现。就时尚市场而言，刚步入社会的年青一代往往以独生子女为主，无疑是当前时尚潮流的主体。从消费角度来看，年轻消费者注重个性化，注重品牌，注重体验，拥有时尚的生活观念，既是消费升级的主体，也是时尚产品消费的主体。时尚企业面临时代变革、技术变革和产业变革，消费升级无疑是这场变革背后无形的推手，而时尚产品才是时尚企业的归属，产品能否满足市场，能否引领时尚，将决定这些企业的生死存亡。时尚理念升级、时尚产品创新、时尚品牌维护将是时尚企业面临的战略抉择。从销售渠道来看，传统渠道有所放缓，网络渠道突飞猛进，线上与线下渠道的有效结合才是新时代时尚企业市场营销的关键所在。

（二）消费升级催生新的时尚商业模式

消费升级已经引发了时尚产业的理念升级、管理升级和服务升级，也将进一步催生商业模式创新。消费升级时代，在微观上消费者需要的是快捷、方便、新颖的个性化消费体验，而在宏观上消费群体和消费需求急速增长，因此，长期存在着个性化消费需求和庞大消费规模之间的矛盾，解决这一矛盾纠葛必须探索商业模式创新。商业模式是企业盈利能力设计的集中体现，是由利润点、利润源、利润杠杆和利润屏障组成的一个集成化系统。新经济将对传统经济商业模式中各个要素进行彻底颠覆，因此，只有创新商业模式，让时尚经济的新理念、新业态、新产品不断滋生，才能为时尚产业注入新的动能。

（三）消费升级孕育新的时尚业态

消费升级在驱动时尚市场变革和催生商业模式的基础上，将最终落脚于促进时尚新业态的产生。相对于其他产业，时尚产业更关注于消费者的时尚消费需求，更强调时尚消费的时效性，针对不同消费群体和现阶段的消费需求进行时尚产品的研发、设计、加工、制造、营销。在消费升级背景下，时尚企业将更注重市场调研与用户体验，研发设计将更具有针对性，不断优化的生产与销售流程大大缩短了时尚产品上市的周期，从而更好地满足消费者对于消费品质和消费享受的高层次需求。在传统产业转型升级和商业模式创新的双重压力下，时尚产业将会加速与影视音乐、文化传媒、旅游休闲等行业的融合，促进时尚产业的技术创新、业态创新、产品创新，新型时尚业态不断涌现。

（四）消费升级推动时尚管理规范化

规范化的行业管理是保障产业良性发展的必要条件，时尚产业行业发展标准化促进了行业规范发展，同时优秀产品评定也鼓励了产业创新，引导企业有序竞争。贯彻《消费品工业"三品"专项行动营造良好市场环境的若干意见》，工业和信息化部从 2017 年开始每年制定《消费品工业"三品"专项行动计划》，2017 年和 2018 年工业和信息化部消费品司委托中国纺织工业联合会开展"年度纺织十大创新产品评选"工作。从时尚创意产品、非遗文化创意产品、舒适体验产品、易护理产品、户外功能产品、防护用功能产品、医疗卫生用功能产品、智能产品和低碳环保产品共九个大类中，发布以市场需求为导向的纺织行业创新产品，2017 年和 2018 年分别有 64 件产品和 54 件产品获得"年度纺织十大创新产品"称号。此外，纺织行业的"年度纺织十大创新产品"和轻工行业的《升级和创新消费品指南》评定产品都是适应消费升级的创新性产品，是产品创新开发的示范和引领，也是对全行业适应消费升级加快转型的积极引导。

三、时尚产业发展对消费升级的反馈作用

消费升级促进了时尚产业的发展，时尚产业不断发展反过来又引发进一步的消费升级。时尚产业发展对于消费升级的反馈作用主要表现在引致潜在消费、提振消费信心和优化产业结构三个方面。

（一）时尚产业的发展会引致潜在消费

时尚引领时代的潮流和风尚，时尚产业的发展既是消费不断升级的产物，也将会引致潜在消费的产生。在时尚产业不断提质升级的发展过程中，时尚产业发展对消费行为存在着正向反馈机制，这种机制通过时尚理念、时尚创新和时尚生态激活了潜在消费，让潜在消费转化为现实消费。一是时尚产品不断迭代，新产品具有新功能和新消费体验，进一步激发原本观望消费者的情绪，让他们转化为现实消费者。二是时尚企业不断拓展自身产业链，布局特色的时尚生态圈，激起了新消费者的时尚消费需求，当这种时尚成为一种潮流时，就释放了消费者潜在的消费潜力。三是时尚热点和时尚领域层出不穷。当前，中国众多城市将时尚产业作为未来重要产业进行布局，开辟了众多新的时尚热点和时尚领域，如美丽时尚青岛、休闲时尚杭州、时尚兰州等，这种城市发展倡议不仅重新定义了城市发展目标，而且成为城市发展名片，有利于广泛传播，从而引致更多潜在消费者来到这类时尚都市参与时尚消费。

（二）时尚产业的发展将有效提振消费信心

消费需求不断升级是消费者对市场充满信心的集中体现，时尚产业发展更注重品牌效应，因此，发展时尚产业能够有效地提振消费者信心。当前，我国宏观经济增长放缓一定程度上存在着消费者信息不足的原因，一个突出现象是近年来海外购物急剧增长，特别是海外代购奶粉最引人注目。"三聚氰胺奶粉"事件后，中国政府对于奶粉产销过程实行了

最严格的管理标准，然而海外奶粉代购只增不减，这说明国内消费者对于国产奶粉的消费信心不足，并且短期内难以恢复。

此外，在国内出口普遍放缓的同时，国内时尚产品消费和出口数量快速回暖，并出现快增长势头，一定程度上说明消费者对于国产时尚产品的认可与肯定。时尚产品作为高端消费品，不仅从原材料开始就注重各个环节的品质保障，而且更加强调时尚产品的体验过程与售后服务，从而更容易赢得消费者的肯定，增强消费者对于国产时尚品牌的消费信心。因此，以时尚产业为突破口，大幅提高国产品牌的品质保障，将是未来恢复国民对于国产品牌消费信心的重要渠道。

（三）时尚产业的发展有助于优化消费结构

消费结构与产业结构密切相关，产业结构的优化调整将直接影响消费结构优化升级，间接影响消费需求升级。产业结构的优化调整即产业转型升级可以分为传统产业的转型和新兴产业的升级两个方面。

时尚产业的发展有助于促进传统产业转型，进而推动产业结构和消费结构的优化调整。首先，时尚产业促进传统产业的服务化转型。由工业经济向服务经济转变是经济发展的必然趋势，企业服务化转型意味着企业向微笑曲线两端延伸，提高了企业在价值链上的话语权，促进了企业的服务化转型。其次，时尚产业促进传统产业的技术升级。时尚浪潮的来临，不仅对时尚产业提出挑战，而且对传统产业产生冲击。为满足时尚消费需求，传统产业不得不借助外部技术转移服务进行技术革新，适应时尚产品的个性化消费需求，缩短传统产品的迭代周期，从而引发传统产业整个技术链的升级效应，促进了传统产业向智能化转型发展。再次，时尚产业促进传统产业的全链条升级。时尚产业作为下游消费类产业具有向上游溯源的重要作用，带动中上游行业向高端化转型发展。最后，时尚产业推动传统产业向绿色方向转型发展。当前，绿色环保、低碳节约、生态文明成为一种时尚潮流，让更多消费者在关注时尚类消费产品是否绿色环保的同时，开始追根溯源，关注时尚企业的绿色理念和环保行为，促进时尚产业链中所有企业向低碳、环保、可持续方向发展，从而推动传统产业向绿色转型。

时尚产业发展有助于促进新兴产业升级，不断增强经济体的时尚活力和发展动力。一方面，时尚产业与高新技术产业快速融合，促进了高新技术产业的进一步发展。高新技术产业是当前新兴产业的重要组成，也标志着一个地区的技术创新水平和高端产业竞争力。时尚产业与高新技术产业均是以创新创意为核心要素，具有天然的合作基础，时尚企业多选址于高新技术开发区的现实，已经说明时尚产业发展对于高新技术的严重依赖。时尚产业与高新技术产业的融合不仅有利于推出高技术含量的时尚产品，更有利于促进高技术产业更深层次的技术革新，推动高新技术产业的技术升级。另一方面，时尚产业与新技术结合催生新业态，为新兴产业注入新活力。新技术引发了时尚产业变革，而时尚产业在发展更迭过程中不断催生时尚新业态，新兴业态不断涌现将可能演变成为未来经济发展的主导产业，因此，时尚产业发展不断催生出新兴业态，促进了新兴产业的升级换代。

四、消费升级背景下时尚产业发展的方向与重点

新经济时代,时尚产业的发展要围绕满足消费需求升级和产业高质量的要求,不断明确发展方向和重点,从而有利于优化时尚企业战略决策和完善相关产业政策。

(一) 时尚产业未来发展的方向

以消费升级为驱动,时尚产业将逐步演变为人民群众消费最受欢迎产业,未来时尚产业的发展方向在于推动时尚制造向中高端制造转型、注重时尚服务的高质量供给和不断拓展时尚产业发展空间。

1. 向中高端制造业转型

中国是制造业大国,但制造业技术自主创新能力不强,关键核心技术对外依赖程度高,制造业锁定于价值链低端环节,且存在高耗能、高污染现象等一系列掣肘性问题。产业转型升级问题已经成为我国政府长期以来关注的重点和焦点。传统纺织工业作为我国制造业第一大传统产业,其转型升级问题尤为重要。在消费升级背景下,时尚产业加速传统纺织服装产业的转型升级进程,促进传统服装制造企业向智能化生产、规模化经营、个性化定制、集群化布局和品牌化拓展等方向发展,促进传统纺织产业向现代时尚产业转变,加快传统企业向产业链、价值链和供应链的中高端迈进。以服装行业为例,近年来郑州市以创新驱动发展战略为指引,积极由来料加工贸易、贴牌生产向品牌服装设计、高端服饰生产转变,由单一品种向多元化品牌服装开拓,由分散式、作坊式生产向规模化、专业化生产转型,打造出领秀·梦舒雅、渡森、娅丽达等一批本土知名品牌,传统纺织服装行业已经初见时尚品质端倪,具备时尚产业发展潜力,并且在组织中国国际服装服饰博览会基础上,郑州市"纺织服装名城"和"中国裤业之都"地位逐步得到认可。特别是为加强服装产业的研发创意能力,促进产业向中高端发展,河南锦艺轻纺发展有限公司组建了中原时尚纺织家居创新创业产业孵化基地,郑州旗帜服饰设计有限公司成立了旗帜纺织服装创意设计试验平台,以及政府推进建设了时尚发布平台和信息交流平台,这些基地或平台集聚了全国优秀纺织服装创业人才,吸引了国内外知名企业,打通服装设计整个产业链,打造出众多优秀的时尚服饰品牌,进而提高了郑州城市形象,促进传统制造向高端制造挺进。

2. 注重高质量时尚供给

消费升级背景下,不仅消费需求总量规模不断增长,而且消费者的消费品质、消费层次、消费形态和消费行为均产生了不同程度变革。面对这一消费格局的提升,时尚消费产品和高端品牌服务将会迅速崛起,时尚产业步入高质量发展时代。例如,2018年中国内地奢侈品市场规模达到1700亿元,继续保持20%的惊人增长速度。新零售模式下,无论

是奢侈品、服装服饰，还是消费类电子产品，均可能出现爆发式增长。可以预见，未来一段时期，中国依旧是全球规模最大的网络零售市场，网络零售模式将进行大幅度变革，数字化转型驱动线上、线下、物流一体化发展，促进研发、设计、制造、支付、仓储、服务等全方位的数字化打通。时尚企业借助消费升级和数字化浪潮，将不断探索向高档材料、原创设计、数字工艺和小众产品等"轻奢品"方向发展。高质量的时尚产品供给，不仅保障时尚产品从材料、工艺、流程直到最终产品的高质量化，而且更加注重时尚产品的高质量服务体验，体现出时尚消费的休闲健康功能和自我品位提升。

3. 拓展时尚产业发展空间

时尚产业代表了人民群众基本生活得到充分满足后对于品质生活和精神娱乐的高层次消费追求，大力发展时尚产业，不断拓展时尚产业发展空间，能够最有效地拉动内需，增强产业国际竞争力，从而提高广大人民群众的生活福祉。拓宽时尚产业发展格局，需要在时尚产业发展的四个空间形成合力：一是技术空间，新一代信息技术在时尚产业具有广阔的应用前景，只有加强时尚与科技的充分融合，才能向市场提供更高端的时尚产品，引发时尚流行浪潮；二是虚拟空间，未来网络虚拟空间的线上消费将会保持高速增长，时尚产业特别是奢侈品行业在线下拓展基本饱和的前提下，应该不断开拓线上业务，增强时尚产品的参与感和体验性；三是政策空间，放宽时尚产业的市场准入门槛，通过放管服改革减少对社会资本进入时尚产业的市场准入限制，鼓励国内外产业主体共同推动产业发展；四是生态空间，生态文明已经渗入各行各业，时尚产业作为引领未来型产业，更需要加强生态与时尚的结合，以生态文明引领时尚发展，以时尚发展改善生态环节，促进人与自然的有机融合。可以预见，时尚产业未来发展空间仍具备无限潜力，但要做大做强时尚产业，需要在时尚产业的政策空间、技术空间、虚拟空间和生态空间协同发力。

（二）时尚产业未来发展的重点

在明确时尚产业发展方向的基础上，时尚产业未来发展的重点在于加强新材料性能与功能革新、推动智能制造、重视品牌建设、促进个性化定制、重视专业化消费需求和开拓中等收入群体的时尚消费需求。

1. 加强新材料性能与功能革新

原材料是时尚产品开发与制作的基础。就服装服饰产业而言，纤维是纺织服饰行业生产的基本元素，随着消费逐步升级，服装消费不再停留于服装服饰本身的质量与风格，而是追根溯源地关注纤维新材料的基础性能和智能功能。

基于材料的基础性能，纤维新材料是传统纺织材料基础性能不断迭代升级的结果，通过增强纤维质量与密度，生产出高性能纤维，提升纺织服装面料的舒适度。未来纤维新材料的基本性能发展重点在于功能性纤维材料开发与品质提升、生物基化学纤维产业化、高性能纤维产业化等方面。

基于材料的智能功能，智能纤维材料是智能服装的基本组织构成，通过电子信息技术新材料与高性能纤维结合，让服饰产品具备传感功能、反馈功能、记忆功能和自适应功能，从而兼顾时尚与智能化的要求。未来智能纤维新材料的发展重点在于提高智能纤维的使用性能，促进微小电子元器件向织物的直接嵌入，以及对智能纤维内部结构进行形态和聚集态的改进和调整。

2. 推动时尚产业智能制造发展

智能化是制造自动化的发展方向，智能制造是颠覆时尚产业生产方式的重要动力。当前，纺织服饰行业的智能制造已经研发出智能化化纤成套生产线，根据化纤生产工艺特点，实现从纺丝、假捻变形、卷绕成型、在线监测、全自动物流仓储等全流程的智能化。未来智能制造向时尚产业的渗透将会更广泛，推动装备智能化、产品智能化、生产过程智能化、制造方式智能化、管理智能化等全方位的变革。

3. 继续重视时尚品牌建设

品牌建设是时尚企业的生命。服装服饰国际品牌高度重视中国市场的开拓，大部分知名品牌都在中国开设零售终端，并在主流电商平台开设了官方旗舰店，国际品牌也越来越重视中西部市场和二三线市场的开拓。以优衣库为例，2018年中国大陆地区的店铺数量是2014年的2.2倍，而中西部省份的店铺数量是2014年的2.7倍，店铺向二三线市场下沉的趋势非常明显。国内服装服饰品牌也越来越受到消费者的认可，市场规模不断扩大。例如，2018年安踏集团主要经营的安踏、FILA、DESCENTE、KOLON SPORT等品牌，实现营业收入241亿元，同比增长44.4%；森马服饰经营的森马、巴拉巴拉两个品牌，实现营业收入157亿元，同比增长30.7%；海澜之家主要经营的海澜之家、圣凯诺、爱居兔、黑鲸、OVV、AEX等品牌，实现营业收入190.9亿元，同比增长4.9%；比音勒芬主要经营的比音勒芬、威尼斯两个品牌，实现营业收入14.8亿元，同比增长40.0%。可以看出，国内服装企业采用以多品牌经营为主业的集团化发展模式，其营业收入增长速度均大幅领先于行业平均水平。未来时尚企业将会进一步加强品牌建设，形成多品牌组合矩阵，增强企业品牌的国际影响力。

4. 全面促进个性化定制服务

时尚产品的个性化定制也是未来重要发展趋势。通过数字化、大数据和物联网将消费者需求转化为生产线上的指令，以工业化大规模生产的低成本、高质量和高效率提供定制产品和服务的生产方式，具有产品多样化、个性化与生产标准化特征。服装工业的个性化定制已经初见端倪。未来针对目前量体环节和试衣环节存在的问题，企业个性化定制首先应该加大力度研发远程人体测量技术，通过量体软件达到专业量体师的水准，使定制更加便捷；其次加速应用AR（现实增强技术）体感互动成像技术和三维人体建模技术，生成立体的人体图像，逼真模拟试衣效果，提升定制服装的满意度；再次建设大容量的数据云平台，开发消费者、量体师、着装顾问、设计师、企业内部员工、供应商、服务商的平台入口，共享定制产品的全方位数据；最后打造定制供应链协同研发创新体系，从纤维性能、面料风格、服装功能、审美设计、流行趋势等方面引导培育消费者。

5. 重视时尚产品专业化消费需求

专业化运动功能服装消费从专业人员扩大到普通消费者。运动、健身已经成为人们生活的一个重要组成部分，跑步、单车、游泳、篮球、瑜伽、太极等各项健身活动的服装服饰市场需求不断增长，未来消费者对专业化服装服饰的功能性和舒适性要求也不断提高。

以如火如荼的马拉松为例，2018年全国800人以上参加的马拉松赛事举办了1581场，全国马拉松累计参赛人次583万，而2010年举办场次还只有13场，赛事和参加人员数量的快速增加给相关产品带来很大的消费增长空间。作为专业和准专业跑友，需要多达十几项跑步装备，包括速干衣、跑步裤、袜子、背包及遮阳帽等纺织品服装产品。因此，适应专业化运动需求的纺织品服装具备大幅增长的空间。

冰雪运动相关服装服饰产品需求量增长迅速。2022年北京将举办冬季奥运会，中国消费者对冰雪运动开始从陌生变为熟悉。冰雪运动专业服装服饰在我国还处于起步阶段，主要的户外品牌都涉及滑雪运动相关服装服饰，但是专业化水平还不高，还没有形成专业致力于冰雪运动的品牌；淘宝和滑雪场周边销售的产品档次普遍比较低，功能性、美观性和时尚性都还不能兼顾；少量的中高端客户选择从国外购买或者通过海外购进行代购，哈里汉森（Helly Hansen）这样专注于滑雪运动服装的国际知名品牌也逐步开始在国内市场开设专卖店。

6. 开拓中等收入群体的市场前景

随着中国经济发展水平的提高，中等收入群体数量增长迅速，成为支撑消费增长的主体力量。根据《麦肯锡2019时尚报告》，中国已经不仅是全世界的制造工厂，而且是全世界增长最快的消费市场，占据了全球最终消费品18%的份额。随着"90后"和"00后"逐渐成为消费主体，中国以服装服饰产品为主的时尚消费增长迅速。根据《麦肯锡2019时尚报告》，2017年中国"双十一"一天的电商销售额达到250亿美元，比2016年增长40%，超过美国"黑色星期五"（Black Friday）和"网购星期一"（Cyber Monday）的合并销售额。随着国民消费水平整体性跃迁，未来时尚产业发展应该由只关注高端消费群体向关注中高端消费群体转移，更加注重中等收入群体作为时尚产品中坚消费力量的市场前景。

（陈文晖　北京服装学院中国时尚研究院
华珊　中国纺织工业联合会产业经济研究院）

参考文献

[1] 李勇坚. 北京应加快发展时尚产业［J］. 投资北京，2018（6）：27-29.

[2] 陈文晖，王婧倩，熊兴. 促进北京纺织服装时尚产业发展的策略［J］. 纺织导报，2018（9）：29-30.

[3] 刘熠哲，郁祁. 改革开放以来我国消费升级的历程及动因分析［J］. 现代商贸工业，2019，40（24）：87-88.

[4] 陈文晖，熊兴，王婧倩. 加快发展时尚产业以推动北京建设全国文化中心的建议［J］. 中国纺织，2019（1）：110-111.

[5] 陶沁，金婕，金勇. 武汉传统制造业向现代服务业转型的有效路径——以时尚产业为例［J］. 经营与管理，2018（5）：89-92.

[6] 陈文晖，刘雅婷. 香港时尚产业发展研究［J］. 中国纺织，2018（7）：

138-141.

［7］张立波，吕明圆. 消费升级背景下旅游演艺创新发展策略探析［J］. 中国海洋大学学报（社会科学版），2019（3）：78-83.

［8］陈文晖，熊兴，王婧倩. 消费升级背景下时尚产业发展战略研究［J］. 价格理论与实践，2018（5）：155-158.

［9］消费升级新形势下将会形成全新的零售业态［EB/OL］. 中关村在线，https：//baijiahao. baidu. com/s？id = 1615744337149752281&wfr = spider&for = pc.

［10］廖义桃. 人工智能产业的应用场景和发展模式［EB/OL］. https：//baijiahao. baidu. com/s？id = 1633047295137800266&wfr = spider&for = pc.

［11］季明. 时尚产业数字化应用与趋势［EB/OL］. http：//www. sohu. com/a/319835004_750151.

［12］腾讯研究院. 数字经济崛起：未来全球发展的新主线［EB/OL］. https：//www. tisi. org/4881.

［13］聂春洁. 郑州市纺织服装业加快产业转型升级向中高端迈进［N］. 郑州日报，2017-06-23.

［14］宗文. 控制总量　优化产能　推动重组［N］. 中国纺织报，2016-12-21.

第三篇　行业发展篇

第三章
中国纺织服装产业 70 年发展回顾与展望

2019 年是中华人民共和国成立 70 周年。历经 70 年的发展，纺织服装产业已经成为中国经济发展中一个亮丽的品牌。中国纺织服装产业从最初的棉纺规模仅占世界约 5% 开始起步，经过 70 年风雨历程，时至今日已经发展成为全球最大的纺织品服装生产国、消费国与出口国，同时也是世界第二大珠宝加工国、第二大化妆品消费市场以及世界性消费电子产品的制造中心。当前中国纺织服装工业体系已经拥有了迄今全世界规模最大、品种最全、设备先进的服装服饰生产线，产品设计能力达到国际水准，极大满足了消费者对服装这一基本消费品在时尚、文化、功能方面的持续追求。从传统纺织业到纺织服装产业，再由纺织服装产业发展到现代时尚产业的演进与跃迁，记载了中国纺织服装产业 70 年辉煌发展的历程。

一、70 年发展：演进与跃迁

中国纺织服装产业辉煌的 70 年，按照产业演进规律及其深远影响可以划分为起步、规模化、品牌化和国际化四个发展阶段。这四个阶段分别记录了由传统纺织行业初步发展为纺织服装行业，再升级为纺织服装产业，最后演进为现代时尚产业的演进过程，并且伴随了四次重要的历史性跃迁，即纺织行业从无到有的跃迁、纺织服装行业从弱到强的跃迁、服装产业从数量到质量的跃迁以及时尚产业由国内向国际的历史性跃迁。

(一) 起步阶段 (1949~1978年): 从无到有

1949~1978年是纺织解决衣着温饱问题的起步阶段,初步建成了中国的纺织工业体系。纺织工业体系的建立实现了纺织业从无到有的第一次产业跃迁,行业发展初具规模,为未来纺织服装行业起飞奠定了基础。

1949年,纺织行业的基本局面是原料短缺、"缺衣少被"。中华人民共和国成立时,以棉纺织业为主的纺织行业,其棉花年产量不到50万吨,纺织企业的棉纺锭生产能力只有500多万锭,主要为当时接管的官僚资本,人均棉布产量仅7尺。棉纺织业的工业化生产规模更小,其化纤年产量不足1万吨,在当时的全球经济统计中被"忽略不计"。

20世纪50年代中国开始引进维纶、纤维技术,60年代开始引进腈纶纤维技术,同时自力更生,兴建大规模包括化学纤维在内的纺织机械制造厂。1960年化纤年产量为1.06万吨,实现从1949年在全球经济统计中被"忽略不计"到进入"世界化纤产量统计"。

70年代国家决定在上海、天津、辽阳、四川分别兴建量产35万吨的全国性化纤厂。通过四大化纤厂的建成与达产,初步奠定了中国纺织化纤工业的发展基础,对于中国的纺织服装业的发展具有举足轻重的意义。

经过30年的艰苦奋斗,纺织服装产业发展初具雏形,不仅完成了部分行业从无到有的转变,形成了纺织工业体系,而且从根本上解决了人民群众衣着问题。到1978年,纺织工业数量增加到153个,实现工业产值增长到8.27亿元。纤维加工总量为276万吨,占全世界的比重接近10%。全国衣着类商品零售总额278.5亿元,比1952年增长4.48倍。1978年全国棉纺锭达到1561.9万锭,棉纱产量比1950年增长4.45倍,布产量比1950年增长3.38倍;化纤产量实现零的突破,并且快速进入规模化生产,1978年化纤产量达到28.5万吨,丝织品产量比1950年增长9.7倍,毛织物产量同比增长了16.2倍,苎麻、亚麻织物产量增长了50倍,由此人民衣着消费的基本需求得到了很好的满足。与此同时,纺织品出口贸易也逐步改善,1978年纤维制品出口创汇24.31亿美元,占全国商品出口总额的29.1%,纺织品贸易对改革开放初期出口创汇贡献突出。

(二) 规模化阶段 (1978~1992年): 从弱到强

1978年改革开放为纺织工业长远发展奠定了深厚的基础。在改革开放的推动下,纺织行业开始不断升级,实现了快速增长。这一阶段的主要特征是纺织服装行业实现了规模化扩张,促使整个行业由弱到强。

改革开放的春风使纺织服装业在市场化机制推动下率先发展。首先是在沿海开放城市,乡镇企业率先在纺织工业领域破茧而出,推动纺织工业成为沿海最早开放的14个港口城市及一批经济开发区最先发展起来的先导产业。纺织工业企业在轻纺优先政策支持下,借助纺织品外贸体制改革,通过"两头在外、来料加工"得到了快速成长。1984~1992年,中国纺织服装出口总额年均增长率达到27.23%,占世界纺织服装出口比重由6.4%上升到10.2%,纺织服装业也成为了中国改革开放背景下率先启动的主导型产业。

1978～1992年中国服装时尚产业主要指标变化情况如表3-1所示。

表3-1 1978～1992年中国服装时尚产业主要指标变化情况

指标	基本情况
纤维加工	1978年，纤维加工量276万吨，占全世界的比重不足10%
	1982年，纤维加工量突破400万吨，满足国内基本衣着类消费需求
	1983年，棉布正式取消限量供应，宣告了短缺经济时代正式结束
	1985年，化纤生产进入"年产量破百万吨"时代，全球占比6.3%，迈入化纤制造业"世界主要国家"行列
服装产量	1980年服装产量9.4亿件
	1990年服装产量31.7亿件
服装出口	1980年纺织工业出口总额49.5亿美元，其中服装16.5亿美元，占比33.3%
	1990年出口服装68.5亿美元，占纤维品出口总额的比重为45.9%

（三）品牌化阶段（1992～2000年）：从量到质

1992～2000年是中国纺织服装产业品牌化发展阶段及快速增长期，进一步实现了由纺织服装行业向纺织服装产业的转变，企业更加注重品牌与形象建设，纺织服装业发展由单纯的数量扩张向质量的提升转型。

随着对外开放的不断深入，国外企业及中国港澳台地区企业不断进入中国东南沿海地区，伴随先进技术、高端人才、产业资本和先进管理经验的大量进入，为中国正在成长的纺织服装产业注入了新的活力。棉纺无梭织机、自动络筒机、气流纺、化纤设备等成套装备的引进，不仅提高了纺织企业的生产效率，而且提高了纺织企业的自主创新能力，生产效率大幅度提高，企业关注目标逐步由生产工艺转向品牌建设。2000年，中国纺织服装全行业出口额已达530.4亿美元，比1998年增长23.7%。纤维加工总量占世界的1/4，纺织服装出口总量占世界的1/6，成为名副其实的世界纺织大国。1992～2000年中国服装时尚产业主要指标变化情况如表3-2所示。

表3-2 1992～2000年中国服装时尚产业主要指标变化情况

指标	基本情况
纤维加工	1996年，纤维加工量增加至1090万吨，进入纺织加工能力千万吨时代，迈入世界先进行列
服装产量	2000年达到209.3亿件
服装出口	2000年出口服装292.8亿美元，占纤维品出口总额的比重为55.0%

在国内外资本相互竞争的格局下，中国企业逐步注重品牌建设，纺织服装产业的资本结构也逐步形成三分天下的格局。国有资本的比重在不断下降，非国有民营资本比重不断攀升，形成了国有、民营与三资"三分天下"的竞争格局。随着资本结构的变化，企业

经营权与所有权分离等企业治理结构改革，从制度层面提升了企业的经营活力与效率，品牌化建设也推动纺织业走在全国行业前列。到 20 世纪 80 年代中后期，形成了"服装、装饰、产业用"三大终端产品和"轻纺优先、两头在外、大进大出"的纺织格局。

（四）国际化阶段（2001 年至今）：从内到外

进入 21 世纪，纺织服装产业逐步演变为中国纺织服装时尚产业，步入从国内到国外的国际化发展阶段。

2001 年中国加入 WTO，标志着中国对外开放进入了一个全新的时期，同时纺织服装产业也进入国际化发展阶段。加入 WTO 让中国成功获得国际平等竞争的权利，实现国际国内资源统筹配置，纺织企业顺应历史潮流，不断缩小与发达国家服装产业大型集团的差距，逐步成为国内外市场的重要一员，实现了纺织服装产业向纺织服装时尚产业的质变。中国纺织服装出口额由 2001 年的 530 亿美元增长到 2010 年的 2120 亿美元，年均增长率为 14.87%，因此，这一时期也被中国纺织服装业称为发展的"黄金"时期（见表 3-3）。

表 3-3 2001 年至今中国服装时尚产业主要指标变化情况

指标	基本情况
纤维加工	2010 年，纤维加工量突破 4000 万吨，占全球的比重提升到 50%
	2018 年，纤维加工总量约 5460 万吨，为 1978 年的近 20 倍。化学纤维产量突破 5000 万吨，占全球化纤产量 2/3 以上。迈入国际强行业列
服装产量	2014 年中国服装行业产量接近 300 亿件
	2016 年中国服装行业产量增长至 315 亿件，年均复合增长率 1.7%
	2017 年增长量为 288 亿件
	2018 年增长量为 222.7 亿件
	2019 年 1~8 月全国东部地区完成服装产量 112.70 亿件，同比增长 1.06%
服装出口	2000 年出口服装 292.8 亿美元，占纤维品出口总额的比重为 55.0%
	2013 年出口服装 1770.8 亿美元
	2014 年服装出口额达到历史高峰值 1878.2 亿美元，占纺织品服装出口总额的比重为 61.2%
	2018 年 12 月，我国纺织品服装出口金额为 231.2 亿美元。其中，纺织纱线、织物及制品出口 98.82 亿美元，服装及衣着附件出口 132.35 亿美元。2018 年，我国纺织品服装出口金额累计 2767.3 亿美元，比 2017 年增长 3.52%。其中，纺织品 2018 年出口 1190.98 亿美元，比上年增长 8.1%；服装出口 1576.3 亿美元，比上年增长 0.3%
	2019 年 1~4 月，我国纺织品服装累计出口额为 757.64 亿美元，同比下降 4.22%，其中纺织品累计出口额为 366.718 亿美元，同比增长 0.76%；服装累计出口为 390.921 亿美元，同比下降 8.45%

党的十八大以来，以市场在资源配置中起决定性作用为指导思想，国家深化改革的力度与决心在不断加强。纺织服装行业的深化改革与结构调整也随之进入了快道超车阶段，纺织服装产业的成长空间急速拓展。2015 年中国纺织服装对美国、欧盟等发达经济体出口额比 2000 年增长了 7.46 倍，所占比重由 2000 年的 14.8% 上升到 2015 年的 38%。服装

行业出口净创汇能力突出，对全国货物贸易顺差贡献率估计超过六成，纺织服装产业表现出极强的出口韧性。

经济新常态推动纺织服装产业步入质量型增长和差异化竞争的发展新阶段，生态文明建设促使产业生产方式向绿色、可持续方向转型。国际化不断深入，不仅促进中国传统纺织服装产业向现代时尚产业转变，而且推动中国从纺织工业大国向纺织服装时尚产业强国迈进。

二、70年发展：成就与经验

70年的沧桑巨变，中国传统纺织业向现代时尚产业的演进与跃迁，不仅极大地满足了人民群众对基本生活的衣着需求，而且也推动了个性化、流行化、多样化的社会消费浪潮，主要成就与发展经验值得进行深入总结。

（一）主要成就

中国纺织服装产业在从无到有，从传统到时尚的产业变迁中，对促进经济增长与保障社会民生均做出了重大贡献。

1. 振兴区域经济

中国纺织服装产业发展对于振兴区域经济发挥了重要作用。改革开放初期，许多地区都将纺织产业作为地区主导产业，对于促进区域经济起飞发挥了积极作用。随着改革开放不断深入，中国工业体系不断完善，纺织产业开始由产业集聚向产业集群发展，细致的专业分工、完善的产业链条、不断强化的产业互动，现代纺织服装产业集群不仅成为区域经济增长的重要支柱，而且也是中国城市走向国际化的都市名片。截至目前，中国纺织产业已经形成了分布于20个省份的共199个产业集群，主要分布在珠三角、长三角、环渤海等地区的155个产业集群，占全国集群总数的3/4（见表3-4）。随着西部大开发和东部地区产业转移进程的加快，中西部地区纺织服装产业正在迅速崛起。

表3-4 全国纺织产业集群及专业市场区域性分布情况

产业集群	199个（分布于全国20个省份）	
集群分布	珠三角、长三角、环渤海等地区	155个
	中西部区域	44个
服装专业市场（1万平方米以上）	全国	894家
	商户	111.5万个
	专业性市场	410家

2. 提高就业水平

70年来,中国纺织服装产业从无到有、从弱到强、从量到质、从内到外的发展历程彰显纺织服装产业促进经济增长的显著作用。作为劳动密集型产业,纺织服装产业对于吸纳城镇就业和促进农村劳动力转移均起到重要作用。服装时尚产业在创造了巨大的行业生产总值、出口产值与出口创汇的同时,2017年纺织服装产业也为劳动力市场提供了2000多万个就业岗位,且保持着6.43%的增长速度(见表3-5)。伴随信息化、数字化、智能化在纺织行业的应用,新的就业岗位不断涌现。

表3-5 1978~2018年中国纺织行业主要发展指标对比

项目	1978年	2017年	2018年(规模以上企业)
总产值(亿元)	437.2	68935.65	17106.57
出口(亿美元)	21.54	2745.1	1576.33
出口占世界比重(%)	—	36.8	
净创汇(亿美元)	10.3	2419	
纤维加工量(万吨)	276	5430	
纤维加工量世界占比(%)	10	50	
人均纤维消费量(千克)	2.9	20	
纺织业从业人数(万人)	311.2	2000	

资料来源:根据纺织网和中国纺织工业联合会孙瑞哲会长在2018年"联合会"第四届三次理事会暨四届三次常务理事会扩大会议上的讲话整理。

3. 拓展国际贸易

纺织服装行业一直处于开放发展前沿阵地,随着产业国际贸易不断扩大,中国纺织服装产业的竞争优势逐步形成,并为国际贸易向纵深发展打下基础。1978年,中国的纤维加工量为276万吨,人均纤维消费量2.9千克,是世界平均水平的38%。2017年,中国的纤维加工量达到了5430万吨(不含玻璃纤维),经过70年来的发展,增长了20倍,纤维加工总量占到了世界总量的一半以上,以纤维作为面料的新材料完全满足了国内需求,自给率达到95%以上。2017年,纺织服装产业出口额达到2745.1亿美元,净创汇2419亿美元,中国纺织品出口贸易占到世界的36.8%,中国纺织工业大国的国际地位已经不可替代。

4. 提升生活质量

纺织服装产业发展,不仅满足人民群众衣着的基本生活需求,而且不断满足人民群众的精神消费需求。一方面,注重人民群众审美享受的生活需求,为人们追求时尚消费提供了更高层次的审美享受,以产品的多样化促进生活的多彩化,不断掀起时尚浪潮,最终启发人们向更高层次的时尚生活迈进。另一方面,满足人们对于品质生产的向往,时尚产业以质量为基础,不断追求新产品的时尚理念,适应和满足消费者对时尚型生活品质的追求。

5. 加快科技创新

加快科技创新,主动对接新一轮科技革命的技术变革,推动纺织业的高质量发展。例如，当前纺织产业在智能制造领域所取得的成绩正是加快科技创新的具体表现。在中国纺织服装工业"十三五"发展规划中提出的六大智能化生产线目前均取得了良好的成果（见表3-6）。自动化机床加工技术方面，实现了柔性加工—数显—数控的柔性全智能生产线；先进铸造技术方面，实现了从配纱、输纱、造型、连续浇注到铸件清纱、整理的自动生产线与工艺生产流程；钣金制造工艺方面，形成了从激光单机切割（包括水下切割）到数控冲床，形成了薄板储存到数控冲床、切割成型、去毛刺的全智能化工艺；智能化检测方面，形成了成套在线和终端产品的质量控制与检测仪器系统。

表3-6 纺织行业"十一五"至"十三五"科技发展规划与成就

时期	科技发展规划与成就
"十一五"	先进成套机电一体化技术装备的组织实施； 纤维材料、先进工艺、环境工程、信息化基础研究项目攻关
"十二五"	纺织全流程自动化、智能化以及绿色化开发、攻关及产业化重点项目推广； 纺织行业授权专利达14.56万项，其中授权发明专利3.48万项； 逐步实现全流程数字化、信息化、自动化或部分智能化的生产线
"十三五"	组织突破六大类30项共性关键技术，推广100项先进技术； 2017年全国棉纺锭已达到1.18亿锭总规模

从2018年全行业重大科学技术奖项中可以看出（见表3-7），纺织企业在行业发展中代表了先进生产力的领先水平，并且纺织服装产业作为新经济环境下先进制造业的典型代表，正在借助科技革命的历史东风而发展壮大。

表3-7 2018年中国重大纺织科技奖

取得成绩	项目
行业重要科技成果	废旧纺织品化学法高质化循环再利用
	活性染料无盐染色关键技术
	星载天线金属网制备关键技术
	超仿棉聚酯纤维及其纺织品产业化技术开发
新锐科技奖	数控多色经纬电脑提花织带机
	可实现在线染色的新型液态纺丝色母
	汽车全景天窗遮阳帘智能化成套装备
	功能家纺产品突破健康睡眠微环境关键技术
应用示范奖	石墨烯在功能纤维中的产业化应用
	建筑加固用碳纤维布
	单向导湿快干图文针织面料研发
	IR微元素抗菌新材料
	丝绸数码印花工程改造

续表

取得成绩	项目
产业推动奖	纺织产品试验检测产业技术基础公共服务平台
	酷特智能C2M模式
	新型高效针织横机电脑控制系统提高装备智能化水平

（二）主要经验

1. 经济发展是吸引力

发展是硬道理。作为全球第二大经济体，经济发展带动居民收入不断提升，人民对高品质生活的不断追求又进一步带动了服装时尚产业发展，因此，经济发展是时尚产业发展的拉动力和吸引力。从经济总量来看，2018 年中国国内生产总值已经达到 90.03 万亿元，经济总体规模不断扩大促进了人民收入水平和消费能力的提升。从国民收入水平来看，据联合国亚太事务委员会统计，中国城镇居民人均可支配收入从 1949 年的 27 美元增长到 2017 年的 8790 美元，增长了 330 多倍，复合年均增长率为 8.91%。与此同时，农村居民家庭年纯收入从 2000 年的 2253 元增加至 2017 年的 1 万元以上，复合年均增长率达到 11%。人均收入水平不断增长既提升了居民生活水平，也是社会整体消费力不断提升的重要标志。居民在衣着消费需求基本满足的基础上，更加关注对产品质量、品牌、特色等消费特征的追求，服装时尚产品的个性化消费需求不断提升，网络消费、体验式消费成为时尚消费的新潮流。

2. 创新发展是推动力

技术创新是经济增长的源泉，也是纺织服装时尚产业发展的重要动力，特别是纺织新材料创新对于纺织服装时尚产业具有重要影响。在纺织工艺中，纤维作为服装服饰材质的基本单元，已经从被动满足服装服饰的应用需求转变到主动引领需求、创造价值的新阶段。纤维制造前端与产品营销终端紧密融合，将产品的时尚理念表达得更加细致入微。可以看出，纺织服装产品能否取得市场认可与技术创新程度密切相关。技术创新是时尚产业发展的推动力，未来时尚产业高质量发展将更加依赖于新一代技术创新成果。

3. 高质量发展是竞争力

时尚产业的高质量发展意味着产业的规模化、品牌化、国际化，直接引发时尚企业的效率变革、品质变革与动力变革。历史经验反复证明，高质量发展是时尚产业提升国际竞争力的重要内容。一是规模化是企业或者产业发展的基本条件。只有达到一定生产规模，才可能进行分工协作，降低生产成本，引发效率变革。历经 70 年的发展，尤其是改革开放 40 年来，纺织服装工业发展规模已经走在了全国各行业的前列。截至 2017 年中国纺织服装工业总产值已实现 68935.65 亿元，占全国规模以上工业的 5.9%，与 1978 年相比增长了 145.6 倍。中国品牌服装及渠道数量如表 3 – 8 所示。二是品牌化是纺织服装产业产品质量提升的重要标志。品牌彰显服装产业理念、品质与文化。随着国内纺织服装企业品牌意识不断增强，国内企业品牌拓展往往采用渠道扩张的方式，如当前全国性的服装品牌均开拓出数量不菲的品牌渠道。三是国际化进一步增强纺织服装产业的国际影响力。纺织服装时尚产品的国际流行不仅表明国外消费者对于国内创意设计和产品品质的广泛认可，而且也使国内纺织服装时尚企业走出国门，彰显了中国文化软实力。

表 3-8 中国品牌服装及渠道数量

品牌	渠道数量（家）
拉夏贝尔	9066
森马服饰	7341
海澜之家	5792
太平鸟	4173
七匹狼	2821
九牧王	2633
水星家纺	2332
罗莱生活	2442
富安娜	1704
江南布衣	1448
维格娜丝	1421
地素时尚	992
日播时尚	910
安正时尚	905
玛丝菲尔	884
欣贺股份	697
珂莱蒂尔	675
歌力思	493
朗姿股份	437
宝国股份	356

4. 行业组织是黏合力

社会组织是纺织服装产业发展的重要黏合力，促进了纺织服装业的健康有序运行。随着中国加入 WTO，为适应国际化竞争与国内产业转型的双重需求，纺织行业的管理体制由单纯的行政性管理改为市场化社会组织管理。中国纺织工业协会的成立标志着行业行政管理职能转变为社会组织服务监督职能，从此纺织行业进入了由社会中介组织进行服务、协调、监督的行业自律发展阶段。此后，中国纺织工业协会正式注册为纺织工业联合会，下辖若干分会，进行行业分类指导。社会中介服务组织是纺织服装产业发展的黏合力，不仅明确了行业发展方向和战略目标，而且规范了行业标准、开拓了新兴市场和组织协调内外事务，有力推进了纺织服装业的健康有序发展。

5. 文化融合是影响力

文化融合是增强中国服装时尚产业参与国际竞争的重要影响力。文化是时尚的基础，时尚是文化的升华,时尚与文化的有机融合正是引发时尚浪潮的深层次因素,文化融合对纺织服装产业产生了很大影响,融合中西方文化的服装时尚产业正在探索中不断走向世界。例如,中国服装"国粹"的唐装与旗袍,已经在传承传统文化基础上,将"中式服装"的穿衣理念、设计风格、材料改型、工艺与装饰融入西方文明,创造出若干国际知名品牌,更加体现出民族服装和传统文化面向世界、走向全球的动力与决心。中国十大唐装、旗袍品牌如表3-9所示。

表3-9 中国十大唐装、旗袍品牌

品牌	高三强	威芸	格格旗袍	陶玉梅	木争了	品唐斋	柒唐	杨曹韵	吉祥斋	龙笛
LOGO		WEIYUN	GEGE		MOZEN		SEVENTONG			LONDEE
品牌特色	唐装	旗袍	旗袍	中式服装	旗袍	唐装	唐装	旗袍	旗袍	旗袍

三、目前发展:问题与挑战

经历了70年的风雨,中国纺织服装行业虽然攻克无数的艰难险阻,然而面对新的国际复杂形势,中国纺织服装产业必须破解当前产业转型升级过程中的瓶颈问题,并在新的挑战中求得稳步发展。

(一)主要问题

纺织服装产业70年的发展取得了显著的成就,但是粗放式发展模式也给纺织服装产业成长带来了诸多瓶颈性问题。

1. 生产成本上升

长期粗放式发展,使整个行业的研发投入严重不足。面对要素价格上升和环境保护严格的双重压力,纺织服装企业的生产成本快速上升,企业盈利能力急速下降。由于国际原油价格上涨,国内棉花市场偏紧,用电、人工成本持续增加,用能、用工、物流、融资四大成本迅速上涨,而"营改增"等政策的实施对企业减负作用有限,纺织工业面临的成本压力仍然较大。以化学纤维制造业为例,2017年主营业务成本增长15.2%,较之2016年同期增加12%。成本居高不下导致我国纺织产品在国际市场份额流失,2017年1~11月在美、日、欧三大纺织品服装进口市场所占份额较上年同期分别下滑0.4个、0.9个和0.9个百分点。劳动力、原材料成本持续性上升的趋势有增无减。由此,短期内行业整体效益难以得到提升,产业转型升级依旧压力巨大。2017年中国服装行业规模以上企业经营情况如表3-10所示。

表 3-10　2017 年中国服装行业规模以上企业经营情况

指标类别	2017 年累计	2016 年同期	同比增减（%）
企业单位数（户）	15756	15669	—
亏损企业数（户）	1988	1967	1.07
亏损面（%）	12.62	12.55	—
主营业务收入（元）	206052445	202275082	1.87
主营业务成本（元）	177301863	174668361	1.51
销售费用（元）	6796261	6569813	3.45
管理费用（元）	8152677	7970263	10.98
财务费用（元）	1599808	1441573	2.29
其中：利息支出（元）	995793	1021421	-2.41
利润总额（元）	11753119	11085591	6.02
亏损企业亏损额（元）	488496	520050	-6.07
资产合计（元）	140125136	131226583	6.78
其中：流动资产合计（元）	79557795	75567972	5.28
其中：应收账款（元）	2122013	2029097	4.58
存货（元）	21031671	19863215	5.88
其中：产成品（元）	10327831	10028607	2.98
负债合计（元）	66315006	61618870	7.62
出口交货值（元）	43255549	42950928	0.71

资料来源：国家统计局。

2. 生产工艺整体落后

生产工艺整体落后仍是当前产业转型发展的瓶颈，尤其是制约行业发展的关键核心技术和共性技术难以突破。作为典型的传统制造行业，服装行业的传统生产模式根深蒂固，密集型劳动力、高强度作业、生产效率低等因素不仅成为传统制造业的典型特征，而且从根本上制约了产业转型升级。人工拉布、裁剪与缝制作业等传统生产模式依旧是服装生产的主要工艺。与之相对，涡流纺工艺技术、自动穿筘机等相对先进的生产工艺普及速度较慢，主要原因在于纺织服装行业在重大基础研究、重要原材料、重要装备、重大成果推广等共性技术方面存在明显瓶颈，依靠产业自身难以集中各方优势，形成社会合力，实现协同创新，从而突破行业核心技术与共性技术难题。与此同时，服装科技设备创新难以突破问题依旧存在，如智能拉布与电脑床作业方式、特种缝制服装设备、绣花与印花以及家纺服装智能化设备等均未得到广泛应用，落后的生产工艺和传统的生产方式直接影响新技术装备的普及应用，产业转型更加困难。

3. 高端品牌缺乏

纺织服装时尚领域中国生产的世界性高端品牌缺乏，导致纺织服装在高中低档位布局的结构性失衡。中国虽为全球纺织工业大国，但全球高端服装品牌被国际名牌全部占据，国内服装品牌全军覆没。高中低不同档次的品牌结构性失衡，使在产业发展中同质化竞争现象严重，缺乏自主品牌和国际知名品牌，产业层次长期锁定于低附加值领域，因此，服装生产结构性问题也长期制约着产业的高质量发展。

4. 人才供给短缺

当前,人才供给短缺已经成为纺织服装时尚产品国际化发展的主要问题,特别是服装设计人才、专业技术人才以及高级管理人才等高端人才紧缺现象尤为明显。改革开放以来,虽然中国纺织服装业得到长足发展,但是人才队伍却始终没有满足产业快速发展的需求,服装行业人才缺口已经高达数百万。例如,目前纺织服装领域主要紧缺的人才包括:一是高级服装设计师、服装制版师、服装工艺师。世界顶级服装品牌的研发设计主要依赖于一批创新型专业化的高级设计创意师队伍,目前国内该类人才队伍缺失,成为中国纺织服装业设计的短板。二是排料、制版、车缝、裁剪、整烫、质检、设备维护等各类专业技能型人才。各地出现招工难、用工难的普遍现象。以广东省为核心的珠三角区域为例,珠三角在中国历年的服装业生产总量和出口总量上均位列第一,但从设计到营销各类专业化人才供需缺口总计高达数十万之众。三是高级管理人才。随着中国服装时尚企业的国际化,缺乏既熟悉企业生产运作又了解国外市场与文化消费的高级管理人才。高级管理人才缺乏已经成为中国纺织服装企业"走出去"的突出瓶颈。

5. 技术创新瓶颈

关键核心技术难以突破仍然是国内品牌与国际品牌之间存在巨大差距的主要原因。破解纺织服装行业的关键核心技术难题必须从突破研发设计瓶颈和推动新材料迭代升级两个方面同时发力。在设计研发方面,虽然国内服装企业在品牌化发展过程中不断加强自身设计能力与研发实力,努力缩小与国际服装品牌之间的差距,但是原创性创新不足,顶层设计严重缺乏,整个行业出现一味模仿、款式雷同、设计抄袭等低层次竞争现象,更没有形成长期研发设计的理论沉淀与技术创新的激励机制。在新材料创新方面,化纤原材料、应用型高科技功能化材料等与国外同类产品差距明显。此外,技术创新瓶颈严重制约了品牌植入和智能制造的发展,难以形成生产流程标准化、数字化、生态化的根本性变革。

(二) 面临挑战

纺织服装产业是中国传统型支柱产业。但是近年来受国内劳动力成本上升、环境保护严格、汇率不断贬值等国内国外复杂环境影响,再加上新一代信息技术迅速普及,中国纺织服装产业面临诸多挑战。

1. 产业定位传统挑战

当前,中国纺织服装战略定位过于传统,现代营销理念匮乏。虽然纺织服装产业是传统制造行业的典型代表,但是产品定位、产业定位、品牌定位和市场定位均偏重于中低端领域。以河北省为例,作为有原料基地支撑的全国重要的纺织服装产业基地,虽然产品门类齐全,但是生产厂家多、加工件数多、从业人员多;技术含量低、设计能力低、企业效益低;龙头企业少、知名品牌少的"三多三低两少"的产业特征十分明显。另外,营销理念匮乏,紧跟时代新技术新趋势理念淡薄,简单地认为互联网销售就是淘宝天猫之类,缺乏现代化营销理念。需要通过营销顶层设计,有效利用新思维新技术提升品牌形象,如推广DIY互动式购买方式、3D服装体验等,引领传统营销模式向现代化、国际化营销方式转化。可以看出，当前我国纺织服装行业面临同质化、低端化竞争的突出问题，亟待走出一条"设计、品牌、制造"三位一体转型之路，加快整个产业转型升级。以高端设计、国际品牌培育、智能制造为目标的数字化生产模式将是今后服装行业转型升级发展的重要方向。

2. 新一轮科技革命挑战

新一轮科技革命与产业变革初见端倪，其颠覆性创新已经引发部分行业变革。然而，中国纺织服装行业的企业普遍存在科技创新动力不足的问题，大部分企业仍处于代工贴牌的经营模式，位于制造层次、价值链、产品附加值的低端低效环节，技术创新的动力与能力不足。在参与国际竞争过程中，许多企业面临重新洗牌的考验。这种低端锁定问题将从根本上制约中国由服装制造大国转变为服装制造强国的历史性转变。面对新一轮科技革命与产业变革，以5G、人工智能、智能制造为代表的新一代技术应用与普及，中国服装产业需要着眼于智能制造这一未来产业发展方向，依托纺织科技的持续性研发投入，以突破关键瓶颈技术为核心，在生产工艺和装备制造等多个领域实现多点突破，建成面向未来时尚产业的新型纺织工业体系。

3. 绿色生态发展挑战

随着纺织产业规模的持续性猛增，纺织工业也成为名副其实的高污染行业。例如，印染行业的污水排放已占到了纺织行业污水排放的60%，成为中国制造业中污水排放的第五大排放大户。近年来，国家出台了《国家环境保护标准"十三五"发展规划》《环境保护税法实施条例》《中国化纤工业绿色发展行动方案》等文件，国内环保监管更加严格，进一步增加了纺织企业的环保投入负担。而在政策高压下，部分中小企业只能被迫停产，生产和投资活动均受到限制。此外，随着《纺织工业发展规划（2016~2020年）》的深入推进，纺织行业绿色制造、绿色产品标准体系建设进入关键期，企业技术改造和节能减排的投入压力也随之上升。2018年以来，国家环境治理力度持续加大，纺织企业面临的资源环境压力也将日益加剧，未来服装时尚产业发展必须以"绿色、生态、科技、时尚"为发展理念，向绿色转型，坚持生态发展，运用高新技术改造传统产业，走高质量可持续的发展道路。

4. 严格知识产权保护挑战

近年来，中国知识产权申请或注册量连年攀升，但是抢注商标、"搭便车"、仿名牌等知识产权侵权行为也日益严重。相关数据表明，2017年，中国年度商标注册申请量已达590.16万件，连续位居世界第一，当然其中的服装服饰、鞋帽等服装业的商标与专利也大幅度增长。但同时商标的恶意注册现象也十分严重，商标侵权案件也在不断增加。纺织服装行业知识产权侵权行为已经严重扭曲了商标制度与知识产权保护的正常功能，也严重损害了中国知识产权制度的国际形象。未来加强知识产权保护，促进企业增强自主创新能力，将是服装时尚产业发展的必然趋势。

5. 人才培养模式滞后挑战

当前，服装时尚产业人才培养模式滞后与快速变革的产业需求之间的矛盾是中国时尚产业发展面临的新挑战。时尚产业的竞争，首先是人才的竞争。设计理念的前卫创新，时尚元素的敏锐洞察，流行趋势的精准预测和艺术把握，品牌内涵的提炼和升华……这些都离不开大量的专业人才，与之相应的是，产业人才培养模式不适应产业发展要求，直接影响产业未来发展前景。目前，中国开设服装/时尚专业的大专院校虽然已经有200多家，但是由于培养模式不完善，纺织服装产业的高端化、专业型人才供给严重不足。校企合作、校地合作与国际先进国家和地区的水平相比还相去甚远。由中国服装人才网发布的《2016～2017年度中国服装行业人力资源发展报告》显示，2016年服装设计师、CAD/制版/样板师、QC质检、QC跟单、生产厂长、采购、外贸、电子商务运营等形成职位需求与人才缺位的严重失衡；设计开发、技术工艺、工业工厂、市场营销等岗位人才的结构性问题也直接导致劳动力市场供求错位。可以看出，中国当前教育模式已经不能适应市场对于技术型、专业型、经验型、创新型和复合型等人才培养的需求，以高等教育、职业教育为主的服装业教育模式亟须引入新的体制机制。

四、未来发展：思路与对策

面向新一轮科技革命与产业变革，实现中国由纺织服装大国向时尚产业强国的顺利转变，就必须适应数字经济的时代要求，摆脱制约传统产业发展观念的束缚，加快纺织服装产业的转型升级。为此，有必要重新梳理出新经济环境下纺织服装产业发展的总体思路与具体对策。

（一）战略思路

应对未来国内外更加复杂环境，纺织服装产业向现代时尚产业迈进，必须适应数字经济、共享经济和平台经济等新经济模式的挑战，实施品牌延伸、数字驱动和平台发展三大战略。

1. 品牌延伸战略

70年的发展经验表明，品牌战略是中国纺织服装产业国际竞争力提升的重要基础，面对新的竞争环境，传统品牌战略必须适时向品牌延伸战略演进。未来全球服装时尚产业的发展，将会在产品、技术与平台的高端层面展开竞争，竞争的焦点将不仅是企业经营理念、产品质量、技术创新、要素成本等方面的较量，竞争的关键更取决于品牌及其拓展能力的对决。因此，新时代纺织服装企业必须实施品牌延伸战略，开拓产业链的同时做好品牌延伸，形成多维度的品牌矩阵，从而在高端市场上积聚起竞争优势。

2. 数字驱动战略

数字经济时代已然到来，智能制造将重塑整个制造业生产格局。为此中国已经出台了《中国制造2025》《纺织工业发展规划（2016～2020年）》等一系列面向未来产业发展的政策文件。数字驱动战略将成为未来纺织服装产业发展的主导战略，其深远影响在于，一方面是全产业链的数字化改造，对传统纺织产业的生产方式、研发设计和市场营销等进行全产业链数字化改造，为生产营销的整个过程带来数字化解决方案，数字化生产模式将颠覆传统纺织业。另一方面是智能制造的普遍应用。在数字化改造的基础上，通过互联网、云计算、物联网、智能机器人等智能化技术在生产加工过程的应用，实现纺织服装生产模式的"数字化""敏捷性"和"柔性化"。

3. 平台发展战略

平台经济是新经济模式的核心内容，并且对于商业模式变革产生深远影响。未来纺织服装产业的平台发展战略将是传统纺织业融入时代浪潮、抢占国际竞争主动权和话语权的重要抓手。首先，加强纺织服装创业孵化平台建设。在服装创意生产领域，高标准建设孵化器，不断拓展孵化平台规模，激发年轻人的创新创业热情，培育、催生和孵化多样化的纺织服装企业，从而增强产业活力和发展后劲。其次，打造技术服务与公共研发平台。依托行业龙头企业，建立纺织服装产业技术服务联盟，解决当前企业转型发展的共性技术问题，并且集中优势力量突破产业关键核心技术难题。再次，培育大型商贸物流平台，以产业为基础，以平台为依托，在国内培育几家国际型服装产业商贸物流平台，增强中国纺织服装产业在国际上的定价权与话语权。最后，优化提升公共服务平台，满足企业对于信息化服务、公共咨询服务和园区配套服务的基本公共服务需求。

（二）实施对策

1. 时尚化定位，满足人们对美好生活的追求与向往

纺织服装业作为时尚产业加以定位，与新经济产业的价值分布共同遵循着"微笑曲线"规律（见图3–1）。在新兴产业价值链中，附加值更多体现在微笑嘴型朝上的曲线两端，其中一端是掌握技术优势的研发设计端，另一端是品牌与服务端。企业只有在产业价值链中掌握了关键技术和核心工艺才能创造出产品高附加价值。但是，中国纺织服装产业长期锁定于价值链低端，产业附加值低，在国际竞争中缺少议价能力。因此，促进传统纺织产业转型升级必须首先改变以规模为先的传统产业定位，明确时尚化发展的新定位。

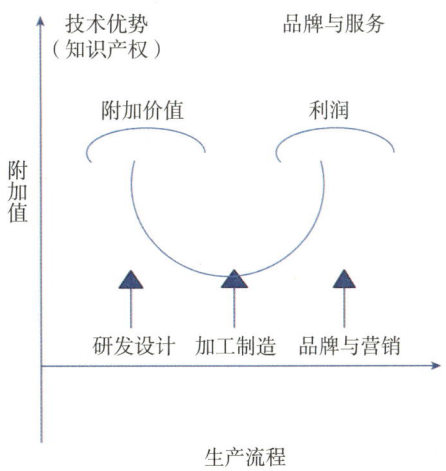

图3–1 纺织服装时尚产业的"微笑曲线"

随着经济增长，人们对美好生活的追求与向往更加迫切，引发消费需求不断升级，主要表现为消费理念、消费形态、消费层次与消费方式的转变。纺织服装企业要跨越知识与技术密集型发展阶段，也需要重塑产业发展定位，重新把产业定位于知识创新与时尚创意上来。时尚定位是对传统纺织服装行业以规模为主发展理念的彻底颠覆，将会引发未来产业发展的质量变革、效率变革和动力变革，从根本上满足人民群众对美好生活、品质生活、时尚生活的向往与追求。

2. 集群化生产，促进国际时尚都市形成与发展

经过三十多年的发展，中国已形成了规模庞大、特色鲜明的诸多纺织服装产业集群。截至2017年，经中国纺织工业联合会认定的纺织产业集群已达209个，其中服装类集群65个，集群化生产成为工业经济时代纺织工业发展的主要特征。纺织服装产业集群化发展模式，在一定范围内促使产业所需的生产要素、劳动人员、技术工艺、生产设备、基础设施等生产要素形成集聚，进而产生知识溢出和产业集群效应。未来纺织服装产业集群将向优化产业链、拓展供应链、提升创新链的方向发展，新集群化发展将会形成区域经济的新增长极，进而为时尚城市建设铺平道路。

国际时尚都市是时尚产业、时尚潮流和时尚文化的集中体现，既是时尚产业化的高级形态，也是体现城市宜居宜业的实现目标之一。一个城市的魅力往往取决于其产业发展强弱，国际时尚都市的发展经验表明，时尚服装产业集群化发展正是建成世界时尚都市的必需条件。以现代产业体系为主体的大都市必须将时尚产业与现代产业有机整合，才能打造出世界时尚都市。不断拓展服装时尚业的上、下游产业链，形成时尚产业自主创新、自我研发的能力，将时尚产业与创意产业、现代服务业和高端制造业紧密结合，联动发展，形成服务经济、创业经济和创新经济联动的新时尚经济模式，让时尚都市在区域乃至全球的时尚潮流中发挥引领功能、技术支撑功能和综合服务功能。

3. 全球化市场，充分实现国际国内的联动发展

当前国际经济政治竞争格局发生深刻变化，世界各国在经济领域相互依存关系仍在不断加深。中国作为世界第一大服装服饰产业大国，只有面向全球化市场的国际视野，才能充分利用国内国外两种资源，统筹国内国际两个市场，从而在资金、技术、资源、人才等方面充分发挥比较优势，推动中国向服装时尚强国迈进。

未来，中国纺织服装产业的发展要既能立足国内市场消费与产业优势，又能很好地利用国际市场的人才和创新条件，统筹好国内国外"两个市场""两种资源"，达到国内、国际产业联动发展的目的。在国内市场，加强变革传统生产方式，提高发展质量，增加产业绩效，以新定位、新技术、新举措推动纺织服装产业向更高水平、更高标准、更高层次的现代产业体系攀升。在国外市场，鼓励服装企业"走出去"，以比较优势在全球范围内进行产业链布局，充分利用资源禀赋和创新要素，加强全方位的品牌建设，形成多品牌组合与矩阵式发展，不断强化自身在生产、管理、流通等全产业链各环节的提质增效。

4. 差异化竞争，形成产业多元化发展新格局

随着纺织服装产业的国际化程度不断提高，产业竞争将会在多个领域、高端平台和全产业链条上展开，差异化和品牌化竞争战略也将在多点多极上进行较量，并且表现更为积

极，从而形成产品多样化、产业多元化发展格局。

面对产业扁平化与制造柔性化，差异化竞争将在发展理念、产品品质、品牌优势、技术创新、生产成本等多个领域进行展开，并深入推进，形成产业的多元化发展格局。多元化产业发展格局，一方面表现为产品多样化，纺织服装企业必须坚持走质量效益型发展道路，不断追求产品多样化发展来适合不同层次市场需求，进一步追求产品向高质量、高档次和高附加值提升，强化自己品牌的稳定性与影响力，从而在不同市场上形成新的竞争优势。另一方面表现为产业多元化，依托产业链延伸的商业模式必将形成多元化发展格局，企业发展将不会局限于纺织服装设计与生产领域，而会向产业链的两端延伸，材料研发、物流运输、商贸服务以及会展娱乐都将为产业发展带来新的生长点。

5. 国际化人才，增强产业可持续发展能力

时尚产业的国际竞争归根到底是人才之间的竞争，国际化人才不仅代表中国服装时尚产业对国际高端人才的引进，更在于中国自身培养出国际化人才，既可以为中国所用，也让他们走向世界，彰显中国时尚产业的国际影响力。针对当前中国服装设计、专业技术人才以及高级管理人才等高端类人才紧缺问题，应该着眼于产业国际化发展需求，培育本土各类专业化人才，增强服装时尚产业的可持续发展能力。

面对全球产业快速演进，既要积极帮助企业引进服装设计人才，又要改革当前中国人才培养模式，以此增强产业的品牌效应。一是搭建服装设计专业人才服务平台。与国际时尚企业合作，加强服装设计人才的引进力度，通过建立专家数据库和举办大型人才招聘活动，促进人才引进的线上线下结合，吸引更多国际优秀的设计人才回国创业。二是优化当前服装产业人才培育模式。当前教育培养模式由以学校培养为主转换为企业和学校双重主导，充分适应市场需求的动态变化，洞悉时尚领域的最流行风潮，不断增强学生的市场洞察力和创意设计能力。三是改善政府财政投入方式。鼓励更多服装企业与高等院校、职业学校深度合作，鼓励企业办学或举办以企业为主体的实践基地，并通过财税优惠、政策补贴等方式提升企业与学校互动的积极性，充分发挥有限财政资金对于人才培养的先导作用。

（陈文晖　北京服装学院中国时尚研究院

王智毓　北京交通大学经济管理学院）

参考文献

[1] 陈文晖. 中国纺织服装业升级发展的思考——改革开放40年纺织业发展考略[J]. 经济研究参考，2018（61）：75–80.

[2] 陈文晖，熊兴，王婧倩. 消费升级背景下时尚产业发展战略研究[J]. 价格理论与实践，2018（5）：155–158.

[3] 杜钰洲. 在改革路上与时代同行[J]. 中国纺织，2019（2）：14–21.

[4] 孙瑞哲. 协同创新　绿色发展[J]. 中国服饰，2018（11）：18–20.

［5］孙瑞哲. 纺织服装产业可持续融合发展——区域合作应对全球挑战［J］. 纺织导报，2019（5）：25－32.

［6］孙瑞哲. 把握战略机遇期，推进高质量发展——在中国纺织工业联合会2018年年终总结会上的讲话［J］. 纺织导报，2019（2）：15－22.

［7］孙瑞哲. 深化改革开放，构筑纺织强国［J］. 纺织服装周刊，2018（17）：16－17.

［8］杨晓冰. 智能化背景下服装产业未来发展模式初探［J］. 吉林工程技术师范学院学报，2018，34（10）：53－55.

［9］刘汝明，卢军. 中国服装行业的现状与机遇［J］. 商业文化，2019（16）：26－32.

［10］陈付佳. 金融危机下中国纺织服装产业的优化研究［J］. 山东纺织经济，2019（5）：17－18.

［11］袁春妹，徐盼盼. 王树田：不骛虚声　扎实成长［J］. 纺织机械，2018（6）：78－81.

第四章
科技创新与时尚产业发展

科技创新为时尚产业发展注入勃勃生机与无限活力。新一代信息技术、生物技术、新材料等科技进步成果转化为时尚企业转型升级的引擎和动力,帮助时尚企业提高生产效率、提升产品质量、创造新的产品、改善服务品质。越来越多的科技公司将触角伸向时尚领域,以期在新的板块开疆辟土、大展宏图。时尚科技融合创新,势不可当地改变着人们的生产方式和生活方式。

一、传统企业以科技创新为动力转型升级

(一) 以技术创新推进产品更新升级

科技创新推动传统产业产品结构调整,促进企业增加新产品的供给,以高附加值产品替换低附加值产品,使产品结构与不断变化的消费需求相适应。

以价格低廉闻名于世的优衣库,通过将先进的技术注入服装面料中,提升产品品质,实现产品的差异化和高附加值。通过与纤维材料制造巨头东丽公司的合作,优衣库不断推出新面料、新产品,让普通的消费者享受到了科技创新带来的优质服饰产品,而且这些新

产品在价格方面都秉承着优衣库一贯的低价风格,实现了产品的高性价比[1]。凭借这些低价优质的产品,优衣库成为日本最大的服装零售商并实现在全球的快速扩张。

创立于1955年的"天坛"品牌,是北京市老知名品牌。"天坛"品牌积极推进产品创新和技术创新,从VP衬衫到DP衬衫,一直不懈地追求提高产品抗皱免熨烫性能,其抗皱性能完全是通过对织物纱线的结构设计、织造密度设计等天然的物理抗皱技术实现,完全符合消费者环保性的要求。"天坛"品牌通过不断开发各类生态环保和纳米光催化等高科技产品和专利产品,提高产品的附加值和溢价能力。

北京铜牛集团从2001年起,在"神五""神六""神七""神九""神十"及"神十一"数次任务中,为航天员设计研发了航天生理信号背心、航天员保暖内衣、航天内衣、航天手套、航天包等产品。铜牛集团采用新原料、新工艺、新技术,重点开发功能性产品和环保型等高科技产品,获得明显成效[2]。

(二) 以新技术促进生产提质增效

以新技术促进传统产业从"低端制造"向"高端制造"转变,是实现产业提质增效的重要途径和手段。

报喜鸟推进网络化、数字化、智能化等技术在制造和营销领域的开发利用,创建报喜鸟云翼互联智能制造架构运行体系,首推服装行业云体系,以MTM智能制造透明云工厂为主体,以私享云定制平台和分享云大数据平台为两翼,实现从传统制造向智能制造的成功转型[3]。云翼互联智能制造的成功实施,使生产效率提高50%,智能生产效率是传统手工效率的6倍,是普通大流水线的2倍;物耗下降10%,能耗下降10%,交付时间由15个工作日缩短至7个工作日,单条流水线,实现日产量达1000套,年产量35万余套,同等产量生产人员精减10%[3]。

雅戈尔加强信息化投入谋求科技转型,通过智能化改造,建成投产智能西服工厂。智能工厂分为数据中心与生产车间,数据中心的大屏同步显示车间的服装制造情况,当日产量、产率及生产成本等,并实时更新全国门店新增订单[4]。生产中心配置了全国首条西服全吊挂系统。雅戈尔智能工厂已经实现了缝制车间的全自动化,后续计划逐步改造裁剪、后整理车间。借助智能化改造,雅戈尔西服生产效率提高了20%~30%,订单反应周期大幅缩短,其中量体定制周期从15个工作日缩短至5个工作日[4]。

(三) 基于新技术运用创新运营模式

互联网技术促进了企业运营模式的改变,很多传统服装企业都通过整合营销渠道,形成线上线下的多维互动、全媒体深度整合的营销新模式。在新媒体营销方面,采用了包括官方微信平台建设、二维码推广、微博、贴吧、论坛、社群、知名门户网站、热门博主、真人秀、网红、意见领袖推广、品宣直播、O2O体验、线上线下互动等,提供和宣传品牌最新产品和相关资讯。"互联网+"趋势下也产生了秀、展、销三位一体的新型展销模式。目前在服装周、品牌展销会上走秀品牌产品及陈列展销产品多设有二维码,现场来宾可随时购买和预订,实现了即秀即销。

互联网、大数据技术的运用，使越来越多的传统服装企业可以实现精准营销，做起了服装定制的生意。例如，依托大数据技术，红领品牌在全球第一个实现西装的大规模个性化定制，通过数据建模，能在一分钟内完成"一人一版，一衣一款"，在所有细节上实现个性化定制，在流水线上做到大规模工业化生产，生产运输周期可快至7个工作日，成本仅是非定制西装的 1.1 倍[5]。

二、科技企业以科技优势布局时尚产业

（一）通信、IT 企业向时尚领域渗透

继 Apple Watch、谷歌眼镜、英特尔 MICA 智能手环掀起智能穿戴热潮后，科技巨头们继续向时尚领域延伸业务。

美国专利商标局公布了苹果公司三种智能面料用途的专利发明。专利之一是涵盖了以服装、钱包、口袋等形式使用的智能穿戴面料，通过将触敏按钮嵌入编织纤维内部植入衬衫、夹克、手套和其他纺织品服饰中，电子产品可以识别和接收触敏纺织物上的触摸指令和用户输入；专利之二是一种涉及嵌入式输入输出设备的三维面料，电子设备可以结合到织物中形成开关等输入输出装置，换句话说，织物中的一些凸起部分可以作为平板、电话、电脑的一部分功能键；专利的第三款智能面料中，苹果公司将电子元件直接嵌入面料中，织物可以提供金属线和其他导电纤维，而这些纤维还可以作为电子元件的天线[6]。

近年来，英特尔持续向可穿戴市场押注，想要将其技术植入衣服。在 2014 年 Re/code 网站举办的首届 Code Conference 上，英特尔 CEO 布莱恩·科兹安尼奇展示了自己穿的 Smart Shirt 智能衬衫可使用英特尔 Edison 芯片来处理衣服传出的信号，由英特尔的合作伙伴 AIQ Smart Clothing 制造而成，是一件能够读取心率和其他生命体征的智能服装。2015 年，为了展示可穿戴模块 Curie 的潜力，英特尔联手服装设计师 Chromat 推出一款运动内衣和一款连衣裙，这两款 Curie 服装会根据用户的体温、肾上腺素或压力水平而产生变形[7]。

2017 年第三届联想 TechWorld 大会上，联想推出世界上首款 12 导联医疗级智能心电衣 SmartVest（见图 4-1）。目前大部分医院使用的心电图机都为 12 导联。由于 12 导联的设计，SmartVest 能够更全面地、精确地采集人体心脏的生理信号[8]。SmartVest 通过 24 小时连续动态心电监测来构建个性化健康大数据，借助云端的智能服务，为用户提供精准的健康监控和合理的运动健身指导[8]。

（二）互联网企业与时尚品牌的合作日益加深

阿里巴巴旗下天猫平台，作为品牌面向中国消费者互动及营销的领导平台，持续通过

图4-1 联想智能心电衣

资料来源：网易。

一系列营销解决方案来赋能品牌发布新品，品牌可更大规模地建立产品形象及提升市场认知，并通过天猫的工具来评估新品发布的效益。截至2019年3月底，已有超过100个奢侈品牌入驻天猫奢侈品馆Luxury Pavilion，并开设天猫官方旗舰店[9]。而消费品牌对阿里巴巴的依赖也正在加强。2019年3月31日，"资生堂×阿里巴巴"战略合作办公室举办开业庆典仪式，资生堂成为了业内首家设立阿里巴巴战略合作办公室的国际企业，未来资生堂将与阿里巴巴在线上销售、品牌塑造、消费者运营、新品开发等多领域深化战略合作[10]。阿里巴巴在大数据管理方面的丰富资源，能够帮助消费品牌更加精准地了解消费者需求和进行市场规模预测。天猫对于品牌来说不再只是分销渠道，而是决定产品性能、外观等的关键。

京东时尚产业布局的目标是建立具有京东特色的时尚生态圈。京东以大数据为基础，分析消费者需求，预测时尚潮流趋势，为品牌商提供参考和咨询。京东连接时尚媒体、互联网合作伙伴、设计师、品牌与消费者等，从产品设计、用户价值、购物体验、消费者场景、智慧物流等各个环节完善用户体验[11]。京东推出了设计师扶植计划，扶植多位国内设计师走向国际时装舞台。同时，在京东上设计师品牌的商品正在迅速崛起，而京东时尚事业部更是吸引了众多国际、国内知名品牌入驻。2017年，京东以3.97亿美元投资奢侈品电商Farfetch，并成为其最大的股东之一[11]。京东和腾讯联合推出了CP（Content + Product）计划，基于腾讯包括QQ企鹅形象和QQfamily、怪奇鹅等衍生社交IP，及其泛娱乐生态中的游戏、小说、动漫等诸多IP内容，进行下游衍生品拓展[11]。

Google与在线女性时尚品牌Ivyrevel合作，开发了一款名为Coded Couture的数字时尚项目。这是一款基于安卓系统的APP，采用了Google最新的Awareness API和Snapshot API

技术，能够追踪和收集用户的日常活动信息，并根据收集到的用户位置、活动和天气等信息向用户推荐适合购买的服装。

三、时尚科技融合创新改变生产方式和生活方式

（一）生物技术、新材料成就绿色时尚

在消费者对于绿色时尚、可持续时尚呼声越来越高的背景下，一些时尚企业致力于通过寻找天然原材料、开发可再生材料等途径，解决时尚产业对资源和能源消耗巨大的问题，实现时尚产业的绿色环保和可持续发展。

2017年，佛罗伦萨时尚奢侈品牌Ferragamo推出绿色环保的Orange Fiber系列，开创性采用柑橘类水果制作精致面料[12]（见图4-2）。Orange Fiber系列利用从柑橘类水果或其副产品中提取出的纤维素，成功加工出天然可持续时尚面料，这种柑橘织物非常柔软、顺滑，触感与真丝极为相似。这项将柑橘废弃物转化为环保面料的创新，减少了成本，降低了污染，保护了环境。

图4-2 Ferragamo绿色环保Orange Fiber系列

资料来源：VOGUE时尚网。

加利福尼亚初创公司 Bolt Threads 通过生物工程技术制造出了一种类蜘蛛丝线的蛋白质丝线，并于 2017 年推出首款产品——由人工合成蜘蛛丝制成的限量版领带，这款领带轻巧、柔软、别致，有粉色和蓝色款式，男女皆宜（见图 4-3）[13]。与由石油衍生的化学纤维相比，人造蜘蛛丝由转基因酵母、水和糖组合后发酵生成，健康环保，而且可以通过调整转基因酵母的 DNA 形成新品种。

图 4-3 Bolt Threads 人造蜘蛛丝领带

资料来源：凤凰网。

2016 年瑞典高端户外品牌 Fjällräven（北极狐）推出用回收塑料瓶做的新款环保背包 Re-Kånken（见图 4-4）。该款背包由从 PET 瓶中提取的聚酯纤维织成面料，背带和内衬的原料是纱线[14]，百分之百可回收。制作一个 Re-Kånken 背包需要 11 个 PET 瓶子，而迷你型号的只需 9 个 PET 瓶子[14]。由于采用了 SpinDye® 染制技术，面料、背带和内衬同步完成染色，整个生产过程的用水量减少 75%，能源消耗降低 39%，还减少了 67% 的化学制剂使用和 20% 的碳排放[14]。

2019 年德国运动用品巨头 adidas 推出了一款可完全回收的高性能跑鞋 FUTURECRAFT.LOOP（见图 4-5），该款跑鞋所有组件均由可百分之百重复回收利用的热塑性聚氨酯制成。adidas 的 Speedfactory 技术将这种材料纺成纱线，进而编织成型，以及清洁熔融，制作流程无须使用胶水[15]。该款跑鞋废旧后可以二次回收，进行消毒、粉碎、融化成原材料，用于重新制造一双新鞋。

创业公司 Rothy's 在回收塑料方面成绩显著。创立于 2016 年的 Rothy's 公司总部位于旧金山，是一个环保女鞋品牌，使用可循环利用的塑料瓶和其他可回收材料为原料制作时尚好看的平底鞋（见图 4-6）。Rothy's 把塑料瓶等可回收原材料碾压成塑料粒、制成纺线，利用 3D 编织专利技术编制成型，最后使用 100% 无毒黏合剂贴上无碳橡胶鞋底[16]。3D 编织科技避免了制鞋业最浪费资源的切割步骤，将制造过程中产生的废料从一般鞋类

第三篇 行业发展篇

图 4-4 Fjällräven 环保背包 Re–Kånken

资料来源：华丽志。

图 4-5 adidas 可完全回收跑鞋 FUTURECRAFT. LOOP

资料来源：服装人才网。

生产平均 35% 的比例降至不到 5%[16]。仅 2018 年 Rothy's 就销售超过 100 万双鞋，回收利用了超过 2200 万个塑料瓶[16]。

（二）3D 打印、人工智能改变着服饰的生产制造方式

3D 打印作为一种快速成形技术，有利于简化工作流程实现高效生产，能够降低服装

图 4-6 Rothy's 环保女鞋

资料来源：品牌星球。

定制的成本，结合 3D 扫描技术可以更方便地为客人量体裁衣，实现服装个性化定制，逐步影响着服装设计和制造等领域。2016 年北京时装周时尚北京创意展上全球首款 3D 打印旗袍受到广泛关注和好评，结合服装设计、建筑设计、3D 打印等多领域跨界完成的作品"蝶恋"和"绽放"，通过不同的镂空方式呈现蝴蝶翅膀丰富的纹理与层次，并将花朵绽放的瞬间定格在服装之上，以新技术完美展示时尚。2016 年英国公司 Tamicare 宣布正式运作首条 3D 打印服装生产线，这条生产线每年最多可以产出 300 万件服装。Tamicare 的 3D 打印生产系统可以有效去除传统制造中不必要的生产步骤，提高生产效率，并且消除材料浪费，使生产过程更为环保。

人工智能技术在时尚行业服装设计、消费需求等方面的应用越来越广泛、深入。IBM 推出的人工智能系统 IBM Watson 已经在时尚设计中得到广泛应用，2016 年英国设计师品牌 Marchesa 应用 IBM Watson 技术为捷克超模 Karolina Kurkova 设计了一款人工智能礼服亮相 Met Gala，同年，中国女星李宇春出席 Vogue 十一周年庆典活动穿着的白色人工智能礼服，是由中国设计师张卉山应用了 IBM Watson 设计的。2017 年亚马逊研发出一种 AI 算法，以名为 GAN 的"生成对抗网络"作为工具，通过分析大量图像并模仿其风格来设计服装，未来通过 AI 快速设计可以紧跟甚至引导时尚潮流。2018 年，阿里巴巴推出的全球首家人工智能服饰店"FashionAI 概念店"在香港落户（见图 4-7），消费者在概念店通过淘宝 ID 绑定身份信息后，每浏览一件衣服，货架边的"镜屏"就会感应到商品信息，给出若干种搭配选择。阿里巴巴的 FashionAI 项目以 AI 视角完成对服饰认知体系的重构，为消费者提供个性化的搭配建议。FashionAI 的出现，不仅会重构消费者穿搭试衣体验，也将重构整个服饰行业未来的设计与生产[17]。2018 年优衣库的母公司日本迅销集团将启动基于人工智能的生产改革，通过 AI 分析天气和流行趋势等大量数据，预测消费者所需的商品数量，需求预测机制将以全球的实体店和电商网站为中心收集数据[18]，以 AI 技术提高生产效率和降低成本。

图4-7 阿里巴巴 FashionAI 概念店

资料来源：阿里集团网站。

（三）智能穿戴引领时尚健康生活

智能穿戴的兴起是技术、产业和用户需求共振的必然结果，它的快速发展逐步改变着人们的健康生活方式。

EmpaTIca 公司推出了一款可穿戴设备 Embrace（见图4-8），通过分析生理信号来检测癫痫发作情况，2018年初已经通过 FDA（美国食品和药物管理局）审批。Embrace 监测皮肤电传导、脉搏、血液活动、睡眠和体温等人体生理数据，通过蓝牙与智能手机配对，在感受到压力上升或即将上升时发出警报，提醒癫痫病患者或其监护人员立即采取措施减轻患者压力，尽量避免癫痫发作。Embrace 看起来像智能手表，采用了多彩、圆滑、轻薄的外观设计，简约而时尚，而且可以定制，其方形的"腕带表盘"上有一个环形灯，通过环形灯的闪烁来传达时间、应力水平和癫痫活动状况[19]。

伦敦的设计师采用仿生技术，仿造海葵的形态和特征，发明了一个置于人体两侧肩部的可穿戴设备 Ripple[20]（见图4-9）。Ripple 内置传感器和相机，利用传感器和计算机视觉技术来检测周围人对用户投射过来的关注目光。当 Ripple 捕捉到对用户投来的关注或感兴趣的目光时，便会像海葵一样抖动触须提醒用户注意，而当用户转向了关注目光所在的方向时，Ripple 会轻拍用户胸膛给予用户正确的提示[20]。设计这一可穿戴设备，是为了在这个过度沉迷于智能手机而忽视人际交往的现实世界中，让人们能更关注自己周围的人。

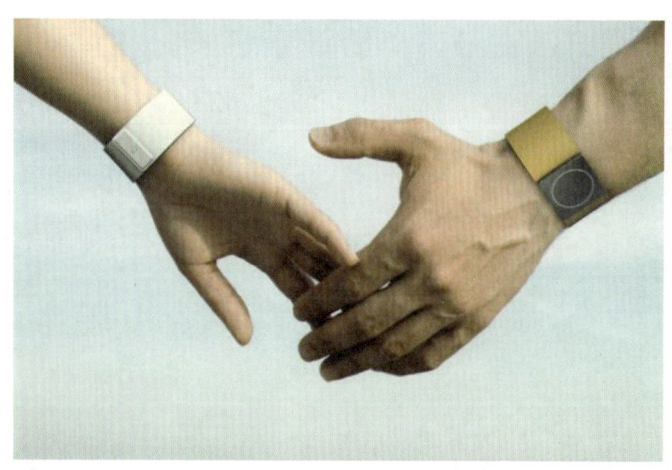

图 4-8　EmpaTIca 公司可穿戴设备 Embrace

资料来源：雷锋网。

图 4-9　可穿戴设备 Ripple

资料来源：OFweek 维科网。

爱慕公司推出的运动智能文胸是在高强度运动文胸内添加进智能芯片，来完成人体运动数据的监测[21]（见图 4-10）。爱慕智能芯片通过高精度 3D 传感器与心率传感器读取微小的生物识别信号，结合业界最准确的算法提供精准的心率监测。再配合爱慕运动 APP 的数据显示以及实时播报功能，将运动时的心率、有氧还是无氧的运动状态，实时消耗的卡路里等数据第一时间反馈给消费者[21]。像拥有一个私家教练一样，提供专业的运动语音指导，确保运动强度适当，预防运动伤害，实时保护女性乳房。

深圳智裳科技公司推出一款名为"走运"的智能瘦身衣。走运智能瘦身衣结合中医经络点穴理论、智能科学技术及服装纺织技术而开发。该款衣服在腹部设计了银纤维芯片，促进肠胃蠕动，燃烧腹部脂肪，对于女性还能起到保护子宫卵巢的功效；同时在背部

第三篇 行业发展篇

图4-10 爱慕智能内衣

资料来源：腾讯时尚。

设有8块银纤维芯片，定点定位地激活疏导膀胱经，可以疏通经络，排出脏腑的毒素。在脂肪囤积最多的大腿前后侧科学地设计了四块银纤维芯片，刺激大腿肌肉，甩掉"大象腿"；同时改善橘皮，紧致臀部肌肤。用户可以通过APP来控制衣服释放模拟大脑信号的脉冲波，大脑收到信号做出反馈后就可以让肌肉发生高频自主运动，从而达到懒人减肥瘦身的功能[22]。

（四）虚拟技术提升时尚体验

虚拟技术在时尚领域应用越来越广泛，改善着时尚消费体验。2018年天猫三八"女王节"期间，多台3D虚拟试衣镜亮相上海K11商场，这是3D虚拟试衣技术在国内的实体服装店首次亮相[23]（见图4-11）。消费者可在最短的时间内试穿众多大牌新款衣服，效果一目了然。试穿满意后，若商场没有合适的尺码或中意的款式，消费者可以通过手机淘宝直接购买。

全息技术被用作服装设计，创造出梦幻的舞台效果，为观众带来虚实结合的视觉盛宴。2011年，以全息投影技术闻名的Musion为Burberry在北京打造的全息投影时装秀（见图4-12），通过运用先进的全息摄影与数码投影技术和动感十足的立体声光特效营造出英国四种经典的天气，模特在消失的刹那瞬时完成服装的互换，为现场1000多位嘉宾献上一场虚拟与现实完美融合的T台视觉盛宴[24]。2016年视觉创意组合Pinar&Viola联手服装设计师Amber Jae Slooten在阿姆斯特丹时装周上展出全息投影时装秀（见图4-13），以在服装上呈现眼睛和嘴巴，并将其转化成动画角色的方式，把衣服的灵魂可视化，呼吁人们善待衣服[25]。

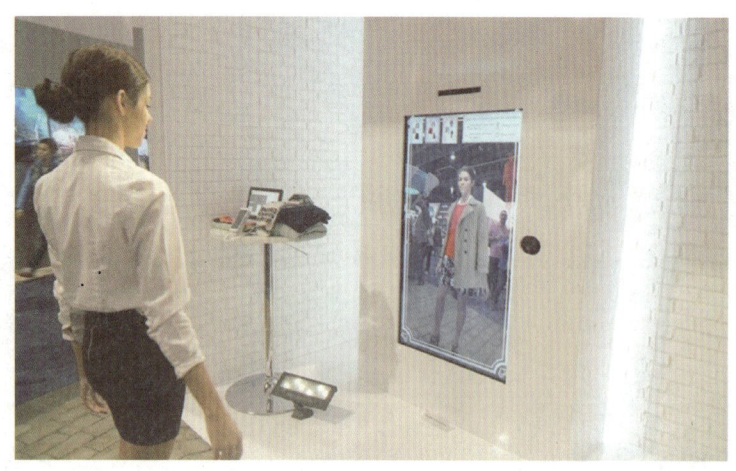

图 4-11 3D 虚拟试衣镜

资料来源：易试互动网。

图 4-12 2011 年 Musion 为 Burberry 打造的全息投影时装秀

资料来源：GQ。

随着 VR 内容普及和虚拟现实设备价格下降，VR 时装秀成为服装展示的一种新形式。早在 2014 年，TopShop 先锋试水 VR 时装秀，在门店橱窗内现场直播在伦敦举行的秋季时装秀，顾客通过佩戴 VR 眼罩仿佛身处秀场前排来观看时装秀。2015 年，美国时装品牌 Tommy Hilfiger 在纽约第五大道门店推出 VR 体验，让顾客身临其境地 360 度全景观赏 2015 年 Tommy Hilfiger 秋季时装秀，VR 设备会自动调节最佳视角呈现模特的 T 台表演[26]。

图 4-13 Pinar&Viola 联手 Amber Jae Slooten 打造全息投影时装秀

资料来源：搜狐网。

（王婧倩　北京服装学院中国时尚研究院）

参考文献

[1] 杨年生."科技公司"优衣库[J].纺织科学研究，2016（7）：76-77.

[2] 刘建华.铜牛：站在针织内衣高端[N].中国纺织报，2007-07-13.

[3] e-works 整理.报喜鸟打造云翼智能制造平台　实现大规模定制[EB/OL].e-works 数字化企业网，http：//articles.e-works.net.cn/amtoverview/article140356.htm，2018-01-30.

[4] 周瑶，吴文婧.每件西服都有"身份证"　雅戈尔靠科技转型服装实现智慧定制[N].证券日报，2018-08-08.

[5] 潘东燕.红领：制造业颠覆者？[J].中欧商业评论，2014（8）：76-83.

[6] 苹果或许会出智能面料　不单只用做衣服[J].纺织科技进展，2017（10）：39.

[7] 搭载英特尔 Curie 穿戴模块的智能变形服装[J].纺织服装流行趋势展望，2015（10）：54.

[8] 多弗朗超哥.Tech world 2017 联想六款智能产品，引领人工智能变革[EB/OL].联想官网，https：//club.lenovo.com.cn/thread-4206352-1-1.html，2017-07-20.

[9] 李子繁，李洁玲.阿里巴巴集团公布 2019 年 3 月底止季度及财年业绩[EB/OL].阿里巴巴集团网站，https：//www.alibabagroup.com/cn/news/article？news=p190515，2019-05-15.

[10] 第一财经.资生堂携手阿里，探索创新合作模式[EB/OL].搜狐网，ht-

tp：//www. sohu. com/a/305382875_ 114986，2019 - 04 - 02.

［11］周卓然. 京东时尚产业布局基本完成　还要和腾讯联手创造 IP 服饰生态圈［EB/OL］. 界面新闻，https：//www. jiemian. com/article/1638667. html，2017 - 09 - 20.

［12］Ferragamo Orange Fiber 绿色环保系列［EB/OL］. YOKA 时尚网，http：//www. yoka. com/dna/d/396/611. html，2017 - 04 - 21.

［13］Jelia. Bolt Threads 公司推出首款人工合成蛛丝制成的限量版领带［EB/OL］. 凤凰网，http：//art. ifeng. com/2017/0315/3274568. shtml，2017 - 03 - 15.

［14］蒋晶津. 瑞典高端户外品牌 Fjllrven 推出用回收塑料瓶做的环保背包［EB/OL］. 华丽志，http：//luxe. co/post/47391，2016 - 10 - 02.

［15］路凡. 又是一次革命，adidas FUTURECRAFT. LOOP 正式发布！［EB/OL］. 服装人才网，http：//art. cfw. cn/news/260110 - 1. html，2019 - 04 - 18.

［16］赖永锋. Rothy's：可机洗的环保平底鞋，回收利用了 2200 万个塑料瓶［EB/OL］. 品牌星球，https：//www. brandstar. com. cn/articles/594，2019 - 04 - 30.

［17］电科技. 阿里巴巴用人工智能重塑服装行业，新技术一秒可推荐 100 种穿搭建议［EB/OL］. 电科技，http：//www. diankeji. com/news/41985. html，2018 - 07 - 04.

［18］麦婷婷. 2018 年内优衣库运用人工智能预测消费者需求［EB/OL］. 服装网，http：//news. efu. com. cn/newsview - 1253747 - 1. html，2018 - 06 - 13.

［19］Travis. Embrace 腕带可检测癫痫　差异化求生存［EB/OL］. 雷锋网，https：//www. leiphone. com/news/201411/zFWfrTOXkLRwsoMe. html，2014 - 11 - 28.

［20］沈雷，桑盼盼. 不同领域技术下智能服装的发展现状及趋势［J］. 丝绸，2019（3）：45 - 52.

［21］智能运动内衣来了，你想要试试吗？［EB/OL］. 慧聪网，http：//info. cloth. hc360. com/2016/12/191710855881 - 2. shtml，2016 - 12 - 19.

［22］智裳科技带领走运智能服装登陆纳斯达克［EB/OL］. 智裳科技官网，http：//www. ai - clothing. com/zhishangkejidailingzouyunzhinengfuzhuangdenglunasidake，2018 - 07 - 25.

［23］三秒视觉. 3D 虚拟试衣镜亮相上海一商场　堪称试衣神器受追捧［EB/OL］. 百度，https：//baijiahao. baidu. com/s? id = 1593931407413422905&wfr = spider&for = pc，2018 - 03 - 03.

［24］GQ. Burberry 北京庆典上演全息虚拟时装秀［EB/OL］. GQ，http：//www. gq. com. cn/fashion/news_ 114g3f8b7612ed82. html，2011 - 04 - 15.

［25］中文业界资讯站. 荷兰举办全息时装秀　呼吁善待衣服［EB/OL］. 搜狐，http：//www. sohu. com/a/106784643_ 260332，2016 - 07 - 20.

［26］刘隽. Tommy Hilfiger 推虚拟现实（VR）体验，将时装秀搬到了门店里［EB/OL］. 华丽志，https：//luxe. co/post/30179，2015 - 10 - 28.

第五章
人工智能与时尚产业发展

一、人工智能正在引领新的产业革命

（一）人工智能的概念和类型

1. 基本概念

人工智能（AI）通常被定义为机器执行与人类思维相似的认知功能，如感知、推理、学习、与环境互动、解决问题，甚至是运用创造力的能力。

人工智能的概念最早可以追溯到20世纪50年代，当时的研究人员开始考虑使用机器模拟人类智能的可能性。受制于算法、算力的局限性和数据收集的不便，人工智能的发展经历了长达50余年的艰苦探索，直到2012年神经网络的大规模应用，标志着以人工智能为代表的新一轮技术创新浪潮的开启[1]。目前，人工智能的研究主要是基于计算机视觉、自然语言理解与交流、语音识别与生成、机器人学、博弈及伦理、机器人学习六大学科融合。随着算法的不断演变、计算资源变得强大且价格低廉以及数据总量和种类的增加，如今的机器更能模仿人脑的决策过程，具备一定的学习、感知和逻辑推理能力，并朝着通用性场景处理、创造性思考的方向进阶。

2. 主要类型

按照人工智能的发展路径和应用范围，目前市场上存在两种类型的人工智能：弱人工智能（Artificial Intelligence，AI）和强人工智能（Artificial General Intelligence，AGI）[2]。

弱人工智能，主要模仿人脑的基本功能，具备"数据处理""自主学习"及"快速改进"三大基本能力，能完成基础型、特定场景下角色型的任务。目前的人工智能应用市场以弱人工智能为主，大量高质量且有意义的数据样本及如何获得数据样本是弱人工智能进行商业应用的关键成功要素。正因如此，拥有海量数据的互联网巨头已在人机语音交互、图像识别、数据分析和预测等领域实现技术突破和商业应用，并在搜索引擎、电商产品推荐、智能手机、智能家居等方面实现了成熟化的商业应用，并逐步在军事、制造、金融、医疗等很多领域推广应用各种复杂的弱人工智能。

强人工智能，强人工智能需要结合情感、认知和推理等人脑高阶智能，并能通用到各种场景中，是未来人工智能的主要发展方向。在弱人工智能三大基本能力的基础上，强人工智能还具有如人脑一样的完整推理能力（Robust Reasoning），使其在商业应用方面，除能够进一步降低成本和提高效率外，还会出现许多创新的商业模式和用户体验，甚至能够完成人类不能完成的活动，进行高价值的创造。但是由于技术壁垒非常高，强人工智能目前仍处于早期探索阶段。

（二）人工智能将为产业发展带来变革

人工智能是引领新一轮科技革命和产业变革的战略性技术，具有溢出带动性很强的"头雁"效应[3]。随着技术的创新和融合、场景应用的拓展和多元以及扶持政策的不断出台，人工智能正与物联网、大数据、机器人等技术一起驱动着社会生产、生活方式的又一次巨大变革。正在驱动人工智能的快速发展。

1. 人工智能产业具有广阔的市场前景

近年来，人工智能技术正在全球范围内蓬勃发展，世界各国意识到人工智能是未来科技发展的战略制高点。随着全球主要国家纷纷出台国家级战略用以支持人工智能产业发展，全球人工智能技术投入和市场规模仍将保持高速增长态势[4]。

IDC 在 2018 年发布的《对话式人工智能白皮书》显示，到 2020 年全球人工智能技术支出将达到 2758 亿元人民币，未来 5 年复合增长率高达 50%；到 2020 年，中国人工智能技术支持将达到 325 亿元人民币，占全球整体支出的 12%[5]。Gartner 在 2018 年 4 月的报告显示，预计到 2022 年全球人工智能衍生的商业价值将达到 3.9 万亿美元[6]。另据 Marketsand Markets 的最新报告预测，人工智能的市场规模将从 2018 年的 214.6 亿美元增长至 2025 年的 1906.1 亿美元，年复合增长率达 36.62%[7]。

2. 人工智能已经成为产业转型升级助推器

结合当前人工智能较为热点的应用场景，人工智能对传统产业的改造升级以及对新兴产业的支撑作用主要体现在战略优化/资源配置、静态个性化建议、预测及分析、发现新问题/趋势、处理无规则数据以及产品价格优化六大方面（见表 5–1）。

表 5-1 人工智能在不同行业中应用的功能体现[8]

功能\行业	制造业	零售业	金融业	医疗	公共服务	电信、传媒
战略优化/资源配置	优化研发、制造过程来追踪产品进度	各地区广告资源的投放和组合	根据市场实际情况优化金融资源配置	优化医生和患者的分配以减少瓶颈问题	优化城市的公共资源,提高生活质量	优化信息和网络资源的配置
静态个性化建议	根据消费者偏好提供定制化设计建议	根据消费者偏好进行产品推荐	把金融产品更有针对性地推荐给有需要的客户	根据患者健康状况优化治疗	个性化定制公共服务	广告投放的个性化推荐
预测及分析	预测生产过程中可能的故障并预先维护	预测未来需求走向和供应链的限制	风险评估等	识别和预测疾病的发生、程度	预测社会活动中的突发事件	消费需求的预测以及消费个体的价值和风险
发现新问题/趋势	识别生产当中发生的产能低下、质量低下等问题	消费者结构及偏好的变化	辨别欺诈、无信用等违法行为	识别过度诊疗以及医疗欺诈的行为	发现新的社会形态和社会行为	消费模式的新趋势
处理无规则数据	识别语音指令	根据实时销售数据进行市场分析	识别语音指令	对可穿戴设备回收的数据进行处理和分析	由社会不同群体分析并总结社会形态特征	识别媒体内容的特征
产品价格优化	优化市场组合及营销成本	优化产品库存配置	根据对金融产品价格走向的预测来制定交易策略	优化药物的定价策略	对政府提供的服务和设施进行定价优化	优化营销组合以及营销成本

现有人工智能技术的显著特点就是能对产业的转型升级起到强大的推动作用,甚至通过基于人工智能技术来创造一些新模式、新业态。目前,人工智能技术在智能教育、智能商贸、智能社交、智能文娱等领域都得到了较为普遍的商业应用[9]。

在智能教育领域,人工智能可以让来自于不同地域的青少年,通过网络享受同样优质内容的课程,将引发积极的教育改革。未来,智能教育在解决教育的个性化和差异化问题方面会有上佳的表现。

在智能商贸领域,得益于人工智能应对大量数据的处理能力,推荐系统在电子商务中至关重要。它能够综合考虑用户需求、历史行为、当季流行商品等因素,处理库存和销量的关系。智能聊天机器人可以取代客服人员给出更快速、准确的回答,提高效率。下一阶段,随着人工智能算法的不断优化以及大数据、物联网技术的融合,人工智能在智能采购与库存管理方面将给店主带来更大便利。

在智能社交领域,目前社交网络处于同质化竞争,未来将通过细分市场来开展差异化竞争,并获取更多的市场份额。下一阶段,大数据分析的应用将成为社交网络行业新的发展方向,基于大数据社交网络将产生更多的盈利模式。

在媒体和娱乐产业方面，计算机生成的电影角色与真实的人类扮演一般无二，他们拥有观众无法辨别的栩栩如生的表情、反应。可实时学习的网络游戏中，游戏中的角色、场景可以根据在线学习用户的个人习惯，随之动态调整，这样剧情线和角色反应就变得无法预测，使游戏具有更强的趣味性。

3. 未来十年人工智能商业应用前景

作为 21 世纪最具影响力的技术之一，人工智能不仅在围棋、数据挖掘等方面将我们打败，还将在图像识别、语音识别等领域实现对人类的超越。随着与物联网、量子计算、云计算等诸多技术互相融合、进化，人工智能将在众多领域带来更多具有革命性的变革。未来十年人工智能应用的前景预测如图 5-1 所示。

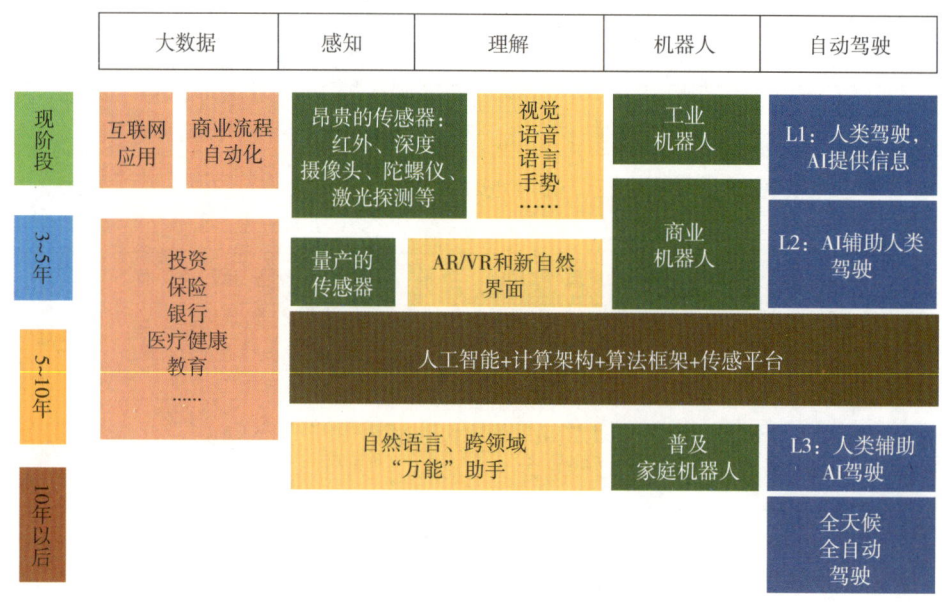

图 5-1 未来十年人工智能应用前景的预测

资料来源：来源于网络，笔者后期整理。

二、人工智能正在重塑时尚产业

（一）人工智能为时尚产业带来了技术革新

当前，科技创新已经成为促进时尚产业的关键因素，一些新兴、前沿乃至颠覆性的技术创新和应用都会对时尚材质、时尚表达、时尚制造、时尚营销等方面带来革命性的改变，从而重塑产业和消费者的关系，实现产业的转型和蜕变。

在此背景下,时尚界人士逐渐意识到,如何在既有的传统生产方式和商业模式上追赶风口浪尖的人工智能[10],特别是当人工智能踏足时尚领域,一系列的智能技术正在改变时尚业的设计、制造、销售等基础环节,在减少人工、降低成本、缩短研发周期及快速响应市场等方面取得了良好成效,成为新闯入者们实现弯道超车的砝码。人工智能带来的技术革新在时尚产业不同环节的作用如表5-2所示。

表5-2 人工智能带来的技术革新在时尚产业不同环节的作用

产业环节	发展瓶颈	人工智能作用
研发设计环节	新型面料等技术研发的不可控和长周期;服装设计主观性与市场需求不匹配	提高技术研发成功率、缩短研发周期;实现低成本定制化生产和柔性生产
制造环节	人工成本不断提高,工人不稳定性影响品质	减少人工,降低人工造成的品质不稳定,实现质量提升
销售环节	难以准确预测市场走向,无法精准控制库存及制定合适的营销策略	准确预测和快速响应市场

通过人工智能的推广应用,服装、鞋帽等传统产业也可以实现智能制造,从而有效提升产品品质;一批智能面料得以研发制造,让服装穿着更舒适、功能更多元、保护更安全;越来越多时尚品牌开始意识到社交营销的重要性,可以根据社交平台的用户属性来进行细分化营销;消费者也可以借助人工智能来决定甚至引领个性化时尚潮流,做出符合自己特质的时尚消费选择。总体而言,随着人工智能时代的到来,一直站在时代与技术前沿的时尚业,正在从线上到线下的各个方面被重新塑造和调整,向我们揭示了时尚生活大众化、平民化乃至人工智能化的无限新可能。

(二)人工智能改变了时尚产业的发展模式

1. 人工智能开始参与时尚趋势预测工作

在当前网络上积累了大量数据的基础上,人工智能技术在纺织服装流行趋势领域有很大发展空间。例如,借助计算机视觉与图像处理技术,分析海量照片,可以快速检索用户偏好的色彩、花型和款式;根据消费者穿衣色彩偏好和消费习惯数据,可以分析出各个年龄段常穿的颜色,归纳出不同的流行色等。在趋势预测方面,人工智能技术的应用,将明显优于目前的多种建模方式,不仅能够准确地解决许多复杂问题,还可以成为下一阶段纺织服装时尚创新的理想工具[11]。

2. 时尚产品研发设计朝数字化、精准化、智能化方向发展

人工智能在时尚产业的研发设计环节,可基于海量数据建模分析,将原本高不确定性、高成本的实物研发和款式设计转变为低成本高效率的数字化、精准化、智能化自动研发设计。

一方面,人工智能技术近年来应用于纺织品织物设计、织物疵点识别和分析、面料性能评价、棉杂分类和评级、起球等级评定、上染率计算等领域,还可以用来分析预测纺织

品的各种性能，如透气性、抗皱性、耐磨性等指标[12]。例如，采用机器视觉、机器学习等技术，开展印花织物、色织物的疵点、色差、花型、起球起毛的检测和分析评价，可以解决多年来存在的技术难点，明显提高识别和分析的水平。另外，人工智能可以帮助设计师更好地将色彩、图案还有风格结合起来，如江苏阳光集团建设了百万级颜料数据库，人工智能系统可以根据染料配方的成本，对同一种颜色选取成本最低、环保效果最好的染料。

另一方面，人工智能也可以帮助设计师和买手分析市场趋势和顾客的行为，这些信息将会在创建新系列、选择颜色、确定风格等方面非常有用。人工智能还可以通过利用计算机对数千幅图像和视频进行视觉分析和记忆，从而扩大他们的创造性发现。IBM 与 Tommy Hilfiger、纽约时装学院的信息设计与技术实验室展开合作，统统推进了一个名为Reimagine Retail 的项目，探索人工智能是如何加速与增强设计过程的；韩国 HANDSOME 公司的休闲品牌"SJYP"与 Designovel 公司一起研发 Style AI 系统，并于 2018 年在韩国国内首次推出人工智能设计的衣服。

此外，以人工智能为主体研发的设计系统还能自主完成时尚产品设计。上海深兰科技基于 DeepVogue 人工智能服饰辅助设计系统设计生产的服装也荣获了 2019 年中国国际服装设计创新大赛亚军[13]，并同时获 50 位大众评审现场打分第一名。

3. 时尚制造更加注重个性化需求和柔性生产

人工智能在时尚产业的生产制造环节，可以针对消费者个性化需求数据，在保持与大规模生产同等甚至更低成本的同时，实现柔性生产，从而有效满足市场的快速变化的需求，并强化了产品的质量管控，这对服饰、箱包、工艺品等与消费者体征或品位等需求非常相关的行业尤为重要。

（1）制造模式由产品生产导向向市场需求生产导向转变。

依托人工智能技术，一些新兴初创型时尚类企业正积极推进自动化生产，加强产品供需情况和交易数据分析，并根据市场需求变化来确定和调整自身的生产策略和计划；与此同时，相关领域相对较为成熟、具备一定规模的时尚类企业也会逐步跟上这一制造模式的转变，从而快速地响应时尚消费趋势和消费者需求的变化。未来，围绕市场需求变化采取的及时化生产、小批量生产和减少库存积压将成为时尚制造业的新常态（见图5-2）。

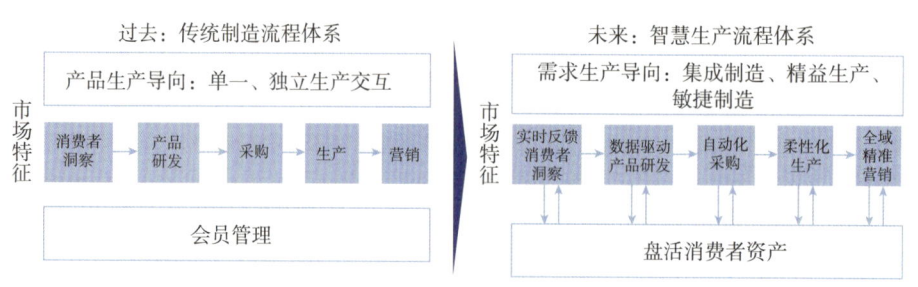

图5-2　不同生产制造模式的差异分析

中国服装、鞋帽、箱包等传统时尚制造业崛起于20世纪90年代，但这些产业的过半订单来自加工贸易，企业只要埋头制造即可，本质上只是国外大牌公司的生产车间。但是到了2017年底，加工贸易占进出口总额的比重，已由峰值期的接近六成，下降为不足三成，这些代工企业的发展处境日益艰难。不过随着中国电子商务产业的快速崛起，特别是电商企业与上述代工企业深化合作，依托新一代信息技术的推广应用，有效解决了代工企业没有品牌、没有渠道、无法及时了解消费者需求的短板，并逐步推进时尚制造由产品生产导向向需求生产导向转变。

随着消费者需求的不断碎片化，变化也更迅速，百万元的大订单不复存在，几千件的订单成为常态；同时为应对市场需求的快速变化，交货周期在缩短，过去几个月，现在几天就得交付，否则就会错过市场窗口。在此背景下，淘宝、天猫、京东等第一代电商相当程度上解决了代工企业的渠道需求；必要商城（见图5-3）、网易严选、小米有品等品质电商则进一步细化和明确消费者需求，有效指导制造商开展柔性生产和定制化生产，实现优质制造能力对接给消费升级群体（见图5-4）。

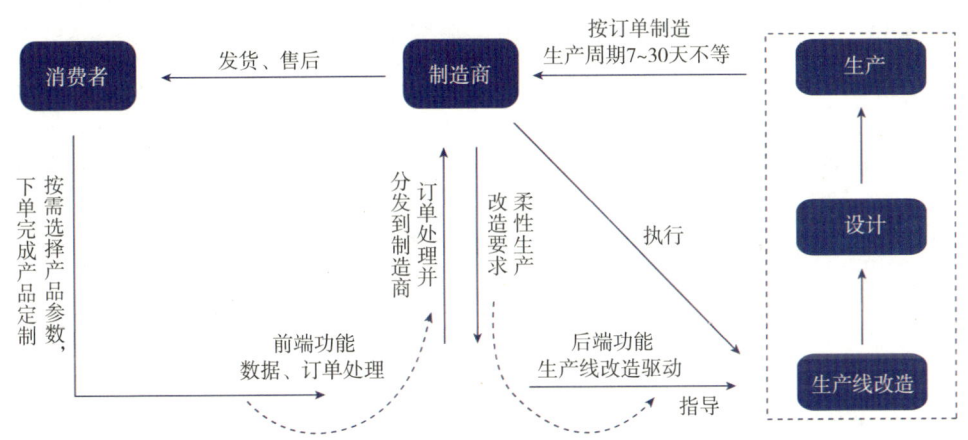

图5-3　必要商城的C2M模式[14]

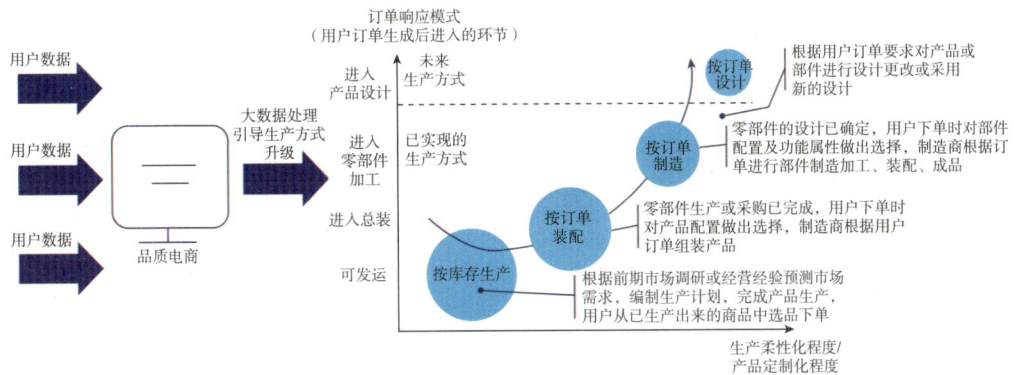

图5-4　基于消费大数据，品质电商引导制造商生产模式、订单响应模式的未来发展方向[15]

可以预见，随着中国日益重视互联网、大数据、云计算、人工智能和制造业深度融合，进一步加大对互联网经济、共享经济、平台经济投入力度，时尚制造业借助人工智能、大数据等新一代信息技术，能够及时、有效地构建以需求为导向的生产模式，推动质量变革、效率变革、动力变革，切实满足日益复杂多变的市场需求。

（2）人工智能提升时尚产品柔性化制造水平。

国外众多时尚品牌为满足不断变化的消费者需求，正逐步转向使用计算机视觉的机器人来装配服装和鞋类产品，从而有效缩短制造周期和大幅度降低人工成本。阿迪达斯于2015年在德国推出了名为Speed factory的机器人工厂，还在格鲁吉亚开展另一家全面运营的Speed factory。2018年开始，中国T恤制造商天元服装公司在美国的工厂使用由佐治亚州创业公司SoftWear Automation开发的基于机器视觉的缝纫机器人来制造阿迪达斯服装；耐克通过收购创业公司Grabit获取人工智能技术，从而在制鞋过程中减少30%的步骤，减少50%的劳动力，可以在短短30秒内生产出完整的鞋帮[16]。

国内的传统纺织服装企业也加快布局"人工智能+制造"。山东如意控股集团投资3亿元的个性化智能制造项目已投入使用。该项目厂房面积为2万平方米，建设集"柔性制造+全流程个性化定制+全流程自动物流+服装物联网+信息化"五位一体的个性化智能工厂。智能工厂的车间实现了物料位移无人化，生产效率可以提升30%，工人劳动强度大大降低。未来，智能工厂具备年产40万套个性化定制服装的生产能力，形成以市场客户需求体验为导向、以数字化智能模块为载体、以终端品牌销售为目标的可视化新型产业集群[17]。

此外，人工智能还能与物联网和大数据技术相结合，实现对产品质量的自动检测拓展到生产的全流程，从而不仅提高质检效率，甚至能够指导工艺、流程等改善，提高整体良品率。

4. 时尚行业供应链管理改革和零售购物升级步伐加快

（1）人工智能提升了时尚行业供应链管理水平。

在供应管理及产品营销领域，人工智能可以基于大数据建立更实时、精准匹配的供需关系，从而通过掌握和预测需求动态变化，以进行更有效的供应链调整优化和营销策略改变。这一特性使人工智能在时尚零售业具有巨大的应用价值和发展潜力。根据BOF与麦肯锡合作的《2018年时尚行业报告》，75%以上的时尚零售商正在或将要投资人工智能领域。

一方面，人工智能可以帮助时尚零售商实时跟踪库存、仓库管理或运营采购情况。对于零售商而言，管理库存是个关键的挑战。理想情况是，企业的库存数量满足顾客的需要；如果相关商品缺货，企业就会流失急切想购买这类商品的客户；但是相关商品库存太多，企业就浪费了本来可以用到其他地方的资金。为此，IBM与人工智能公司Watson合作的孵化器，他们使用"IBM Commerce Insights"（IBM商业洞察力）和"Watson Order Optimizer"（沃特森订单优化器）与零售商一起监测天气、购买率和顾客行为来更好地管理和监测供应链，这样就可以确保合适的库存水平并避免脱销。

另一方面，人工智能可以帮助零售商对市场需求及未来的销售策略开展预测。美国品牌折扣网站 Rue La La 与 MIT 合作利用人工智能技术对商品需求展开预测分析，从而更好地优化了自身的商品价格设置，并在没有增加额外存货和供应成本的前提下，实现了 10% 的收入增长。此外，德国电商 Otto 利用深度学习来分析其数以亿计的交易数据，并基于此来预测其未来 30 天的销售策略和重点，经实践证明，相关预测结果准确率高达 90%。

此外，人工智能正在改变时尚零售业的渠道，并为零售业制定多元化的营销策略提供新的可能性。当前，人工智能和机器人正在冲击传统零售连锁店，特别是以亚马逊、阿里巴巴、京东为代表的电子商务企业通过人工智能、大数据打造的线上销售平台，彻底颠覆了传统的产品营销渠道和方式。在此背景下，诸如优衣库、资生堂等传统服饰、化妆品企业也纷纷与人工智能创业公司合作，不仅加快了自身线上营销渠道的布局，更将尝试用面部识别和虚拟现实技术来营造独特的线下消费体验，从而实现线上和线下营销的整合和互补。

（2）时尚零售购物将逐步实现无人化、定制化、情景化、智能化。

未来，"人工智能＋零售"将实现零售购物的全面无人化、定制化、情景化、智能化，实现消费者购物体验的全面升级。典型的应用场景主要有智能提车和找车、室内定位及营销、客流统计、智能穿衣镜、机器人导购、自助支付、库存盘点等场景[18]。

智能停车和找车。为智能停车模块，帮助用户解决"快速停车及找车"的痛点。例如，阿里巴巴推出的喵街 APP 中包含智能停车及找车模块，目前已经应用于几十家购物中心。

室内定位及营销。在用户购物及浏览过程中快速根据用户需求、物品位置实现精准匹配。如北京大悦城等商场已经实现了室内导航及定位营销，iBeacon 的技术解决方案颇受青睐。

客流统计。实时统计客流、输出特定人群预警、定向营销及服务建议。例如，图普科技，利用开发客流统计解决方案，为天佑城的活动策划和招商部门提供客观数据佐证。

智能穿衣镜。为用户提供个性化的定制服务，增加用户实际购物体验。智能虚拟穿衣镜已经在 Lily、马克华菲等品牌门店中部署。

机器人导购。增加用户购物过程的趣味性，从而提升销售。例如，零售机器人"豹小贩"实现从"人找货"到"货找人"的转变，自动走到人流量大的地方，主动推荐商品。

自助支付。收银服务机提供屏幕视频、文字、语音三种指引方式，引导自助支付。如国内阿里的刷脸支付尝试。

库存盘点。库存盘点机器人替代仓库管理员，提升工作效率。例如，德国 MetraLabs 推出机器人 Tory，为德国服装零售商 AdlerModem rkte 提供库存盘点服务。

注重场景化营销。在移动消费者的旅程中，发现和购买之间的差距已经成为一个更加不耐烦的时尚消费者的痛点，他们试图立即购买他们发现的产品。玩家将通过缩短交付周期、提高广告产品的可用性以及视觉搜索等新技术，专注于弥合这一差距。

三、人工智能给时尚产业发展带来的问题与挑战

（一）人工智能带来的预测或分析是否足够准确和可信

美国零售联盟 NRF 的研究发现，人工智能和机器学习技术在零售战略中扮演的角色越来越重要。随着产品生命周期的快速更新，要求时尚设计者具备快速分析趋势的能力，并能及时针对特定受众开展产品设计。为此，应合理借助人工智能等技术手段来对繁杂的市场数据、消费者需求信息等进行高效提取。所以，随着时尚大数据及消费者数据等不断积累，利用人工智能的技术和手段对流行趋势蔓延路径进行一定程度的预测和评价是完全可行的。

IBM Watson 目前在时尚设计中得到广泛应用，其在各种时装发布会上架设摄像头，瞄准模特身上的各种时尚元素，进行图片的分析工作，可以对服装的板型、品类、颜色等进行准确划分。把这些数据提取出来后做一个简单统计，就可以发布一个潮流趋势。但是，上述人工智能得出的具体结果是否准确和可信，仍是值得讨论的。例如，IBM Watson 在 2017 年纽约秋冬时装周上做出的时尚趋势分析的部分结果就令人大吃一惊。经 Watson 的分析、比对和总结，Brandon Maxwell 和 Alexander Wang 两位青年设计师的设计相似性最高，这令人感到十分意外。因为两位的设计风格通常大相径庭：前者擅长设计红毯优雅晚装，后者偏向街头时尚风。然而 Watson 的分析报告写道："两位设计师在用色、剪裁和及膝裙三方面相似度很高。"[19]

从上述案例可以看出，当前人工智能在时尚行业领域带来的预测和分析对设计师及从业人员来说还只能停留在辅助和参考阶段，时尚与技术的融合尚需更加准确的把握，目前设计师应该基于自身长期的工作经验和时尚嗅觉，甄别人工智能技术产生的成果，从而掌握分寸，保持平衡，才能实现艺术的科技感和科技的艺术感。

（二）人工智能技术带来的知识产权保护难题

一方面，随着人工智能的快速发展和相关技术的推广应用，这也在一定程度上导致今后伪造文档、图像、录音、视频等会变得更加简单。人工智能会让高精度仿制变得成本低廉，且可由机器完成，这会给当前本就充满争议的时尚设计、时尚产品的知识产权保护带来更多的难题[20]。

另一方面，当前由人工智能参与形成的创作设计、趋势研究、发明创造越来越多，但机器人参与创作能否成为法律意义上的作者也一直困扰着法学界及立法、执法部门，机器人创作的产品在既有的知识产权体系中尚难以找到准确答案[21]。但是，人工智能可以通过自我学习、深度思考完成像人一样的创作，甚至在某些领域其创作水平已超越人类，此

类作品理应纳入"独创性"的研究范畴,至于其创作主体是否适合则属于另外需要研究的问题。

此外,任何人工智能产品都离不开算法和数据这两个核心概念,在时尚领域获得成功的人工智能的算法和数据也应在知识产权保护中得以体现。

首先,中国自2006年以后开始允许计算机程序申请专利,但需要其与硬件结合在一起申请;而根据《专利法》第二十五条的规定,智力活动的规则和方法不被授予专利权。因此,作为人工智能核心的"算法",是"智力规则"还是"技术方案",成为其能否获得专利保护的关键所在。因此,要尽快构建对人工智能算法的知识产权保护,使其既能发挥知识产权法对科技创新之激励作用,又能促进科学研究的传播和普及。

其次,人工智能是以大数据的运算作为基础的,因此对大数据本身的知识产权保护也值得我们思考。一方面,人工智能的发展方向实现了从传统数据库的"独创性"转向智能"算法"的科学性,人工智能下的数据库可能无法通过版权法上"独创性"获得保护。另一方面,不同人工智能企业在大数据的采集、复制、利用等行为上如果出现模仿、恶意抄袭甚至冲突,是否能够运用反不正当竞争法来裁断也值得思考。

总体而言,在人工智能时代,要进一步提升仿冒仿制产品的鉴定、监管能力,从而确保人工智能仿制、造假行为影响合法合规产品的销售;要针对机器人作品完善授权使用制度,提升人工智能背景下作品的利用率,也符合人工智能高效创作的产业需求;要完善人工智能的算法与数据的知识产权保护制度,逐步放开对计算机"算法"的专利保护,大力完善版权法、反不正当竞争、"特殊权利"三位一体的数据保护模式。

(三) 时尚领域会迎来"机器换人"潮吗

人工智能技术的引入和推广应用会对时尚行业的就业产生一定的影响。

例如,IBM Watson 能够分析出不同时尚品牌之间在印花和图案方面的相似之处,这项功能对快速消费品、室内设计和快时尚零售商而言,能够使他们不依靠专业的趋势分析公司也能了解时下最值得下载和效仿的趋势元素,这就对部分传统的专业咨询公司的业务带来影响。

又如,买手和商品规划师将会是受到人工智能冲击的职业。买手的主要工作是凭借自身对时尚潮流的敏锐嗅觉,来预测顾客喜欢的服饰,然后商品规划师根据买手的结论,计算出各种服饰的采购数量,从而帮助时尚产品销售商达到销售目标。但是目前,高性能的算法可以更广泛、更快捷地开展时尚趋势预测、顾客喜好、市场需求分析等工作,从而在一定程度上完成了买手及商品规划师的工作。

虽然,人工智能的导入会快速改变时尚行业的发展模式,并冲击到部分传统的工作。但是,我们必须看到每次技术革新都会给社会就业结构带来改变。随着生产工具的改变,职业结构的调整是必然趋势,人工智能并不是消灭就业,而是重新规划机器与人类的分工,倒逼就业结构从低价值劳动密集型生产向价值更高的岗位转移,从重复性劳动向创造性劳动转移。此外,随着互联网的发展和技术进步,每一个市场环节、产业链条都会被细分为多个部分,从而创造出更多的工作岗位。人工智能的发展也是如此,它将催生更多新的产业、产品和服务，创造出新的岗位。有专家预测，到2035年左右，中国约有38%的就业将会受到人工智能的影响，国内现有职业只有约25%将被取代，同时人工智能技术也会创造近40%的就业量。

总体而言，时尚领域从业者要密切关注人工智能在时尚行业的应用及成效，不断提升自身的从业素质，有效适应人工智能对行业发展的改变，寻找全新的行业增长点和新的就业领域。

（熊兴　北京服装学院中国时尚研究院）

参考文献

［1］王维嘉．暗知识——机器认知的颠覆［M］．北京：中信出版社，2019．

［2］新华网．习近平：推动我国新一代人工智能健康发展［EB/OL］．（2018-10-31）［2019-06-15］．http：//www.xinhuanet.com/politics/leaders/2018-10/31/c_1123643321.htm.

［3］乌镇智库．全球人工智能发展报告（2018）［EB/OL］．（2019-04-30）［2019-06-15］．http：//www.199it.com/archives/869189.html.

［4］IDC（国际数据公司）．IDC发布对话式人工智能白皮书［EB/OL］．（2019-03-20）［2019-06-15］．https：//blog.csdn.net/cf2SudS8x8F0v/article/details/79634404.

［5］Gartner（高德纳公司）．Gartner预计2018年全球人工智能商业价值将达到1.2万亿美元［EB/OL］．（2019-04-27）［2019-06-15］．https：//www.iyiou.com/p/71206.html.

［6］Marketsand Markets．资本寒冬下，观察2019中国人工智能行业发展现状［EB/OL］．（2019-06-25）［2019-06-30］．http：//www.gz11.com/keji/shuju/211590.html.

［7］王欣，徐达．强人工智能的未来已来，你准备好了吗？［EB/OL］．（2017-06-23）［2019-06-17］．http：//www.199it.com/archives/604993.html.

［8］孙富春．人工智能将带来哪些重大变革［EB/OL］．参考消息（2019-01-28），http：//ihl.cankaoxiaoxi.com/2019/0108/2367678.shtml.

［9］舒志娟．当时尚遇上AI　中国时尚产业重塑新格局［EB/OL］．人民网（2018-03-29），http：//fashion.people.com.cn/GB/n/2018/0329/C1014-29896950.html.

［10］［11］吴迪．人工智能引领纺织行业多领域变革［J］．纺织服装周刊，2018（22）：16-17.

［12］陈航波．探秘深兰科技DeepVogue服装辅助设计系统［EB/OL］．（2019-05-26）［2019-06-18］．http：//news.efu.com.cn/newsview-1275845-1.html.

［13］［14］马霖，吴琼．《财经》杂志万字解密：改造中国制造，真相太震撼［EB/OL］．（2019-04-02）［2019-06-29］．http：//www.sohu.com/a/305536118_378279.

［15］36氪编译组．深度剖析：人工智能正在重塑商业，零售业面临"生死时刻"［EB/OL］．（2018-04-08）［2019-07-01］．https：//36kr.com/p/5127593.

[16] 智驱时尚. 如意集团个性化智能制造项目投用 [EB/OL]. (2019-05-7) [2019-07-01]. http：//dy.163.com/v2/article/detail/EEJKFV1P0514H9SJ.html.

[17] 廖义桃. 人工智能产业的应用场景和发展模式 [EB/OL]. (2019-05-10) [2019-07-02]. https：//baijiahao.baidu.com/s?id=1633047295137800266&wfr=spider&for=pc.

[18] 华丽志. 人工智能正式入侵时尚界！看看IBM的Watson系统是如何解读纽约时装周的 [EB/OL]. (2017-06-16) [2019-06-25]. https：//www.sohu.com/a/129120601_487885.

[19] 奥伦·埃齐奥尼. 如何防范AI造假 [J]. 哈佛商业评论, 2019 (4)：25-26.

[20] 杨延超. 人工智能对知识产权法的挑战 [J]. 法理研究, 2018 (5)：120-128.

[21] 杨延超. 知识产权法怎样跟上人工智能时代 [N]. 经济参考报, 2018-10-17.

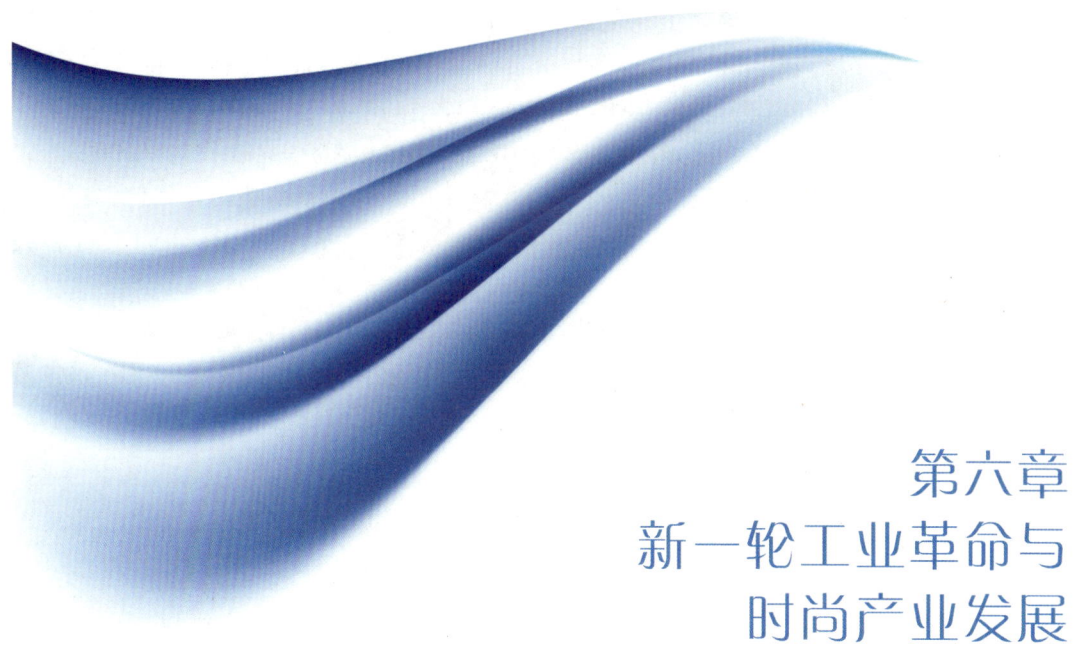

第六章
新一轮工业革命与时尚产业发展

一、"时尚"现代性

（一）时尚哲学观

时尚之于人类社会普遍存在，既作为时代风尚的先锋，又是哲学、社会学等领域研究的对象。斯宾塞认为，时尚是"一种特有的社会现象，由一定条件下的社会性行为表现组成"；荣格指出"时尚包含常规本身容许变化的特定的文化特征"；西美尔在《时尚的哲学》[1]中写道："所谓时尚，是一种特定范式的模仿，是社会相符欲望的满足，同时，时尚追求的又是差别化需求的满足"，并强调了时尚在阶层间"由上至下"被模仿的滴流效应。

时尚与特定的历史时代有着密切的关系。随着社会制度的进步，消费社会逐渐成熟，时尚商业化加速了外观等级的消融。同时，政治的民主化与文化的多元化催生了多样性审美趣味。近代，民主文明的时尚随革命席卷全国，中山装与改良旗袍代表了当时中国人服饰的变革。现代，时尚与人的个性化需求相关。时尚促成人们的表达认同，形成各式各样的"流行风"。未来，时尚将朝着丰富多彩的大众时尚演进，以塑造开放、文明、现代的新时代风尚。

(二) 时尚消费观

对于古典消费者而言，消费是一种手段，且样式模仿是时尚扩散传播的主要方式，而对于后现代消费者而言，时尚消费是生活的一种目的，是消费满意的重要来源。对于大众消费者而言，极度强调的时尚稀缺性事实上可能限制了"个体"与"时尚"彼此接近的各种可能。

有别于其他消费商品，时尚服装可兼备真实性服装、象征性服装和使用性服装三种特性。服装可以说是代表一个人的视觉语言。时尚品牌帮人们构建了一种认同。对于"信任"的粘连度越高，品牌认可度就越高。当消费是商品的象征符号时，商品被销售的是其文化的一面。这使时尚也可成为文化经济驱动力的来源。伴随现代经济与文化的繁荣，时尚帮助人们从扁平化均衡消费模式迁移为个性化区别消费模式。

(三) 时尚民族观

有史料记载的中国服饰文明有几千年的历史。所谓"道民以道，齐民以礼"，《周礼》所述的"衣冠制度"就是在这种背景下产生的。《左传》又说，"中国有礼仪之大，故称夏；有章服之美，故谓之华"。且《尚书正义》注"华夏"："冕服华章曰华，大国曰夏。"

中国时尚民族性是与中国古老文明根基上的文化、思想、艺术体系紧密联系在一起的，是民族智慧。沈从文先生在《中国古代服饰研究》[2]中写道："丝织物中实行'古为今用''推陈出新'，落实到生产上，很值得向优秀传统借鉴取法，有用材料实在异常丰富。"

中国古代时尚受古典哲学思想的影响可归为两类，一类是以汉唐朝以来冕服、章服、公服、常服等冠服制度为代表的皇朝贵胄的时尚阶层，作为儒家尚礼的社会规约的体现。另一类是晋宋朝代返璞归真的老庄素德时尚，主要以圣贤隐士等文人代表对道法自然、内修尚道的个人追求。古代中国主张以"人"为本。传统"十字型"服装结构整一性、保持布料完整性、简化成衣加工的理性，反映了古代"人"与"物"平等的朴素唯物观。

时尚风格与民族艺术关系密切。宋代皇家院体艺术美学系统与市井实用手工艺文化相互呼应。宋人"道法自然"的形制创造，成就了衣食起居、堂室装潢等用具的物质文明与艺术水准，成为持久影响东方造型设计的正源。从传统艺术体系中汲取养分，这是中国民族时尚产业发展的长远优势。

中国是一个多民族的国家。中华时尚文化多源并存，遍布各地，相互交融，形成光辉灿烂、多样化的综合时尚文化体系。各具特色、丰富多彩的少数民族传统艺术是各族人民的创造。编织、印染、蜡染、颊缬、皮毛、镶嵌等各民族的手工技艺，承载着文化融合的渊源。各兄弟民族传统时尚艺术的宝贵财富，对于发扬民族传统和发展中华现代时尚艺术具有很高的借鉴价值。

综上所述，中国现代时尚发展趋势主要是满足人们对社会主义民主文明、精神文明的个性化需要。中国时尚具有悠久的历史积累和民族特色，中国时尚工业塑造了各民族人民积极向上的精神面貌，成为社会文明发展的一种重要的驱动力。然而，面向后工业时代快速变革的世界，中国时尚产业的发展仍面临着各种挑战和机遇。

二、新一轮工业革命时代背景

（一）未来的工业革命

工业革命之所以重要是人们认为一个国家、一个地区或一个行业，如果不能意识到变革的核心及潜能，把握新经济浪潮的工业动力，并形成战略优势，在未来新一轮竞争大潮中将可能失去先机。

新一轮工业革命在全球范围有不同理解。例如，《中国制造2025》、"德国工业制造4.0"、美国信息物理融合系统 CPS，等等。德国工业制造4.0的变革核心在于基于互联网和其他网络服务，工业、工业产品和服务的全面渗透。美国的信息物理融合系统关注通信与能源的融合，美国国家科学基金会（NSF）将其定义为由具备物理输入输出且可相互作用的元件构成的网络。

《中国制造2025》[3]指出，中国将把握新一轮科技革命和产业变革的契机，实施制造强国战略，制造业数字化、网络化、智能化取得明显进展，大幅提升制造业整体素质、创新能力、劳动生产率，促进工业化和信息化（两化）深度融合。

（二）5G 工业物联网时代

1. 中国 5G 发展

移动技术是加速数字化社会转型的基石。中国是世界第二大经济体，占全球生产总值 GDP 的近 1/5。中国广泛而多样化的移动生态系统，为数字化战略提供了坚实的基础。全球移动通信系统协会 GSMA 发布《中国移动经济发展报告 2019》[4]称，预计到 2023 年全球移动经济规模将达到 4.8 万亿美元，占全球 GDP 的 4.8%。而在未来 15 年，新一代 5G 技术预计将为全球经济贡献 2.2 万亿美元。

随着智能手机的渗透和网络的普及，全球移动用户人数将从 2018 年底的 51 亿人增长至 2025 年的 58 亿人，人口占比从 67% 增长至 71%。世界上的多数新增移动用户将来自中国。截至 2018 年底，中国独立移动用户数量接近 12 亿人，这相当于普及率达到人口总量的 82%，如图 6-1 所示。相比于欧洲的 86% 和美国的 85%，中国与世界发达地区已很接近，将在约 5 年内达到相似的水平。随着中国移动服务的迅速普及，用户普及率现已实现大幅增长。

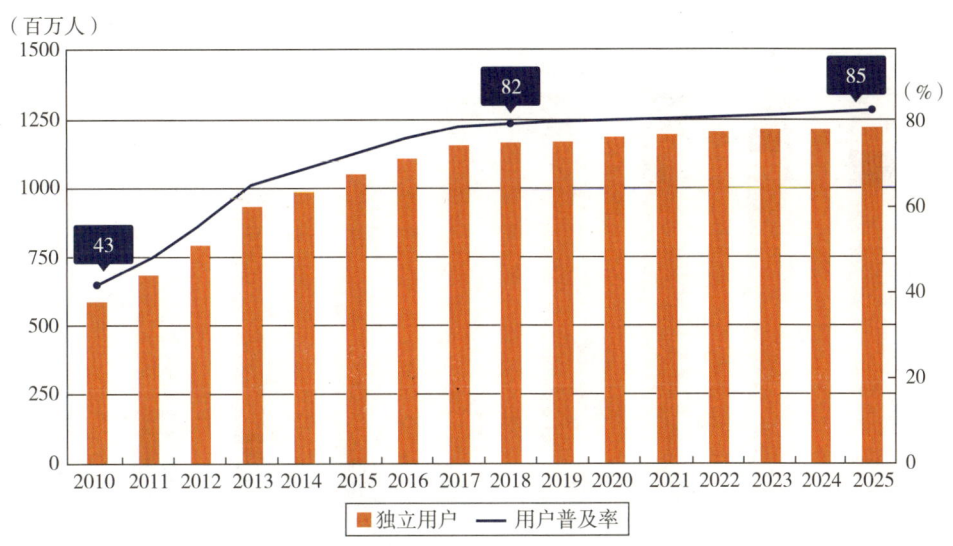

图 6-1 中国独立移动用户及用户普及率（预测）

资料来源：GSMA 移动智库。

同时，中国智能手机连接已经超过 10 亿部，使用率接近 70%。中国在 2018 年新增的 2.1 亿部智能手机连接占全球新增连接的 30% 以上。预计到 2025 年，中国将成为拥有智能手机最大用户量的国家，达到 14.5 亿部，使用率将达到 88%。随着基础移动服务消费者升级，2018~2025 年中国将增加 5700 万用户连接。中国将在未来几年内成为全球移动互联网用户增长的最大单一贡献者之一，接近全球总增加量的 20%。

4G 已成功赋能从互联网消费者向数字化消费者的转型。其典型特征是，用户越来越愿意使用社交媒体平台以及各种在线服务，截至 2018 年，中国有 12 亿 4G 连接，相当于总连接数的 77%，如图 6-2 所示。而 5G 的商业化指日可待。预计到 2025 年底，中国的 5G 连接数将达到 4.6 亿，占全国总连接数的 28%（见图 6-3）。届时，中国的 5G 连接数目将超过北美和欧洲的总和，位列全球领先地位。

当前，中国正在致力于将 5G 推向规模化商用，并将在这一领域居于世界领先位置。随着 5G 部署的步伐加速，强大和迅捷的移动连接是现代数字社会和数字经济蓬勃发展的基础元素。移动连接已成为经济、金融和社会发展的重要组成部分。5G 开放架构的特点，为"万物互联"提供了可能。移动互联向"万物互联"延伸，能够促进多行业融合发展，拉动物联网市场规模迅速提升。随着 5G 商用的临近，智能互联的全球化时代将展现比互联网时代更广阔的市场空间和产业机遇。

2. 中国物联网发展

继移动互联网之后，物联网（IoT）为移动经济变革带来了新的机遇。Vodafone 发布《2019 年物联网报告》[5]调查结果显示：超过 1/3（34%）的公司现在正在使用物联网。以美国为例，物联网增幅从 27% 上升到 40%。其中，增幅最大的行业是运输和物流（从 27% 增长至 42%）以及制造业和工业（从 30% 增长至 39%）。引入物联网之后，物联网

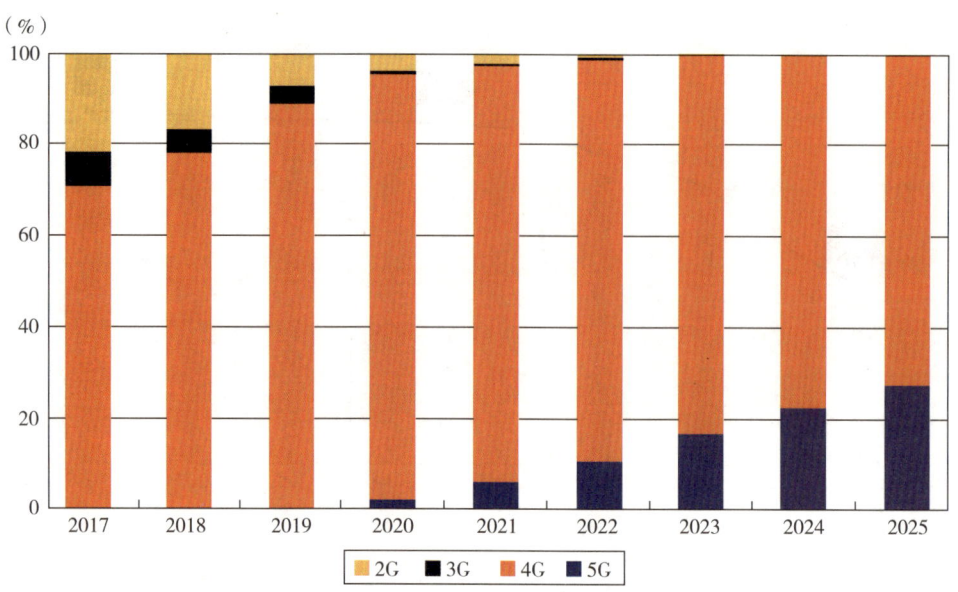

图6-2 中国连接数量按接入技术分布（预测）

资料来源：GSMA 移动智库。

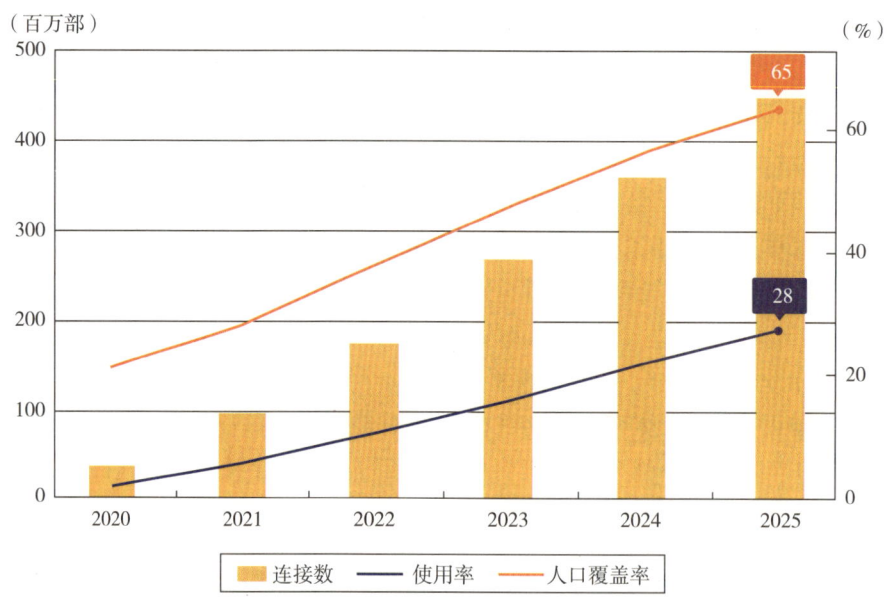

图6-3 中国5G发展状况（预测）

资料来源：GSMA 移动智库。

帮助企业减少18%的管理成本，其他优势还包括提高数据收集准确率48%、提高员工生产率47%、提高资产利用率41%以及提高客户忠诚度39%。可见，新兴的物联网在各个行业领域均展现了良好的应用价值，在全球的粘连度正在提升。

全球物联网应用主要有三大主线。一是面向需求侧的消费性物联网;二是面向供给侧的生产性行业物联网,是行业转型升级所需的基础设施和关键要素;三是智慧城市发展,构建基于物联网的城市立体化信息采集系统。从全球范围来看,产业物联网与消费物联网基本同步发展。依据 GSMA Intelligence 预测,2017~2025 年产业物联网连接数将实现 4.7 倍的增长,消费物联网连接数将实现 2.5 倍的增长,如图 6-4 所示。根据工信部数据,到 2020 年,全球的物联网连接数将会达到约 500 亿个,市场份额将会达到 1.7 万亿美元,而中国物联网市场规模约为 1.5 万亿元人民币,如图 6-5 所示[6]。目前,中国正在建立物联网标准体系,加快形成具有国际竞争力的物联网产业体系。

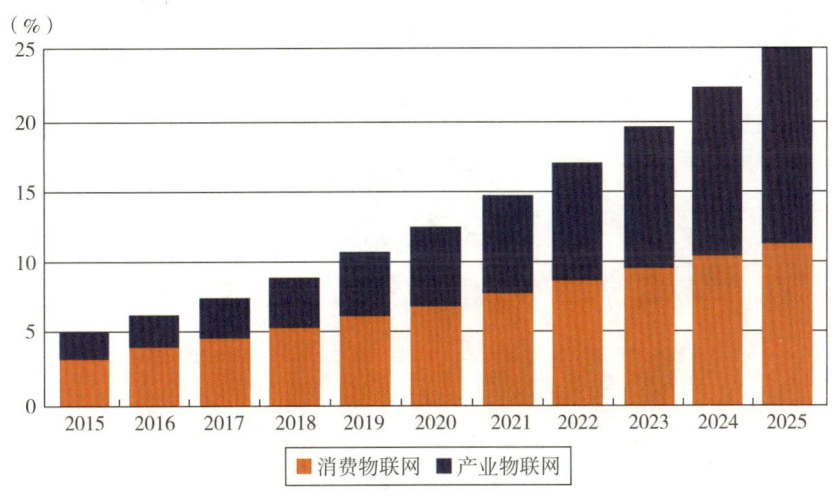

图 6-4 产业物联网和消费物联网连接增长对比预测

资料来源:GSMA Intelligence.

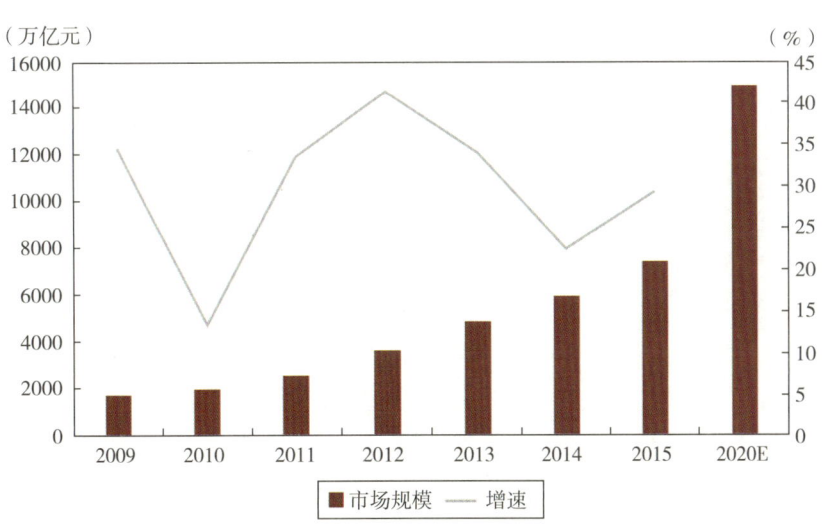

图 6-5 中国物联网市场规模及增速

资料来源:工信部官网公开资料,莫尼塔研究。

3. 中国工业物联网发展

目前，物联网与传统产业深度融合发展，工业制造转型升级成为工业物联网发展的重要驱动力，世界各国纷纷发布战略举措，抢占新一轮发展战略机遇。《工业物联网白皮书》[7]对于工业物联网的定位是：工业物联网是支撑智能制造的一套使能技术体系，通过工业资源的数据互通、网络互联和系统互操作，实现对制造过程的按需执行、制造原料的灵活配置、制造环境的快速适应和制造工艺的合理优化，达到资源的高效利用，构建服务驱动型的新工业生态体系。工业物联网具有六大典型特征：泛在连通、智能感知、精准控制、数字建模、实时分析和迭代优化，如图6-6所示。

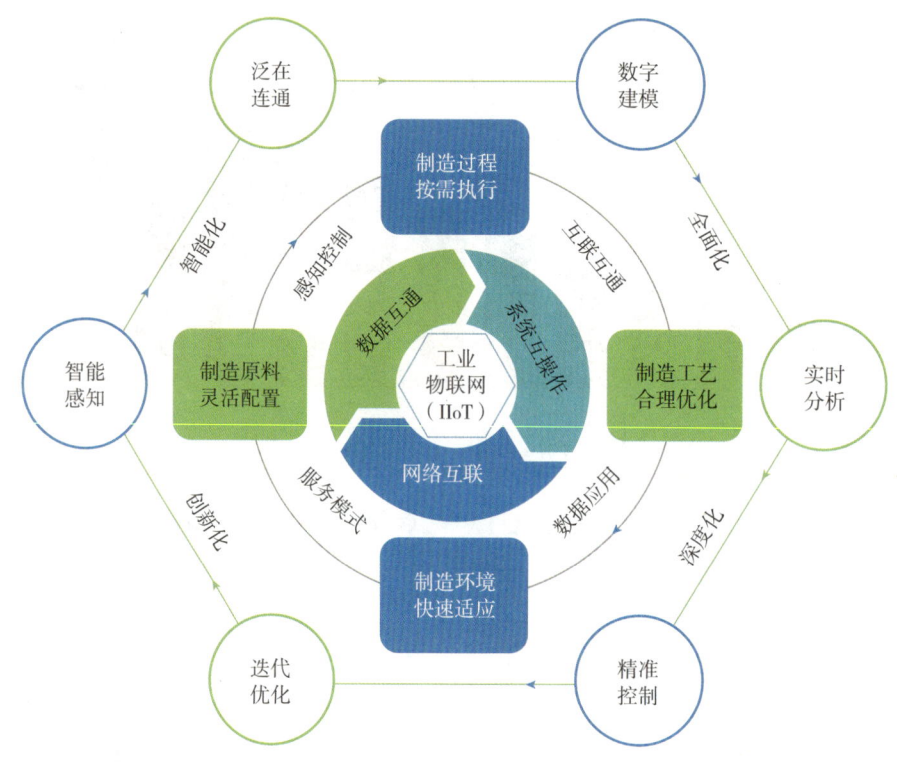

图6-6 工业物联网实质

资料来源：中国电子技术标准化研究院《工业物联网白皮书》。

工业物联网的实施包括四个阶段。一是智能的感知控制阶段，实现智能型工业数据采集；二是全面的互联互通阶段，运用多种通信网络加强数据连接；三是数据应用阶段，实现海量数据挖掘；四是创新服务的服务模式阶段，利用物联网平台实现集成服务。工业物联网通过对传统工业的智能化改造，优化服务资源，激发产业创新，升级产业价值。

综上所述，新一轮工业革命存在着多项信息与通信技术（ICT）共同触发，并都在工业领域应用中起着互为补充的重要作用。其中，5G工业物联网具有一致性、高标准、互操作性强、共存连接、集成开放、感知智能等特征，为当前各个垂直行业的数字化、智能化产业升级提供了良好的机遇。

三、信息网络技术助力中国"数字时尚"工业

(一) 信息与时尚的跨界融合

纺织业曾是中国一个引领世界、历史悠久的工业领域。中华人民共和国建立起的现代化纺织工业为国民经济发展做出了重要贡献。中国纺织在国际市场具有竞争力优势,其中不乏世界领先的纺织科技和产品。近年来,一些国内大型纺织企业率先在纺织生产单元内部开始了智能化的无人生产,大大提升了生产单元内部的效率和产能。纺织产业向高端时尚发展的变革步伐逐渐加快。

目前,面对世界时尚工业的迅速发展和冲击,中国纺织制造工业在持续稳定的产能增长基础上,需大力促进产业链高端的高级定制行业的发展,加强国内时尚生产的应对策略,提高时尚企业对流行趋势的动态响应,加快占领国际时尚市场,引领时尚产业走向世界。

数字生产服务是中国时尚工业创新以及走向国际市场的发展需要。推进时尚工业高质量发展,突破产业升级面临的动力关、质量关和效率关,需要深化信息与时尚的融合,推动新一轮工业技术革命的各项技术在行业中的应用,以5G物联网为基础设施,贯通时尚价值链各环节,促进要素资源优化配置,构建基于物联网的时尚工业智能制造体系,推进智能化转型。

1. 国内时尚供应链"点线面"聚焦

纺织产业供应链长,效率是存亡的关键。时尚产业各个环节均位于供应链的高端,只有快速形成新的时尚潮流才是可持续性的循环经济。但是优质资源始终有限。利用纺织信息技术服务,城市时尚工业将可辐射驱动偏远乡村自然纺织活动与之共同协作,壮大时尚资源的源头发展。将分布于全国各地的优质纺织资源以"点线面"连接成网络,生产单元不再封闭,不再迟滞于外部流行趋势的变化。数据驱动将组织目标连接在一起,时尚生产的组织变得融洽,时尚工业参与者以生产的社会责任和循环经济为创新动力,形成有效运营。

2. 国内时尚工业生产"数据平台"服务

在工业物联网环境下,时尚产业数据平台对外与供应链进行信息交互与通信,将物理世界的生产数据与外部数据连接在一起构成数据网络,管理纺织制造。时尚要求可以标准的数据消息格式在工业物联网上传递给指定时尚生产单元;反之,生产方利用工业物联网实时采集会聚时尚生产数据,反馈制造结果供时尚数据评估。由此,传统大规模纺织产能的一部分转化为了灵活的结构化产能,帮助时尚企业实现差异性定制服务。

中国现阶段的信息基础设施规模和技术水平与世界发达国家匹敌,具有连接全球的国

际标准化数字信息服务能力,并正在推动"两化""智能"布局。数据工业网络新增动力包括5G通信、物联网、大数据、人工智能等。在新一轮信息工业革命的历史机遇下,时尚数据平台将能够为中国时尚纺织工业各个环节提供高质量的数据服务。

(二)"数字时尚"工业的ICT智能引擎

1. 5G时尚高速路与智能连接

通信网络的高渗透性和泛在的连接性有助于纺织工业突破"信息孤岛"。5G通信后向兼容已商用的4G等技术,5G在成熟阶段将作为中国新一代信息基础设施,提供高质量的数据通信服务。5G系统如同一个立体高速公路,为各种数据流量的高效传输提供灵活可配置的无线资源(带宽等)使用方式。根据国际电信联盟等达成的共识,5G网络将突破传统电信业务服务,实现区分不同应用场景的差异性数据通信服务。

在5G框架下标准设备可以在一个应用生态中共生和互操作。如图6-7所示,5G典型通信场景包括eMBB(增强移动宽带)、uRLLC(超可靠低时延通信)和mMTC(海量机器类通信)[8]。5G利用有限的带宽资源突破各类场景的通信挑战:eMBB将为富媒体应用提供高达10Gbps量级的峰值数据传输速率;uRLLC将为无人操控系统提供低至1ms量级超低时延的端到端可靠连接;mMTC将为密集机器网络海量数据提供低冲突的可靠通信支撑。目前,中国运营商正在评估非独立的和独立5G组网方案,并积极开展各种5G应用。在工业领域,5G物联网将与行业应用深度融合,增强行业渗透力,并成为新一轮中国工业制造升级浪潮的重要驱动力之一。

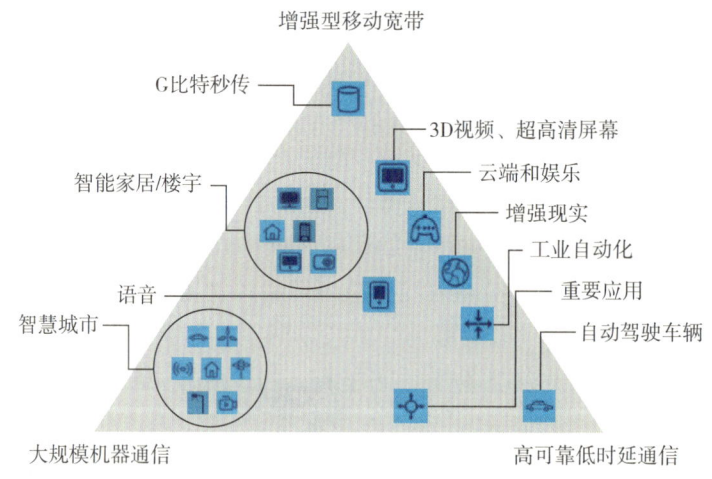

图6-7 5G典型通信场景

5G网络创新架构具备为垂直行业提供定制化服务的能力,形成更贴近应用的高质量、高效率、低成本、统一的信息生态系统。因为未来5G应用彼此间有着非常巨大的差异性需求,5G网络通过软件定义、切片化、虚拟化、业务编排等新功能,统筹兼顾各类应用场景下所特有的服务水平要求。

2. 时尚工业物联网与智能感知

物联网是一种源于中国的认识。人们在移动互联网基础上，产生了将信息应用由"人机交互"向"机器交互"延伸的想法。世界各地都有类似的概念，如美国的 Cyber - Physical Systems、欧盟的 Internet of Things、日本的 U - Japan。正如每台计算机通过 IP 地址寻址构建起了互联网，物联网可以让所有能被独立寻址的普通物理对象实现互联互通。

工业物联网的数据服务犹如数字制造工业的血液循环系统。物理世界的数据流在"自动识别"（感知）、"万物连接"（通信）以及"智能服务"（计算）各层加强结合，实现端到端数据驱动。物联网架构为服务对象提供了各层信息处理的标准封装接口，供应用集成。工业物联网终端只需结合电子识别标签和无线感知节点，就可采集每个物体相关的信息或环境感知信息，在无线物联网的覆盖范围内进行连续的动态实时跟踪。正是物联网强大的智能连接和服务，让人们体验到智能。

物联网核心功能包括：感知、连接、智能。物联网是"万物连接"的、具有可靠连接、全面感知、智能处理特征的物理世界的网络。可以帮助实现物理世界与人类社会的有机结合，以更加动态和精准的方式管理生产和生活，从而提高数据服务的智慧水平。为实现物理世界通用的智能连接服务，物联网具有有机统一的逻辑结构，即物联网体系架构，如图 6-8 所示。

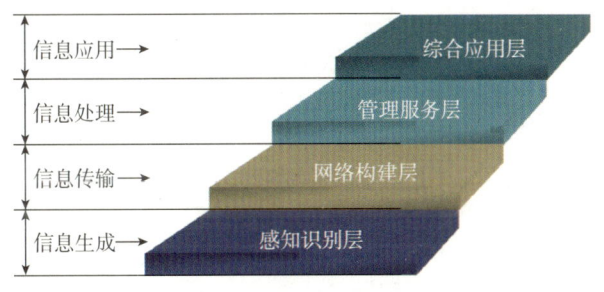

图 6-8 物联网体系架构概念

（1）感知识别层就象联系信息世界与物理世界的"触手"，通过"刷码识别身份"就可采集简单信息，或者通过无线感知节点就可提取物体相关的物理环境信息。感知识别层设备是构造全球物品信息实时共享的数据生成前端，如射频标签（RFID）、条码、二维码、生物识别、图像识别等。此外，感知节点的身份信息和位置信息隐私保护十分重要。

（2）网络构建层是物联网重要的基础设施，负责高效、稳定、及时、安全地传输数据，具有强大的数据流动性和纽带作用。包括各种连接能力的通信网络，如广域 IP 通信网络（ATM、xDSL、光纤）、移动通信网络（3G/4G/5G）以及局域网或近距离通信（Wi-Fi、BLE、NFC）。物联网前端早期采用 Zigbee 技术，今后大规模的物联网主要采用窄带通信技术 LPWAN（NB-IoT、LoRa 等）。数据在物理世界内随时随地连接成为可能。

低功耗广域网（LPWAN）是当前物联网通信技术的发展热点，具有支持大连接、广覆盖、低功耗、低成本的特征，能极大提升物联网的连接能力。依据 3GPP 国际标准，

LPWAN 技术主要工作于授权频段，以窄带物联网技术（NB-IoT）、LTE 演进技术增强性机器通信技术（eMTC）等为代表。工信部《关于全面推进移动物联网（NB-IoT）建设发展的通知》要求，2020 年中国 NB-IoT 规模将达 150 万个，实现全国覆盖。NB-IoT 已成为现阶段推动物联网发展的重要动力。此外，工作于非授权频段如 LoRa、Sigfox 等。

（3）管理服务层是物联网智慧的源泉，是数据加工中枢。物联网管理平台依托专业的数据中心或灵活的云平台提供应用开发统一接口，可以实现对设备和资产的"管、控、营"一体化管理。此外，还要组织一系列海量数据加工技术作为支撑，包括：大数据、云计算、人工智能等。

（4）综合应用层突出"智能"应用服务。丰富的应用是物联网的最终目标，基于政府、企业、消费者三类场景将衍生出多样化物联网应用。工业物联网模块通过标准应用接口集成于行业设备中，设备因此获得了各种"智慧"，为各种行业应用提供"智能"服务。

3. 时尚大数据与人工智能

中国"十三五"规划发布《国家大数据战略》，加快推动数据资源共享开放和开发应用。大数据挖掘的目的是为了从历史大数据中获取经验知识。基本的海量数据计算服务模式有两种情况，一是云计算模式。工业物联网汇聚了各类大量的时空关系数据，可以存储在云端处理。二是移动边缘计算模式。分布式的计算资源部署在邻近终端的接入边缘。

工业物联网基于数据计算资源构造各种业务服务。基于专业的云平台实现云计算（Cloud Computing），其服务层次包括：基础设施即服务（IaaS）、平台即服务（PaaS）以及软件即服务（SaaS）。每种服务架构可以通过不同资源层次的应用接口对外提供服务，需结合应用场景设计算法。

大数据技术对行业数据进行相关性分析和挖掘，提取出行业数据之间潜在的关系和价值，实现对行业发展的预测和预警。数据挖掘（DM）是从大量数据中提取潜在有用的并且可以被人们理解的模式或知识的过程。数据挖掘结合应用和数据特征设计自动算法，获取智能分析与辅助决策结果。更进一步，人工智能是一类求解复杂智能问题的理论方法，主要是研究模拟人的某些思维过程和智能行为（如学习、推理、思考、规划等）的计算方法，推进计算机器向更高层次的智能发展，如机器视觉、虚拟现实等。

四、时尚工业"数字时尚"生态环境

（一）时尚"数字制造"

1. 智能生产识别

以基于 RFID 技术的智能纺织物料数字仓为例。每个物料分配唯一的 RFID 标签身份，无论商品物料置于货架任何位置，只要利用RFID阅读器扫描物料上的RFID标签，就可远程查询或记录在后台服务器数据库中该RFID对应的物料信息，譬如物料品名、放置位置等。智能物流车根据仓储空间地图进行路线规划，自动接近物料目标地，然后进行定位对准，触发机械臂提取货架上的物料，再按照物流规划路径将物料送至加工工位的操作台上。物料信息内容多基于产品电子编码（EPC）标准规则自定义，便于生产链自动识别。

可见，在工业物联网覆盖的生产空间里，仓储货架、物流车、加工操作台等均可共享物料信息并实现追溯。

2. 时尚工业定制协同

基于RFID物联网也可用于时尚定制生态系统，实现一种自助式时尚消费模式。时尚专营门店提供定制预约和体验服务。时尚消费者通过服装样品的RFID标签溯源数据，远程获取该款样式的详细定制信息，包括样式风格、面料品质、个性化元素、尺寸、配穿建议、定制周期等，帮助消费者选择。门店经营者可随时查询每个款式的库存、销售、定制数量，以及所在地域款式流行变化情况，通过互联网及时反馈给时尚生产企业，后者按照各地区时尚流行的差异性，通过工业物联网对款式设计、生产、库存进行动态调整。

可见，通过数据联动，生产透明化与消费个性化提高了，生产与服务之间的沟通容易了，实现了"以人为本"从时尚"制造"到"智造"的转变。

3. 时尚智能供应链

时尚工业物联网通过推进智能化生产、智能化运营、智能化产品和服务的数字化，推动纺织行业向高质量发展。时尚工业物联网IoT与ERP、PLM、CRM、SCM及ERP等现有的数字化生产管理组件集成到一起，供不同生产单元共享。基于IoT的纺织供应链概念模型如图6-9所示[9]。物联网将供应链各个生产环节，从原料到产品以及生产加工过程，通过射频识别（RFID）进行标识和监控，并根据电子产品编码（EPC）使供应链上下游环节得以无缝衔接。所有信息都通过无线或有线网络传输至应用服务平台进行优化整合。时尚产业通过物联网实现水平与垂直集成。有了精确的共享数据信息，生产单元与外部都能更有效地沟通，商流、物流、信息流、资金流、人文流等各种资源通过流动的数据驱动了时尚生产要素的优化组合。

可见，制造单元之间按照纺织工业物联网标准实现数据关联流动，构成可配置的柔性生产体系，从而形成一种依据需求、规模定制的柔性制造能力，有助于时尚供应链能够跟随时尚市场的流行节奏做出"动态"快速反应。

4. 时尚定制数据大脑

工业物联网基于数据计算资源构造各种业务服务。行业数据种类繁多，行业大数据技术的应用包括数据的抓取与清洗、数据恢复、数据离散化、数据挖掘模型、分析结果呈现等。

人工智能在物联网中的应用也备受关注。人工智能主要计算方法包括模式识别、机器学习、数据挖掘、智能算法、专家系统等，需要在应用环境中结合行业知识并反复迭代优化。

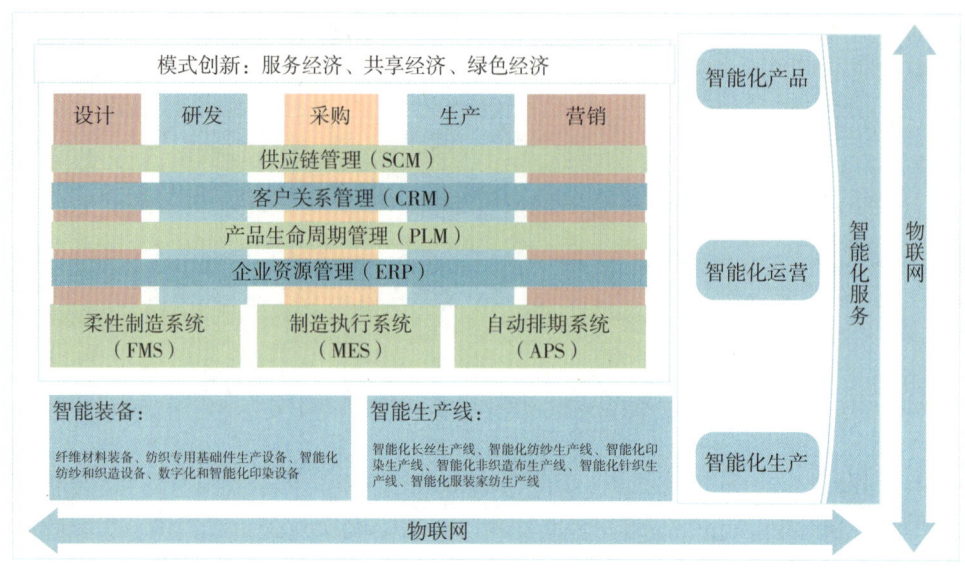

图 6-9 基于 IoT 的纺织供应链模型

资料来源：《纺织导报》。

数据中心通过高度的安全性和可靠性提供持续的海量数据存储与计算服务。利用专业的大数据平台，如设备管理平台（DMP）、连接管理平台（CMP）、应用使能平台（AEP）、业务分析平台（BAP），为时尚应用提供服务支撑。

（二）时尚"数字服务"

1. 时尚工业物联网服务平台

工业物联网通常采用"平台+应用"方式实现各种服务，整合相关资源，利用共性能力覆盖垂直行业。工业物联网平台提供要素链接和资源配置的共享平台，也是应用开发和数据服务的基础。其功能主要集中于生产优化、决策优化、资源配置优化和服务优化。它可以将顾客需求、原料供应、产品设计、生产加工等环节的生产管理软件系统互联起来，并且利用大数据技术进行实时通信和分析，从而提供时尚定制化的优质服务。物联网平台的发展加速了时尚工业的产业价值向个性化、多样化的数据服务转移。

基于云架构的工业物联网平台支撑各类专业服务器、专家系统的开放式运行，能够支持"时—空"全局信息的集成融合、大数据分析决策、实时监督优化调节、模态分析预测等智能化处理和远程分布。

2. 时尚产品制造和质量监控服务

随着科技进步，制造业已不再是简单手工劳动，而是集成了多种先进科技的协同作业或流水作业。在产品的生产制造过程中伴随大量的数据，如各种控制参数或加工条件等。工业物联网通过各种监控采集的数据能够动态感知每个生产环节的作业状态、加工质量的波动情况，对生产过程监控。通过数据融合、数据挖掘对各类数据进行科学分析，从而获得针对性的建议以改进产品质量、实现高效节约的过程优化控制模式，或工艺技术改造。

数字工厂还能够将各类技术数据流、管理数据流、物资能源数据流有效整合，并利用于智能生产的生态循环，促进工艺技术、制造设备创新、机器协同制造。

3. 时尚市场营销服务

数字化营销模式激活了生产与市场之间的互动联系，为时尚消费者提供更好的定制服务、品牌服务。数字化营销策略有多种形式：其一，商业行为识别。利用数据挖掘技术对用户数据进行分析，获取关于顾客兴趣和购物取向的信息，对用户的消费行为分类，提供商业决策依据，组织有效营销策略。其二，数据库行销。通过模型预测、数据分割和交互式查询等方法选择潜在顾客，预测适合的销售渠道和营销策略，吸引用户采购。其三，货篮分析。通过分析市场销售数据来发现顾客的购买行为模式，向消费者提供建议。其四，情景体验。通过虚拟场景的时尚消费体验等互动方式，引导或辅助发现顾客的购买倾向等。

4. 时尚零售业门店服务

消费物联网可帮助零售商提升竞争优势。当每件时尚商品有了唯一的身份标签，就可以在定制服务、品牌服务基础上，形成"端—端"全生命周期的时尚服务。结合可穿戴技术和数字衣橱，零售商将能够与其客户就特定产品以及定制需求进行沟通。消费物联网除改善顾客的售后体验外，还提供了改善顾客购买过程的机会，进行供应链跟踪，用于损失预防和赝品识别，帮助品牌优化存货和自动补给。基于物联网的时尚零售服务方兴未艾。

五、中国时尚工业创新发展的机遇

（一）时尚工业制造方式转型升级

新一轮工业革命带来的重要变革在于：数据驱动赋能工业部门数字化转型的动力。传统分布于不同区域的工厂将能够实现跨空间、网络化协作生产，突破工业生产的"信息孤岛"，加强产业内部连接和向外的延伸。劳动的创造性潜能得以充分释放，更多的创造活动将融入生产与服务。数字服务型经济将能够以多样化的形式融入工业升级过程中。在这种发展趋势下，时尚定制工业将会迎来转型升级的机遇。其主要特征包括以下几个方面：

1. 时尚定制柔性生产

基于数据流的弹性制造与服务能力。通过工业物联网络，生产信息作为生产催化要素进入机器，正如石油作为工业血脉进入机器，并且催生出多样化的基于数据流的新型生产关系，实现可重配置重组装的弹性制造与服务。

2. 时尚定制目标引导

基于数字化企业平台的协作生产模式。强大的工业信息、通信基础设施与技术将支撑数字化企业平台升级。机器流水线和信息数据流分别以纵向或横向延伸，交织成灵活的集成织造网络。单元化、网络化、标准化、开放式的协作型生产模式,使定制目标为核心,生产衔接变得更加融洽。

3. 时尚定制服务业态

更多劳动力从繁重的辅助机器生产中解放出来,参与时尚创新和个性化的生产劳动,定制化服务普及。创造性劳动服务时间将融入机器生产时间效率,生产 GDP 总量的效率提升。时尚定制服务新业态将可能为传统制造工业体系引入活跃的经济生长动力,带动时尚工业高质量发展。

4. 时尚定制绿色品质

由于工业标准的规范约束,数字化的生产单元之间、部件之间、平台之间按照标准一体化,使物资、信息、空间、设备、平台、能源等资源在生产全过程得以充分利用,冗余的机器制造能耗与成本下降,形成可持续发展的良好产业生态环境,最终实现发展提效增速。

(二)时尚工业经济驱动模式转变

20 世纪是移动互联网发展繁荣的时代。高速通信、大数据分析等技术放大了更加抽象的数据信息的处理能力。网络化、数字化的新产品和新服务催生出新的互联网经济。进入 21 世纪,在工业制造领域,物联网、宽带通信、云计算、人工智能等为机器产生的各种数据增添了信息服务能力,以数据驱动生产要素的方式提升了生产品质,提高了技术工程师们的创造价值。尤其是采用物联网技术之后,物理世界变得可由机器来自动识别和感知,智能化程度提升。同时,通信成本的降低为很多产品和服务开拓了全球性市场,促进了生产要素之间的价格平衡。

在后工业社会,经济驱动模式将从商品生产经济逐步转向服务型经济。丹尼尔·贝尔提到"即将到来的后工业社会,其实就是信息社会"。在后工业时代,网络与市场共同影响工业化经济,工业组织结构也将出现变革。随着信息科技向工业生产链的各个领域渗透并被充分应用,产业链自动衔接能力和集成化程度提升,生产变得透明,服务开放能力增强。同时,智能机器、无人工厂的出现大大改变了产品生命周期,人类创造性劳动(生产和服务)的经济贡献将会显著增加,形成一种开放型的集约经济。

六、时尚产业价值创新

(一)时尚产业价值链

1. 时尚价值

马克思主义理论认为价值是凝结在商品中的无差别的一般人类劳动。时尚的价值正是源于各种不同一般的劳动创造力。在现代社会,无论是自然主义、大道至简、幽默风格、构成主义、回归经典还是抽象主义等现代设计的主张，时尚的经典品质依然趋向还原精神价值本质。

随着时代进步的推动，时尚在不断演进。时尚被赋予了丰富的个性化和积极的人文价值，并不断地被民族精神、开放民主等时代内涵所激活，这体现了人们对于"完美"生活孜孜不倦的追求。人们对于高级服装时尚丰富多样的需求表明，现代时尚价值趋向"以人为本"的个性化大众时尚。

2. 时尚产业链价值增值

很少有商品对于创新的依赖和快速反应，如同时尚一般苛刻："流行"或"过时"。时尚生产必须为时尚价值创新而努力，创新意味着积极的变化。时尚产业链需要有效地组织起来，在产业链衔接当中将产生更多的价值增值空间。企业在创新上合作互助的协同关系产生出新的契机和创新产品，使产业链形成一种价值激增效应，而不单单是产业的空间聚集。

3. 时尚产业全球价值链

依据联合国工业发展组织的界定，全球价值链是一个企业网络组织的概念，是生产网络所构成的国际性的企业价值链的整合。特别地，传统纺织产业因产业链长，上下游之间的紧密程度受市场波动影响比较大。中国是传统纺织品消费大国，同时也是生产大国，纺织工业基础良好，产业体系完备。但是，在高端服装领域，时尚经济的综合影响力还没有充分发展，参与国际时尚工业的竞争力还有很大空间。

（二）"时尚中心"的产业链价值

高级服装定制是时尚产业中社会渗透力强的领域。形成于 20 世纪的国际时尚之都：巴黎、米兰、伦敦、纽约。这些城市都有近代工业革命背景，经历过从传统手工业到纺织机器的近代纺织工业变革。在这些纺织工业基础良好的现代化城市，并没有割断与本土传统手工业之间的联系，尤其是在高端定制时尚领域。这些都市还连接着本土的古老纺织手工业区，包括被世界各大奢侈品牌所垄断的高端时尚原料生产基地。此外，西方国家通过政策推动加速了时尚产业链的整体布局，造就了"时尚之都"。

中国高级时尚定制可以借鉴国内外的先进经验。随着中国时尚产业体系的发展，中国特色与全球时尚结合将是一个趋势。面向后工业时代，系统性战略布局与组织可以更好地帮助中国时尚产业链应对动态的国际市场竞争，树立国际品牌，积极建设具有民族精神的世界"时尚中心"。

七、"丝绸之路"的时尚智慧与启示

中国作为古代"丝绸之路"贸易网络的起始端，与丝绸之路沿线各国一起，促成了世界范围内"通"与"融"的文化联合和技术传播，中国时尚也展现给世界一种与众不同持久弥香的民族特色。彼德·弗兰科潘在《丝绸之路》[10]中写道："中国辽阔的疆域和高度发展的社会使她成为一个奢侈品生产国。"中国古代"时尚文明"的巅峰正是世界文化交流融合的集大成者。随着中国国家实力和国际影响力的上升，复兴"中国风"的时尚将会以各种现代流行趋势呈现，中国大众时尚产业将会释放出巨大发展空间。

当今世界正处在一个大发展、大调整、大变革时期。以中国为代表的新兴国家仍然是全球经济增长的重要引擎。在新一轮工业革命时代背景下，推动5G与时尚工业结合，基于5G工业物联网基础设施构建中国"数字时尚""智慧时尚"工业，促进时尚产业的变革，诸如，传统制造模式转型升级为数字工厂的新模式、激发大众定制服务新业态、从时尚产品消费延伸到运营服务、构建柔性制造能力、打造可穿戴科技时尚，等等，这将极大地推动我国时尚工业迅速崛起，朝向协作型工业经济的全球化方向发展。

未来，新兴协作型工业经济体将成为促进世界和平与全球化发展的主流。在后工业社会与后现代主义时代，一方面，世界范围内文化的触碰机会增加，时尚的内涵将极大地丰富，中国时尚产业发展将进入一个全新时代；另一方面，全球的社会进步以及技术变革加快，以"数据驱动"为特色的数字服务经济将在国民经济提效增速中展现出活力。中国先进的信息基础设施体系具有连接世界的强大能力和技术优势，信息与时尚的融合将能够持续地催生时尚领域的数字化变革和自主创新，从而更好地服务于中国时尚产业的标准、民族品牌、绿色可持续循环经济等一系列发展战略，使之成为中国引领推动全球市场的一个重要方向。

当前，中国各族人民在习近平主席"一带一路"倡议和"中华复兴"的本心激励下，继承和发扬古代劳动人民创造丝绸文明的智慧和民族文化传统，积极迎接5G时代的技术变革大潮，把握大众时尚工业发展的历史机遇，共同为国家繁荣昌盛、人民美好生活做贡献，再续中华时尚工业新的辉煌。

（王萍　东华大学信息科学与技术学院
邢彦军　东华大学化学化工与生物工程学院
郭宏钧　中国纺织建设规划院）

参考文献

[1] 齐奥尔格·西美尔. 时尚的哲学[M]. 费勇译. 广州：花城出版社，2017.

[2] 沈从文. 中国古代服饰研究[M]. 上海：上海书店出版社，2007.

[3] 中国国务院. 中国制造2025[EB/OL]. http://www.gov.cn/zhuanti/2016/MadeinChina2025-plan/index.htm.

[4] GSMA. 中国移动经济发展报告2019[EB/OL]. http://www.ydsjjs.paperopen.com/Upload/Park/a266699c-4a37-4e1d-a8e7-fe61f097649d.pdf.

[5] Vodafone. 2019年物联网报告[EB/OL]. http://www.199it.com/archives/8465

72. html.

［6］物联网全产业链分析报告［EB/OL］. http：//www. sohu. com/a/214898449_ 772730.

［7］中国电子技术标准化研究院. 工业物联网白皮书［EB/OL］. http：//www. cesi. cn/201709/2919. html，2017.

［8］5G 标准的技术路线［EB/OL］. http：//www. 360doc. com/content/19/0226/17/116554_ 817704334. shtml.

［9］闫博. 物联网架构下的中国纺织工业智能化转型路径研究［J］. 纺织导报，2018（3）：16–18，20.

［10］彼德·弗兰科潘. 丝绸之路［M］. 邵旭东，孙芳译. 杭州：浙江大学出版社，2016.

第七章
新材料与时尚产业发展

纺织新材料主要包括新型纤维材料、新型非织造材料、智能纺织材料、生态染整材料等。随着纺织新材料的快速发展和纺织技术的日新月异，纺织新材料被广泛地应用于工业、医疗、国防、航天、能源、环保、建筑等方面。本章主要介绍以服装为代表的时尚产业用纺织新材料的发展现状、发展方向，并提出促进时尚产业新材料发展的相关建议。

一、纺织新材料的发展现状

从新型材料到前沿面料再到时尚服装，强大的科技传导力量为丰富人们的时尚、科技、健康、绿色生活提供着无尽动力和无穷想象。

（一）纤维新材料的发展现状

近年来，中国已经成为纤维生产品种覆盖面最广的国家，化纤工业是中国具有国际竞争比较优势的产业，是纺织工业整体竞争力提升的重要支柱，是我国战略性新兴产业的重要组成部分。中国部分高新技术纤维的生产及应用技术已经达到国际领先水平，具有阻燃、抑菌、抗静电等功能的功能性新型纤维材料整体技术进步显著，主要应用于特种军服和消防服、飞机和高铁内饰材料、高档纺织品、医用卫材等领域；生物基化学纤维及原料核心技术取得新进展，在生物基纤维原料生物发酵、分离纯化、纺丝、后整理等关键原创性技术上取得重大突破；关键战略纤维新材料稳步发展，高性能纤维产业化技术取得重大突破，品种齐全，产能规模已居世界前列；前沿纤维新材料品种逐渐扩展，智能仿生纤维逐渐起步，石墨烯材料在纤维应用领域不断扩展[1]。

长期以来，时尚产业在创造美的同时，消耗着大量的石油资源，并产生大量不可自然分解的废弃物。在石油资源日益匮乏、生态环境问题日益突出、环境保护成为业界关注热点、消费者环保意识逐步增强的当下，以生物质原料代替石油原料成为纺织纤维领域的重点研究方向。

生物质纤维分为生物质原生纤维、生物质再生纤维和生物质合成纤维三大类[2]。棉、麻、毛、丝等生物质原生纤维，作为服装的传统原材料，目前主要是解决其品种优化和功能化的问题。生物质再生纤维主要包括再生纤维素纤维、海洋生物质纤维和再生蛋白质纤维，其原料取自大自然，资源丰富、可再生、低污染，是纺织工业可持续发展的重点方向。生物质合成纤维如聚乳酸纤维（PLA）、生物基聚对苯二甲酸丙二醇酯纤维（PTT）、聚羟基脂肪酸酯纤维（PHA）等，以植物及农作物、微生物等为原料，具有良好的生物降解性，发展潜力巨大。

再生纤维素纤维——莱赛尔（Lyocell）纤维以木、竹浆粕为原料，具有天然纤维的舒适性、透湿性、透气性良好，尺寸稳定性高、缩率小、光泽柔和、染色性优良，可生物降解、无废弃物，是环境友好的绿色纤维，被广泛运用于衣物中，尤其是女性服装。1997年，奥地利兰精公司实现工业化生产，并于2012年建成单产6.7万吨/年的生产线，总产能每年近20万吨，成为全球最大的Lyocell纤维生产商[3]。国内通过技术引进、技术吸收改进和自主开发国产化技术已经具备10万吨产能。由山东英利实业有限公司等单位共同完成的"万吨级新溶剂法纤维素纤维关键技术研发及产业化"项目，打破国外垄断，实现了1.5万吨级Lyocell纤维的工业化生产，获得"纺织之光"2016年度中国纺织工业联合会科学技术奖一等奖[4]。2017年8月29日，由中国纺织科学研究院和中纺院绿色纤维股份公司共同承担的年产1.5万吨Lyocell纤维产业化成套技术的研究开发项目通过科技成果鉴定，该项目拥有自主知识产权，实现全套设备国产化[5]。

海藻纤维以海洋中含量丰富的藻类植物为原料，无毒无害、可降解、可再生，天然阻燃、抗菌除臭、高吸湿性、高透氧性、生物相容性好，是绿色环保的再生纤维素纤维。国外的海藻纤维研究起步较早，英国、德国、日本一直走在世界前列。虽然中国起步较晚，但作为后起之秀，中国对海藻纤维的研究已经处于国际领先水平。由青岛大学、武汉纺织大学、青岛康通海洋纤维有限公司等单位承担研发的"海藻纤维产业化成套技术及装备"项目攻克了海藻纤维工业化生产的系列关键技术难题，打破了国内外海藻纤维产品仅用于医用敷料和护理材料的局面，在国际上首次实现了纺织服装用海藻纤维的自动化规模化生产[6]，荣获2016年度中国纺织工业联合会科学技术一等奖，项目纺织专用海藻纤维制备技术处于国际领先水平。

再生蛋白质纤维包括大豆蛋白、牛奶蛋白以及由毛、丝提炼的再生蛋白纤维。大豆纤维透气性和亲肤性优良、吸湿导湿性好、耐酸耐碱性强,具有羊绒的手感、棉的保暖和蚕丝的光泽,是国际上首例由中国自主开发并率先工业化的纤维。牛奶蛋白纤维具有柔软、吸湿、透气、强度高、缩率小、染色好、色牢度强等优点,其光泽更是其他纤维无法比拟。国内,上海正家牛奶丝科技有限公司于1995年独立研制出牛奶丝面料,2001年江苏红豆实业股份有限公司成功开发了用100%牛奶蛋白纤维织造的T恤衫。

蜘蛛丝具有非常好的韧性和弹性,且耐高温和低温,与人体生物亲和性良好,吸湿性强,制作成服装柔软舒适、抗击能力强,如可制成更加安全坚固且轻便柔软的防弹衣。但是受限于无法像蚕丝一样通过养殖而大量获取蜘蛛丝蛋白,目前还没有应用于服装领域。总部位于美国加州的Bolt Threads公司近期合成出来一种人造蛛丝,他们将一种模仿蛛丝蛋白的DNA转换为酵母,通过发酵产生蛛丝蛋白,再通过湿法纺丝工艺制作成丝线。Bolt Threads已经推出第一批人造蛛丝制成的限量版领带作为首款产品。Bolt Threads的竞争者日本的Spiber公司使用转基因大肠杆菌来制造蛛丝。Spiber已经和日本运动服饰品牌Goldwin合作推出了一款蛛丝外套。同蜘蛛丝蛋白一样,人造蛛丝要广泛运用于服装,面临着如何扩大产量和降低成本的挑战。人造蛛丝外套如图7-1所示。

图7-1 人造蛛丝外套

资料来源:华衣网。

聚乳酸(PLA)纤维以玉米、小麦等淀粉发酵制成的乳酸为原料,可生物降解,具有良好的吸湿透气性、回弹性、柔韧性、光泽性。通过混纺适合制作吸湿快干的运动服,也可以得到丝绸般的面料用于女装和礼服。目前,国外主要有美国杜邦和孟都山,日本钟纺、尤尼契卡和可乐丽开发生产聚乳酸纤维,国内主要有中国恒天集团、浙江海正集团、江苏九鼎生物工程、上海同杰良生物材料及河南龙都生物科技公司等生产开发聚乳酸纤维。我国聚乳酸纤维生产规模达到15000吨/年。

生物基聚对苯二甲酸丙二醇酯纤维(PTT)既有棉纶的柔软性和抗污性,又有腈纶的蓬松性,以及涤纶的抗皱性和耐腐蚀性,且具有生物可降解性,是绿色环保纤维。PTT面料柔软、耐磨、抗起球、弹性好、色泽鲜艳、抗紫外线,适合制作内衣、紧身衣、泳衣、运动服等。美国杜邦公司在生物发酵法合成PTT纤维领域处于全球领先地位,中国生物基PTT纤维的产业化始于方圆化纤公司等国内企业与杜邦公司的合作。2014年,盛虹集团开发出具有自主知识产权的PTT及改性PTT关键装备及成套工艺技术,填补了国内空白,打破了国外垄断,全面提升了中国PTT产业的生物制造水平[7]。

随着生物质纤维研究和开发的不断深入,生物质纤维材料研究的对象和范围不断扩大,从木材到秸秆、从菠萝叶到柑橘皮、从草本植物到藻类植物、从蜘蛛丝到蓑衣虫丝、从动物蛋白到植物蛋白、从动植物到微生物等,目前加以利用的各种生物质纤维已经高达数十种,其高效的开发和利用对解决环境问题和能源问题起着十分积极的作用,发展前景十分广阔。

(二) 智能纺织材料的发展现状

随着电子信息、人工智能、大数据等新兴产业与纺织和服装工程、材料科学的交叉融合发展,智能服装逐步走进我们的生活,并在生活娱乐、运动健身、医疗健康等方面带来革命性的影响。智能纺织材料是智能服装的基本组织构成,除具有服用性外,还能感知外部环境变化,并做出相应的反应,具有传感功能、反馈功能、响应功能、信息识别与积累、自诊断能力、自修复能力和自适应能力等功能特征[8],包括智能调温纺织材料、智能形状记忆纺织材料、智能变色纺织材料、电子信息智能纺织材料等。

目前,国外在智能调温纺织材料技术研发和产业化方面已经相对成熟。双向型相变调温纤维材料已经实现了规模化生产,美国Outlast公司的PCM(相变)技术,使用热敏碳化氢腊变性材料,以微胶囊包裹状态植入纤维内,对外界温度变化在人体皮肤上做出反应,对温度变化有缓冲作用,达到调节温度的效果,该技术的应用范围和市场非常广泛[8]。葡萄牙纳米技术和智能材料中心(CeNTI)的科学家研制出一种由淀粉制成并内含微量蜡状物质的纳米胶囊,随着人体温度的变化,微胶囊会随之吸热融化或放热凝固,从而平衡人体温度,这种胶囊比人类发丝的宽度小1000倍,可永久附着在衣物上,即便是在清洗的情况下[9]。国内智能温控纺织材料研发和应用成绩显著,已有部分企业通过不同的技术手段研发出了多款智能调温纺织品,如恒天海龙股份有限公司同天津工业大学合作采用微胶囊技术开发的具有蓄热、放热双向温度调节功能的"耐高温相变材料微胶囊及高储热量储热调温纤维",实现了发热、蓄热、保暖的衔接,提高了人体穿着冬季服装后的灵活性[10]。

目前,国内外纺织企业推出的形状记忆纤维主要有高分子材料纤维、镍钛合金纤维等。英国防护服装研究机构研制出一款防烫伤智能服装,由镍钛合金纤维制成,当服装表面接触高温时,形状记忆纤维迅速转变为螺旋状,在两层织物之间形成空腔,隔离高温与人体皮肤而防止烫伤的发生。意大利Corpo Nove公司利用镍钛合金纤维与锦纶混纺设计出一款"懒人衬衫",当外界气温升高时,衬衫的袖子会在几秒内自动卷起,还可根据人体的排汗状态改变廓形。国内在智能形状记忆纺织材料研制方面也取得了较大的进展,如天津工业大学用凝胶化法纺丝，制备出热致感应型形状记忆纤维。

智能变色材料在受到光、电、磁、热、水分或辐射等外界刺激后，使纺织品的颜色呈现出静态变为动态的效果，符合消费者对服饰美的高层追求而得到了快速的发展。在纺织领域，智能变色材料的制造技术主要分为两类：一是变色纤维制造技术，如后整理技术、接枝聚合技术等；二是变色染料与纤维结合的制造技术，如微胶囊技术[11]。国外已实现智能变色产品的市场销售，如以美国国家航空航天局的技术为支撑，已投入市场的Radiate运动衣，利用热敏变色染料实现智能变色，能根据身体辐射出来的热量改变光子的反射方式，而在衣服表面呈现不同的颜色，让穿着者实时看到肌肉的发热情况[11]。近年来，中国智能变色纤维开发水平紧跟国际先进水平，如东华大学王宏志教授等2017年研发出一种可拉伸电热致变色纤维，突破了变色纤维因拉伸性能较差而其织物不具备服用性能的问题，相对电致变色纤维具有更令人满意的拉伸性能和更丰富的颜色。

电子信息智能纺织品是新材料、电子信息、人机交互、大数据等技术相互结合的产物。电子信息智能纺织材料的研制与开发，在解决电子信息纺织品人体生理指标监测、运动数据收集、穿着舒适性、洗涤便捷性等问题方面，起着十分关键的作用。柔性电子材料、纳米技术、小型电子元器件等技术的进步，将可穿戴技术由"可戴"向"可穿"提升，并将电子信息智能纺织品推向包括娱乐休闲、保健医疗、防护作战、时尚生活等更加广阔的市场领域。

2016年春夏纽约时装周上，英特尔联手建筑学运动服装设计师Chromat推出两款"响应式服装"，一款是运动内衣，一款是连衣裙，搭载了英特尔纽扣大小可穿戴模块Curie，检测到用户的出汗情况、呼吸和体温有变化时，集成在衣服中的形状记忆合金就会使衣服产生变形[12]（见图7-2）。日本Xenoma公司开发的"电子皮肤"衬衫组合了可伸缩的传感器和可检测使用者运动的电子器件，并具有普通衬衫的舒适性、耐用性和机洗性，这种可编织传感器的压缩织物赢得了在慕尼黑举办的2017年世界可穿戴技术创新大会创新奖杯。2017年谷歌联手李维斯推出了智能夹克Commuter Trucker Jacket，采用导电纤维，使用标准的工业化织布机来纺织出具有触控与手势交互功能的面料，配合着控制器成为可触控完成电话接听、音乐播放、地图查看等操作的智能衣服（见图7-3）。

国内的电子信息智能纺织品已有部分投入市场。博迪加科技（北京）有限公司的心率监测智能服装"BodyPlus"，采用可拉伸电子油墨与柔性基材（Intexar），实现心率、呼吸和肌肉运动的即时监测和数据采集，通过数据分析功能对每个用户的训练进行总结并分析，而且可以进行康复评估与医疗监测、提示用户的运动风险和疾病风险，并提供预防的方案或者措施。石狮森科智能科技有限公司开发的"柔屏服饰"，给衣服植入自主研发的"柔屏"产品，通过手机APP写下任何想要的炫酷图案或文字，瞬间同步显示在衣服前的LED显现屏上，既酷炫又有科技感，满足年轻人对时尚的追求[13]。深圳智裳科技有限公司利用发光面料、LED，结合互联网技术与电子传感技术，设计制造出智能变色婚纱，通过APP控制实现颜色控制、发光控制等，达到流光溢彩、变化多端的效果（见图7-4）。

第三篇 行业发展篇

图7-2 英特尔 Curie 智能服装

资料来源：RFID 世界网。

图7-3 李维斯智能夹克 Commuter Trucker Jacket

资料来源：美骑网。

图7-4 智能变色婚纱

资料来源：深圳智裳科技官网。

二、纺织新材料的发展方向

（一）纤维新材料的发展方向

由于具有技术含量高、市场规模大、产业辐射面广、拉动效益显著等特点，世界各国都非常重视新型纤维材料的研制与生产，把发展新型纤维材料作为促进经济发展、推动技术进步的重要方面。未来，中国纤维新材料高新技术发展重点为功能性纤维材料开发与品质提升、生物基化学纤维产业化、高性能纤维产业化等，智能制造是发展新动力，绿色制造是发展主流。

1. 功能性纤维材料开发与品质提升

开发新一代共聚、共混、多元、多组分在线添加等技术，实现深染、超细旦、抗起球、抗静电等差别化纤维的规模化生产[14]。开发新型中空纤维膜以及阻燃、抗熔滴、抗紫外、抗化学品、抗菌等功能性纤维的制备和应用技术[14]。发展化纤高效柔性、多功能加工关键技术及装备，重点突破高效、低能耗、柔性化、自动化、信息化技术，开发多重改性技术与工程专用模块及其组合平台，进一步提升化纤仿真技术水平，在原液染色、抗起球、抗静电、阻燃、防熔滴等差别化、功能化技术方面实现突破[15]。

2. 生物基化学纤维产业化

以生物基纤维制备与应用全流程系统设计为目标，攻克生物基纤维及原料产业化瓶颈，实现国产化和规模化制造。大力发展生物基原料高效合成制备技术和尼龙56、PLA、PTT等生物基合成纤维产业化技术；突破纤维素纤维新型高效清洁加工关键技术，实现绿色制浆及浆纤一体化工程技术100万吨以上产业化目标；发展海藻酸纤维、壳聚糖纤维等海洋生物基纤维产业化技术，实现万吨级产业化[16]。

3. 高性能纤维产业化

加快高性能纤维及复合材料的制备技术研发与应用，实现高性能、低成本、高品质与规模化。建成稳定运行的千吨级高强型、高强中模型T700和T800级碳纤维生产线，突破高模量碳纤维（M55J级）工程化技术和M60J关键制备技术。突破高强、高模化对位芳纶产业化技术，并实现对位芳纶纸基复合材料的连续化生产；突破高强度、低成本聚酰亚胺纤维制备关键技术等；开发低蠕变超高分子量聚乙烯纤维、连续玄武岩纤维规模制备技术，聚苯硫醚纤维高品质与差别化产品开发与应用技术；突破连续碳化硅等无机纤维规模制备技术等[17]。

4. 智能制造

研发智能化化纤成套生产线，根据化纤生产工艺特点，应用信息技术，采用先进控制方法、感知技术、智能化技术，实现从纺丝、假捻变形、卷绕成型、在线监测、全自动物流仓储等全流程的智能化[18]。

5. 绿色制造

开发推广纺前原液着色、绿色制浆、高效绿色催化等先进绿色制造技术，研发废旧瓶片、纺织品高效分选回收技术，建立高水平循环利用体系，提高绿色化生产水平[18]。

（二）智能纺织材料的发展方向

未来智能纺织品将朝着功能更多样、穿着更舒适、洗护更容易、服用更安全、价格更亲民、生产更环保的方向发展。智能纺织材料将从以下几个方面寻求技术突破：

提高智能纤维的使用性能，尤其是提高导电纤维的细度、导电稳定性能、拉升断裂强度和可纺织性能[19]。

利用纳米粒子、石墨烯、碳纳米管、高分子聚合物等技术开发柔性电子元器件，使电子元件做到功能更加齐全、更轻薄、体积更小、功耗低，能够更好或直接融入织物中，以及更加柔性、更耐洗涤。

利用日益发展成熟的纳米技术、生物技术和太阳能电池技术，对智能纤维内部和供能结构进行形态和聚集态的改进和调整[19]。

三、促进纺织新材料发展的相关建议

加强科学技术研究，推进行业重大关键共性技术研发。面向行业共性关键技术发展需求，瞄准国际前沿技术，加强新型纤维材料设计与制备的基础理论与前沿技术研究[20]，开展学科交叉融合前沿技术的研究，大力推进高性能、功能性、多元化、生态化纤维材料技术的研究开发与产业化应用，形成一批核心专利技术，推动行业重大共性关键技术取得实质性突破，带动行业整体技术水平提升[21]。

加快产品开发，突破关键技术。着力提高通用纤维多种改性技术和新产品研发水平。加快高性能纤维及其复合材料高附加值、低成本制造关键技术及装备工程化技术研究[22]。

加快先进适用技术应用推广。加快推动在关键领域拥有自主知识产权的核心技术成果的工程化推广和产业化应用。发挥企业作为科技成果转化应用的主体作用，积极推动科技成果转化为现实生产力。

加快国际化发展，构建产业竞争优势。深化国际交流与合作，加强与国外高技术纤维及复合材料等企业合作，提升我国产业用纤维领域的制造和应用水平。积极参与全球资源配置和国际产业分工，结合"一带一路"倡议等，推动重点企业积极开展国际产能合作，以中国领先的纤维制造技术和装备为抓手，推进纤维产品的生产，主动构建具有竞争优势的全球分工体系、研发创新体系和营销体系。

加强标准支撑体系建设。进一步增强标准化体系建设的系统性和完整性，加强标准化组织机构建设，完善国家标准、行业标准、团体标准体系，提高标准在产品创新、质量提升、品牌建设和绿色发展中的基础性支撑作用。加强国际标准化工作，推动我国自主技术标准走向国际，带动中国产品、技术和装备"走出去"。

创新品牌建设，扩大优质纤维影响力。建立具有行业特色的新产品推广模式，以技术创新和品牌建设为内涵，推动纤维新产品推广，培育中国纤维品牌，引领消费。加强企业品牌建设，重点培育一批具有较强国际影响力、拥有一流技术和管理人才的品牌企业，推动企业品牌走向国际化。

推广绿色技术，促进绿色消费。推动绿色设计、制造、回收再制造等技术的开发和应用。在行业中编制节能低碳技术目录，积极推广节能环保技术装备，持续加强行业的清洁生产，鼓励行业内能效标杆企业和领跑者企业。研究制定行业绿色生产标准，规范采购、生产和销售，提升产品质量、行业信誉和品牌度，拉动化纤循环再生产品的消费。

（王婧倩　北京服装学院中国时尚研究院）

参考文献

［1］郭春花. 以科技构建纤维材料核心竞争力　中国化纤科技大会（海安2017）探索产业方向［J］. 纺织服装周刊，2017（25）：16 – 18.

［2］中国纺织工程学会. 2016—2017纺织科学技术学科发展报告［M］. 北京：中国科学技术出版社，2018.

［3］国内外新溶剂法再生纤维素纤维的发展现状与前景［EB/OL］. 中国报告网，http://market.chinabaogao.com/fangzhi/0G12X1K2017.html，2017 – 07 – 11.

［4］张荫楠. "万吨级新溶剂法纤维素纤维关键技术研发及产业化"项目推广效果显著［EB/OL］. 纺织导报，http://www.texleader.com.cn/summary/5317.html，2018 – 02 – 06.

［5］代娟．新乡"绿色纤维"项目通过科技成果鉴定［N］，河南日报，2017－09－05．

［6］纺织科学研究编辑部．中国十大纺织科学新闻投票启动 遴选"十大"［J］．纺织科学研究，2017（1）：42－54．

［7］钱伯章．我国开发出 PTT 纤维成套工艺技术［J］．合成纤维工业，2014（4）：45．

［8］于佐君，张冰洁，孙健．功能性材料创新在智能服装发展中的应用［J］．西安工程大学学报，2019（2）．

［9］李晗．新型纳米胶囊衣服让人类冬暖夏凉 效果堪比空调［EB/OL］．TechWeb 网，http：//www.techweb.com.cn/it/2017－10－30/2599570.shtml，2017－10－30．

［10］启萌．智能纺织材料助力纺织产品开发［J］．纺织装饰科技，2018（3）：25－27．

［11］智能纺织材料助力纺织产品开发［EB/OL］．纺织导报，http：//www.texleader.com.cn/article/29467.html，2018－06－21．

［12］搭载英特尔 Curie 穿戴模块的智能变形服装［J］．中国制衣，2015（10）：54．

［13］黄毅．科技创新培育石狮经济新增长极［N］．侨乡科技报，2018－12－20（05）．

［14］［18］［22］工业和信息化部，国家发展和改革委员会．化纤工业"十三五"发展指导意见［Z］．2016－12－09．

［15］［17］［21］王菲，刘真．"30+100"指明"十三五"科技方向［J］．纺织科学研究，2016（11）：6－11．

［16］孙瑞哲．中国纺织工业的创新发展与供应链重构［J］．纺织导报，2017（7）：24－36，40－41．

［19］杨晨啸，李鹂．柔性智能纺织品与功能纤维的融合［J］．纺织学报，2018（5）：160－169．

［20］中国纺织工业联合会．纺织工业"十三五"科技进步纲要［Z］．2016．

第八章
智能制造与纺织时尚产业发展

智能制造是基于新一代信息通信技术与先进制造技术深度融合，贯穿于设计、生产、管理、服务等制造活动的各个环节，具有自感知、自学习、自决策、自执行、自适应等功能的新型生产方式。根据工信部《智能制造发展规划（2016~2020年）》，目前国家大力推动培育智能制造重点领域包含了新一代信息技术、高档数控机床与工业机器人、航空装备、海洋工程装备及高技术船舶、轻工、纺织等17个行业与领域。

纺织工业作为中国传统支柱产业、重要民生产业和创造国际化新优势的产业，是科技和时尚融合、生活消费与产业用并举的产业。近年来，随着中国纺织工业转型升级速度的提升，智能制造在纺织工业的率先垂范开辟探索了"智能＋时尚"的产业发展新模式。

一、纺织工业与时尚

（一）纺织工业与时尚

纺织工业有着悠久的历史，从原始社会就地取材、上古时期缫丝织布，到今天的快时尚服装、个性化家纺，纺织工业的发展极大丰富了时尚元素的载体，是时尚与人民生活最直接、最紧密的表现与结合（见图8-1和图8-2）。

纺织工业曾是中国工业化进程中最主要的支柱产业与出口创汇最重要的产业。中华人民共和国成立伊始，解决人民群众的穿衣问题一度是纺织工业最重要的历史使命。而纺织真正将时尚与人民生活广泛结合，还是在改革开放后。20世纪80年代末国务院决定取消布票，百姓开启了可凭喜好挑选服装的风潮；20世纪90年代，外向型经济蓬勃发展，大量机制灵活的乡镇企业成为我国服装业发展主力；21世纪初，中国加入WTO，纺织服装产业正式进入全球化发展的快车道。一批白手起家的全球纺织产业领军企业，鲁泰、阳光、波司登、雅戈尔、红豆、杉杉等中国品牌，从代工生产到开发创新、打造品牌、引领时尚，织就了中国纺织工业与时尚产业相伴而行的发展历程。

党的十九大以来，国民经济与社会发展进入新时代，为满足人民日益增长的对美好生活的向往，纺织工业也步入高质量发展时期。创新驱动的科技产业、文化引领的时尚产业、责任导向的绿色产业，已成为中国纺织服装产业未来前行的新标签。

图8-1　汉直裾素纱禅衣

图8-2　蕾丝（LACE）面料

（二）纺织工业的产业结构

纺织工业产业链长，门类广。按纺织对象可分为以天然纤维为对象的棉、毛、麻、丝纺织工业与以化学纤维为对象的化纤工业等。按生产工艺过程可分为纺纱、梭织、针织、印染和非织造布工艺等。按最终产品可分为服装产品、家用纺织品与产业用纺织品等。

典型的纺织工业生产流程主要经过纤维生产、纺纱、织造、染整、纺织品加工等过程（见图8-3）。

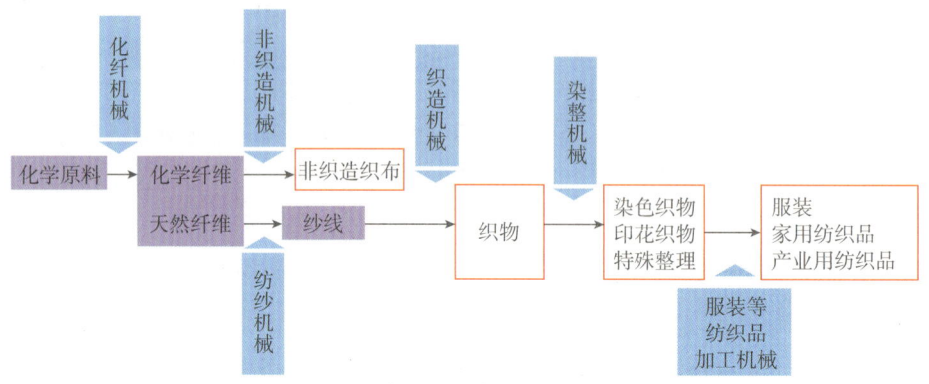

图8-3 纺织工业生产工艺流程

（三）纺织工业的产业规模

中国纺织工业是世界最大的纺织经济体，产业规模世界第一。2012年以来，中国纤维加工总量始终居于世界首位，全球占比均超过50%，并呈逐年增长态势。据中国纺织工业联合会统计，2017年中国纺织全行业纤维加工总量5430万吨（见图8-4）。

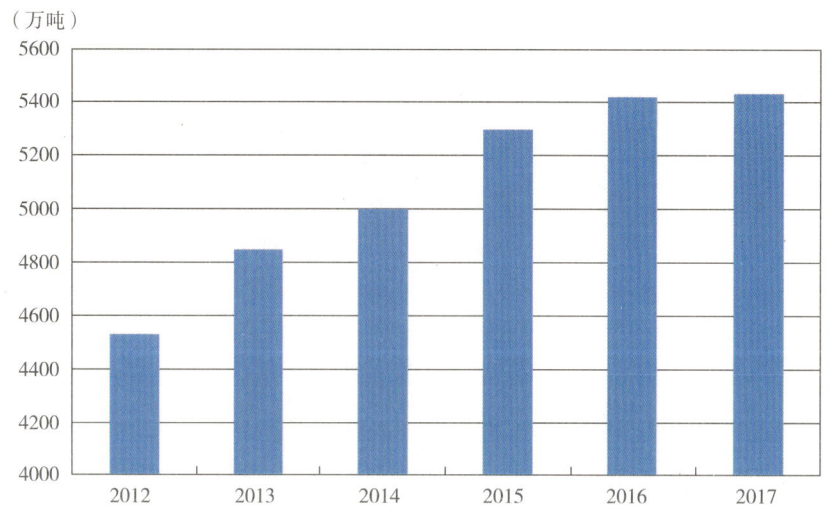

图8-4 中国纤维加工量

资料来源：中国纺织工业联合会。

2018年中国纺织行业内外市场销售稳步向好，全年纺织行业主营业务收入达53703.5

亿元,与上年同期相比增长 2.90%;累计实现利润总额 2766.14 亿元,与上年同期相比增长 8.02%(见表 8-1)。2018 年,累计出口纺织品服装 2767.31 亿美元,与上年同期相比增长 3.52%(见图 8-5)。

表 8-1 2018 年纺织工业经济指标分行业完成情况

行业	企业数（户）	亏损数（户）	亏损面（%）	主营业务收入		
				本年累计（万元）	上年累计（万元）	同比（±%）
纺织行业	36828	5402	14.67	537034598	521924890	2.90
纺织业	19511	2877	14.75	276956197	278099328	-0.41
家用纺织品制造	1857	259	13.95	20415807	19527907	4.55
纺织服装、服饰业	14827	2103	14.18	171065722	164377979	4.07
机织服装制造	9417	1346	14.29	120345325	116292669	3.48
针织服装制造	3522	532	15.11	36858331	35237984	4.60
服饰制造	1888	225	11.92	13862066	12847326	7.90

资料来源：国家统计局。

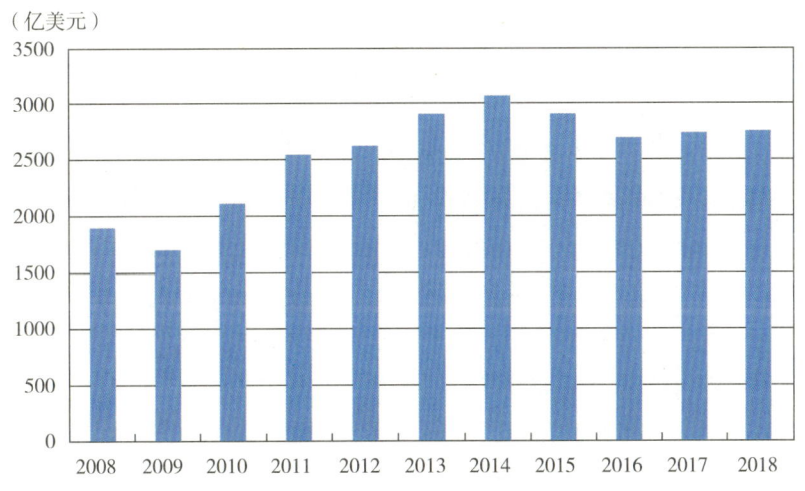

图 8-5 中国纺织服装出口额

资料来源：海关总署。

二、纺织工业与智能制造

(一)智能制造背景下的纺织工业

智能制造是制造技术与数字化技术、智能化技术、新一代信息技术的交叉融合。制造过程面向产品的全生命周期，具有信息感知、知识获取、优化决策和执行控制功能，是一种高效、优质、清洁、安全的生产产品和服务用户的制造模式。它以自动化和数字化为基础，网络化互联为支撑，突出知识获取、优化决策等智能化功能，全面提升产品的设计、制造、管理和服务水平，深刻改变制造业的生产模式和产业形态。通过人与智能机器的合作共事，去扩大、延伸和部分取代人在制造过程中的脑力劳动。它把制造自动化的概念扩展到柔性化、智能化和高度集成化。

智能制造具有以智能工厂为载体、以关键制造环节智能化为核心、以端到端数据流为基础、以网络互联为支撑等特征，可有效缩短产品研制周期、降低运营成本、提高生产效率、提升产品质量、降低资源能源消耗。智能制造正在世界范围内兴起，它是制造信息技术发展的延伸，是自动化和集成技术向纵深发展的结果。

纺织行业智能化要将新一代信息技术、自动化技术、现代管理技术与制造技术相结合，贯穿设计、生产、管理、服务等制造活动各个环节，并发展具有信息深度自感知、智慧优化自决策、精准控制自执行等功能的先进制造过程、系统与模式，带动产品设计方法和工具的创新、企业管理模式的创新、企业间协作关系的创新、实现产品设计制造和企业管理的信息化、生产过程控制的智能化、制造装备的数字化、咨询服务的网络化。其中主要内容是实现数字化设计、生产、装备和管理技术的开发和应用，并在此技术上实现技术的集成创新，以提高纺织制造企业的整体综合竞争力。

（二）纺织工业推进智能制造的必要性

"十三五"时期是中国纺织工业实现建设纺织强国战略目标的重要阶段。尽管中国纺织工业产能巨大，但纺织品仍以中低档产品居多，高档产品国际竞争力不足。很多产品生产工艺存在相当的人为因素干扰，造成生产效率低，能源和水资源消耗大，印染后污染严重等。如果不能真正建立起创新基础，不能尽快提高全要素生产率，在逐步失去低成本优势的情况下，将会导致低端制造和高端制造优势的双重流失。

纺织工业的结构调整和产业升级，必须依靠科技进步，依靠先进的技术装备。纺织工业推进智能制造，目标就是提高产品质量，降低工人劳动强度，降低生产成本，提高劳动生产率和绿色生产水平，使中国纺织工业竞争力由要素驱动型向创新驱动型转变，由规模扩张型向质量效益型转变，促进纺织行业的高质量发展。

（三）纺织智能制造的行业基础

当前纺织工业持续推进结构调整和产业升级，稳步推动纺织强国战略的实施进程。近年来是中国纺织技术装备科技水平进步最快的时期，纺织工业与智能制造相合已初具基础。

1. 国产数控纺织机械的进步为迈向智能化时代奠定了坚实基础

纺织机械是中国纺织工业的装备技术基础，是纺织工业的产业基础，在纺织工业中起着重要作用。近年来，中国纺织装备行业为纺织工业提供大量装备的同时，行业自我发展也取得史无前例的进步。

国务院在《国务院关于加快振兴装备制造业的若干意见》中将新型纺织机械列入需要重点突破的重大技术装备内容之一,国家不断加大对纺织机械行业科技发展的支持力度,国家发改委以"新型纺织机械重大技术装备专项"等方式,国家科技部以国家科技支撑计划"新一代纺织机械"重点项目为手段,支持纺织机械行业的产品和技术创新以及产业化。

"十三五"以来,中国纺织机械行业通过产学研结合,技术创新和产品研发能力得到较快提升,已从引进技术、消化吸收进入再创新、自主开发创新的新阶段。国产纺织机械在研发、创新和运用电子技术、先进制造技术、可靠性以及人性化设计上有大幅度的提高,使国产纺织设备整体技术水平明显上升,国产新产品不断出现,很多装备填补了国内空白,可以替代进口产品。国产纺织机械在数控技术的研究与应用方面发展很快,"数控一代产品创新应用示范工程"对纺织机械的发展给予了巨大的推动,"新一代纺织设备产业技术创新联盟"承担的科技支撑计划项目使纺织机械数控技术取得了跨越式发展,某些数控技术和产品已经可以和欧洲产品同台竞争。

2. 信息化和"互联网+"战略促进服务、生产智能化

在纺织信息化技术发展趋势方面,从全球角度看,纺织产业作为民生产业和支撑新材料等发展的重要基础产业,还将长期发展。国际上,现代信息控制技术已经渗透到纺织服装生产各个领域。

在国内纺织信息化技术发展方面,近年来,纺织工业在包括化纤、纺纱、织造、针织、非织造、染整、纺织品、纺织装备、纺织仪器等在内的纺织行业信息化建设已取得了长足的发展。纺织品印花调浆的全自动电脑调浆系统、纺织品数码喷印系统、棉纺设备网络监控系统、纺织服装生产数据在线采集与智能化现场管理系统、集数字化信息化工业化于一体的服装定制平台等技术和系统的研发成功和产业化应用,以及纺织企业信息化示范工程、产业创新平台信息化建设、纺织行业知识库系统、纺织产业预警平台建设等一系列重点信息化工程项目的建设,提升了纺织产品研发、设计、生产过程检测控制、纺织企业管理的水平,在纺织行业内树立了一批信息化样板,推进了纺织产业的信息化与工业化的两化融合。

(四) 纺织智能制造的实施范围和领域

1. 装备智能化

新型装备对于纺织产品提高质量和附加值至关重要,数字化、智能化装备是智能制造的基础,也是网络化连接的基本单元。当前纺织装备普遍采用了数字化控制技术,如PLC、数字信号处理芯片、工业控制计算机、变频器、伺服控制器也很普遍,许多纺织装备还配置了网络接口和在线监测装置。在此基础上的提升智能化功能,已经成为装备用户的关注点,也是纺机企业正在努力的方向。

2. 产品智能化

智能服装纺织行业产品智能化是最典型的代表,作为智能穿戴产品的一部分,具有自己的特点。该类产品具有感知、分析和通信功能,以移动互联网为支撑,已经列入国家智

能制造试点示范项目。随着高新技术的快速发展,智能服装开始走入人们的日常生活,各种应用逐步渗透到包括通信、医疗、防护、运动、军事、娱乐等领域,有一定的发展潜力(见图8-6和图8-7)。

图8-6 配备智能运输系统的JSF2188型精梳机

图8-7 Athos智能健身衣

3. 生产过程智能化

生产过程智能化是纺织智能制造目前备受关注并且投入最大的领域，包括面向各道纺织工序的智能制造技术，在单机自动化、智能化的基础上，实现设备联网和在线监测；进而推进纺纱、织造、印染、服装生产制造在智能环境下的综合集成，形成纺织全流程的数字化智能化生产线，并在此基础上不断积累和完善相应的知识库和专家系统（见图8-8）。

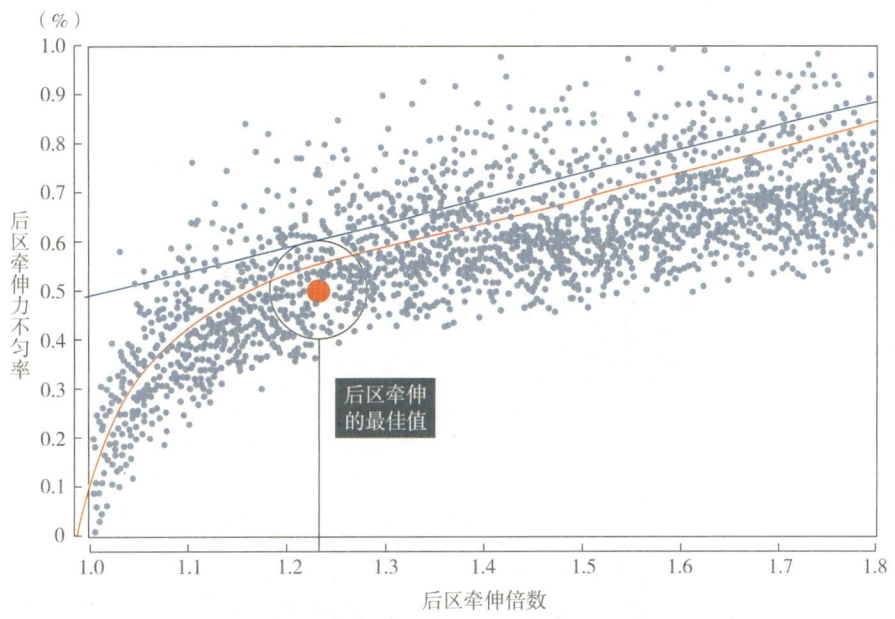

图8-8　TD10型并条机自动调节原理

4. 制造方式智能化

新一代信息技术的快速发展和广泛应用，给传统制造业带来了制造方式的变革（见图8-9）。服装的大规模个性化定制是典型示范。

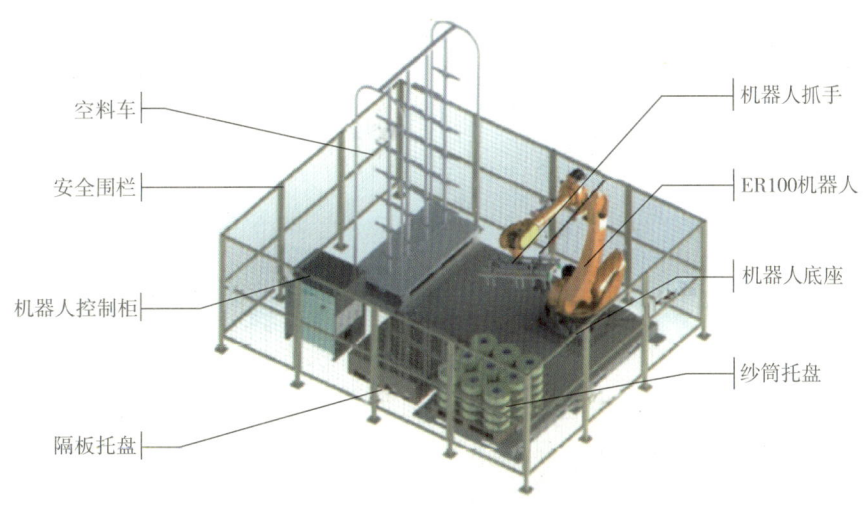

图8-9　经编整经智能上纱机器人

5. 管理智能化

管理智能化在制造业的各个行业中是最具共性的领域。随着智能制造的不断开展，企业数据的实时性、完整性、准确性不断提高，必然要求管理更精准、更高效、更科学，进而要求提高管理智能化水平。生产过程智能化要取得经济效益，必须与管理智能化系统集成，通过管理决策支持功能来实现（见图8-10）。

图 8-10　必佳乐的 BlueBox 电子控制平台

6. 服务智能化

制造业服务化是未来的发展方向，创新是最大的推动力，自然离不开服务智能化系统的支撑。通过各种形式的智能化服务平台，促进制造企业与生产性服务机构的资源整合和业务融合，使制造企业能够进一步涉足设计、研发、物流、营销、培训、服务等全产业链业务。这一领域最具创新性，也有较大的发展空间。

三、纺织智能制造发展趋势与主要问题

（一）纺织智能制造发展趋势

新型的智能纺织装备要能够实现对自身工作状态的感知；具有故障类型和部位的识别

等自诊断功能；具有自适应能力，能够根据作业数据进行调整；具有通信功能，通过互联网与制造商平台连接，为制造商开展基于大数据的远程服务提供支撑。

生产过程智能化系统，向下连接智能化设备，向上与管理智能化软件系统集成，并对智能化新模式新业态提供必不可少的支撑，处于整个智能制造的核心地位。下一步的发展方向包括：建立在线监测系统，能充分采集制造进度、现场操作、质量检验、设备状态等现场信息；建立生产过程实时数据库，并与过程控制、生产管理系统实现集成。很重要的是能够对生产计划、调度实现生产模型化分析，进行过程的量化管理，成本的在线动态跟踪。系统的目标是实现基础数据共享，工艺流程改造，实时在线优化，全面提升企业的生产资源优化配置水平。

服装个性化定制发展迅速，下一步将更多地着眼于以下方面：依托基于网络的个性化定制平台与用户实现深度交互，让客户更多地参与设计开发，达到产品充分个性化；企业的设计、生产、供应链管理、服务体系与个性化定制需求相匹配，有更加柔性化的生产设备和信息化系统支撑，以降低成本，提高效率；利用大数据技术对用户的碎片化、个性化需求数据进行挖掘，逐步完善企业个性化产品数据库，更加贴近客户的新需求等。

管理智能化下一阶段发展的重点有三个方面：一是继续开展综合集成应用，尤其是与生产制造系统的集成，达到信息共享，充分发挥智能制造的经济效益；二是开发建设企业级的知识库和专家系统，加强商业智能功能，实现对企业的决策支持，提升自身的智能化水平；三是应用大数据、云计算、移动互联网等新一代信息技术，开发新模式、新功能，向新的领域延伸。

纺织行业服务智能化，要发展专业化设计、网络协同研发、现代化供应链管理、电子商务、在线监测、远程诊断和维护等基于互联网和信息技术的服务功能，云计算、大数据等是重点应用的新技术，云服务平台是广为接受的服务形式。

（二）纺织产业智能化发展解决的主要问题

适应纺织产品"小批量、多品种、高质量、快交货"的市场快速反应机制，发展数字化纤维与复合材料智能化技术，进一步加强 ERP 系统等生产数据采集与反馈控制系统研发。

适应纺织加工装备及工艺技术继续向自动化、连续化、高速化、信息化，以及高效、智能、节能、模块化应用方向发展，加强数字化智能化纺织技术及数字化纺织装备与网络化制造技术研究，研发有效的信息分析工具，以自动、智能和快速地发现大量数据间隐藏的依赖关系并从中抽取有用的信息或知识，从而为工艺优化及产品质量的提高提供依据，并发展数字化高端纺织装备。

适应节能、环保、高效是印染工业可持续发展的方向，加快研发高可靠的染整检测技术、染整系统的智能适应性与优化技术、模拟自然的环保型染整技术、数字化智能化染整技术。

适应数字化与智能服装技术、数字化纺织管理和商贸技术的发展，加快研发与行业发展相关联的物联网、云计算、智能化技术，促进可穿戴智能纺织品技术快速发展，以及适合纺织各个细分行业的 ERP 系统，纺织行业电子商务平台，服装企业集 CAD、CAM、CAPP、PDM 和管理营销网络为一体的通用系统平台，纺织工厂生产信息监测和管理系统等。

顺应纺织设计与制造集成化、模块化、智能化，纺织全流程管理过程可视、即时可控，产品营销运用物联网、云计算的趋势。

四、纺织行业智能制造重点发展方向

（一）加强纺织行业智能制造基础

1. 研究纺织行业智能制造共性关键技术

智能化关键技术包括装备和生产过程的检测、识别、分析、推理、决策、执行等；数据处理关键技术包括制造过程与产品生命周期信息的采集处理、统计分析等；网络连接技术包括设备层、车间生产层和企业层的各类网络互联以及与互联网、物联网的连接技术。

2. 搭建纺织行业智能制造标准体系

推进纺织行业智能制造基础标准、关键技术标准的制定，并推动标准的贯彻实施。建立科学、完善的智能制造技术体系和标准体系，满足产品研发、生产、管理、服务等全生命周期智能化的要求。重点推进纺织智能制造体系架构、数字工厂/车间参考模型、评价规范等基础共性标准研究。研究纺织智能工厂/车间参考模型、通用技术条件、评价标准及方法、工艺参考模型、一致性和互操作要求等在纺机制造过程的关键标准研究。

（二）推进纺织行业全流程展开智能化制造的集成创新与应用示范

纺织业分步骤建设智能制造示范生产线和数字化工厂，在纺丝、纺纱、织造、非织造、染整、服装六大领域展开生产过程智能化的研发与试点示范，并围绕上述纺织生产过程全流程自动化、智能化的集成的目标，发展智能化装备及技术，研发、推广一批工艺先进、绿色节能、信息技术深度嵌入的智能化技术及装备及其纺织专用基础件，实现机器代人，提高劳动生产率和实现柔性制造。

（三）充分利用互联网技术开展智能制造新模式研究与试点示范

针对服装、家纺、面料等纺织品需求，建立协同设计与智能制造一体化平台。在针织产品与服装领域开展以电子商务、个性化定制、网络协同设计与制造为代表的智能制造新业态、新模式试点。针对纺织装备，通过联网管理，建立远程运维平台。

1. 网络协同制造

针对设计、制造、服务与信息等各类分散制造资源有效利用的需求，构建网络化制资源管理平台，实现企业间、产业链上下游企业间基于网络平台的设计协作、制造协作、供应链协作与服务协作，开展试点示范，形成并不断丰富完善网络协同制造模式。针对服装、家纺、面料等纺织品需求，建立协同设计与智能制造一体化平台。

2. 大规模个性化定制

针对用户个性化需求，进行设计研发、生产制造和供应链管理等关键环节的柔性化改造，构建用户个性化需求信息平台和基于互联网的功能多元化、生产互动化各层级个性化定制服务平台，开展试点示范，形成并不断完善大规模个性化定制新模式。

3. 远程运维服务

针对装备（产品）售后在线实时运维的需求，建立远程运维服务平台，对装备（产品）运行数据与用户使用习惯数据进行采集和建模分析，提供实时监控、故障诊断、智能修复和健康保障服务，开展试点示范，形成高效、安全的远程运维服务模式。

五、纺织工业智能制造与时尚产业融合的探索与实践

在《中国制造2025》《"互联网+"行动计划》《新一代人工智能发展规划》等的推动下，中国纺织产业各行业积极开展了智能制造实践，对探索开辟"智能+时尚"的纺织工业发展新模式取得了一定成效。

（一）纺织工业智能制造与时尚产业融合范围

纺织工业总体上属于体量庞大的传统制造业。纺织工业的生产制造领域涵盖了化纤制造、纺纱、机织、针织、非织造、染整、服装及纺织装备制造等。纺织工业当前在智能制造领域与时尚产业相融合的探索主要集中在服装设计与加工智能化、纺织个性化定制和网络协同制造及智能纺织材料等方面。

（二）纺织工业智能制造与时尚产业融合实例分析

1. 青岛酷特服装大规模个性化定制产业模式

青岛酷特智能股份有限公司成立于2007年，经过10余年的发展已将互联网技术、数字技术与传统制造业结合，实现了个性化定制服装的数字化大规模生产。目前该公司全年生产个性化定制服装超过100万套件，每天要设计2000多种不同款式。其"服装个性化定制项目"列入国家工信部首批智能制造试点示范项目。

酷特服装大规模个性化定制产业模式包含了20多个子系统，包括"客户交互系统""供应链系统""自主研发系统""智能配套、物流系统""全程计算机网络控制系统"等。消费者可以通过个性化定制系统自主选择产品并付款生产订单，平台运用大数据和云计算技术，将分散的客户需求数据转变成生产数据，并将订单信息作为生产环节的起点，

再进行工艺分解和任务分解，以指令推送的方式将分解任务推向各工位，并基于物联网技术，实时收集任务完成状况，反馈至电子商务系统，实现个性化时尚设计与流水线生产的结合。

2. 浙江报喜鸟大规模个性化服装智能定制系统

浙江报喜鸟集团有限公司组建于1996年，主要从事报喜鸟品牌西服和衬衫等男士系列服装的设计、生产和销售。报喜鸟大规模个性化服装智能定制系统以智能制造透明云工厂为主体，以私享定制云平台和分享大数据云平台为支撑。目前该系统已稳定运行，定制产品的产量从每天600件扩大到1200件，合格率从95%提高到98%。同时物料损耗下降10%，能耗下降10%，生产人员精减10%。

报喜鸟大规模个性化服装智能定制系统的"智能制造透明云工厂"，由CAPP、RFID、智能吊挂、MES执行系统、智能CAD、自动裁床等组成，实现了生产过程高度自动化。"私享定制云平台"通过对电子商务平台的深度开发，通过虚拟现实仿真技术与3D渲染技术，实现了一单一流、一人一版、一衣一款的全品类模块化客户自主设计。"分享大数据云平台"通过对用户的个性化需求特征挖掘和分析，通过样本数据采集分析，让西装板型更加符合穿着者的身材。

3. 泉州海天纺织服装网络协同制造

泉州海天材料科技股份有限公司创立于1994年，已成为集产品设计、材料研发、面料织造、印染整理、服装加工于一体的产业链配套完整的高科技纺织企业。其网络协同制造包含了设计师创意创业平台、公共技术服务平台、O2O电子商务平台、生产协同平台以及检验检测平台。

依托在面料研发生产和成衣加工方面的优势，通过开放共享的互联网技术吸引服装行业人才及企业，将供应链向前延伸到服装设计，向后延伸到销售终端，形成了完整的纺织服装供应链闭环体系。

4. 深圳智裳科技有限公司智能服装技术

深圳智裳科技有限公司以研发智能服装方案为主。先后研发出"心率+心电图"的智能健康衣、理疗智能内衣、自发光变色的智能面料、"智能恒温+GPS"多功能智能模块、智能服装辅料5大智能服装方案。

该公司智能服装技术主要基于以下几种核心技术：柔性技术，采用柔性纱线来传导用户生物电，从而实现心率、心电图的准确检测。发光变色面料技术，利用光的传导原理结合特殊的纺织工业制成，使服装高度个性化。磁旋技术，开发"微型磁旋机"与服装有机结合，促使达到指定穴位起到保健作用。定位技术，开发GPS定位鞋，适用于诸多特殊人群和场景，如儿童、老人、户外从业者等。

5. 安润普有限公司智能可穿戴技术

安润普有限公司成立于2010年，是一家致力于新型柔性传感技术及相关智能可穿戴产品开发和应用的高科技公司。公司研发的智能可穿戴产品不仅具备传统织物的特性，包括可折叠、可水洗、柔软舒适，更赋予了普通衣物智能化功能。具有呼吸暂停筛查、睡眠监测、呼吸监测、运动训练等诸多功能。

核心技术包括柔性织物应变传感技术，其传感器采用纳米新材料技术及工艺，形成智能面料，具有普通面料特性的同时还具备传感功能。柔性压力传感器技术，其传感器具有优异的灵敏度，可以精确感知人体各种压力，并且柔性特质不会带来任何不适感。柔性织物电极技术，其基于电子信息技术和传统防治技术，兼具普通织物外观，也可贴合皮肤感知人体的生物电信号。

（丛政　中国纺织机械协会）

参考文献

[1] 中国纺织工业联合会. 中国纺织工业发展报告 2017/2018［M］. 北京：中国纺织出版社，2018.

[2] 中国纺织机械器材工业协会. 中国国际纺织机械展览会暨 ITMA 亚洲展览会展品评估报告［M］. 北京：中国纺织出版社，2018.

[3] 中国工程院. 我国纺织产业智能制造发展战略研究报告［R］. 2018.

第四篇　业态变迁篇

第九章 时尚新零售

全球化、互联网创新、经济转型、消费升级等大趋势、大环境给时尚零售等实体产业带来了持续而深刻的挑战与机遇。新零售的诞生给疲软的时尚零售带来机遇,产业内以及跨产业的深度变革、融合与创新方兴未艾。

一、兴起

零售,即为商品由生产者转移至终端消费者的过程[1]。在技术升级和消费升级的驱动下,中国零售业进入第四次变革浪潮,新零售应运而生。新零售是通过数据与商业逻辑的结合,实现消费方式逆向牵引生产方式,是不同于以往任何一次的零售变革。它将为传统零售业态插上数据翅膀,优化资产配置,孵化新型零售物种,重塑价值链,创造高效企业,引领消费升级,催生新型服务商并形成零售新生态,是中国零售大发展的新契机[2]。尽管市场对新零售的理解出现了不同的声音,如阿里的"新零售"、苏宁的"智慧零售"、京东的"无界零售",但最终目的都是通过技术手段来"提升零售业效率,更好地满足消费者需求"。

(一)中国零售业的变革

中国零售业呈现阶段式发展,可分为四个发展时期(见图9-1)。1.0工业时代,

2003年之前,机器取代人力,工业化浪潮引领生产力的革新,零售业呈现一片繁荣景象,零售巨头辈出,线下交易高速发展;2.0电商时代,2003~2013年,互联网普及,C2C、B2C服务模式遍地开花,线上平台与线下渠道分庭抗礼。自2003年,ebay进入中国,中国电子商务发展拉开大幕,2010年电商交易规模突破万亿元大关;3.0移动时代,2013年至今,4G到来,智能移动端成为零售新战场,2013年移动支付规模首次突破万亿元大关,并在2015年超过PC端网络支付规模,自2016年多渠道形成融合态势;4.0数字时代,未来数据将成为零售业生产要素之一,消费者数据将成为生产力。全渠道线上线下的边界越来越模糊直至完全融合,逛超市、买衣服俨然会变成科技感十足的事情[1]。

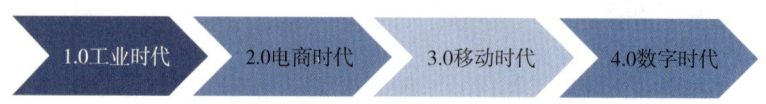

图9-1 中国零售业发展进程

(二) 新零售的产生背景

在技术发展和消费升级双轮驱动下,当前的零售业处于从3.0模式向4.0模式跨越转型升级的重大窗口期[3]。

1. 消费特征的变化推动零售业以消费者为中心进行改造

中国第三次消费结构升级正在如火如荼地进行,"80后""90后"逐渐成为社会的中流砥柱,碎片化、个性化、品质化、年轻化成为主流的消费特征。消费主体的转换、消费结构的调整、消费方式的变化以及消费观念的转变都驱动着零售产业发生翻天覆地的变化[4],推动着零售业从以商品为中心逐渐向着以消费者为中心的观念转变,供应链、物流、营销、服务方式也随之升级。

(1) 中国消费升级成为世界消费增长的关键力量。

中国的消费升级正在成为世界消费增长的关键力量。2016年,中国的人均GDP仅为世界平均水平的79.7%,但在全球主要经济体当中,中国消费市场的增长速度是最快的。2018年,我国经济增速和居民收入增速放缓,但是居民消费支出增速保持较快增长。2018年,全国居民人均消费支出19853元,名义增长8.4%,扣除价格因素,实际增长6.2%(见图9-2)。

中国消费者的消费模式正逐渐发生转变,消费结构与发达国家日益相像。中国高端消费群体对质量诉求已经逐渐取代价格诉求,消费特征与日韩接近;高品质、高科技、个性化是未来消费升级的方向。这表明中国人民的收入水平在提高,购买能力在提高,市场要适应消费需求变化,提高产品档次和水平,以满足消费升级所引起的消费需求的变化。

(2) "80后""90后"成为未来主流消费人群。

新一代主流消费人群有着网络和体验的双重需求,这是促进线上线下一体化的重要原因。"80后""90后"逐渐成为社会消费的主力,他们"个性张扬、独立自由",是网络

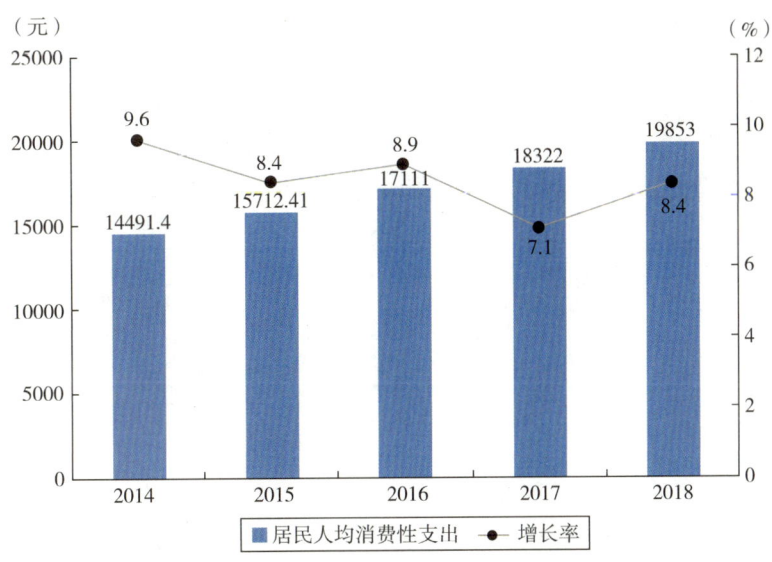

图 9-2　2014~2018 年中国居民人均消费性支出及增长率

资料来源：国家统计局。

的原住民，而且大多数接受过高等教育，对于新鲜事物和信息的接受能力较强，对于品牌、健康、产品等都有自己独特的认知。

中国银联与京东金融发布的《2017 年消费升级大数据报告》显示[5]，"70 后"是社会消费零售总额首要贡献人群（见图 9-3），规模达到 1.99 亿人，但贡献度呈逐年下降趋势；"80 后""90 后"对消费的贡献度持续上升。从消费支出增长幅度看。"90 后"消费金额增长迅猛，同比增长 73.2%，消费增幅是"70 后"的两倍（见图 9-4）。

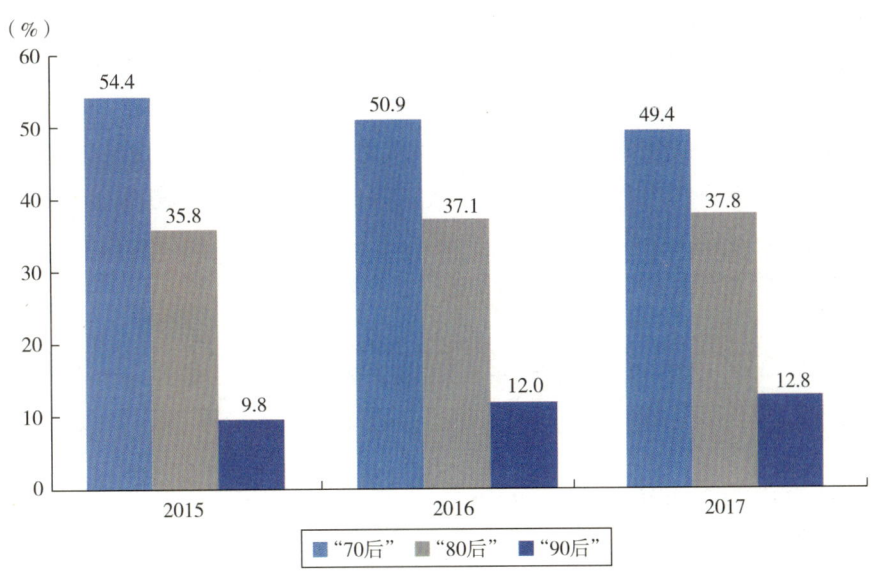

图 9-3　2015~2017 年三个年龄段的消费贡献度

资料来源：中国银联与京东金融发布的《2017 年消费升级大数据报告》。

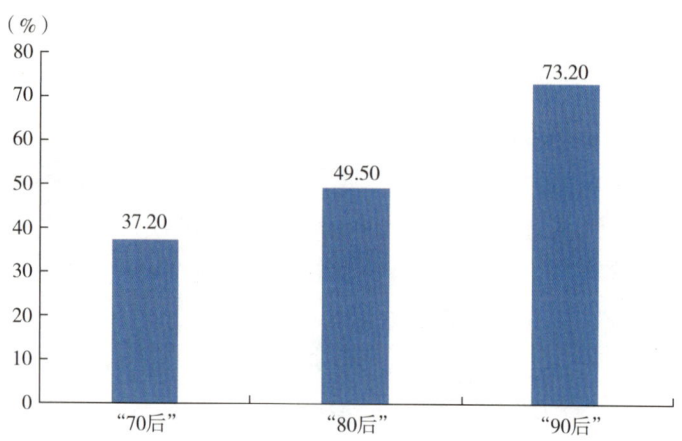

图9-4 2017年"70后""80后"和"90后"的消费增幅

资料来源:中国银联与京东金融发布的《2017年消费升级大数据报告》。

因此,消费人群的结构调整对零售领域的发展提出了更高的新要求;从消费结构来看,医疗保健、文化教育、娱乐旅游等精神享受型消费是目前人们的消费热点,过去单一的消费方式已经难以满足消费者多元化的需求,因此线上电商与线下实体店的融合是零售业未来发展的必然趋势;从消费方式上看,零售业正在由价格型消费转变为价值类消费。人们更加注重体验式消费,产品能够让消费者拥有良好的体验以及满足消费者的个性化需求,这远比名贵的奢侈品牌更加富有吸引力[4]。

(3)国家出台一系列政策推动消费升级。

党的十九大报告指出,我国社会主要矛盾已经转化为人民日益增长的美好生活需要和不平衡不充分的发展之间的矛盾。这个矛盾包含两个层面,一个是人民对美好生活的需要,这是消费升级的内在渴望;另一个是不平衡不充分的发展,这是消费升级的外在制约[6]。

自2008年以来,国家层面相继出台了多项促进消费的相关政策(见表9-1),这些政策中均提到"消费升级"和"消费结构升级"的方向,推动消费升级已成为中国现阶段经济发展的重点。在各项政策的推动下,消费者对高质量、高科技及绿色产品的需求将会大幅增加,消费者对"量"的需求将转变为对"质"的追求。

表9-1 国家出台一系列促进消费升级的相关政策

部门	文件	涉及消费升级的主要内容
国务院	《国务院办公厅关于搞活流通扩大消费的意见》(国办发〔2008〕134号)	发展新型消费模式,促进消费升级;积极培育和发展新的消费热点。及时发布市场供求信息,引导企业调整产品结构,开发适销对路的商品和服务,引导消费结构升级
发改委	《关于促进消费带动转型升级的行动方案》(发改综合〔2016〕832号)	引导企业按照需求总量和结构的变化特别是消费升级的方向,提供供给质量,带动产业升级

续表

部门	文件	涉及消费升级的主要内容
国务院	《关于完善促进消费体制进一步激发居民消费潜力的若干意见》（中发〔2018〕32号）	顺应居民消费升级趋势，努力增加高质量产品和服务供给，切实满足基本消费，持续提升传统消费，大力培育新兴消费。以消费升级引领供给创新、以供给提升创造消费新增长点的循环动力持续增强
国务院	《完善促进消费体制机制实施方案（2018~2020年）》（国办发〔2018〕93号）	完善促进实物消费升级的政策体系，发展壮大绿色消费。推动传统商贸创新发展

2. 网络红利消退，实体动力不足激发零售业融合创新动力

近年来，虽然中国线上零售规模仍在逐年扩大，但增速明显放缓，线上零售额的增长进入瓶颈期，电商企业的盈利形势不容乐观。我国实物商品的网上零售额在社会消费品零售总额的占比低，线下消费市场空间巨大。但近年来实体零售企业销售额增速持续维持低位，企业依然面临获客难、评效低等种种困难。

（1）线上红利消退，网络零售发展遭遇天花板。

网络零售在保持多年高度增长后增速放缓，线上零售额的增长进入瓶颈期，互联网时代的人口红利逐渐消失，用户规模与市场交易规模皆趋于稳定，移动购物月活跃用户始终维持在6亿左右。2018年全年，全国网上零售额突破9万亿元，比2017年增长23.9%（见图9-5）。

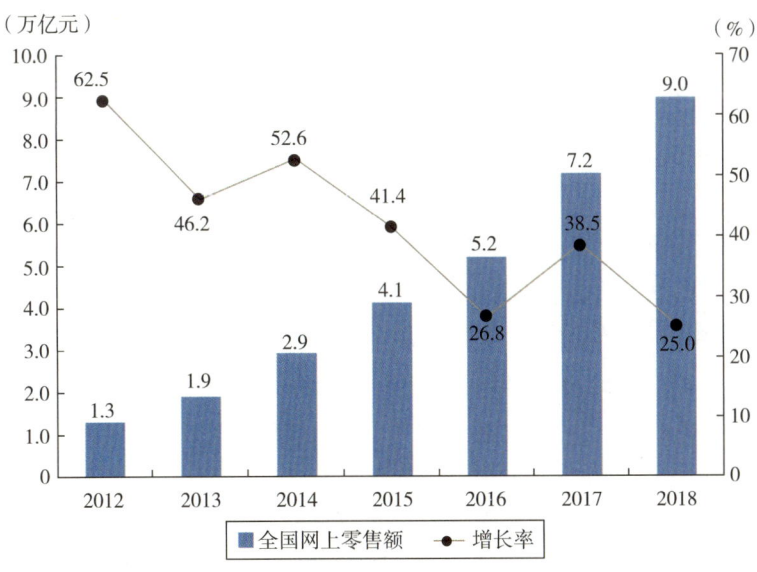

图9-5 2012~2018年全国网上零售额及增长情况

资料来源：国家统计局。

受线上获客成本、研发成本、同质化竞争、体验提升受限等诸多因素的影响，电商的

盈利压力仍然存在。2016年是关键临界点,移动购物市场增速首次低于100%,用户增长速度也正在逐步下降。各类企业纷纷加入线上流量争夺之中,迫使线上流量成本抬升,进一步削减企业利润空间。以天猫、京东等主流电商为例,平均线上获客成本突破200元(见图9-6),已超过线下获客成本。

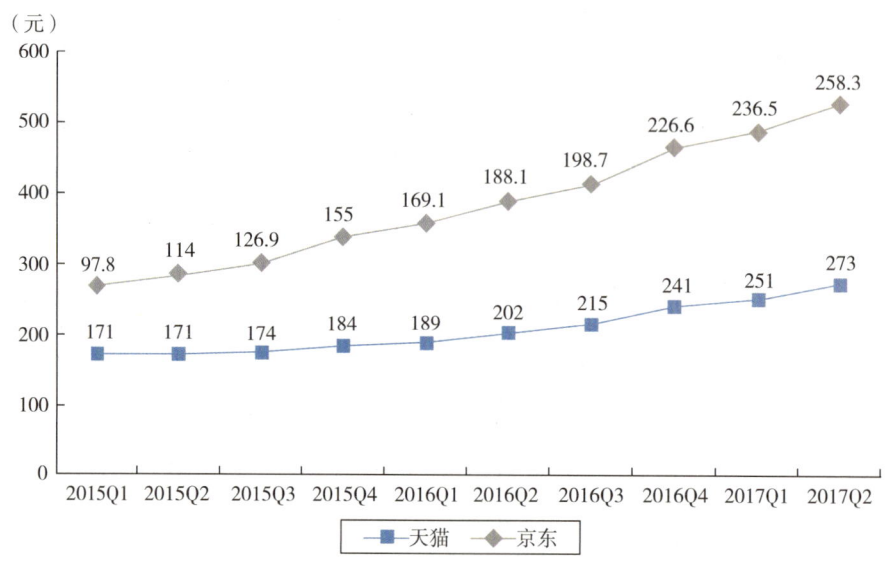

图9-6 2017Q1~2017Q2 天猫和京东 ARPU 值

资料来源:易观。

网络零售若想保持持续性增长,仅凭现有的线上业务很难达成,线上线下融合的全渠道运营模式被寄予厚望。反观线下用户流量市场发展相对缓慢,根据招商证券测算,近年线下获客成本在76元左右,低于线上渠道,实体零售进入整改关键期,线下渠道价值正面临重估。

(2) 线下市场空间巨大,实体零售却动力不足。

我国实物商品的网上零售额占社会消费品零售总额的比例低,线下消费市场空间巨大。2018年,我国实物商品的网上零售额达70198亿元,同比增长25.4%,但仅占社会消费品零售总额的18.4%,这说明线下市场空间巨大。如今线上流量成本已经不再具有价格优势,而线下场景机会层出不穷、空间巨大,市场必然会自发寻求利润更高的引流渠道并做出筛选。

近年来,实体零售企业由于受到互联网的冲击,其销售额增速持续维持低位,2015年甚至出现负增长,尽管2017年实体零售开始复苏,但2018年全国百家大型零售企业服装商品额零售增速仅0.99%(见图9-7),回暖动力略显不足。党的十九大报告指出,我国社会主要矛盾已经转化为人民日益增长的美好生活需要和不平衡不充分的发展之间的矛盾,越来越多的消费者的消费习惯由生存型消费逐渐过渡到享受型消费,因此传统实体零售急需进行更加深入的数字化和智能化改造,以适应人们消费模式和消费习惯的变化。

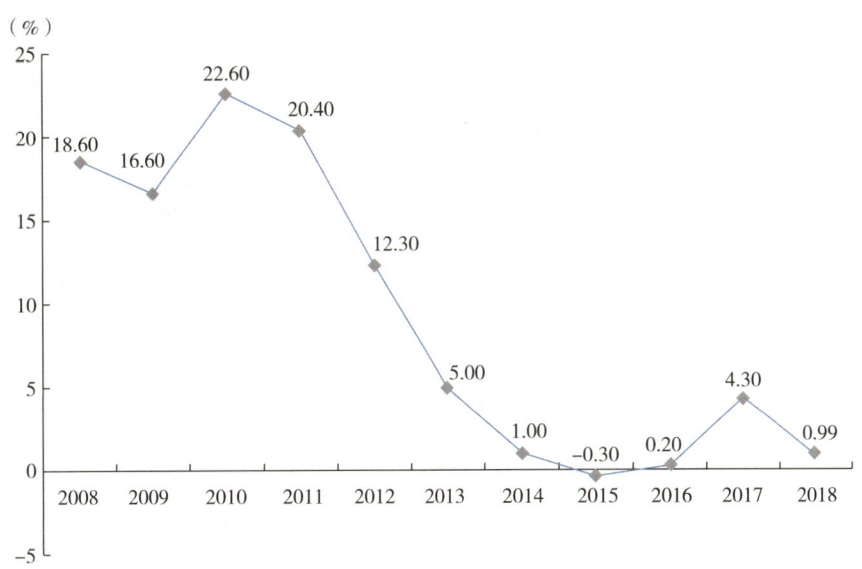

图 9-7　2008~2018 年全国百家重点大型零售企业服装类商品零售额增速

资料来源：中华全国商业信息中心。

3. 新技术的发展和应用促使零售多环节发生变化

智能机器人、工业大数据、人脸识别、室内定位、AR/VR、无人机、机器人、区块链等技术使零售业主要环节（消费场景、经营管理、物流仓储、供应商管理、生产制造）效率得到提升，重构传统的零售形态。

（1）人工智能、物联网等技术应用提升零售环节效率。

云计算、物联网等新兴技术为零售业提供了便宜且便利可得的硬件基础，大数据和人工智能等技术提供安全高效的软件基础，这都为企业积累数据资产和数据解读奠定了基础。在技术革命的推动下，零售企业的经营运作和整个物流体系得到改善，为满足消费者体验式的消费需求，衍生出各种新业态、新场景，这都为零售业蓬勃发展提供不断的动力。

（2）移动支付等新技术应用开拓线下场景。

智能终端的普及带来了移动支付、大数据、虚拟现实等技术革新，并进一步开拓了线下场景和消费社交，让消费不再受时间和空间制约[7]。随着第三方移动支付的渗透率的提高，在日常生活中人们已经养成使用移动支付的习惯，据艾瑞咨询数据显示，2018 年中国第三方移动支付交易规模为 190.5 万亿元，同比增速 58.4%（见图 9-8）。

从竞争格局看，2018 年中国第三方移动支付市场份额高度集中，支付宝、财付通占据第一梯队，形成双寡头格局（见图 9-9）。

未来，移动支付将会促进传统零售实体店的升级和发展，将会成为零售终端业务主流。移动支付这种无纸化交易实现了钱包的电子化、移动化，为消费者创造了灵活亲切的消费环境，极大地方便了广大用户。

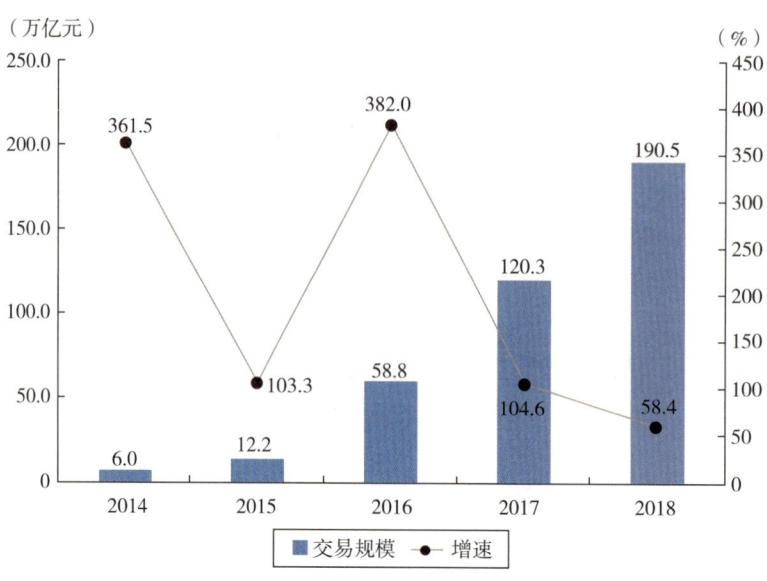

图 9-8　2014~2018 年中国第三方移动支付交易规模及增速

资料来源：艾瑞咨询。

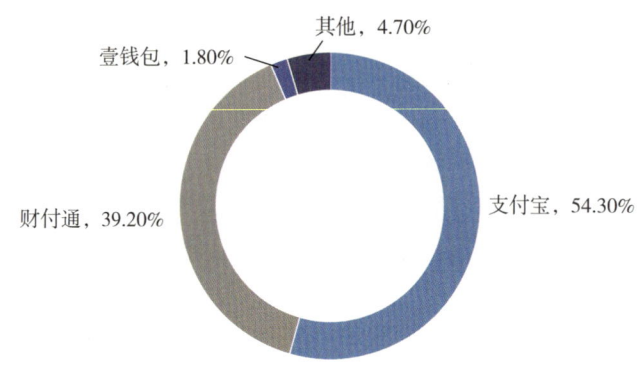

图 9-9　2018 年中国第三方移动支付交易市场规模份额

资料来源：前瞻产业研究院。

（三）新零售的不同定义

2016 年 10 月，马云在云栖大会上第一次正式提出"新零售"，认为未来十年、二十年不会再提电子商务，零售将进入一个新阶段——线上线下趋于统一化、专业化。在此基础上，众多学者和经营者对"新零售"的概念进行探讨和解读，参与厂商从各自核心优势出发对变革中的零售阐释各不相同。如今，经过业界同人不同维度的探索，它的概念在不断演进和丰富[6]。

1. 阿里巴巴的"新零售"

新零售是以消费者体验为中心的数据驱动的泛零售业态，通过互联网的方式重构人、货、场。通过数据与商业逻辑的深度结合，真正实现消费方式逆向牵引生产变革。

2. 京东的"无界零售"

京东集团 CEO 刘强东在《财经》杂志发表的署名文章《第四次零售革命》中提到，零售革命改变的不是零售，而是零售的基础设施。零售的基础设施将变得机器可塑化、智能化和协同化，推动"无界零售"时代的到来，实现成本、效率、体验的升级。

3. 苏宁的"智慧零售"

智慧零售是运用互联网、物联网、大数据和人工智能等技术构建商品、用户、支付等零售要素的数字化，采购、销售、服务等零售运营的智能化，以更高的效率、更好的体验为用户提供商品和服务[8]。

二、特征

随着互联网巨头们两年多的探索、创新和实践，"新零售"模式逐步清晰化，即以用户为中心，以互联网和物联网为依托，通过移动支付、大数据、人工智能等先进技术手段，对商品的生产、流通与销售过程进行数字化、智能化升级改造，并与现代供应链进行深度融合，重构人、货、场，实现"全客群、全渠道、全品类、全时段、全体验、全数据、全链路[9]"线上线下深度融合的零售新模式。

（一）全客群

全客群是线上消费者与线下购物者的统称，是新零售服务的对象，新零售要满足线上线下所有的消费需求。

（二）全渠道

新零售的诞生为行业带来了场景革命，跨界和零售业态的融合虽然使新零售的边界变得模糊。新零售不仅指的是 O2O 模式，更是一种全渠道建设。商家能同时对接 PC 网店、微店、实体店、直营店、加盟店等，打通各类零售渠道终端，实现数据共享与深度融合。

（三）全品类

在新零售模式下，消费者对商品与服务的所有需求都能得到满足。只有消费者想不到的，没有零售商做不到的。

（四）全时段

在新零售模式下，基于地域和营业时间的传统商业逻辑被打破，消费者无须考虑商家的营业时间与商品的配送时段，任何场景下的任何两个主体，可瞬时达成交易，消费需求随时都能得到满足。

（五）全体验

新零售是以用户体验为中心，从经营产品向经营用户转变，建立场景化、情景化的购物模式，满足顾客的体验购物需求，提升顾客体验，建立消费者黏性，形成消费闭环。

（六）全数据

在新零售模式下，所有的企业都能对产品、市场、用户实现数据化。同时，用户识别、用户服务、用户触达等也将实现数据化。

（七）全链路

新零售影响的不只是零售终端，更是整个供应链，通过整个供应链贯通联动，真正从消费需求出发，倒推出商品生产，零售商、品牌商按需备货，供应链按需生产，实现零售去库存[10]，提高全流程的运营效率，降低综合成本。

三、落地

时尚产业要借助新零售进行产业重构，改变业绩疲软，其关键是要借助互联网、物联网、大数据等新技术对"人、货、场"进行重构，实现零售效率和用户体验的提升。

（一）人：以消费者为中心

"人"的重构，在于以消费者为中心，满足消费者的消费需求和体验逐渐成为企业从事一切生产、营销、服务、配送等企业运营活动的起点。通过用户数字化和营销数字化，获取"人"的消费属性、用户属性、兴趣标签，协助企业更好地了解用户需求，获取全息用户画像；之后做分类识别和触达，提高转化率，增加消费者对品牌的信任度。

1. 用户画像精准识别用户

互联网技术让企业在跟用户进行交互的过程中，可通过互联网技术，详细记录用户的各种行为数据、浏览数据、购买数据、咨询数据，从而对用户进行多维度的用户画像识别。

基于专业的用户画像，企业可以有效识别出用户的需求和爱好，如消费者的购买喜好是什么；消费者的购买能力怎样；消费者对产品的品牌和品质有什么要求等。这些都会让企业对消费者的了解更加清晰，企业可以将自己的数据和其他平台的数据进行打通，更加精准地对用户推荐他感兴趣的产品和服务，提升销售者的感受。

2. 黏住用户，深度运营

依靠信息化技术对"人"进行数字化运营，获取新客户，维护老客户，提升用户黏性及忠诚度，提升用户在购物全流程中的整体的体验。新零售时代的消费者，因技术的发展和去中心化的形成，消费者不再是传统零售意义上单纯的购买商品完成交易即可，产品销售完成反而是跟用户交互的开始，可以跟用户进行深入的互动，了解消费者深层次的需求，为后期的产品和服务的升级迭代提供用户基础。

企业为了更好地黏住用户，也需要对"货"和"场"两个因素进行优化升级，满足消费者在消费过程中的一站式购物、娱乐、餐饮、休闲、社交的体验，节省时间，便捷效率，突出了体验消费，而弱化了单纯的零售消费。同时，打通了线上线下、厂家和配送物流之间的阻碍，以期给消费者带来黏性，留住消费者，形成多次消费。

（二）货：供应链流程的数字化变革

从"货"的层面说，关键是生产数字化和供应链数字化，获取仓储配送数据、供销数据和商品数据，协助企业进行高效资源分配。利用数据进行选品，从而达到柔性、精准供应，为消费者提供商品、服务和内容。此外就是物流效率的提高。

1. 供应链管理智能化

传统零售活动是由生产商、供应商推动的"推式"供应链，供应链反应能力差，产生的"牛鞭效应"导致大量库存积压。新零售重构了零售主体的价值排序，使供应链活动转变为以消费者需求拉动的"拉式"供应链。零售商通过大数据分析还原消费者的生活场景和消费场景，挖掘消费者的需求和特征，并将数据反馈给上游品牌商和供应商。品牌商根据精准、清晰的用户特征和需求进行研发和生产活动，并合理安排生产计划，建立精准匹配的供需关系，形成由零售商发起的C2B反向驱动供应链管理模式，打造智能供应链的增值能力。

2. 配送物流智能化

物流配送环节在供应链与零售行业中占据重要的地位。以时尚产业为例，无论是国内企业还是国际巨头零售商，其物流配送在整个服装销售的过程中都占有举足轻重的地位。但与欧美市场成熟的时尚物流配送体系相比，中国传统的物流仓储配送能力并不能满足高档服装鞋包等货物的配送要求。

（三）场：实体零售的终端场景革命

新零售中的"场"指的是消费场所中的消费场景和所带来的体验。新零售规避了以往线上线下渠道之间相对独立，且容易产生渠道利益冲突的障碍。取而代之的是全渠道深度融合，通过多个场景的营销实现渠道间的相互引流和助益，同时在消费者消费旅程的各个环节上都实现多个"场"之间的无缝对接，全面优化消费体验。

1. 线上线下一体化融合

经过单一线下渠道、线上线下多渠道的变革历程，新零售下"场"的变化体现在消费旅程各个环节上的全渠道融合，从横向来看，可将消费旅程分解为六个部分：搜索、比较、购买、支付、配送及售后。从纵向来看，有实体门店、电商PC端、电商移动端以及信息媒介的全渠道融合。并且，全渠道融合体现在消费旅程的每一个环节中。

2. 线下体验店智慧升级

企业与商家可通过技术与硬件重构零售卖场空间，对终端门店进行智能化、数字化升级改造。依托IT技术，实现顾客、商品、营销、交易四个环节完成运营数字化，沉淀商品、会员、营销、交易、服务等数据，积累企业数字资产，又给设计、生产等环节提供指导。再者，店铺以物联网进行智能化，应用智能货架与智能硬件（POS、智能触屏、3D试衣镜等）延展店铺时空，构建丰富多样的全新零售场景，增强卖场体验感，提升购物便捷性。

四、实践

新零售时代的到来，对时尚产业的发展造成了诸多影响，传统时尚品牌纷纷拥抱线上商城，众多奢侈、轻奢品牌纷纷入驻天猫、京东，开始重视线上流量的作用。新零售强调的是线上与线下的优势互补，而非单独依赖其中一方。在线上流量红利逐渐消失的背景下，时尚产业的流量其实更多源于线下，如H&M、优衣库等快时尚品牌赖以为生的更多是线下渠道，只有借助线上技术、数据的改造，才能精准洞察消费者群体需求，为后者提供更加优质的产品与服务。

（一）服饰时尚

1. 优衣库：打造多终端全域闭环

（1）推出掌上旗舰店，实现线上线下一体化运营。

2018年双十一前夕，优衣库推出"掌上旗舰店"，打通了线上APP，小程序和线下所有门店的商品选购与会员服务体验。据优衣库母公司迅销集团2018财年财报显示，收益同比增长14.4%；净利润1548亿日元，连续两个财年创出历史新高。至此，实现优衣库数字零售商转型的首次大捷。

优衣库交易渠道只有两处：线上官网、线下门店。在线上，用户不仅可以通过官网、官方APP、微信小程序进入，还可通过线下扫码进入。掌上旗舰店融合多个线上线下场景，消费者不仅可以在第一时间看到关于产品的最新消息，包括新品上市、优惠情况以及搭配建议，还可以随时随地一键购买；在线下，除可以详细了解产品信息外，还可以查看网店、实体店各种渠道的货物库存、颜色以及尺码，给消费者最准确的信息以及更多的选择。同时，线上下单，线下提货的模式，不仅解决了优衣库电商库存、配送的压力，也在很大程度上节省了顾客等待的时间。线上买线下换、A地下单B地取货、门店自提等功能也满足了顾客越来越多样的需求。导购员也与掌上旗舰店"相辅相成"，为客户挑选衣服，店内免费修改裤长等功能，在多方面为顾客提供优质的商品和服务（见图9-10）。

图9-10　优衣库掌上旗舰店

图片来源：苹果官网。

另外，优衣库在全国买家门店引入与消费者互动的"智能买手"大屏，至此，完成从交易、服务、物流到互动的闭环。在测试100家门店后，优衣库通过数据发现，消费者体验的互动率比以往广告、手机端的互动率提高4~5倍，成交转化率提高15%以上，至此，实现优衣库数字化转型的大捷。

（2）打造"AR数字体验馆"，增强消费者互动体验。

新零售是以消费者的生活场景为中心，打造场景化的零售模式。线下门店是传递品牌内涵和赋予消费者生活态度的最好媒介，通过线下门店引入科技产品，将门店从卖单品变成消费场景的沟通平台，带给用户购买的便捷和更好的消费体验。2018年3月，优衣库上线"AR数字体验馆"，实现了线上线下无缝连接。消费者在店铺中用手机AR扫海报，能体验到包含服装场景、商品信息展示等在内的AR互动，可以身临其境地游览实体店铺的生活场景，到店用手机AR扫描海报则能让海报"动"起来，还能身临其境"听"商品讲故事（见图9-11）。

打造生活方式平台的另一个做法，则是开体验大店。2018年，优衣库在深圳开出2600平方米的当地最大门店，店铺结合深圳人的工作生活习惯打造了四大生活场景，服饰与生活方式的结合让店铺最大化满足用户选购需求，生活感十足。将用户在门店的体验升级为完整的服务体验，提升用户的品牌忠诚度和黏度，这是门店的价值所在。

2. 绫致时装：构建"数字化二楼"

绫致集团进入中国市场20多年来，凭借多品牌策略及全直营模式稳居中国服饰市场头部梯队。随着时装行业竞争日趋激烈和电商平台的快速崛起，绫致集团曾经赖以成功的

图9-11 优衣库AR数字体验馆

资料来源：网上公开资料。

经营方式，迎来了来自不同维度的挑战。由此，基于自有基础、结合腾讯智慧零售赋能，绫致时装对线下"一楼"与线上"二楼"进行全面数字化改造，打造线上线下一体化门店。运用扫码购、人脸识别免密支付、WeMall小程序、小游戏等工具降低线下获客成本，推进线上线下全渠道运营，显著提升效率和体验，提高交易转化率，实现多渠道的流量变现[9]。

（1）线下一楼：打造数字化智慧门店，提升店铺运营效率。

数字化打通融合了线上线下的渠道，重建了服装业新零售的生态系统。绫致时装从2016年开始布局，利用大数据、物联网等技术手段，推进门店的数字化，构成了一个庞大的物联网，全面支持门店所有移动终端，构建了"人—货—场"统一数字生态。两年多的时间，绫致时装已经完成覆盖全中国7800多家门店的基础硬件设施、微信会员、微信小程序平台、BI平台、DMP、CRM，以及其他腾讯的智慧零售相关产品。通过硬件软件结合，后台可以触达7000家门店中任一地段、任一时段到店人数，统计顾客到店时间，积累和连接海量数据，统一返回到后台，进行数据整合及分析。同时数据资产的沉淀又可以为以后的精准营销做准备。数据是新零售时代企业最重要的资产。数字化创新不仅是技术的创新，更是运营的创新、销售的创新。

（2）线上二楼："导购+WeMall小程序"实现全渠道业务串联。

绫致通过"导购+小程序"的全渠道社交电商平台，打破了传统的顾客到店的销售瓶颈。微信小程序WeMall的运营模式是以导购为基础的全渠道社交电商服务平台，目标不受时间、空间、货品的限制，可以持续运营离店的顾客，实现随时随地进行销售。利用

WeMall，绫致时装仅靠 2 个编辑、6 个运营，就可以为全国 4 万名导购提供丰富的社交电商运营内容。通过内容导购得以建立与顾客的一对一、一对多的跨时空连接，通过社交全渠道激活用户，深耕服务每一个客户，并转化为实实在在的业绩（见图 9-12）。

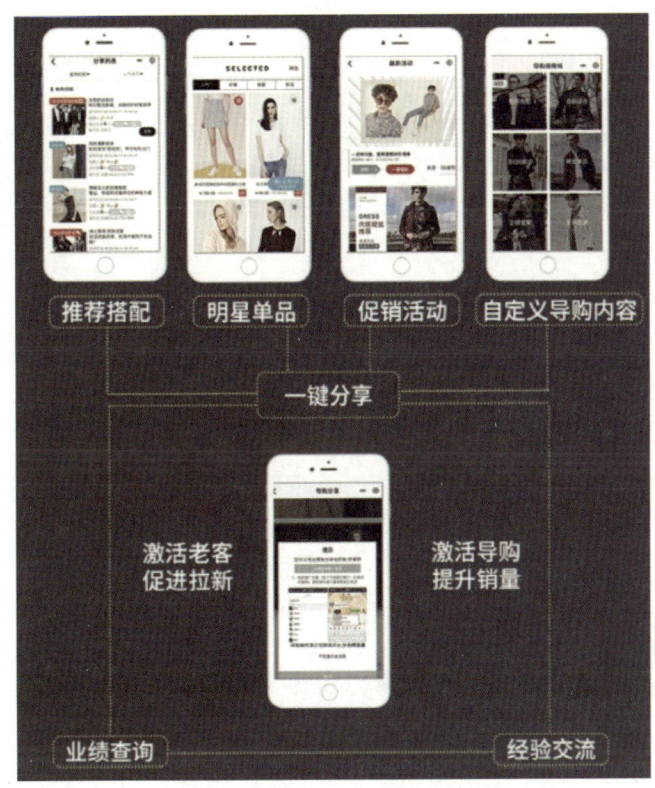

图 9-12 绫致 WeMall

例如，导购在朋友圈分享明星单品、经典穿搭、促销资讯等内容，一键分享到朋友圈，用户可以直接通过分享链接到 WeMall 小程序进行购买。而凭借自身 390 万微信公众号粉丝和小程序的无缝衔接，导购将获得更多新客户线索，通过后续运营，将更多社会交流量转化为 GMV（成交总额）。这种营销方式不仅打破了传统销售时间、空间的界限，也打破了线上线下的界限。据统计，在 1 亿多元的 WeMall 销售中，有 75% 的销售来自导购的朋友圈推广，有 19% 的销售来自跨城市购买，有 20% 的销售来自闭店时间。

绫致正是巧妙利用数字化工具对员工的助力作用，将传统导购业务数字化，打造移动社交生态圈，打破线下导购工作的时间区域限制，既能维系顾客、拓展渠道，沉淀客户数据，以数据分析为基础向导购传递顾客视角，帮助品牌更快地了解市场需求，更精准地服务消费者。

3. 百丽：线上线下一体化融合

零售巨头百丽国际在经历退市之后，开始发力新零售，并在"双 11"爆出了亮眼的成绩单。2018 年"双 11"，百丽集团鞋、体、服三大业务线上销售突破 9.68 亿元，同比增长71%，同期线下销售增长超过18%，创下单日销售额新纪录。其中，在天猫时尚鞋靴行业前10名中，百丽集团旗下品牌占据5席，鞋类业务占据鞋靴行业第一。

（1）门店数字化、智能化改造。

1993年，全国第一家百丽店深圳东门欢店开张营业。此后，百丽的自营零售网络在全国迅速铺开。目前在全国300多个城市拥有超过20000家直营店铺及8万名门店人员，全国零售市场布局完成。

门店的数据化、智能化，是百丽新零售转型的重要环节。百丽庞大的线下零售网络数据化赋能是其转型的重要推力，运用先进的数据化工具，提升店铺运营和服务效率。据悉，百丽正尝试通过在鞋内植入RFID芯片去捕捉线下消费者的行为数据，如拿起率、试穿率、购买率等，分析处理后，可为下一步货品营运提供决断参考。

与消费者建立更直接、更深入、更广泛的连接，是品牌价值的基石，是零售商业的本质。百丽正在建立全国最大的脚型数据库，通过在店铺布置量脚仪，获取消费者脚部数据，建立一个消费者的脚型数据库，目前已经有超过300万的脚型数据库。

未来，百丽还将在新零售与新技术结合的道路上不断探索，致力于推动实体店铺的数字化改造，改善消费者购物体验。

（2）完善电商系统，实现货品、会员、服务的"三通"。

激活线上线下，实现业务增量，进行全流程数据化改造是百丽新零售的突破点。从百丽转型之路来看，首先是完善电商系统，形成一体化的电商系统，实现货品、会员、服务的"三通"。

2018年"618"，阿里巴巴新零售平台事业部与百丽国际合作，将100多家门店进行了线上线下打通，到了"919"再次合作时，参与的门店达到1000家，有5000名导购参与其中，利用钉钉加手淘等工具，去拉线下的粉丝，沉淀成可以运营的用户资产，完成168万线下粉丝的增长量。

4. 特步：实现全链路数字化运营

特步新零售是以消费者为中心，通过科技和资源的整合，串联起品牌、店铺、店员、社群、跑者等关键营销环节，以沉淀消费者数据为手段，进而调整品牌营销资源配置，提升内部管理效率，最终以提升消费者体验为目的的营销管理过程。

（1）搭建特步新零售业务中台。

2017年，集团成立了新零售运营中心，探索品牌推广、电子商务、全渠道、社群营销及特跑族等不同板块以用户为中心的新零售营销思路。基于阿里云的技术能力，特步IT团队搭建起特步业务中台，将会员、订单、库存、物流、结算系统全部打通，形成商品中心、渠道中心、库存中心、会员中心等，集团全局通用，供前端业务调用。统一接口下，各个场景下产生的数据可迅速回笼。

（2）上线钉钉智能导购，打造智慧门店系统。

2018年6月，特步与阿里达成新零售战略合作，成立了以新零售运营中心为主导的以钉钉为互动平台的百万会员项目组。对特步来说，钉钉智能导购可以完成会员营销和导购管理两大核心场景。在会员营销层面，利用钉钉智能导购工作台，导购可以直接与终端门店的消费者建立联系,在新店开业的场景,利用绑定和沉淀的会员关系,向消费者推送会员专属消息,提前通知会员新店开业。在"双11"等节日大促期间,为会员发放会员专属的优惠券。在新品上市期间,为会员推送最新产品信息。同时,特步总部也可利用智能导购,定期为导购分配会员营销任务,在规定时间内完成任务的导购即可获得绩效奖励,极大地激发了导购员的工作热情和积极性。2018年"双11",特步新零售店铺平均同比增长45%,最高135%。其中通过新零售运营带给线下的增量销售占比达到22%,新零售智慧门店呈现出来的销售增长高于传统平台电商,高于传统线下门店。

(3)交互式营销,实现线上线下双向核销。

特步针对"进店—选购—试穿—买单"顾客旅程的四个标准化场景(见图9-13),提炼出"引流—智能导购—融入社交—提升客单价"的业务需求,进而提供场景化解决方案。通过户外LED大屏、智能试衣镜、互动营销机进行引流;通过智能导购屏,进行男女爆款自动推荐。在核销机制上,除了有线上核销渠道,联通天猫会员系统,线下也可进行礼品兑换。智能加购享优惠,收银台的最后一步营销。柜台买单时,店员扫描商品条码后,屏幕会推荐加购特惠商品——这是针对精准顾客的最后一步营销,提升客单价。

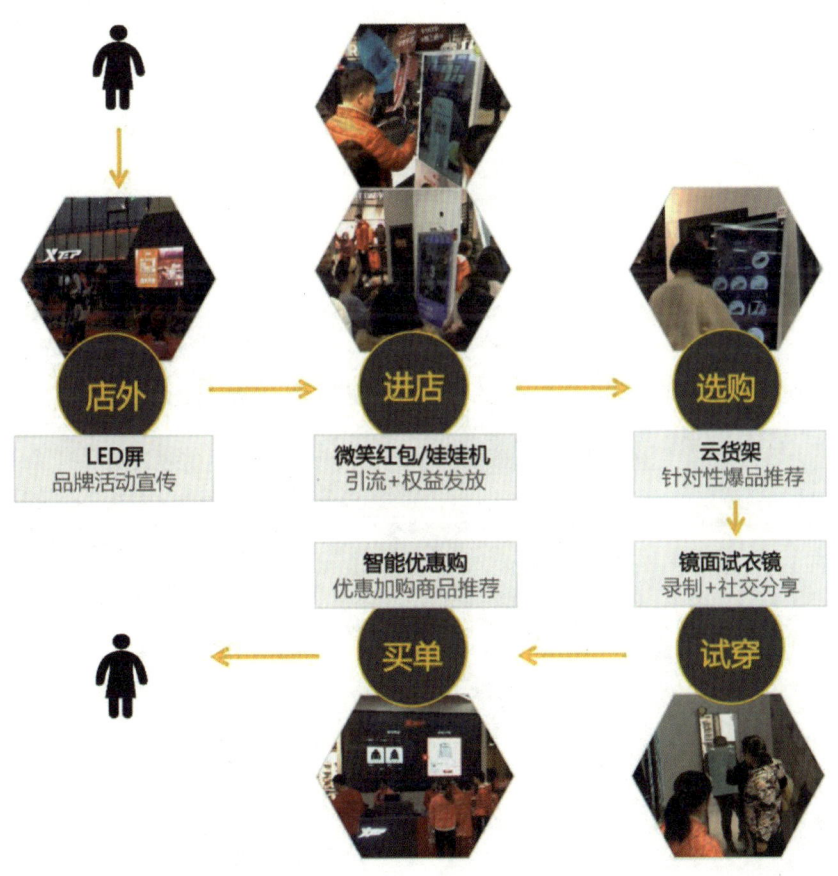

图9-13 "进店—选购—试穿—买单"

资料来源:网上公开资料。

(4) 跑者社群运营，提升消费者体验。

另外，特步通过对跑者社群的运营，提升消费者的体验和自身服务水平。2018年，特步全国首家运动体验店于苏州爱琴海盛大开业，智慧门店集购物、体验、测试、娱乐为一体，还能预约各项跑步服务。门店有专业时尚的运动产品、前沿趣味的新零售科技购物体验，更集合了特步跑步俱乐部，为运动爱好者提供存包、淋浴、脚型测量、体脂测量、步态检测、训练课程等多项服务。

（二）眼镜表具

1. LOHO

从2012年成立至今，LOHO已在全国布局超过500家品牌门店，覆盖100多个城市的核心商区，年销售数百万副眼镜，积累超过300万名品牌会员，拥有成熟的柔性供应链体系和全渠道数据化的新零售运营经验。

（1）打造"全品类、全场景、全客层"的集合店。

新零售模式发展至今，对于百货、大卖场、超市、便利店、专业店等各个业态来说，都需要重新打造场景化新零售模式。场景化零售是以顾客的生活方式需求为中心，因此，整体的供应链商品体系组成完全打破以往的品类概念。

LOHO倡导"一人四镜"的品牌理念，设计出涵盖各种场景的光学镜、太阳镜、防蓝光眼镜、运动镜、美瞳等多个品类的眼镜产品，让眼镜成为一种提升消费者颜值的时尚配饰。围绕消费者不同的生活场景，2019年1月的LOHO年度品牌发布会上，发布了品牌最新概念店（见图9-14）。

图9-14 LOHO最新概念店

(2) 全渠道运营赋能线上线下流量整合。

LOHO 依托自主研发的智慧赋能云平台 3.0 进行大数据技术赋能，搭建起 "全场景 + 全客层" 的生态平台，以技术驱动业务的创新和发展。通过全渠道的新零售布局和线上整合流量、线下承接流量的创新运营，提供集设计、生产、验光、配镜为一体的垂直整合服务，完成消费者体验闭环。品牌首创的 M2C 模式还能够有效减少中间环节，实现高性价比和提升用户体验。而全渠道运营赋能线上线下流量整合的运营模式，进一步深化与消费者的互动，为用户提供完整的品牌服务体验，打造全渠道消费闭环，形成品牌增值。

同时，在朋友圈、抖音、社群等社交平台进行深度运营，聚集了大量基础的用户。通过与人气明星、时尚 KOL 合作的方式提升品牌声量及知名度，覆盖更广阔的消费群体，使 LOHO 快速发展并从同行业中脱颖而出。

2. 浪琴

浪琴利用大数据和技术的支撑，了解客户的喜好和偏向，并调整市场战略，积极拥抱新零售。2018 年 10 月入驻天猫开设品牌旗舰店，并同步开启天猫超级品牌日活动，尽可能地在年轻消费者群体中快速扩大品牌影响力。并基于目标消费群体线上的浏览轨迹、搜索行为、页面停留时间、对哪些产品最感兴趣等大数据进行整体分析，反馈指导产品的研发设计，以期给消费者提供更好的产品与服务。

(1) 线上线下深度对接提供极致客户体验。

2018 年浪琴天猫超级品牌日，使线上购买和线下门店实现了无缝对接。在线上完成购买后，消费者可以在线下门店获得尊贵的售后体验，并获得礼品增加用户黏性。在超级品牌日购买的消费者，将获得浪琴表限量定制礼物，并有机会获得浪琴表超品大礼包。

在市场战略方面，浪琴表天猫官方旗舰店和线下产品同价。页面上有详尽的产品信息，并有腕表分类推荐、表款细节展示、优雅形象大使同款表甄选等功能，帮助消费者挑选心仪的款式。和线下门店一样，浪琴表天猫官方旗舰店也十分注重用户体验。从早上 9 点到晚上 10 点，专业的腕表客服人员提供线上客户服务，为消费者提供了全渠道一致的顶级品牌体验。

(2) "门店资源 + 线上流量" 强强联手触及年轻人群。

新零售的兴起，能够让浪琴利用大数据和技术的支撑，了解客户的喜好和偏向，并调整自己的市场战略。利用大数据深入挖掘，双方可以打通购买体验场景，并为消费者提供更加独特便利的消费体验，不仅能足不出户了解浪琴的品牌内涵，还可以便利地买到心仪的腕表。

浪琴拥有丰富的线下门店资源，而天猫拥有丰富的数据支撑和庞大的线上流量，强强联手后，不仅能为浪琴打开线上销量，强化电商布局，还能为天猫注入高质尊贵的品牌调性。

（三）家居家装

在消费需求升级、技术快速迭代的今天，线下时尚零售卖场及企业也不甘落后开始布局新零售。

1. 宜家家居

(1) 线上线下一体化融合。

2018年,宜家面对线下商场访客量从2016年20%的增速减少到9.6%,一向求稳的宜家开始寻求新出路。2018年,宜家开始加速在线上的布局,如开设线上商城、与微信合作快闪店小程序、上线社交功能及虚拟购物袋等。凭借联动新零售玩法,宜家2019年的官网访客量达到了1亿人次。据统计,宜家上海网上商城2019年接待了780万人次的用户,销售额超过7000万元。

(2) APP+VR的数字化道路。

通过使用应用程序IKEA Place APP和AR,宜家为客户提供购买之前便能"尝试"各种不同家具的体验。用户可以通过IKEA Place APP把虚拟家具投射到自己家、公司、街道,甚至是电梯里,从而来查看家具是否适合摆放及装修。

"IKEA Place"提供超过2000种宜家产品。客户可以从不同角度查看三维渲染图,在应用程序中保留他们想要的产品,然后在宜家网站完成购买。依靠ARKit强大的平台,还给虚拟家具带来了逼真的灯光和阴影,能最大程度满足用户的需求和体验。

"IKEA Place"是宜家数字化转型之旅中的一个重要里程碑,开始了零售家具购买方式的转变。AR应用程序帮助消费者侧重于体验空间设计的有趣部分,消除想象力与现实之间的差距。

(3) 联手小米布局智能家居。

继联手苹果推出IKEA Place之后,2018年11月宜家联手小米打造AI新世界,开始布局智能家居和新零售步伐。宜家全系智能照明产品接入小米IoT,用户可以使用"小爱同学"、米家APP等控制宜家的智能照明产品,并且可以实现宜家智能照明产品与小米IoT智能设备之间的场景联动。

2. TATA木门

中国家居建材行业产值很大,2014年已超过4万亿元,但由于渠道受限,导致家居品牌体量都较小。新零售的出现,给家居建材行业带来希望。TATA智慧门店的智慧化体现在跟客户的沟通和互动上。TATA智慧门店面积在100平方米左右,远小于建材城里的数百平方米甚至上千平方米的大店,而且几乎都是社区店,客户一出家门就能体验。

目前,TATA主要通过"智慧门店四条线",提升客户体验,提高客户转化率。第一条线是扫码。用电子价签替代传统的纸质价签,客户通过扫电子价签上的二维码,进入天猫旗舰店,获取门店产品的最新价格。电子价签实时显示某款门在网店的销量、客户评价等。通过扫码,客户既能留下自己的信息,TATA也能获得消费者的数据,这对未来门店铺货、陈列提供指导。

第二条线是云店。TATA与智能家装设计服务商酷家乐合作,根据TATA美式、欧式、简约、田园等不同产品风格,设计出3D的全屋装修实景,客户可通过门店的触摸屏进入云店。TATA云店让面积有限的智慧门店拥有了无限的展示空间,云店的场景式展示,提升了客户的体验,更容易促动客户进行购买。

第三条线是VR。客户在VR设备里看到的是云店里的实景展示,后台对接天猫平台,可以直接 VR 点击加购。在这之前，整个家居行业的 VR 都用于虚拟展示。TATA 则让虚拟落了地，变成了现实。

第四条线是人脸识别。利用监控摄像头，客户一进店，就被采集相关数据，然后通过与阿里大数据进行交互，判断客户类型。此外，人脸识别还有助于店面管理，统计客户进店数量以及成交情况等。

（四）美妆护肤

中国美妆行业的人、货、场基本零售三要素正在被重构，各大品牌重心也从产品驱动转变成以消费者需求为核心进行探索，进入融合发展的新零售阶段。

1. 妍丽：重构门店空间，挖掘全新体验场景

2017 年 12 月，妍丽全国首家明星旗舰店在沈阳万象城开幕，面积近 400 平方米，全方位立体 LED 巨幕使整个门店充满视觉冲击力；分为 T 台展示、护肤品类、香氛品类、洗护体验、彩妆、顾客休憩、面膜、私密美丽空间等主题区域，集"美学、艺术、人文、时尚、体验、展陈"于一体。

2. Tom Ford：男士也可享有个性化美妆服务

Tom Ford 是雅诗兰黛旗下高端美妆品牌。首家美妆独立门店于 2017 年 11 月在伦敦开业。150 平方米的空间里，"色彩屋"陈列着最新彩妆系列，"香水屋"陈列着香水和男士系列，并提供定制香水的服务。

值得一提的是，在这家店内，男女性消费者都能体验到个性化服务。设有布满 LED 镜子的"化妆屋"，为消费者带来一对一的美妆咨询和化妆服务，还可提供美妆大师课，墙上的数字镜子会将课程记录下来，用邮件发给顾客；针对男性，店内还有专门的美容屋，供男士享受私密理发、胡须修整、面部护理等服务。

五、展望

（一）实现个性化定制与柔性化生产

新零售时代，消费者的需求正日益呈现个性化和多元化的趋势，传统的标准化、大批量生产方式正受到前所未有的挑战，服装产业传统订货生产模式正走向尽头。

在此背景下，适应消费需求变化、建立在完善供应链基础之上的中国服装定制化浪潮悄然涌起。因此，基于信息化的柔性快反模式和个性化定制模式将是今后的发展方向，智能化、柔性化、自动化、网络化是服装企业必须要走的道路。定制化是指服装产业积极适应越发多元化的消费新需求；柔性化生产是指，在品质、交期、成本保持一致的条件下，生产线在大批量生产和小批量生产之间任意切换，满足个性定制、提供高品质有效供给。

（二）社交电商将迎来爆发式增长

新零售时代，传统电商的低价竞争优势不复存在，依托社交平台及熟人网络社交裂变能有效降低获客成本，打破传统电商无法突破的瓶颈，未来将迎来爆发式增长。以京东、天猫为代表的传统电商是以"平台"为核心，而社交电商是以"人"为核心，以社交媒介为"场"的去中心化零售新模式。目前，社交电商模式也呈现多元化发展，如基于内容运营的小红书，汇聚众多女性用品KOL、明星，构建UGC分享社区；基于分享层面的拼多多，通过拼图、砍价等裂变方式迅速实现用户及产品的大规模爆发式增长。相比于传统电商，社交电商在流量、运营、渠道、用户及获客成本等多方面具有显著优势。

（三）仓储前置和店仓一体化成为发展趋势

仓储前置和店仓一体化将成为2019年新零售的发展趋势。通过门店仓和前置仓进行商品存储、简单加工、分拣和发货，同时完成线下门店的补货和线上订单的发货，真正实现"分钟级"的配送，有效降低配送成本，提高配送效率，更好、更快地满足消费者的需求。

前置仓的应用方面有两种方式：一是把门店变成可被调派的仓。这就要求货品和库存必须实现精细化管理和可视化，要知道消费者周围哪个门店、仓库是有货的。二是仓的共用，也叫跨界共用。本来这个仓只是做米、油，在空闲时候是不是可以放一些异业的商品。例如，一个服装品牌可能会跟中粮在各地的前置仓发生关系，而这就要求管理变得非常精确，所有仓储实现数字化。

六、结语

随着市场要求的加速和创新，时尚正在主动探索更多可能性，也不断拓宽新的边界，零售市场持续不断发生变化，未来的发展就更加难以预测，时尚的新零售战争即将开始。在新零售的实践上，不同基因、定位及资源的国内外品牌，有着不同的新零售实践方向与路径。时尚企业要围绕自己的核心竞争能力，结合自己的场景，设计出属于自己的新零售解决方案，推进系统的升级与变革，才能带来零售效率和服务水平的提升。

（李霞　中国纺织建设规划院）

参考文献

[1] 毕马威. 智周万物　枝叶扶疏——中国零售服务业白皮书 [R]. 2018.

[2] 阿里研究院.C时代 新零售——阿里研究院新零售研究报告［R］.2017.

[3] 深圳市智慧零售协会,华夏基石.中国智慧零售行业发展报告（2018年上半年）［R］.2018.

[4] 李春,王琼.消费升级背景下新零售的产生及发展［J］.西部皮革,2018（40）：33-35.

[5] 中国银联,京东金融.2017年消费升级大数据报告［R］.2018.

[6] 商务部流通产业促进中心.走进零售新时代——深度解读新零售［R］.2017.

[7] 邓志超.大数据背景下跨境电商整体运营模式研究［J］.经济研究导刊,2019（13）：162-164.

[8] 葛涛.苏宁物流：从"卧龙一号"谈无人配送车的发展意义［J］.物流技术与应用,2019,24（2）：106-108.

[9] 杜凤林.新零售——打破渠道的边界［M］.广州：广东经济出版社,2017：84-85.

[10] 王甫,付鹏飞,崔芸.新零售的关键技术与技术边界［J］.中国商论,2017（35）：1-2.

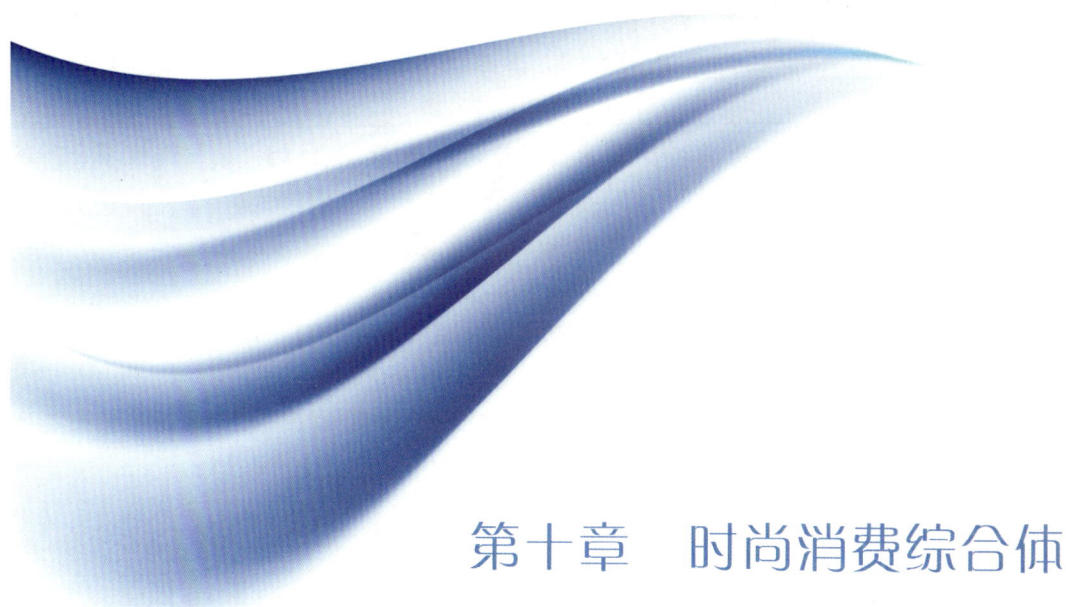

第十章　时尚消费综合体

党的十九大报告提出，中国特色社会主义进入新时代，中国社会主要矛盾已经转化为人民日益增长的美好生活需要和不平衡不充分的发展之间的矛盾。随着中国经济水平的不断提高，居民的消费方式从生存型消费和享受型消费逐渐演变为服务型消费。以"80后""90后"和"00后"为代表的新一代消费者的崛起让场景化体验成为实体消费的刚需。由此，催生了城市商业综合体向时尚消费综合体的转型升级，人们多元化的消费需求和城市经济的可持续发展需求也因此得到了满足。

一、时尚消费综合体的诞生

（一）时尚与文化娱乐消费对新兴市场贡献巨大

2016年以来，国务院及相关部委陆续出台了"十大扩大消费行动""五大幸福产业""增品种、提品质、创品牌"等一系列促消费的政策措施，涵盖提升品质、扩大供给、改善环境等多个方面[1]。2017年，随着各项政策在地方的细化落地，中国迎来了时尚消费的显著增长。从消费形态来看，服务型消费的空间比较大；并且据城乡住户调查统计资料显示：居民消费支出中，居住类、教育文化娱乐类、医疗保健类的消费都是两位数的增长，而且比重在不断提升[2]。根据国家统计局发布的《2018 年国民经济和社会发展统计公报》，2018 年全国居民人均教育文化娱乐消费支出为 2226 元，占全部支出的 11.2%[3]，居民教育文化娱乐支出已成为继居住、食品烟酒和交通通信之后的第四大消费领域。

《小康》杂志社曾对 2017 年国人月收入用途进行了调查，结果显示：日常饮食、购买基本生活用品、服装服饰、文化、娱乐、休闲消费和交通分列国人月收入主要用途的前五位[4]（见图 10-1）。值得注意的是，文化、娱乐、休闲消费超过了住房、通信和子女的养育教育支出，足可预见其对新兴消费市场的贡献巨大，前景广阔。

2017 年国人月收入的十大用途

1　日常饮食	6　住房（偿还房屋贷款或支付房租）
2　购买基本生活用品	7　社交、应酬
3　服装服饰	8　通信
4　文化、娱乐、休闲消费	9　子女的养育教育
5　交通	10　健身保健

图 10-1　2017 年国人月收入的十大用途

资料来源：《小康》杂志社。

（二）体验经济背景下的城市商业综合体升级转型

体验经济是农业经济、工业经济和服务经济的进阶，以消费者作为价值创造的主体，通过创造个性化体验获取较高利润和客户黏性[4-5]。在体验经济时代下，"用户至上""粉丝经济""体验式营销"等互联网思维对实体经济产生了冲击，消费者普遍愿意为产品体验和服务买单。因此，出现了体验式商业，即开发商以原有的购物功能为基础引进餐饮、娱乐等业态，创造一种以休验享受为主，以购物为辅的商业模式[6]，其本质是通过创造一种氛围和环境来引导消费者参与互动，从而最终实现提升商业价值的目的。

随着体验式商业的成功实践，传统商业综合体也发生了变革。其在主题定位和业态布局上均朝着以需求体验为核心的时尚消费综合体的方向转变，即以特定主题化的形式出现，使消费者全方位参与消费与互动，最终实现巨大的商业收益。例如，有些商业综合体将屋顶花园、带有咖啡吧的图书馆等文化场所引入，结合一系列文化活动为消费者打造一个格调雅致的文艺休闲地；有些商业综合体以亲子互动为主题，专门开设了卡通主题楼层，并附有超大面积、全楼层、全功能、全龄段的儿童共享商业附属空间，为以家庭为核心的消费群体提供了休闲之选。

二、中国时尚消费综合体的发展

工业革命后,西方发达国家便有了商业综合体的早期雏形,并于21世纪初完成了向时尚消费综合体的过渡,形成了诸多全球知名的业态功能齐全、周边配套设施完善、体验式消费极具亮点的项目。尽管中国起步相对较晚,但随着居民消费升级和新技术应用的不断深化,以北京、上海为代表的一线城市已经建成了一批高质量的时尚消费综合体,一些二、三线城市的商业综合体也开启了体验式业态重组的序幕。

(一)发展历程

中国的城市商业综合体于20世纪90年代进入起步开发阶段,且普遍集中在一线城市。进入21世纪初,开发模式逐渐成熟,并被广泛复制到二、三线城市。本质上说,城市商业综合体的出现是城市形态发展到一定程度的必然产物,当人口密度、用地指标达到一定程度的时候,城市的核心区域就会出现商业综合体物业。2010年以后,随着城市经济发展的需要和人们消费水平的提升,二、三线城市的商业综合体开发增速平稳。近几年,一线城市的部分商业地产则进入存量时代,以商业综合体为代表的项目经历了业态重组和商业项目升级改造,演变为时尚消费综合体(见图10-2)。

	早期开发阶段—— 商业综合体	快速扩张阶段—— 商业综合体	升级演变阶段—— 时尚消费综合体
发展阶段	20世纪90年代至21世纪初	21世纪初至2010年	2010年以后至今
阶段特征	普遍集中在一线城市,数量规模增加至数十万人	大规模开发,扩张到二、三线城市	二、三线城市传统商业综合体开发增速平稳,一线城市综合体数量进入存量时代
开发初衷	以北京、上海为代表的一线城市中心人口激增、土地饱和,城市化进程加快,对综合体需求增加	政府旧城改造,开发商主动出击	城市经济发展的需要,人们生活和消费需求的提升
开发结果	一线城市商业综合体数量增多,规模逐渐扩大	二、三线城市和副中心综合体数量增多	传统城市商业综合体数量在二、三线城市激增; 一线和准一线城市综合体在原有基础上向时尚消费综合体进阶

图10-2 中国城市商业综合体和时尚消费综合体发展阶段

本质上说,时尚消费综合体是在城市商业综合体的基础上,为了满足人们的多样化消费需求应运而生。随着现代都市生活节奏的加快和居民消费能力的提升,人们需要在一个舒适、便捷、贴心、人性化且集多种功能于一体的综合空间享受高质量、高效率的消费服务。时尚消费综合体作为城市商业综合体的进阶,其本质是将商务、购物、休闲、社交、娱乐、文化等经济行为通过功能与空间的重组,形成相互关联支持的带动链,刺激多元化消费行为在一个空间中叠加发生，推动经济繁荣。

（二）发展特点

从内部特征来看，中国的时尚消费综合体室内空间巨大，能够较好兼容城市发展规模。通过编织物、盆栽、照明等手段嵌入现代城市景观设计，注重城市景观元素的融入，使其具有城市商业魅力和消费者吸引力。从外部特征来看，大部分时尚消费综合体处于基础设施配套完备的黄金地段，即交通便利、环境卫生状况良好，地段经济繁荣，平日有高密度的通勤人群经过，周末和假期有稳定的消费客流。同时，建筑风格整体统一，功能复合性强，生活配套运营体系健全。此外，出入通道一般都紧挨城市交通的主干道，而且入口处由于醒目的标识也比较容易识别，这样又为消费者进入商场进行消费提供了较大便利[7]。

此外，与传统购物中心和城市商业综合体相比，时尚消费综合体具有如下优势：第一，在一栋建筑或者几个相互连接的建筑群中包含了除购物外的多种功能，可以一次性满足消费者体验、餐饮、娱乐、休闲、社交等各种需求[8]，从而节约大量的时间、精力、金钱，大大提高了一次出行的消费效率。第二，高品质的时尚消费综合体都有着明确主题和区域范围内的独创性项目，这与过去的传统商业综合体相比能够创造更多的城市品牌价值和商业利润。例如：位于香港铜锣湾的希慎广场，其最知名的项目为台湾最大文化创意品牌——诚品书店的首间海外分店和全港最大的 Apple Store，它对全球文创书虫和电子数码产品爱好者的吸引力足以撬动整个建筑空间内的其他商业利润。第三，从建筑设计到环境设置更加突出时尚感、视觉感、体验感，这点在全球顶级的时尚消费综合体上体现得尤为明显。它们在设计上更加突出主力店铺、食肆与宽敞空间的融合，在业态选择上更加大胆，在环境设置上普遍重视感官体验与互动性，因此也诞生了诸多消费者和游客口中的"全球之最"，如全球最长的购物天梯、全球最酷的冰火两重天室内滑雪场等，引发了无限商机与欢乐（见图10-3）。

图10-3　以83米长的室内电动扶梯"通天梯"知名的香港朗豪坊

资料来源：https：//www.discoverhongkong.com/china/shop/where-to-shop/malls-and-department-stores/langham-place.jsp.

（三）业态分类

中国对于零售业态的划分主要依据国家质检总局、国家标准委联合发布的《零售业态分类》（GB/T 18106—2004），按照零售店铺的经营方式、商品结构、服务功能，以及选址、商圈、规模、店堂设施、目标顾客和有无固定经营场所等因素[9]，总体上可以分为有店铺零售业态和无店铺零售业态（见表10-1）。以大型城市时尚消费综合体为例，其在业态选择上多为有店铺的零售业。随着消费者规模的扩大，各年龄层对具有高附加值、能够凸显个性化的时尚产品和服务兴趣越发浓厚，新的消费业态随之诞生。这些业态是在原有专卖店、专业店、百货店、仓储式会员店、购物中心的基础上，通过具有创意的商业运作方式应运而生。不可否认的是，不断涌现的新业态成功刺激了地方消费需求，拉动了地方经济。

表10-1 中国零售业态分类

零售业态划分	细分业态
有店铺零售业态	食杂店、便利店、折扣店、超市、大型超市、仓储式会员店、百货店、专业店、专卖店、家居建材店、购物中心、工厂直销中心
无店铺零售业态	电视购物、邮购、网上商店、自动售货亭、电话购物

每个地区的发展基础和条件不同，时尚消费业态布局也会存在差异。在一线城市的黄金地段，购物、餐饮、休闲、娱乐等细分业态比例相对平衡，人群的消费目的比较强烈；在二、三线城市和邻近一线城市的郊区，满足基本消费需求的购物零售业态占比较大。由于时尚消费的对象涵盖范围广，不仅包括传统的服装服饰化妆品，而且涵盖了在特定消费空间内的所有类别，可以初步归纳为：

1. 传统购物消费

主要指以服装服饰、美妆、手表、电子产品为代表的传统时尚消费，以快时尚服装服饰、美妆产品、电子数码产品居多。消费者多在门店购买，针对一些时尚美妆和电子类产品，消费者也可以在门店体验使用后进行线上消费，送货上门。传统购物是时尚消费业态的雏形，依托于门店的各种业态既聚拢了人气，又带动了周边客流。

2. 文化体验消费

主要包括以书籍、电子音像制品和文创产品销售为主的阅览、体验，以科技、艺术展览为主的鉴赏，以影院和小型剧院为主的戏剧观赏和以手工制作为主的创意设计体验。目前，许多一线城市的大型时尚消费综合体多有品牌书店进驻，"书店只是让人买书的场所"这一陈旧的消费观已被改写，主打文创与情怀的书店正在传播着一种时尚的生活方式。文化体验消费是一种能够促进和加强时尚消费者和商场之间关系的"黏合剂"。以书店、小型剧院为代表的文化体验型业态的进驻不仅能增加客流和黏性，同时也能提高商业魅力。

3. 亲子互动消费

主要面向以学龄前儿童为核心的家庭,涵盖亲子互动与游乐、职业体验、亲子微型动物园、DIY家庭厨房、手工等。亲子互动消费作为新兴业态能够进驻时尚消费综合体主要得益于教育这一黄金产业的蓬勃发展,特别是"80后""90后"父母对儿童思维开发、语言培养和性格培育的重视。因此,亲子主题的互动体验与娱乐成为当下时尚消费综合体重点打造的业态板块。与传统时尚购物相比,它的消费时间更长;而且消费群体包括了老中幼三代,横跨多个年龄层级;门店多以会员制的模式经营,在提升同一批消费者忠诚度的同时又能从时尚消费综合体客流中获取新的会员。

4. 餐饮配套消费

既包含连锁餐厅、咖啡厅、茶饮店铺,也有类似于"盒马鲜生""超级物种"这种新兴的体验互动式餐饮。以"盒马鲜生"为代表的新兴时尚餐饮不仅为顾客提供简单商品,更传播一种生活理念和趋势,即:有一定的消费能力对价格敏感度偏弱,但重视食品的新鲜度和餐饮服务品质。值得注意的是,由于很多时尚消费综合体定位不清晰,缺乏经营策略,餐饮配套逐渐成为业态"主角"。但面对激烈的同质化竞争,产品缺乏个性、房租、人力、食材成本上涨等问题逐渐暴露,不少餐厅看上去客流涌动,其实面临着巨大的生存压力,只有让目标消费群与综合体消费环境匹配才能保证业态持续释放活力。

5. 体育休闲娱乐消费

随着消费结构的升级,人们对缺乏创新、毫无互动体验性与互动感的商品逐渐失去了兴趣,运动与休闲产业逐渐成为时尚消费市场新的增长点。场馆经营者在不断探索新模式寻求新突破,把许多原本属于专业人士的"小众游戏",变为大众消费者可以体验的休闲娱乐产品。例如,近两年流行的蹦床娱乐项目,蹦床馆提供以蹦床弹跳为核心,以体能挑战培训、团队建设、主题聚会为增值服务的趣味运动体验产品,受到企业和年轻人的欢迎。同时,丰富组合业态、增加创新元素也促成了娱乐休闲新业态的诞生。由于中国缺少室内互动的场馆,同时教育科普产业需求激增,以室内动物园为代表的新兴消费业态应运而生。室内动物园不仅仅是迷你动物园,更为消费者呈现一种室内休闲娱乐的体验式场景,即人和动物没有明显的区域划分,将自然景观、人和动物融合在同一个场景中。虽然室内动物园面临场馆规模限制、动物品种选择、卫生和安全性保障等问题,但它对早已处于饱和状态的室内游乐体验做出了突破,即解决消费升级下时尚消费综合体未能满足顾客对室内游乐需求的矛盾。

(四) 存在问题

1. 数量整体趋于饱和

由莱坊集团发布的《商业综合体的发展趋势及成功要素》显示:中国大部分城市拥有的时尚消费综合体数量比较可观,并且还有持续增长的趋势。根据不完全统计,截至2016年,国内时尚消费综合体项目有近800个,总开发面积超过3亿平方米,且在未来有继续加速增长之势[10]。这些项目主要集中在国内的一、二、三线城市,由于城市容纳量有限,时尚消费综合体井喷式建设发展很容易造成市场饱和,超过城市本身能够承载的消费力度,当综合体的发展背离了城市发展和消费者诉求时,会对城市经济产生副作用。例如,在一些二线、三线城市,有些综合体入驻商户因经营不善频频退租,且商户经营内容彼此差异较大,管理杂乱无章。

2. 业态有待丰富

时尚消费综合体在转型过程中亟待解决业态陈旧、品牌冗杂小众、店面布局不合理等问题。例如,内部的超级市场需要升级换代,引入"线上+线下"相互结合的新零售模式,迎合年轻家庭和具有一定购买能力的消费者需求;酒店式公寓需要重新装修,调整市场定位等。

时尚消费综合体一般有两种形式:一种是连锁式,即以总部模板复制开发的标准化产品,如万达;另一种是地方式,即照搬大型综合体的模式,采用复制的方法完成产品开发[11]。而普遍复制必然导致同质化,加速产品淘汰率,消费者对新事物的关注和尝试心理远高于常规习惯性事物,但对新鲜感的维持具有一定期限,特别是当同一区域出现若干品牌雷同、功能接近、内部设施更新速度较慢的时尚消费综合体时,消费者会逐渐失去体验和购买冲动。当独创性和唯一性被大规模复制所取代时,人们的购买力将会大打折扣。

3. 消费人群流失

目前,由于国内的消费者购买渠道不断改变,只依靠建设大量的时尚消费综合体对未来城市经济的发展将会产生限制。一方面,中国部分高端时尚消费者是理性购买群体,且有出境消费的偏好;另一方面,电商的迅速崛起已成为市场发展的必然趋势。由于电商成本较低,运用便利的互联网模式改变了很多人的消费理念,时尚消费综合体面临着严峻的发展形势,一些品牌店铺缺乏价格优势,消费者转投线上,客流被隐形分散。

4. 营销创新不足

营销模式上,大部分的时尚消费综合体缺乏创新。商家把体验作为其宣传卖点,或者只是在简单的空间设计层面上停留。一些知名的时尚消费综合体有自己开发的APP,会定期推送商铺优惠信息,举办合作商户活动。不管消费者在哪家店面消费,均可以获取一定积分,参与活动,这种方式增加了消费者的黏性,同时保持了一定互动。另外,小型的展览、明星见面会、签售会、结合商户经营主题的亲子互动游戏也会不定期举行,虽然聚集了人气,但消费者普遍以围观为主,体验式互动较少。而一些二、三线城市的时尚消费综合体最常见的宣传方式是广告投放,无论是海报还是移动电视投放,内容普遍缺乏新意。

三、中国时尚消费综合体发展趋势

当前,中国消费综合体开发面积存量增加,在传统购物中心、商业综合体基础上转型升级至以体验式消费为主导的时尚消费综合体将呈现以下趋势。

（一）一、二线城市引领升级换代，三、四线城市开发潜力巨大

目前，中国一、二线城市的商业地产总量已接近饱和，未来随着人们消费观念和行为方式的转变，一、二线城市的消费综合体会依托现有基础不断完成向功能和业态的升级换代。同时，有数据显示：目前三、四线城市的人口占全国城市人口的53%，但消费综合体仅占全国的16.5%。随着城镇化的发展，三、四线城市人口数量还将增加，居民的收入、消费水平以及对生活品质的要求都会随之增高，这将给三、四线城市中心地区的消费综合体开发提供大量机遇，与周边配套形成面积在50万至100万平方米的大型商圈。

（二）与社区商业融合更加深入

社区商业在中国处于起步阶段，从国外发展来看，未来社区商业将成为商业地产发展的重心。有实力的开发商纷纷加大对社区商业的投入，以抓住人们"最后一千米"的需求打造社区服务体系概念，满足社区居民购物、服务、休闲、娱乐等需求。今后，社区商业不应仅是某个便利店、某个洗衣店这么简单，而更应该有规划地与商家通力协作，体现集群效应，餐馆、超市、娱乐、休闲等业态能够相互融合，食品更安全，生活更便利，服务更标准。

（三）业态更加注重生活化、互动性与体验性

首先，未来时尚消费综合体的业态定位将更贴近生活，强调互动。为了突出唯一性与独创性，一些品牌地产主打"首次进驻"概念，体验型业态占比大幅度提升。同时，受电商冲击和影响，大型时尚消费综合体的重构成为必然，类似大众消费的衣帽、鞋类、化妆品等纯购物式、百货类的空间及比重将会不断压缩、减少。相反，社交性、休闲性、体验性的空间及内容将会越来越多。其次，业态的空间布局更加开放，重视消费文化与休闲空间的和谐发展。更多的休闲小公园、母婴喂奶室、免费儿童滑梯等设施会融入其中，体现人文关怀与社会认同，这种空间布局有助于提升城市的商业魅力。最后，随着中国自贸区及综合保税区业务的迅速发展，跨境电商实体店业务被很多开发商视为新增长点，因此在未来将有更多"跨境电商线下实体店"进驻，如综保区进口商品直销中心、跨境电商体验店等。

（四）广泛应用新技术提升吸引力

随着物联网、人工智能和大数据技术的广泛应用，商业创新周期加快，商业新业态、新模式加快涌现，实体商业的"互联网+"正在逐步提高城市时尚消费综合体的运行效率。一方面，移动互联网使消费数据抓取成为了可能，消费数据使商业定位更精准，为品牌落位、商业调整等一切产品细节设计提供依据。另一方面，全渠道数字化使线上商品浏览、线下体验选购、无现金支付、线上社群分享的整个闭环全面打通，"实体+线上+移动端"的全渠道数字化模式将会在新型时尚消费综合体内普及，部分传统百货卖场和购物中心也会完成数字化升级。此外，无现金支付、人脸识别、机器人互动等新技术的运用

增加了高科技的新奇体验。

四、国际经验借鉴

综观全球知名的时尚消费综合体,它们在区位选址、建筑设计、业态选择、商业运作和配套服务等方面都有独到之处,且内含的场景化体验让消费者的代入感、愉悦感和期待感达到了极致。从场所到场景,从购物买单到服务消费,世界各地涌现的标杆性时尚消费综合体不断成为城市文化符号的空间载体和时尚城市的标志性建筑。

随着中国城镇化进程的加快,商业综合体向时尚消费综合体转型升级的过程需要突破诸多限制因素,在业态选择和运营服务方面大胆创新。本节将选取中国香港又一城和迪拜购物中心两个享誉亚洲和世界的时尚消费综合体加以分析,其多元化的体验性业态、高规格品质的休闲娱乐设施和亲民贴心的服务能够为中国时尚消费综合体建设提供经验参考。

(一) 香港又一城

香港是亚洲最早拥有购物中心的城市,其时尚消费综合体的建设是亚洲的标杆。以香港又一城为代表的时尚消费中心网罗了久负盛名的时尚店铺、中西美食、体育娱乐甚至银行服务,定位中档。优越的外部交通、合理的体验式业态布局和舒适的内部环境让又一城成为消费者心中的最佳区域性时尚消费综合体。

1. 区位交通优势明显

又一城(Festival Walk)位于香港九龙最优越的地段九龙塘。它是港铁东铁线与观塘线的换乘站——九龙塘站的上盖物业,交通便捷。香港生产力促进局总部大楼、香港创新中心坐落于物业东南侧,产业资源丰富。同时周边分布着全港最优质的私立幼稚园、双语国际学校、教会中学和八大公立大学中的两所,其中香港城市大学以步行廊道与又一城相连,学术氛围浓厚,生活休闲配套设施优质。

2. 业态分布多样

又一城的主体是七层购物中心,另外还包括采用低密度设计的四层商业办公楼和三层停车场,设有830个泊车空间。楼高7层的购物商场设计灵感取自河流,格调自然和谐(见图10-4、图10-5)。

又一城购物中心进驻时尚消费品牌在流行便服、童装玩具、时尚配饰、钟表珠宝、时尚女装、男装系列、运动系列、个人护理/美容、家居生活影音、书籍礼品、餐饮、休闲娱乐、银行/服务、超级市场零售等领域均有涉及,且品牌层次分明,总体上以高端奢侈品、中高端轻奢品为主,也进驻了吸引大众的快时尚和快餐品牌,因此又一城既是外来游客"血拼"的商场,也是附近上班族和学生解决饥肠辘辘问题的绝佳选择,更是拥有中高端消费能力的家庭周末休闲娱乐的好去处(见表10-2)。

第四篇 业态变迁篇

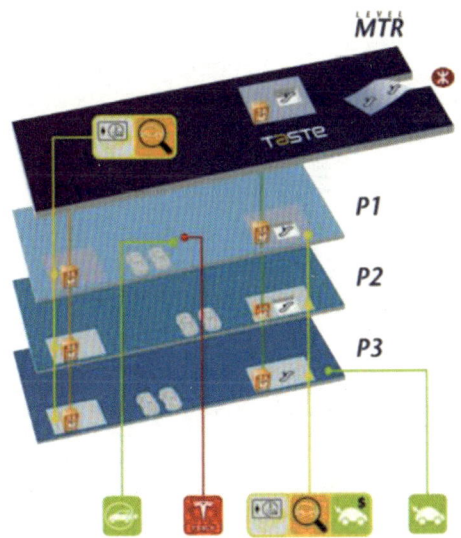

图 10 – 4 又一城地下三层停车场

资料来源：https：//www.festivalwalk.com.hk/sc/about – us/.

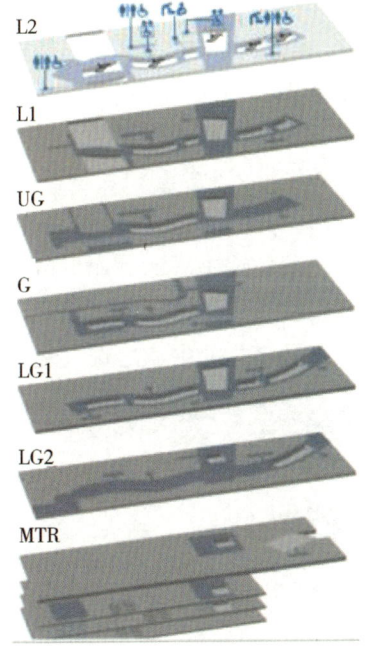

图 10 – 5 又一城楼层分布

资料来源：https：//www.festivalwalk.com.hk/sc/about – us/.

表 10 – 2 又一城购物中心业态

业态种类	代表性的时尚品牌
流行便服	AAPE BY A BATHING APE, adidas Originals, AIGLE, double – park, Fila, Hollister, LACOSTE, Levi's, NIKE Kicks Lounge, VANS, H&M, 优衣库
童装玩具	Fila Kids, Gapkids&babyGap, Kingkow, Mides, Monsoon Children, mothercare, Nichlolas & Bears, Smiggle

175

续表

业态种类	代表性的时尚品牌
时尚配饰	Accessorize, ALEXANDRE ZOUARI, Bally, Camper, Cole Haan, ECCO, FURLA, Glasstique, Links of London, millie's, Samsonite
钟表珠宝	APM Monaco, Georg Jensen, Global Timepieces. Prestige, Les Nereides, Madia, OMEGA, PANDORA, ROLEX, Swarovski
时尚女装	CHOCOOLATE, b+ab, CALVIN KLEIN JEANS, I.T, izzue, kate spade new york, MAX &Co., MICHAEL KORS, MOUSSY
男装系列	Kent & Curwen, BLAACK, D'URBAN, POLO RALPH LAUREN
运动系列	CALVIN KLEIN PERFORMANCE, Columbia Sportswear Company, THE NORTH FACE, GigaSports
个人护理/美容	ACCA KAPPA, SK-II, CHANEL BEAUTé, FANCL, Dior Beauty
家居生活/影音	agnès b. FLEURISTE, Bang & Olufsen, J Select Quality + Life, 柏斯音乐
书籍礼品	Bookazine, Hallmark, 无印良品
银行/服务	东亚银行, 渣打银行, 汇丰, 花旗银行（香港）, 星展丰盛理财中心
餐饮	Amaroni's, EXP, Lady M New York, Nespresso, 仝堂茶聚, 温野菜, 皇府
休闲娱乐	FESTIVAL GRAND CINEMA, 欢天雪地 glacier

资料来源：根据又一城官网整理而成。

又一城拥有超过200家商店及食肆，各个楼层都具备餐厅功能，多点多层的安排让购物中心实现了餐饮功能的休闲化。同时，商场汇聚了国际诸多时尚品牌，会不定期邀请艺人举办品牌发布会，每年设有慈善拍卖、动漫展览、少儿夏令营等主题活动，特别是在圣诞假期会有装点华丽的巨型圣诞树和动听有趣的唱诗班表演，吸引着全球游客拍照留念。另外，又一城进驻了香港首间AMC综合电影院和大型溜冰场——又一城欢天雪地，为消费者增添了休闲娱乐的选择。其中，真冰溜冰场设置在UG层，位于中央挑空空间的下方，采用开放式设计，其上面是三层环绕中庭的商业街道，并且都在沿冰场的边缘配置了餐饮景观位，食客可以一边就餐一边欣赏滑冰表演。尽管高峰期的餐厅环境略显嘈杂，但面向溜冰场一侧的玻璃景观位一直是食客的中意之选（见图10-6）。

图10-6　香港又一城UG层欢天雪地冰场

资料来源：https://www.festivalwalk.com.hk/sc/fun/glacier.aspx。

(二) 阿联酋迪拜购物中心

阿联酋迪拜购物中心是建筑史上的一个奇迹。除规模之最外，这座全球顶级时尚消费综合体拥有着世界最大的黄金市场、世界最大的水族馆和奥运会大小的溜冰场。创造多项全球之最的体育娱乐设施配合着住宿、滑雪、餐饮、购物等多功能场景的切入，外加宾至如归的服务，使迪拜购物中心在建成后第一年便吸引了约3000万名游客，国际旅游指南甚至称它是购物史中的一个"建筑奇迹"（见图10-7、图10-8）。

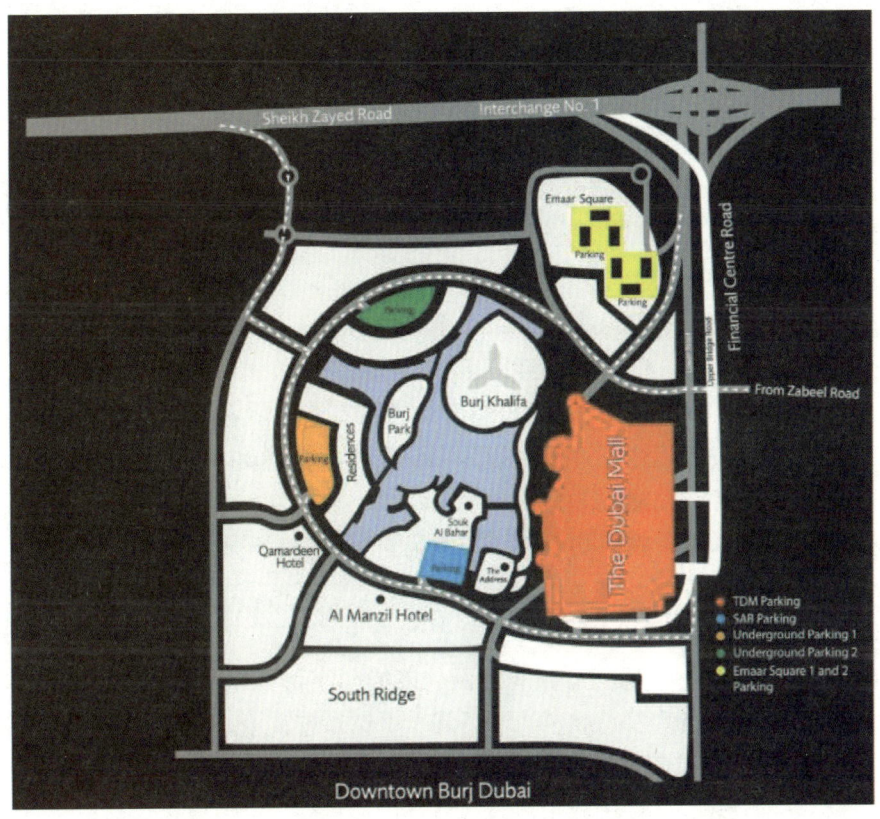

图10-7 迪拜购物中心区位

资料来源：https://wenku.baidu.com/view/d690be52581b6bd97f19ead3.html.

图10-8 迪拜室内滑雪场在购物中心的区位

资料来源：https://www.malloftheemirates.com/entertainment/ski-dubai.

1. 规模与业态的全球之最

号称"全球最大的零售商场"的迪拜购物中心坐落于谢赫扎伊德路4号立交桥下，毗邻两家五星级酒店。该中心位于主计划的扩展区杰贝阿里和迪拜市港口中心之间，被称为新迪拜的心脏。迪拜购物中心占地6500万平方英尺，总建筑面积1200万平方英尺，约112万平方米，总投资200亿美元。由于处于迪拜商业中心，其交通十分便利，消费者可以选择搭乘公交或水上的士到达。购物中心由10～15个商场组成，大约1200个商店，14000个车位，汇集了超过600家国际顶尖品牌商店，提供的商品涵盖：电子、家居、时装、珠宝奢侈品、配饰、鞋履、化妆品、生活方式、体育休闲服务等，其中包括位于时尚之穹（Fashion Dome）和名店街（Via Rodeo）区的超过80个国际时尚原动力品牌店铺。该购物中心还拥有众多适合家庭出行的活动场所，包括迪拜滑雪场（Ski Dubai）、水族馆、迪拜社区剧院和艺术中心、14屏VOX多放映厅电影院、魔术星球（Magic Planet）家庭娱乐区、迪拜最大的家乐福超市以及超过90家餐厅和咖啡馆。食客可以透过玻璃墙俯瞰滑雪场全景，凯宾斯基饭店套房位于第三层，客人可以俯瞰滑雪场全景。

2. 最大亮点——迪拜滑雪场

位于购物中心的迪拜滑雪场是中东第一个室内滑雪场，拥有22500平方米的室内滑雪区，场地内拥有5条不同难度、高度和坡度的滑雪带，其中最长的一条达400米，落差60米[12]。毫无滑雪经验的游客、初级滑雪者或高级专业滑雪者均能找到适合自己的滑雪带。滑雪场也提供私人课程、乘坐雪弹娱乐项目和与企鹅互动体验式服务。

迪拜滑雪场的成功一方面源自其在传统购物中心大胆植入反季节和非常规运动项目，突出了运动主题的独特性；另一方面源于滑雪场与电影院、餐饮、其他娱乐项目、零售业态之间的协同作用。

3. 顾客至上的经营策略

迪拜购物中心在购物手册上会附有地图，以横向字母纵向数字的方式进行网格式指引，并具体标注出每层的电梯、扶梯、洗手间、电话和咨询中心的位置，模糊给出诸如美食街区、电子产品区等商业分区。各类设施配套齐全，随处可见取款机、自助银行、外币兑换店等，游客可以轻松实现国际货币与当地货币的转换。室内旅客代步车让消费者在购物途中免除长距离步行劳累，设有专人看护的儿童乐园、旅行社、快递服务专柜等，来自全球的消费者可以在第一时间将所购礼品寄送给亲友，这种人文关怀解决了消费者的后顾之忧，让其有宾至如归的购物感受。

时尚消费综合体是集休闲娱乐、零售、体验、文化、餐饮等多种复合业态为一体的有机整体。合理且具有创意性的业态植入对于综合体本身来说便是增值，对于城市品牌建设更是锦上添花。在体验经济时代下，消费者年龄、性别、种族、生活习惯的多元化创造了无限商机，也让时尚消费综合体在未来的业态选择上会有更多大胆且富有创意的尝试，即让不可能变为可能，让可能成为一定。无论是个体还是消费群，都能在特定空间、有限时间内享受令其满意的服务，延长有效消费时间；同时在不影响他人购买计划的前提下，整个消费群获得精神满足、内心愉悦。尽管"简单哲学"对于某些规模体量巨大的时尚消费综合体并不适用，但良好的人流动线设计、简洁清晰的标识指引和专为体验式消费打造的留白空间都将是提升商业魅力的要素所在。中国的商业综合体经历了井喷式发展,在消化期内完成向时尚消费综合体的过渡,彰显特色、避免趋同化才是未来取胜的关键。

(刘雅婷　北京服装学院中国时尚研究院)

参考文献

[1] 宏观经济政策聚焦十二大关键方向[EB/OL].(2018-01-27).http://www.news.10jqka.com.cn/20180127/c602688963.shtml.

[2] 统计局.消费连续三年成为经济增长第一拉动力——证券之星[EB/OL].(2017-10-19).https://www.baijiahao.baidu.com/s?id=1581664473240730106&wfr=spider&for=pc.

[3] 国家统计局.2018年国民经济和社会发展统计公报[EB/OL].(2019-02-28).http://www.stats.gov.cn/tjsj/zxfb/201902/t20190228_1651265.html.

[4] 史新燕.体验经济视域下的VR广告及其发展研究[D].广西大学硕士学位论文,2017.

[5] 张恩碧.体验及体验消费的本质属性分析[J].消费经济,2007(6):61-64,75.

[6] 刘彦华.2017中国消费小康指数:84.1个性化、多样化消费渐成主流[J].小康,2017(1):62-67.

[7] 徐岳.区域经济发展与时尚消费综合体间的现状分析[J].商场现代化,2018(23):18-19.

[8] 许昊.基于业态优先的商业综合体内部布局研究[D].湖南大学硕士学位论文,2013.

[9] 谭怡恬.城市零售商业空间结构演变研究[D].湖南大学硕士学位论文,2017.

[10] 房讯网.商业地产报告:大多城市过度开发商业综合体——联商资讯[EB/OL].(2016-03-07).http://www.linkshop.com.cn/web/archives/2016/345414.shtml.

[11] 金渝琳.传统商业综合体转型升级策略探讨[J].商业经济研究,2017(24):28-31.

[12] 林煜涛.体验式消费背景下的运动主题商业中心设计研究[D].华南理工大学硕士学位论文,2016.

第五篇 区域创新篇

第十一章
北京：京津冀协同与北京时尚产业发展

一、京津冀协同发展下北京市产业发展特点

（一）新时期北京城市定位与产业定位

1. 城市定位

2014 年，习近平总书记对北京市做出重要指示，明确了北京作为全国政治中心、文化中心、国际交往中心、科技创新中心的城市战略定位，提出了建设国际一流和谐宜居之都的发展目标。这是新时期党和国家赋予北京的全新定位，也是北京服务好首都工作、履行首都职责的基本纲领和行动指南。北京"四个中心"定位的内涵如表 11-1 所示。

表 11-1 北京"四个中心"定位的内涵[1]

定 位	内 涵
政治中心	坚持把政治中心安全保障放在突出位置，为中央党政军领导机关提供优质服务，保障国家政务活动安全、高效、有序地运行

续表

定位	内涵
文化中心	以培育和弘扬社会主义核心价值观为引领,以历史文化名城保护为根基,以大运河文化带、长城文化带、西山永定河文化带为抓手,推动公共文化服务体系示范区和文化创新产业引领区建设,成为彰显文化自信与多元包容魅力的世界文化名城
国际交往中心	服务国家开放大局,着力优化9类国际交往功能的空间布局,加强国际交往重要设施和能力建设,健全重大国事活动服务保障长效机制
科技创新中心	充分发挥丰富的科技资源优势,不断提高自主创新能力,形成"三城一区"为重点,辐射带动多园优化发展的科技创新中心空间格局,构筑北京发展新高地

2. 产业定位

在京津冀协同发展背景下,基于"四个中心"的城市定位,北京市产业发展要坚持"高端化、引领性、前沿性、可持续性"原则,加快构建高精尖经济结构,着力培育创新经济、服务经济、平台经济、创意经济等经济形态,重点开发创新前沿产品、关键核心产品、集成服务产品、设计创意产品等,实现产业发展价值链高端化、体量上轻型化、生产上清洁化,推动首都高质量发展。

与此同时,为深入对接京津冀协同发展战略,未来北京市产业发展应在特大型城市经济格局下进行谋划,推动北京与周边城市的产业链条整合和分工协作,并在此过程中实现京津冀地区的产业转型升级。

(二) 未来北京市产业发展的方向和重点

坚持创新驱动,打造高精尖产业体系。近年来,北京市积极推进全国科技创新中心"三城一区"建设,在基础研究、关键核心技术和技术成果产业化领域取得巨大成效。在此基础上,北京市选取新一代信息技术、集成电路、医药健康、人工智能、软件和信息服务等十个产业作为重点发展高精尖产业,希望高精尖产业成为北京建设现代经济体系的战略引擎[2]。

坚持业态融合,培育服务型、创意型经济。新时期,北京市将进一步推进业态融合,培育服务型和创意型经济,为打造高精尖经济结构提供支撑。加快科技服务业发展,促进制造业高端服务化转型;提升金融、会展、电子商务、商贸流通等现代服务业发展,进一步挖掘北京特大型城市消费潜力,提升城市服务品质;推进文化创意和设计服务对产业发展的融合渗透,打造创意经济发展模式[3]。

坚持功能疏解,促进产业存量优化重组。为积极推进非首都功能疏解,北京市将全力加快一般制造业、传统商贸服务业等产业转移。截至2018年底,北京疏解一般制造业企业累计超过2600家,疏解提升市场超过580家,动物园、大红门等区域性批发市场完成撤并升级和外迁[4]。《北京市新增产业的禁止和限制目录(2018年版)》也明确了今后无法在北京得到大规模发展的产业目录,其中禁止新建和扩建大部分制造业的一般生产加工环节上的项目,并对高污染、高能耗、占地效率低下的部分行业做出了区域限制、规模限制和产业环节、工艺及产品限制。

坚持开放合作，促进京津冀产业协同发展。近年来，京津冀三地密切联动，通力协作，产业协同发展进入快车道。首先，雄安新区和北京城市副中心作为新首都的两翼，是北京非首都功能产业转移的两个重要方向；其次，北京与曹妃甸现代产业试验区、沧州生物医药基地、张北云基地等共建了一批产业园区，为项目落地提供载体[5]；最后，北京开始注重将自身具有的优势产业资本、科技成果、管理团队等向周边辐射铺开，助力形成以首都创新资源为核心的高精尖产业集群。

二、北京时尚产业发展基础及存在的问题

（一）时尚产业的界定和范围

狭义的时尚产业主要包括针织及其制品制造、纺织服装及服饰业，皮革、毛皮、羽毛及其制品和制鞋业，珠宝首饰及有关物品制造，化妆品制造及理发、美容服务业等；广义的时尚产业则是以时尚产品的生产和时尚服务的提供为基础，集合研发、创意、设计、制造、流通、展示、传播等的业态总称[6]。

综合考虑北京的城市特点和产业发展情况，北京的时尚产业已不再简单局限于纺织服装、箱包鞋帽等传统制造业，而是更加注重时尚与文化创意、时尚与品牌、时尚与科技、时尚与消费的有机融合，并与互联网、影视、传媒、艺术、会展、零售、培训等进行跨界融合，共同构建了北京时尚产业生态圈[7]。由北京服装纺织行业协会和北京服装学院共同编写的《北京时尚产业2018年度报告》也对北京时尚产业的边界进行了全面、系统的界定，提出北京市时尚产业主要涵盖都市产业、文化、体育和娱乐业以及旅游业，并将汽车制造业、计算机、通信和其他电子设备制造业纳入时尚产业。

综合已有的研究成果，笔者认为，北京的时尚产业应是以纺织、服装服饰、箱包鞋帽、珠宝首饰、化妆品等为核心，以时尚媒体、时尚摄影、时尚零售、时尚展会、时尚教育、时尚表演等为重要支撑，以汽车、消费类电子、动漫等为补充的特色产业体系。此外，充分考虑到京津冀协同发展对北京市产业发展的要求，北京未来时尚产业的发展应当更加关注技术研发、创意设计、品牌推广、消费体验及特色服务等环节。

（二）时尚产业发展基础

研发创意实力较强，时尚人才资源丰富。依托北京科技和智力优势，北京时尚产业日益注重科技研发，相关高校、企业研发创意实力逐步增强。红都、铜牛、爱慕、白领、依文等品牌企业分别与大专院校建立研发中心，取得了一批国际、国内领先的研究成果；"依文LOTUS48设计师空间""白领艺术空间""爱慕时尚空间""李宁体育服装研发创意

中心"体现了企业设计创意水平和创新能力的提升[8]。与此同时，北京市拥有丰富的时尚教育资源，集聚了以北京服装学院、清华大学工艺美术学院、中央美术学院、北京电影学院、北京舞蹈学院为代表的国内知名时尚类、艺术类高等院校，培育壮大了一批民办时尚类、艺术类、服装类学校，形成了涵盖服装服饰、艺术设计、时尚传播、时尚表演、时尚管理等领域的时尚学科体系，每年培养大量时尚产业所需的设计师、高级技师、管理运营等专业人才[9]。据不完全统计，北京服装学院学生近9000人，其中博士、硕士研究生近千人；北京目前仅独立服装设计师就有790多名，纺织服装、服饰业从业人员约3.2万人。

跨界融合成为趋势，自主品牌得到蓬勃发展。"十三五"以来，北京市时尚领域知名企业加快转型步伐，积极谋求跨界融合发展，推动品牌战略全面升级，寻求企业、行业发展新的增长点。朗姿公司通过企业并购，逐步向母婴、美容、整容、问题教育等多时尚品类业务方向拓展，打造覆盖"衣食住行娱美医"生活方式的"泛时尚生态圈"；爱慕、裂帛、探路者等品牌与腾讯、京东、阿里巴巴等网络媒体、知名电商开展合作，开展新媒体营销方式和时尚产品新零售模式创新。在此背景下，通过时尚与文化、科技及其他领域的融合，一批服装服饰、创意设计领域的本土自主品牌得到了蓬勃发展，现有时尚服装、时尚珠宝类设计师品牌近百个，全市服装行业先后有21家企业入选全国服装行业销售收入和利润总额百强企业，以视觉中国、洛可可为代表的本土创意设计类企业的行业综合影响力也不断提升。

时尚消费潜力巨大，"高精尖"产品不断涌现。当前，北京市正着力打造国际消费中心城市，总消费规模已达到2.54万亿元，消费对经济增长的贡献超过六成[10]；服务消费、网络零售消费发展迅速，涌现出一批基于移动互联网O2O"互联网+"生活性新服务，电商集群化发展规模全球领先，居全国之首；消费领域加快对外开放，累计建成跨境电商直购体验店36家；消费业态日益丰富，消费模式创新不断[11]。《北京国际消费枢纽城市建设行动计划（2018~2022年）》提出，到2022年，将北京打造成为特色突出、品质高端、功能完善的国际消费目的地；到2035年，全面建成具有国际影响力的国际消费枢纽城市。在此背景下，时尚消费成为首都消费市场中不可或缺的部分，通过时尚消费月、北京时装周、北京国际时尚联盟等活动和组织的发展，有效提升北京的国际消费资源的配置能力，引领时尚产品消费、服务消费趋势，切实满足首都高端消费人群的品质消费需求，成为拉动经济的新增长点。与此同时，《北京市鼓励发展的高精尖产品目录（2016年版）》第31条中明确列明鼓励发展高端时尚产品，表明北京市也在供给侧鼓励和支持时尚消费品的发展。近年来，北京市在功能性纺织品研发、应急产业用纺织新材料、复合纤维研发、智能时尚穿戴等方面取得了突破[12]，为提高时尚消费品品质、开发"高精尖"时尚产品打下了坚实的基础（见表11-2）。

表11-2 全球跨境（奢侈品）零售商吸引力前十位的城市

排名	全球跨境零售商吸引力	全球跨境奢侈品零售商吸引力
1	伦敦	伦敦

续表

排名	全球跨境零售商吸引力	全球跨境奢侈品零售商吸引力
2	香港	香港
3	巴黎	巴黎
4	迪拜	东京
5	纽约	纽约
6	上海	上海
7	新加坡	新加坡
8	北京	迪拜
9	科威特城	北京
10	东京	大阪

资料来源：JLL, Destination Retail 2016 – Retailers expanding in leading cities around the world.

疏解与集聚并存，时尚产业要素资源整合加快推进。一方面，随着北京加快一般性制造业、区域性物流基地和区域性批发市场等非首都功能的疏解，使得北京市传统纺织服饰工业发展面临巨大挑战。2015年底，全市纺织业，纺织服装、服饰业，皮革、毛皮、羽毛及其制品和制鞋业规模以上企业分别有23家、128家和12家，工业总产值分别为122962万元、1198539万元、101321万元；2017年底，纺织业，纺织服装、服饰业，皮革、毛皮、羽毛及其制品和制鞋业规模以上企业仅有18家、7家和110家，工业总产值分别为118881万元、1146028万元、54126万元，企业数量和行业规模均呈逐渐萎缩的态势，动物园、金五星、木樨园、大红门、天兰天尾等服装批发市场也基本完成了向河北廊坊、永清、白沟等地的纺织服装商贸新城搬迁转移，未来留给纺织服装一般性制造业和普通批发零售业的空间将越来越小。另一方面，在相关政策的推动下，时尚创意产业也向功能区集聚发展，逐步形成了798艺术区、751时尚设计广场、中关村时尚产业创新园、DRC工业设计创意产业基地、北京（永外）时尚创意产业基地等时尚产业聚集区或园区，时尚领域孵化器、众创空间和大学科技园也得到蓬勃发展。此外，依托北京城市副中心建设，北京将在通州区以台湖镇为核心，承接中心城区设计和创意资源，形成"设计之都"新平台的产业布局[13]。

加强优势互补，京津冀时尚产业协同发展取得成效。一方面，北京、天津纺织服装业的制造业环节正逐步向河北省转移，目前北京的纺织制造业基本上已经疏解、转移完毕，河北的衡水以及河北重点地区主要承接北京、天津的制造业转移；另一方面，行业协会积极推动跨区域产业协作，其中由中国纺织工业联合会牵头，北京纺织服装协会、天津纺织服装协会和河北纺织服装协会三家协会共同成立了京津冀产业协同发展产业联盟[14]，旨在充分促进三地的资源实现优势互补、产业融合、上下游综合配套，输入科技、品牌、时尚、绿色等现代元素，来打造京津冀时尚产业链的生态圈；此外，跨区域校地合作也深入推进，北京服装学院与河北容城县合作共建了北京服装学院容城时尚产业园，截至2018年6月已成功吸引80位设计师、10个品牌入驻园区，并举办和承办了雄安时尚创新高端论坛、第二届白洋淀（雄安·容城）国际服装文化节等各类文化活动、产业会议、时尚论坛共20余场。北京服装学院容城时尚产业园依托北服的优质资源和行业影响力，正在为促进雄安蝶变时尚之城、活力之城进行积极探索[15]。

（三）时尚产业发展存在的问题

产业综合配套能力有所下降。一方面，由于时尚产业中一般制造业在北京的生存空间大为压缩，导致诸如纺织服装、服饰业的设计、选材、打板和制造等产业链环节被打散，在一定程度上增加了相关企业的制造和物流成本，使得全行业加工制造配套能力有所下降。部分创意设计类企业反映，它们研发设计的时尚产品的样品还需要到珠三角地区寻找代工厂商，严重影响了产品的研发生产进度。另一方面，城市商业和时尚氛围培育不足，商业流通体系建设特色不明显，引导时尚消费的地标性场所和场景相对不足。

时尚产业国际化程度不高。主要体现在中高端时尚教育资源仍有较大差距，知名时尚设计大师、时尚引领者、国际买手、时尚企业管理及营销人员等方面的人才较为缺乏；国际高端时尚资源集聚程度不够、国际时尚交流合作层次不深及具有国际影响力的时尚展示平台不足等[16]。

时尚类园区发展不充分。目前，诸如798艺术区、751时尚设计广场、中关村时尚产业创新园等时尚类园区还处于各自发展阶段，园区之间的交流合作不够，造成全市的时尚资源还较为分散。全市缺乏一站式服务或产业链式的集时尚产品设计、供料、制作、营销于一体的综合性园区，使园区对时尚初创类企业的配套服务能力还不够。加之，中心城区商业用地空间愈来愈受约束及其带来的办公场所租金上涨，在一定程度上增加了中小企业生存与成长的难度，对本土新兴时尚品牌的孵化和培育较为不利。

三、京津冀协同发展下北京时尚产业发展的思路与对策

（一）总体思路

全面贯彻党的十九大精神，以习近平新时代中国特色社会主义思想为指导，认真贯彻习近平总书记对北京重要讲话精神，围绕京津冀协同发展背景下北京"四个中心"的战略新定位和"一体两翼"的发展新格局，加强北京市时尚产业发展的顶层设计，鼓励创新创意，促进融合发展，培育新型业态，加快跨区联动，深化协同发展，营造良好生态，进一步提升城市的文化软实力、时尚感染力和产业竞争力，在"高精尖"经济结构建设、城市核心功能增强、提升北京产业在京津冀地区引领带动能力等方面体现时尚产业新作为和新作用，为北京建设国际一流的和谐宜居之都做出更大贡献。

(二) 基本策略

对标国际一流,持续扩大开放。主动融入国际流行体系,积极借鉴国际一流时尚之都建设成功经验,持续扩大时尚产业领域对外开放,有效汇聚国际时尚产业要素资源,培育形成在国际上有一定影响力的龙头企业、潮流符号和时尚品牌,讲好京城时尚故事。

注重创新驱动,推动创意引领。聚焦时尚产业发展的最新趋势、热点领域、先进技术和高价值环节,推进全市时尚产业"退制进智",加快产业结构升级、业态创新、链条优化,依靠创新、创意形成产业发展新优势。

加强资源整合,促进融合发展。依托北京"四个中心"建设,充分整合北京市传统文化、创意设计、品牌策划、传播与营销等资源,促进时尚产业内部以及时尚产业与互联网、影视、传媒、艺术、会展、零售等进行跨界融合,延伸再生出新的商业模式和业态[17]。

优化空间布局,实现跨区联动。优化调整北京市内时尚产业布局,促进产业集聚、集约发展;统筹推进北京与天津、河北时尚产业的有序转移和提档升级,促进要素资源跨区域合理配置和产业科学合理分工。

(三) 重点任务

1. 加强顶层设计,建设国际时尚之都

积极推进北京国际时尚之都建设,将北京建成国际时尚科技创新创意中心、国际时尚消费中心和我国时尚产业要素资源集聚中心,提高时尚产业整体效益和国际竞争力,加快实现由"时尚制造"向"时尚创造"转变,有效服务于北京"四个中心"和国际一流和谐宜居之都建设。

(1) 打造国际时尚科技创新创意中心。

以时尚产品设计与开发、设计产业公共服务、原创设计师创作创业和企业孵化等为重点,以"时尚+科技"融合创新为重要突破口,建设服装服饰、珠宝首饰、视觉广告等研发设计中心,以及国内外优秀设计师常驻北京工作室。加强时尚设计师创业孵化,探索以互联网为平台,整合相关资源搭建一批时尚设计数据库,建设时尚众创在线平台,提供在线设计工具、信息共享和时尚设计项目众筹和众包等服务,打造高端产学研一体化时尚创意平台,为北京建设国际时尚之都提供智力支撑。

(2) 打造国际时尚消费中心。

着力打造彰显国际时尚元素与北京历史人文内涵的核心时尚消费商圈。近期重点培育王府井—大栅栏广域级商业中心,CBD、通州城市副中心等区域级商业中心。其中,要将王府井—大栅栏地区打造成为国际交往商业服务形象窗口;CBD则依托使馆区,进一步强化为国际交往中心服务的商业体系,展现良好的对外开放形象,塑造创新引领的北京高端商业和时尚元素聚集区;将通州城市副中心建成具有现代气息、国际化特征的综合商业中心。此外,通过开展国际时尚主题活动,进一步使商圈从单纯的购物场所变为体验、社交的中心,吸引了世界各地的消费人群[18]。

营造多行业融合互动的消费生态。国际时尚消费中心的发展不是以单一行业为支撑，而是时尚与商业、旅游、文化、体育、会展等诸多行业联动发展的有机整体。为此，北京一方面要依托自身"互联网+"生活性新服务领域的基础和优势，进一步强化信息化在各类商业载体中的覆盖和应用，逐步构建基于5G、大数据、人工智能等下一代信息技术的时尚消费生态体系；另一方面促进时尚消费与相关领域互动融合和创新发展，特别是强化时尚商品消费和新兴服务消费间的融合互动，促进时尚与旅游、文化、购物、娱乐、健康、餐饮等行业之间的集聚和一体化发展，创新业态和商业模式，进一步提升北京国际时尚消费中心的创新能力和综合吸引力[19]。

深化时尚消费供给侧结构性改革和加强政策创新。北京要结合我国消费升级和全球时尚消费发展的趋势，推进供给结构调整特别是增加中高端时尚产品有效供给，打造优质特色的北京时尚品牌。更重要的是，要深化改革和加强政策创新，在改善消费环境、健全法律法规、提供财税支持等方面下功夫，以强化消费维权保护、保障消费安全，营造集聚国内外消费的良好环境。

(3) 打造中国时尚产业要素资源集聚中心。

积极汇聚国内外优秀的时尚教育资源，建设我国时尚人才高地。依托北京服装学院、清华大学美术学院、中国纺织科学研究院、北京电影学院、中国传媒大学等高校，主动对接米兰理工大学、伦敦艺术大学、纽约帕森斯设计学院等世界知名时尚类高校，开展联合办学和交流访学的活动。实施一流学科培育计划，重点开设工业设计、服装设计、时尚创意设计、时尚管理、时尚营销、时尚传播等专业课程，培养具有宽广的国际视野、具备跨文化思维能力的优秀时尚类人才。加快设计产业领域领军人物和拔尖创新人才的培养与引进，推进一线品牌设计大师和时尚创意人才集聚，为打造国际时尚之都提供坚实的人才支撑。

此外，要继续巩固北京市在纺织服装、服饰等传统行业中的优势，依托行业协会和龙头企业，努力把北京建设成为引导中国服装业发展的设计研发中心、流行时尚展示中心、精品名品商贸中心，树立北京成为全国和世界"时装之都"的城市形象。

2. 坚持创新驱动，开发"高精尖"时尚产品

对标北京市构建"高精尖"的经济结构要求，坚持高端引领、创新驱动，聚焦时尚产业重点领域、关键环节和高端方向，推动全市时尚产业结构升级、业态创新、链条优化，开发一批"高精尖"时尚产品。

一方面，推进时尚、文化、科技融合发展[20]。深化推进数字技术创新与时尚产业有效衔接，加大情感感知、新型人机交互、全息成像、虚拟现实等技术创新力度，推动大数据、物联网、云计算、人工智能、超高清等先进技术在时尚杂志、时尚会展、时尚文化体验等领域的深度应用；支持构建基于"三网融合"的"内容+平台+终端"的时尚传播链；发挥"设计之都"资源汇聚优势，大力发展时尚产品设计、视觉传达设计等行业，使北京成为传统文化元素和现代时尚符号汇聚融合的时尚创意之都。

另一方面，依托行业龙头企业，开发一批"高精尖"时尚产品。以北京爱慕为主体，深化在高性能纤维及复合材料、运动智能内衣、智能面料等优势产品的研制工作；发挥北

京时尚控股的综合优势，以家居生活、高端制造、应急救援三个精准的应用场景为重点，在产业用纺织品领域打造拥有自主知识产权的专利产品体系；以小米等高新技术企业为主体，积极开发基于5G、人工智能等新一代信息技术的时尚消费电子产品。

3. 鼓励跨界融合，塑造和提升北京时尚产业特色和水平

（1）传统文化＋时尚创意：打造北京版的"国宝联萌"。

借鉴淘宝"国宝联萌"计划的成功经验，打造北京版的"国宝联萌"。大力挖掘北京特色传统文化内涵，加大对特色工艺品和老字号产品扶持力度，支持和引导本地文化文物单位开展文化创意产品，赋予文化创意产品更多时尚元素。通过品牌授权、数字化应用等手段，促进全市非遗资源与创意设计、旅游、影视等产业深度融合，逐步形成体系化的北京本土时尚文化IP入驻、孵化、设计、生产、运营的完整模式，用时尚创意来传承北京市优秀传统文化。

（2）互联网＋时尚制造：推进传统制造业向大规模个性化定制方向发展。

当前，为了匹配个性化、多元化、立体化的需求升级，服装服饰、箱包鞋类等传统制造业向大规模个性化定制模式转型。该模式的核心就是依托各类先进技术，通过组织结构和制造过程再造，以大规模生产的成本和速度，为单个顾客或小批量、多品种市场定制任意数量的产品。对于北京而言，现有服装服饰企业更应该加快向大规模个性化定制转型的步伐，从而充分发挥北京市在互联网技术先进、电商规模和消费市场规模巨大的优势，并有效补齐一般制造环节配套能力不足的短板。因此，北京服装服饰类企业应积极推进定制流程模块化、定制场景虚拟化、全品类定制平台化、"互联网＋"和智能制造一体化，同时加强与周边地区原料供应、一般制造环节的合作，推动服装服饰供应链向"协同化""可视化""智能化"发展[21]。

（3）品牌效应＋时尚营销：塑造具有代表性的国际时尚品牌与盛会。

每个时尚之都有其代表性的品牌和盛会，但相较于巴黎、米兰、伦敦、纽约、东京等国际时尚之都，北京市还是缺乏具有国际影响力的自主代表性品牌；此外，虽然北京市已经拥有中国国际时装周、北京服装周、北京国际设计周、北京国际文创产品交易会、北京时尚消费月等时尚类展会、博览平台，但在呈现国际流行元素方面的还原度相对不高，综合影响力还无法与米兰时装周、巴黎时装周等国际一流时尚展会相媲美。为此，要充分发挥北京作为国际交往中心的作用，塑造具有代表性的国际时尚品牌与盛会，提升北京时尚产业的国际竞争力和综合影响力。

4. 优化产业布局，搭建特色产业发展平台

（1）推动现有时尚类产业园区集聚集约发展。

结合北京市城市总体规划的实施，进一步优化调整时尚产业发展空间布局，要提升中关村时尚产业创新园、798艺术区、751时尚设计广场、宋庄时尚创意产业园等重点园区集聚集约发展水平。其中，中关村时尚产业创新园要依托北京服装学院的科研优势和人才资源，定位于北京时尚企业孵化基地，做好技术扶持、人才供给、资金资助和信息共享，逐步构建"孵化器＋公共技术平台＋创业投融资＋创业辅导＋产品营销"的立体孵化模式，为全市时尚类初创企业提供良好的发展平台；798艺术区、751时尚设计广场、宋庄

时尚创意产业园等坚持艺术园区的专业特色，寻找到商业与艺术的最佳结合点，将艺术创作、艺术品、时尚创意产品展示、文化艺术与时尚论坛、艺术品拍卖等作为主要发展方向[22]。推进现有的创意设计、传媒影视、文化艺术类园区"瘦身健体"，提高数字技术、互联网等高新技术对时尚创意设计行业的支撑能力；鼓励本市时尚类龙头企业开放自有建筑空间，引进相关中小型配套产业项目、中介服务企业和研发设计等高端要素，形成上下游生态集聚发展格局，结合紧密的产业园区。

（2）促进重要时尚商圈提档升级。

强化重要时尚商圈的提档升级，王府井、西单、CBD、金融街等区域要鼓励发展国际知名主题购物中心、全球精品百货店、国际品牌体验店、旗舰店、高端特色主题商场等业态；三里屯、后海、南锣鼓巷要鼓励发展各类新型跨界商业业态、定制业态。此外，要注重补齐设施短板，推动商业设施成为消费高质量发展的有效载体；研究将时尚商圈核心时尚创意元素应用于周边城市建筑设计和景观设计，因地制宜打造创意街区、创意社区，提升区域文化品位和时尚程度。

（3）高水平规划建设通州台湖"设计之都"新平台。

围绕北京市"一核两翼"战略实施，支持通州区台湖镇承接中心城区设计资源、创意资源和时尚资源，将台湖镇打造成为北京"设计之都"发展新平台。为此，首先要统筹推进演艺小镇、台湖高端总部基地项目建设，促进优质文创资源、设计企业集聚；其次要积极引入文创企业对工业遗存等闲置城市资产进行利用，并以此为试点，打造光机电艺术改造园区，推动文创、时尚、设计等产业跨界融合、跨界合作的探索和实践；最后要依托台湖"设计之都"新平台，逐步构建完善北京市设计产业的公共服务体系，集聚一批设计产业的公共技术研发、信息咨询、投融资、知识产权、展示交易、国际交流、成果转化的公共服务平台。

5. 推进跨区联动，共建京津冀时尚产业生态圈

围绕京津冀产业协同发展，北京应发挥其辐射带动作用，推进时尚产业要素资源跨区域合理配置和产业链条跨区域整合，共建京津冀时尚产业生态圈。

搭建京津冀时尚产业合作平台。根据《关于加强京津冀产业转移承接重点平台建设的意见》，积极推广北京服装学院容城时尚产业园建设经验，在天津、河北有条件的地区合作共建以纺织服装、时尚创意等为特色的产业园区，成为京津冀三地时尚教学的实训基地、时尚品牌的孵化器和时尚企业创业平台。特别是要在天津、河北布局一批时尚产业原料供应及一般制造环节的项目，从而与北京时尚产业发展形成互补，构建跨区域完整的产业链条。

建立京津冀时尚人才合作机制。推进北京与天津、河北地区教育培训机构、时尚企业及行业协会的合作，提升时尚学科建设、人才培养、科研服务等方面的协同发展能力。通过订单培养、学历教育与职业教育并举等多种方法，培养一批时尚行业紧缺人才。

建立京津冀时尚流通体系。积极组织和引导电商平台、互联网企业、供应链企业以及第三方物流企业跨界融入到时尚流通体系建设中来，北京市要做好基于大数据、云计算和人工智能的时尚产品供应链智能化管理和精准预测；天津、河北要进一步提升现有传统纺

织服装商贸基地建设水平,使其更加与市场需求相对接,能够实现普通商户—供应链平台—消费者的有效衔接,切实降低商贸流通成本,提升京津冀时尚流通的效率和效益。

(熊兴　北京服装学院中国时尚研究院)

参考文献

[1] 中共北京市委、北京市人民政府.北京城市总体规划(2016-2035年)[Z]. 2017-09-29.

[2] 北京市经济和信息化委员会.解读:《北京市加快科技创新发展新一代信息技术产业的指导意见》[EB/OL].(2018-01-23)[2019-06-04]. http://zgcgw.beijing.gov.cn/zgc/zwgk/zcfg18/sfqzcjd/163970/index.html.

[3] 邓丽姝.北京高精尖产业体系建设浅析[J].前线,2019(3):60-62.

[4] 新华网.北京2019年将继续调整退出一般制造业企业300家以上[EB/OL]. (2019-01-08)[2019-06-04].http://www.xinhuanet.com/local/2019-01/18/c_1210041819.htm.

[5] 协同创新　聚势起航[EB/OL].搜狐网,http://www.sohu.com/a/23836542_161623,2018-06-29.

[6] 张亚琦.北京时尚产业发展路径研究[D].首都经济贸易大学硕士学位论文,2018.

[7] 关冠军,贠天祥,张芳芳.北京时尚产业发展研究[M].北京:中国商务出版社,2016.

[8] 宁俊,朱光好,席阳等.北京服装产业发展研究报告(品牌篇)[M].北京:中国纺织出版社,2018.

[9] 陈文晖,熊兴,王婧倩.加快发展时尚产业以推动北京建设全国文化中心的建议[J].中国纺织,2019(1):110-111.

[10] 北京日报.2018年北京总消费2.54万亿元　服务消费对总消费增长贡献超八成[EB/OL].(2019-02-02)[2019-06-05].http://bj.people.com.cn/n2/2019/0202/c82839-32607441.html.

[11] 王洪存.构建国际消费中心城市　推动北京城市副中心高质量发展[J].时代商贸,2018(19):12-14.

[12] 赖松.北京时尚控股:"高精尖"纺织品布局应急产业[J].纺织服装周刊,2016(40):40.

[13] 中共北京市委、北京市人民政府.关于印发加快科技创新构建高精尖经济结构系列文件的通知[Z].2019-05-17.

[14] 韦娟.京津冀纺织服装产业协同发展推进联盟成立[EB/OL].(2017-09-27)[2019-06-07].http://www.xinhuanet.com/fashion/2017-09/27/c_1121732816.htm.

［15］中国雄安官网. 80位设计师10个品牌入驻雄安北服容城［EB/OL］. （2018-06-21）［2019-06-07］. http：//www. xinhuanet. com/local/2018-06/21/c_ 1123016608. htm.

［16］陈文晖，熊兴. 关于北京打造国际时尚之都的思考［J］. 中国纺织，2018（6）：122-124.

［17］吴立. 推动共建北京时尚产业生态圈的愿景与行动［J］. 时尚北京，2016（Z1）.

［18］北京市商务局. 北京市商业服务业设施空间布局规划（征求意见稿）［Z］. 2019.

［19］刘涛，王微. 国际消费中心形成和发展的经验启示［N］. 中国经济时报，2017-03-23.

［20］北京市委、市政府印发《关于推进文化创意产业创新发展的意见》的通知［EB/OL］. （2018-07-05）［2019-06-14］. http：//www. gov. cn/xinwen/2018-07/05/content_ 5303724. htm.

［21］孙瑞哲. 科技智性、绿色理性、时尚个性之美［J］. 中国服饰，2018（6）：18-19.

［22］崇蓉蓉，魏星，何雅君. 文化创意产业园发展现状研究——以北京798艺术区为例［J］. 赤峰学院学报（汉文哲学社会科学版），2019（4）：66-68.

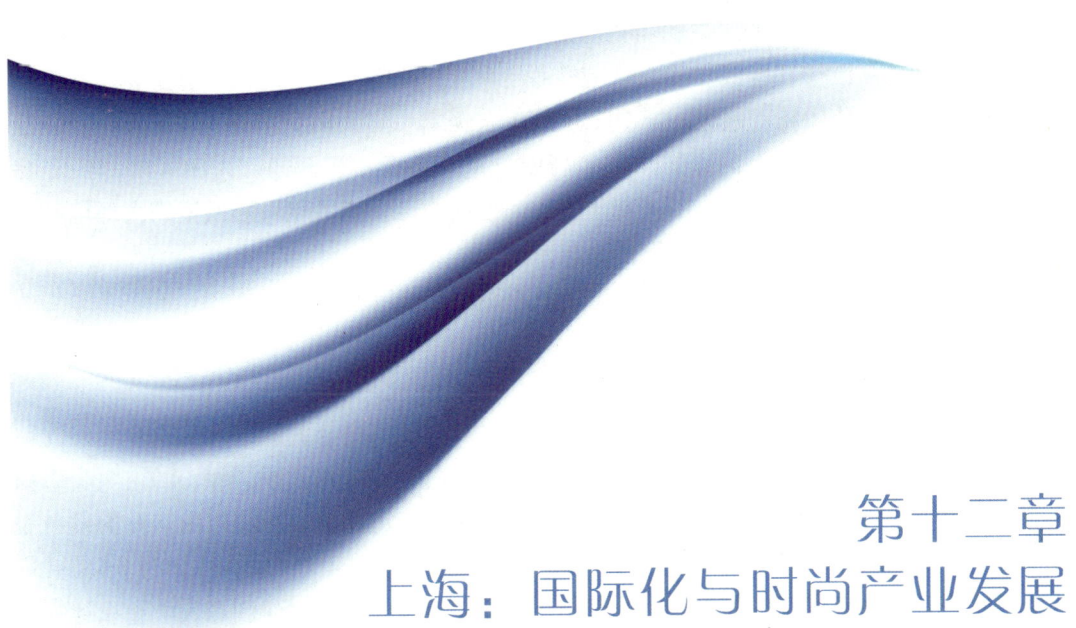

第十二章
上海：国际化与时尚产业发展

随着中国经济的快速发展与经济全球化的纵深推进，中国人民的生活水平日益提高，消费需求不断升级。时尚产业不仅能够给消费者带来"美"的消费体验，并且还具有低能耗、高附加值的特点，在产业结构优化升级、推动经济增长方面是传统产业难以比拟的，是现今发展较快的新兴产业，更是经济增长的新动力和新引擎，是提升产业竞争力的一个重要因素，引起了各方的关注。上海素有"东方巴黎"之称，优越的自然地理条件、雄厚的产业基础、独特的海派文化、较好的经济发展水平、优良的政策环境、高度的国际化水平等为其时尚产业的发展、打造国际时尚之都奠定了良好的基础。上海在建设时尚之都时，始终秉持着"国际时尚与上海大都市紧密结合"的发展思路，为国际时尚流行风和东方古典文化营造融合与交融的空间，体现着上海东西并蓄、海纳百川的国际化大都市的胸襟与风范。

一、国际化对发展上海时尚产业的重要意义

（一）国际化为上海时尚产业发展提供更加广阔的市场空间

时尚产业是通过各种新技术、新工艺、新媒体将经济、文化、艺术、生活连接和升华

的能够给人类带来"美"的感受的新兴产业，是上海在建设"四个中心"、转变经济发展方式、实现经济高质量发展目标重点打造的面向世界的高端产业。时尚产业主要包括服装服饰、珠宝首饰、化妆品、眼镜、家具家居、工艺美术、健康运动、美丽保健等行业，这些行业都具有高技术含量、高创新水平、高创意水平、高知识密集、高品牌附加值等特性，需要庞大的国际市场与较高的消费水平和消费能力。在国际化不断发展的大环境和大背景下，全球市场能够为上海弘扬海派文化、结合本土创业、体现上海元素的时尚产业提供全新的世界级发展市场，对上海时尚产业的不断发展具有重要的作用。

（二）国际化为上海时尚产业发展提供高质量的要素供给

时尚产业是一个综合性的高端新兴产业，其发展与壮大需要大量的高端人才、先进的技术和巨额的资金投入，国际化的不断推进使上海时尚产业能够利用国际、国内两个市场和资源，既能够为上海时尚产业的发展提供产品销售地，还能够为上海时尚产业的发展提供高质量的要素供给。国际化首先能够为上海的时尚产业打造有特色的时装秀和时尚展览会，搭建时尚企业交流与合作的平台提供经验借鉴，集聚一流的时尚创意人才和设计师为上海市场产业发展供给人才要素；其次能够加强与不同国家文化和时尚的交流，对于时尚灵感的碰撞和时尚火花的迸发具有重要作用；最后能够充分利用各个国家不同领域的科技成果，将科技与时尚创意结合，对提高时尚产业的科技水平具有难以比拟的优势，使资本流动限制变小，为时尚产业发展提供强有力的资金支持。

（三）国际化为上海时尚产业发展提供更全新的发展舞台

上海经济的持续、健康、快速发展与国际化水平的纵深推进使上海能够以更加主动和更具优势的姿态加入全球市场，在吸引全球的人才、资本、技术入沪的同时也将上海本土的品牌、人才、技术推向国际化大舞台，为上海时尚产业的发展提供了全新的发展舞台。上海在打造全球卓越城市和建设时尚之都的过程中，已经孵化和培育出了一批能享誉世界的本土品牌，已经具备"四大时装周"所没有的优势，因此在国际化发展的大舞台中已经具备了发展由"追随时尚"向"引领时尚"转变，由"消费时尚"向"设计时尚"转变，由"引进时尚"向"创意时尚"转变的条件，在国际化的全新舞台上能够展现出东方的时尚风采和上海的时尚之美。

二、上海时尚产业的发展现状

上海从近代开始就开启了时尚发展之路，海派旗袍、万国建筑、雪花膏等引领着那个时代中国的时尚潮流，也在全国人民的心里留下了"上海时尚"的标签。改革开放以后，上海以发展、包容、开放的姿态在经济增长、国际化程度等方面走在了全国前列，这为上海延续时尚传统、发展时尚产业带来了得天独厚的发展资源。发展时尚产业，建设国际时尚之都不仅是上海坚持"消费引领时尚、文化积淀时尚、教育点亮时尚、科技驱动时尚、品牌承载时尚"发展方针的指引，更是其发挥独特优势、彰显城市特色、提升国际影响力的必然选择。

（一）上海时尚产业的时间发展历程

上海早在20世纪二三十年代就是与纽约、伦敦、巴黎齐名的国际时尚城市，然而由于政治、经济、文化、历史等因素的作用，上海时尚产业发展逐渐落后。中华人民共和国成立后，上海市政府没有将时尚产业的发展纳入政策支持的主要发展产业，而社会主义计划经济下的国有企业也难以激发时尚产业的发展动力，上海时尚产业发展困难重重，与国际知名城市的差距也越来越大。改革开放后，随着经济社会的不断发展，时尚又重新成为人们崇尚与追求的目标。纵观近现代史，上海时尚产业的发展大致经历了时尚产业的萌芽期、时尚品牌的诞生期、时尚之都的形成期和国际时尚之都的建设期，如图12-1所示。

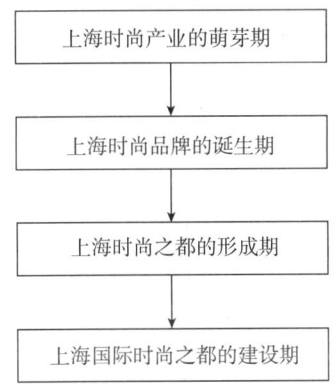

图 12-1 上海时尚产业的发展历程

1. 上海时尚产业的萌芽期

20世纪30年代，上海处于其开埠后经济繁荣与稳定的黄金发展期，缫丝厂、纺织厂、织布厂等的繁荣发展为上海时尚产业的诞生奠定了重要的生产基础，南京西路上开设的具有影响力的大型百货公司又为上海时尚产业的发展打通了流通与消费环节，外商和侨资的注入又为时尚产业发展注入了新的活力，海派旗袍、穿西装、烫发、跳交际舞等时尚行为的风靡与传播使上海成为全国时尚的引领者，上海时尚产业也就此诞生。

2. 上海时尚品牌的诞生期

伴随着民族工商企业的不断发展、时尚之风的兴起与海派文化的历史积淀，上海企业孕育和培养了一大批历史悠久、名扬海内外的品牌，在很长一段时间内都是中国商标产品基地和名牌产品之都。中华人民共和国成立后，上海一直都是全国工商企业的龙头，各行各业都涌现出大量享誉全国的名牌产品，上海也成为时尚、优质的代名词。20世纪七八十年代，上海的时尚产业也有了一定的发展，创造出了上海牌、飞跃牌、凤凰牌自行车等新兴时尚品牌,一度成为中国时尚的领军者和名牌的集聚地。

3. 上海时尚之都的形成期

20世纪80年代后,上海工商企业改革加速,轻工纺织等产业成为主导产业,不仅贡献了大量的利税,还带动了经济的快速增长。丰厚的文化底蕴、强大的品牌集聚和坚实的经济基础使上海具备了时尚之都的发展条件。90年代,随着开放水平的逐渐提高,与中国香港、中国台湾以及西方国家的文化交流日益频繁,港台地区和西方的流行元素开始进入人们的时尚生活中,生活形态和衣着服饰逐渐与国际接轨。上海人把传统的海派都市文化传统与国际多元文化的生活方式融合在一起,形成了新兴的海派时尚生活,为上海建设时尚之都奠定了重要基础。

4. 上海国际时尚之都的建设期

商业经济的发展与繁荣及其巨大的时尚消费需求使上海成为亚太地区重要的时尚消费购物之都,居民消费的日益升级也不断驱动上海时尚产业的发展,因此上海提出了打造国际时尚之都的战略构想。在国际时尚之都的战略指引下,上海时尚产业的发展取得了惊人的成绩,时尚产业的产值从2004年的493亿元增加到2010年的1340亿元,短短的7年时间占全市的GDP比重从5.8%提高到了7.94%,2016年更是达到了占全市GDP的15%[①]的水平。此外,国内外知名的服装企业、国际奢侈品品牌、国际时尚品牌设计人才也都逐渐向上海会聚,上海正大力鼓励时尚产业的发展,引导建设国际知名时尚品牌,打造"国际东方明珠之城"。

(二) 上海市时尚产业的空间格局分布

上海时尚产业开始于20世纪二三十年代,分布空间最初也集中在南京西路、江宁路、四川北路。随着开放程度的扩大、中西文化的交融与新技术、新工艺的不断发展,时尚产业的范围也由最初的服装服饰、珠宝首饰行业扩展到化妆品、眼镜、家具家居、工艺美术、健康运动、美丽保健等行业,其空间分布也逐步向核心城区以外的地方扩散。

1. 时尚产业生产的空间分布

上海时尚产业的生产主要集中在时尚创意产业园区内,根据上海市经济和信息化委员会官方网站挂牌的时尚创意产业集聚区数据显示,截止到2016年,上海市时尚创意产业集聚区数量为98家,分布在上海的各个区县,如图12-2所示。从图12-2中可以看出,上海时尚产业的生产在空间分布上表现得较为集中,黄浦区、静安区、徐汇区、长宁区、虹口区这5个中心城区占据了上海市近一半的时尚产业的生产,而宝山区、闵行区、嘉定区和松江区等工业集聚度高的辖区的时尚创意企业的分布则较少。目前,创意企业虽然主要集中在市区,但各郊区也都有创意企业的分布,并且新增的时尚创意产业大多落户于郊区,说明时尚创意企业有向郊区扩散的趋势。

---

① 上海统计局官方网站。

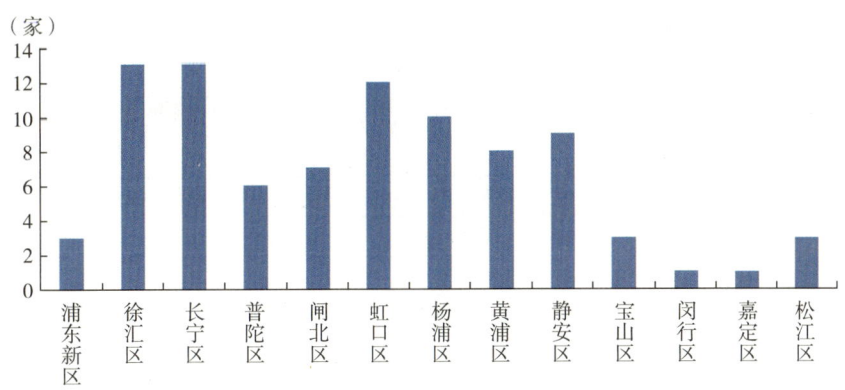

图 12-2　2016 年上海时尚创意产业集聚区的地域分布（按照行政区划）

时尚产业生产主要集中于市区主要是因为中心城区的人才资源、公共设施、文化资源等条件较为优越，但是随着上海市的发展，中心城区的空间有限，企业的租金成本、人工成本也越来越高，这使时尚创意产业不得不向郊区扩散。另外，如杨浦区和松江区的高校资源较为集中，优质人才也相对充足，这两个地区成为吸引时尚创意企业落户的重要郊区，浦东新区、宝山区、松江区的时尚创意产业均呈现崛起之势。

2. 时尚产业创意的空间分布

时尚产业创意又称为时尚创意产业，根据上海市经济和信息化委员会公布的相关资料，时尚创业产业的空间分布可以概括为"一轴两河多圈"的发展格局。"一轴"主要是指以延安路为发展轴线，在这条轴线上有环东华、静安时尚创意、800 秀、淮海路时尚消费、8 号桥、张江国家级文化科技融合示范基地等重要的时尚创意产业群，并且这一轴上的创意集聚的重大项目的影响力仍在不断地提升；"两河"指的是沿黄浦江和苏州河两岸的杨浦滨江工业设计、国际时尚产业园区、创邑河、"江南智造"等以创意设计为主的创意设计区；"多圈"主要是指全市范围内呈现出的环状的创意产业项目带，如环同济设计创意产业集聚区、复旦软件园、中广国际广告创意产业园等"多圈"式的空间布局特征。

目前，上海市各区的时尚创意企业的特色和重点发展方向基本已经确立，各区域时尚创意产业的特色和重要方向如表 12-1 所示。从表 12-1 中我们可以看出，上海的很多区县的时尚产业主要集中在设计产业上，主要包括工业设计、建筑设计、广告设计、时装设计、动漫设计、时尚艺术设计等各种设计产业。

表 12-1　上海部分行政区时尚创意产业的布局重点和特色载体

区县	重点产业	特色载体
长宁区	软件研发和信息服务业、时尚设计	环东华大学时尚产业带
杨浦区	工业设计、建筑设计、城市规划设计	同济建筑设计集聚圈
徐汇区	咨询策划、研发设计、数字内容应用设计	高校及各类研究所
黄浦区	旅游纪念品设计	专业化公共服务平台

续表

区县	重点产业	特色载体
普陀区	动漫设计、软件设计、工业设计和文化艺术	苏州河沿线、华东师大周边地区
卢湾区	建筑设计、广告设计等	品牌园区，如八号桥、田子坊
静安区	传媒、出版	电视台、报业集团的资源
浦东新区	动漫和网游的研发设计等	产业基础、人才和政策优势
嘉定区	咨询策划、文化旅游、研发设计	手工艺的传承
宝山区	动漫衍生品的研发、以节能环保为主题的研发设计	老厂房、老仓库
松江区	影视制作、传媒等	影视基地

资料来源：根据《"十三五"规划预研究报告》相关内容整理。

3. 时尚产业消费的空间分布

进入21世纪后，通过举办各种时尚活动，引进世界时尚品牌，加之上海经济发达，人均收入水平居于全国前列，拥有众多的中产阶级者，对时尚消费品的消费能力较强，上海已经成为中国时尚消费的重要城市。根据上海市统计局的相关统计数据，我们发现上海时尚消费的空间分布具有两大特征：第一，上海消费空间分布相对集中；第二，不同的时尚品牌所集中的区域有所不同。如图12-3所示。

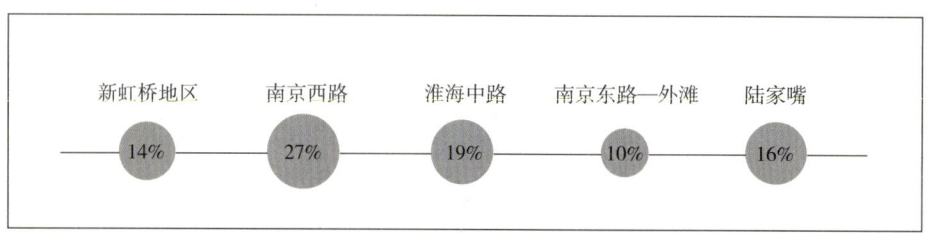

图12-3 上海时尚产业消费的空间分布

上海时尚消费的空间分布相对集中，新虹桥地区、南京西路、淮海中路、南京东路—外滩、陆家嘴这几个地区集中了上海市86%的时尚消费量。这些消费空间集聚的区域主要有人流量大、拥有悠久的商业街历史、商场多的特点，时尚消费品牌向这几个地区集中能够形成规模效应，促进时尚产业的发展。当然，不同的时尚消费品牌对商业区位会有不同的要求。钟表和珠宝类的时尚消费品对商业区的历史文化积淀要求较高，上海市的这类消费品主要集中在南京东路—外滩这一保留原有历史风貌的街区，以临街商铺为主，都有橱窗进行珠宝和钟表展示。时装则倾向于那些大型的购物中心，拥有更便利的交通和更加宽敞的购物空间。因此，不同的时尚消费品的集中范围也是不一样的（见表12-2）。

表12-2 上海时尚消费空间特征

时尚消费空间	发展历史	集聚程度	典型特征
新虹桥地区	+	+ +	近城市对外交通枢纽
南京西路	+ + +	+ +	"金三角""金五星"的空间结构

续表

时尚消费空间	发展历史	集聚程度	典型特征
淮海中路	＋＋	｜	功能齐全，消费层次完善
南京东路—外滩	＋＋	＋	结合古老建筑和旅游客流
陆家嘴	＋＋	＋＋＋	集中分布于大型购物中心

注："＋""＋＋""＋＋＋"代表发展历史依次变长或集聚程度逐渐变高。

三、上海打造国际时尚之都的优势与挑战

（一）上海打造国际时尚之都的优势

时尚产业的迅猛发展不仅能够促进经济增长、产业结构优化升级，同时时尚产业的发展和集聚，也已经是国际大都市的重要发展标志。

上海不仅是中国经济发展水平较高的特大城市，拥有全国最大的消费市场，而且具有建设国际时尚之都得天独厚的发展优势。

1. 优越的自然地理条件

上海地处长江入海口，是太平洋西岸的中心城市，拥有中国最大的出口贸易港，上海自贸港的建设更是为上海发展提供了重要的发展机遇。上海处于北纬32°，四季分明，不失为天然享受与展示服装时尚的地方。同时，上海处于东京、中国香港、首尔、中国台北等亚太时尚城市扇面辐射带的中心，具有独特的信息、商流、流行、贸易、配送的地理优势，能成为国际会展、时装发布流行信息交汇点（见表12-3）。

表12-3 国际时尚之都的维度分布

城市	巴黎	伦敦	米兰	纽约	东京	上海
北纬（度）	48	51	45	41	36	32

资料来源：根据百度地图整理而得。

2. 雄厚的产业基础

雄厚的时尚产业力量和完整的产业链是成为世界时尚之都的基本条件。除需要拥有强大的设计、制作和销售能力外，其他的如饰品、鞋帽、珠宝、皮具、化妆品以及商业、时尚信息产业、原材料供应、教育等相关环节都十分发达。上海具有发展时尚产业必需的精密制造工业基础，轻纺工业基础好，正处于从"多样化整合阶段"向"量质转变阶段"转变的过程。并且作为全国最大的服装设计、生产、销售、贸易中心，在生产组织、工艺

流程、人员培训等方面，可与长三角地区的纺织服装产业集群形成有效的协同与配合。

3. 独特的海派文化

时尚产业的发展离不开区域文化的支持，那些具有区域特色、反映区域文化底蕴的时尚产品往往能受到消费者的欢迎和追捧。因此，区域的文化特色与文化氛围基本上会奠定时尚产业的发展基调和时尚产业的发展规模。上海的发展历史与北京、广州、深圳等有所不同，上海是吴越文化与西方欧美文化互相融合形成的一种文化氛围，上海这种融合的海派文化是一种兼容并蓄、开放多元的文化，既具有中国古典文化的典雅韵味，又具有欧美热情奔放的现代时尚，是中国大陆上的一种别样的文化，也是上海在改革开放后迅速发展的重要因素。

4. 较好的经济发展水平

时尚产业的发展离不开经济基础的支撑作用，一般而言，经济越发达，时尚产业的发展会越好，时尚与经济之间越具有趋同发展的趋势。从全球五大时尚之都巴黎、东京、纽约、伦敦、中国香港的发展历程来看，这些城市的经济实力都十分强大，人均GDP一般在5000美元以上。上海2018年的GDP为32679.87亿元，人均GDP为13.50万元，远远超过了5000美元。上海有大量的白领和精英阶层，中等收入群体较多，消费能力较强，并且每年新进入中产阶级的人数增长也较快，全国乃至世界的人才精英都在上海会聚。此外，随着迪士尼乐园的建成与开放，每年来上海旅游消费的人数也在不断增加，上海的时尚消费市场较大。

5. 优良的政策环境

上海市政府对文化创意产业、美丽健康产业等时尚产业高度重视，认为时尚产业是提升城市吸引力、竞争力、影响力和软实力的核心要素，是塑造城市品牌、培育城市创造力的重要途径。2017年9月14日，上海市人民政府印发《关于推进上海美丽健康产业发展的若干意见》的通知，今后要大力发展美丽健康产业、优化美丽健康产业市场的供给、提升人民群众生活品质，对更好地推进国际"设计之都、时尚之都、品牌之都"做好充分准备。2017年12月14日，上海印发《关于加快本市文化创意产业创新发展的若干意见》，坚持文化强市，为文化创意产业、时尚产业的发展提供良好的政策发展环境。

（二）上海打造国际时尚之都面临的挑战

上海市发展时尚产业、建设时尚之都虽然具有较明显的优势，但是与时尚产业发达的米兰、巴黎、纽约、伦敦等城市相比还有很大的差距，上海在国际化程度不断加深的背景下建设国际时尚之都面临着未能凸显海派文化的优势，文化传播力和影响力不足；缺乏具有国际影响力的本土品牌，自主创新能力不足；时尚科技市场化能力不强，科技创意力量较弱；时尚产业各环节联系不紧密，产业链融合度低等方面的挑战。

1. 未能凸显海派文化的优势，文化传播力和影响力不足

上海作为我国的金融中心、贸易中心、航运中心、科创中心，具有得天独厚的经济发展优势，也具有包容开放的海派文化，但是由于上海本土时尚设计主要模仿西方国家，没有围绕海派文化进行创意设计，使与海派文化相关的具有国际影响力的时尚品牌严重缺

乏，这既不利于海派文化优势的发挥，也不利于上海打造具有全球影响力的时尚之都。此外，上海打造国际时尚之都还面临着时尚媒体数量和品牌较少的窘境，在媒体风格、传播内容、语言体系等方面也难以满足上海时尚产业、时尚品牌的推广和传播的需要，对上海时尚产业提升国际影响力产生严重影响，也是上海打造国际时尚之都的制约因素。

2. 缺乏具有国际影响力的本土品牌，自主创新能力不足

自主创新是产业竞争力的核心，上海发展时尚产业，建设国际时尚之都需要非常强的自主创新能力。从世界五大时尚之都的发展经验看，各个国际时尚之都都有不同的特色，自主创新的方向和侧重点也有所不同。上海时尚产业的发展虽然拥有较大的消费市场，但却缺乏本土的时尚设计师、时尚倡导者、时尚引领者，当然更加缺少具有自身文化特色的时尚品牌。上海已有的时尚品牌大多相互模仿，真正有创意的设计较少，至今也没有找到特色鲜明、不可替代、能结合自身古典和现代融合的文化背景的风格，无法体现出海派文化的特征，也无法突出上海的消费潮流、消费理念和时尚特色。因此，上海时尚产业自主创新能力总体较弱，这是制约其成为国际时尚之都最重要的因素。

3. 时尚科技市场化能力不强，科技创意力量较弱

科技创新在世界发展过程中的影响力日渐凸显，科技创新能力已经成为未来时尚产业发展的重要推动力量。虽然上海的政府、企业、媒体、设计师都了解科学技术对时尚产业的影响，但由于上海国有企业比重较高，时尚科技的市场化能力不强，科技与时尚结合的产品大多还停留在展览会和发布会上，没有真正实现商品化、大众化、规模化，也没有融入人们日常的消费品中。因此，将科技进步的成果与时尚创意相结合，不断增强科技创意能力，推陈出新地研制新时尚产品对未来把握国际时尚脉搏、引领国际时尚潮流具有重要意义。

4. 时尚产业各环节联系不紧密，产业链融合度低

时尚产业通过对市场、人才、品牌、企业、活动等要素的整合，对接形成独特产业链。时尚产业的产业链包括原料生产、时尚设计、产品加工、品牌营销、商贸物流等环节（见图12-4）。虽然，上海发展时尚产业具有比较好的产业基础，但上海时尚产业链的发展却缺少成体系的科技创新和研发力量，高级工艺制造能力、营销渠道、专业信息、资本的支撑不足，时尚品牌、文化艺术氛围缺失，特别是时尚产业的创意、设计、制造、营销、推广、培训等诸多环节割裂，各类资源要素分属不同行业、跨越不同部门，均在寻求各自的利益最大化，导致文化与时尚、时尚与创意、设计与市场、产业与活动之间的联动不够，亟待整合，形成相对完整的产业链。

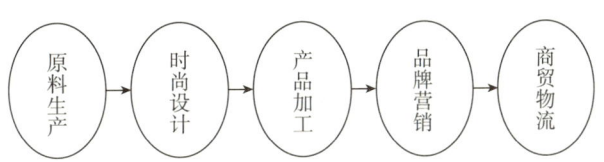

图12-4 时尚产业的产业链

四、国际化背景下上海时尚产业的发展路径

(一) 构建"政府推动+创意设计"的发展模式

中国是社会主义国家,拥有一个强有力的政府,能够在合适的时间和合适的条件下集中力量办大事,这是西方发达国家所不具备的发展条件。上海建设国际时尚中心应当充分发挥政府强有力的推动作用,为时尚之都的建设提供良好的政策环境。上海市政府近年来已经意识到发展时尚产业的重要性,已经在时尚要素集聚、时尚产业资金配套、时尚产业发展促进机构方面采取了一些措施,但这远远不够,还需要政府在坚持现有政策的基础上,进一步发挥对时尚产业的规划引导和政策引领作用。在政府大力支持下,时尚产业抓住政策支持机遇完善产业链、拓宽价值链,大力发展创意设计,提高时尚产业的国际竞争力和产品附加值,增强时尚产业发展的长久动力。此外,国际时尚城市的发展历程表明,无论是以设计、制造、消费哪一环节发展起来的,在进行一段时间发展与积累之后,最终都要依靠设计才能保障持久的发展。因此,上海国际时尚之都的中长期发展目标是建成以创意驱动的设计之都。上海市政府在确定了合理的国际时尚之都的定位之后,应当为其提供发展的必要条件,促进上海时尚之都的顺利建成。

(二) 培育"时尚消费主体+本土时尚品牌"的发展态势

时尚产业的发展离不开多元消费主体的支持,也离不开具有国际影响力的品牌的支撑。因此,上海未来打造国际时尚之都,推进时尚产业国际化要大力培育"时尚消费主体+本土时尚品牌"的发展态势,增强时尚产业的内生动力和国际影响力。上海培育多元时尚消费主体要引进和发展时尚媒体。时尚媒体一方面在传播时尚理念、倡导时尚消费、传递时尚信息方面具有非常重要的作用;另一方面能够促使消费者形成对时尚产品消费的欲望,为消费者时尚消费提供动力。随着互联网技术的发展,时尚媒体的传播途径从平面、电视媒介,到网络媒介,再到微博、微信媒介,新兴媒体的传播力度和传播能力更强,这对推动时尚消费市场需求的形成、培育时尚消费群体具有非常重要的意义。在时尚媒体的倡导和宣传作用下,还要大力培育多元的消费主体、发挥先锋消费群体的时尚潮流和扩大社会时尚的影响力的作用,提高大众消费群体对时尚产品的购买力,增强居民的时尚意识和时尚理念。此外,上海要在国际上成为首屈一指的时尚大都市,除培育多元时尚消费主体,提升时尚产品的购买力外,还应当积极培育自身的本土文化品牌,打造属于上海的时尚城市标准和象征。

(三) 建立"多元+立体+开放"的综合产业发展体系

时尚产业是一个综合的产业体系，产业链条也较长，因此在国际化程度不断加深的背景下，建立"多元+立体+开放"的综合产业发展体系就显得尤为重要。首先，引进知名时尚企业的区域总部。上海利用其良好的基础设施、便利的交通、巨大的消费市场不断吸引时尚知名企业前来落户，形成世界各知名品牌的区域总部的集聚，为上海时尚产业的发展带来人才、资本等发展要素，形成一个完整的时尚产业体系，促进上海时尚产业的发展。其次，培育或引进若干个有国际竞争力的本土精品品牌或企业集团。发挥产业基础优势、海派文化的优势，增强上海时装秀等平台的国际影响力，引进已具备成熟商业模式的时尚企业，培育具有国际竞争力的本土精品品牌或企业集团。最后，鼓励传统都市产业向时尚都市产业转型。改变过去传统都市产业主要依靠资源和劳动力投入、环境污染高、产品附加值低的发展模式，转向依靠创新和资本投入、产品附加值高、污染小的时尚产业，提升整体都市产业的发展体系。

五、推动上海国际时尚产业发展的政策措施

上海发展时尚产业、建设国际时尚之都不仅具有促进经济增长和推动产业结构优化升级的重要作用，还能够提高城市的国际知名度、美誉度和影响力，对上海的长远发展具有非常重要的意义。上海发展时尚产业，政府应当在政策上提供便利。

(一) 制定上海时尚产业战略发展规划

上海发展时尚产业，首先就要确定时尚产业的发展战略，制定时尚产业发展的专项规划。市场在资源配置中虽然起决定作用，但这并不妨碍政府通过手中的政策集中力量办一些有利于长远发展的大事。时尚产业是新兴产业，需要政府给予良好的发展政策，明确其产业定位和未来的发展方向。伦敦在建设并维持国际时尚中心时也颁布过《伦敦：文化资本——市长文化战略草案》，这为伦敦时尚产业的发展奠定了基础，明确了伦敦建设世界时尚文化中心的目标，并且制定了具体的实施措施。上海在对时尚产业制定发展战略规划的同时，还应当成立相应的规划落实和促进机构，通过这一机构使政府部门、企业、科研院所、媒体进行通力合作，促进时尚产业按照规划的方向发展。

(二) 加快制定和完善产业政策和相关法律

时尚产业是一个新兴产业，是多个产业的综合，拥有非常庞大的产业体系，在发展过程中也会遇到之前所没有遇到的问题，所以应当加快制定和完善产业政策和相关的法律，为时尚产业的发展提供政策和法律保障。时尚产业发展的产业政策主要集中在土地、融

资、税收、财政转移支付等方面，这些产业政策不仅能为时尚产业发展提供良好的商业环境，还能够激发大众对时尚产业的创业热情。此外，政府还应当加大时尚产业园区的建设，延长上海时尚产业链，提升企业的自主创新能力。对于时尚产业的发展，政府应当主要在产业导向、战略布局、关系协调等方面发挥指导作用，通过市场机制来促进相关企业的协调发展。

（三）建立时尚产业发展专项基金

时尚产业的发展离不开资金的投入，政府倡导建立时尚产业发展专项资金，用于扶持时尚企业的发展，这对促进时尚产业链的延伸与时尚产业的发展无疑具有非常重要的意义。上海为进一步发挥市级宣传文化专项资金、促进文化创意产业发展财政扶持资金、服务业发展引导资金等专项资金的引导和杠杆作用，加大财政资金投入，突出重点项目扶持力度。规范各级各类文化创意产业发展专项资金的使用管理，加大对关键领域、薄弱环节、重点区域的支持力度。充分发挥文化创意产业投资基金的引导作用，撬动社会资本投入。政府倡导时尚企业进行PPP的融资模式，将社会资金转移到企业中来，促进时尚企业的发展。政府还可以给从事时尚研究的高校和科研机构予以科研经费的支持，奖励好的时尚创意。

（四）加强时尚产业人才的培养和引进

时尚人才是时尚产业的核心要素，加强时尚产业人才的培养和引进，要贯彻《"十三五"规划纲要》精神，坚持服务发展、人才优先、以用为本、创新机制、高端引领、整体开发的指导方针，充分发挥国内人才作用，积极引进和用好海外高层次人才。上海应加强政府的宏观管理，为时尚人才的发展提供公平公正、尊重人才的良好环境。依托高等院校设立一批高层次文化艺术人才工作室和紧缺艺术人才创新工作室，支持高等院校、科研院所和文化创意企业联合共建人才实训基地。鼓励社会力量参与，培育、引进知名文化创意人才培训机构。促进文化领域非学历教育培训市场规范发展。鼓励文化创意企业以知识产权、无形资产、技术要素入股等方式，加大对骨干人才的激励力度。推进用人制度改革，推进完善文化人才分类评价。

（五）加强国际与国内合作

在经济全球化已经渗透到各个国家与各行各业的今天，上海要促进产业结构优化升级，发展时尚产业，单纯依靠自身的力量显然是不够的。上海要与巴黎、米兰、伦敦、纽约、东京等世界时尚之都加强交流与合作，充分利用其丰厚的人才、品牌、产业资源，促进上海时尚产业的发展。鼓励通过新设、收购、合作等方式对外投资，在境外收购文化创意企业、演出剧场和文化创意项目实体，在境外设立演艺经纪公司、艺术品经营机构、文化经营机构。鼓励文化创意企业借助电子商务等新兴交易模式开拓国际业务，培育发展文化创意跨境电子商务。此外，上海紧邻长三角城市群，要加强与长三角城市的交流与合作，利用长三角城市中的服装、制鞋等产业历史积淀和著名商标与企业，促进上海时尚产业的发展。上海要发挥各种合作机制的作用,多层次、多渠道、多方式推进国际、国内科技合作与交流,支持时尚产业的科研发展。

(刘慧 上海社会科学院经济研究所)

参考文献

[1] 高杨. 服装动态展示中的多重功能研究[D]. 东北电力大学,2017.

[2] 王淼. 基于时尚产业价值链视角的项目管理模式分析与论证——以柯桥时尚产业发展的项目实施方案为例[J]. 纺织导报,2017(4):95-98.

[3] 茅淑桢. 消费者需求下时尚产业与电子商务的融合发展[J]. 商业经济研究,2017(6):204-206.

[4] 冯金凤. ICT对时尚产业效率的影响研究[D]. 浙江理工大学,2017.

[5] 王敏. 上海时尚产业集聚的影响因素及动力机制研究[D]. 东华大学,2017.

[6] 王璐. 特色小镇产业生态链及其空间载体构建研究——以余杭艺尚小镇为例[J]. 小城镇建设,2016(3):75-79.

[7] 张婉诗. 时尚产业与新媒体产业的融合性研究[D]. 东华大学,2016.

[8] 许义凡. 时尚产业区位选择影响因素评价研究[D]. 上海工程技术大学,2016.

[9] 孙莹,汪明峰. 纽约时尚产业的空间组织演化及其动力机制[J]. 世界地理研究,2014,23(1):130-139.

[10] 王列生. 时尚产业:符号生产与市场操控[J]. 艺术百家,2014,30(1):23,52-68.

[11] 张佳. 上海时尚产业集聚度测度及效应研究[D]. 东华大学,2014.

[12] 颜莉. 时尚产业组织模块化价值创新能力评价研究[D]. 东华大学,2013.

[13] 唐忆文,詹歆晔,蔡云,屠烜. 国际时尚产业发展趋势及上海借鉴[J]. 上海文化,2013(4):66-72.

[14] 颜莉,高长春. 模块化视角下上海时尚产业发展路径研究[J]. 人文地理,2012,27(3):60-66.

[15] 颜莉,高长春. 时尚产业模块化组织价值创新要素及其影响机制研究——以五大时尚之都为例[J]. 经济问题探索,2012(3):141-148.

[16] 刘长奎,刘天. 时尚产业发展规律及模式选择研究[J]. 求索,2012(1):31-33.

[17] 宋煜,胡晓鹏. 浅析上海时尚产业发展路径选择[J]. 企业经济,2011,30(10):130-133.

[18] 颜莉,高长春. 时尚产业国内外研究述评与展望[J]. 经济问题探索,2011(8):54-59.

[19] 赵君丽. 时尚产业的经济学分析[J]. 云南社会科学,2011(3):33-36.

[20] 陈媚,朱晓琳. 时尚产业要从"中国制造"走向"中国创造"[N]. 南宁日报,2010-04-25(2).

[21] 高骞. 上海时尚产业政策研究[J]. 科学发展,2009(10):87-95.

[22] 姜荣春. 发展时尚产业启动国内中高端消费市场[J]. 今日中国论坛,2009(Z1):45-48.

[23] 赵磊. 时尚产业的兴起和发展[J]. 上海企业,2007(2):50-52.

[24] 许露. 全球科创中心战略下的上海高新区发展策略探讨[D]. 华东理工大学,2017.

[25] 肖林. 未来30年上海全球科技创新中心与人才战略[J]. 科学发展,2015(7):14-19.

[26] 夏毓婷. 论国际时尚之都建设的价值导向与战略重点[J]. 湖北行政学院学报,2014(6):48-51.

第十三章
深圳：产业融合与时尚产业发展

深圳是我国改革开放的前沿阵地，经济实力雄厚、时尚产业发达、市场需求庞大、城市文化包容，已经发展为我国最重要的时尚之都之一。2008年，深圳获得联合国教科文组织授予的"设计之都"称号。经过多年发展，其时尚产业已在设计、展销、跨境交流与贸易等诸多环节产生了全球广泛的影响力。本章首先剖析了深圳发展时尚产业的优势条件，其次从产业融合角度总结了其时尚产业发展特点及其制约因素，最后针对深圳时尚产业现状和未来发展趋势给出了建议。

一、深圳发展时尚产业的基础

当今世界，以制造服务化、服务网络化为主要特征的产业融合趋势越来越明显。深圳是新技术、新业态、新模式不断涌现并成功落地的城市，特别是互联网、大数据、生物技术、机器人等新技术的发展和应用，不仅改变了深圳的制造业，也深深地影响了时尚产业的发展。当下，深圳面临着粤港澳大湾区和"一带一路"建设的双重战略机遇。在《粤港澳大湾区发展规划纲要》中，深圳的定位进一步明确为"加快建成现代化国际化城市，努力成为具有世界影响力的创新创意之都"，这无异于为深圳时尚产业的发展指明了方向。

(一) 独特的区位优势和开放包容的创新环境

深圳地理位置优越，是连接香港和内地的重要桥梁和纽带，具有依托香港，构建粤港澳大湾区腹地支撑的得天独厚的地缘优势。城区建设和营商环境的国际化和规范化让深圳在把握全球时尚潮流、推动产业交流融合、拓展国际市场等方面走在前列。作为粤港澳大湾区的中心城市之一，深圳聚集了时尚产业发展所需的高密度人才要素，资本要素以及文化、艺术、科技等知识要素。同时，作为中国改革开放的窗口和国际时尚文化传播的前沿阵地，深圳日渐形成了开放包容和兼收并蓄的城市特质，为国际时尚人才交流、时尚文化氛围培育、时尚创意设计创新提供了发展土壤。

(二) 雄厚的经济实力和坚实的产业基础

深圳是中国"女装之都""钟表之都""珠宝之都"，联合国教科文组织"设计之都"，时尚产业发展全国领先。经过多年摸索，深圳时尚产业已经与科技、金融、设计等多个领域实现了融合与创新，引领产业链各环节不断向高端攀升，促成"深圳制造"向"深圳创造"的飞跃。2008年，深圳加入联合国教科文组织全球创意城市网络，成为中国第一个、全球第六个"设计之都"[1]。

一方面，从产业结构来看，由电子信息、服饰等传统制造业起家的深圳近年来率先感受到产业转型的压力，而时尚产业正在成为传统产业转型升级的引擎。以服装产业为例，形成了以南山荔秀服饰文化街区、福田车公庙、龙华大浪时尚小镇、光明内衣生产出口基地为代表的产业集群，服装及衣着附件出口金额基本稳定，常年保持在80亿美元左右（见图13-1、图13-2）。

另一方面，从产业相关性来看，深圳在文化创意、设计等与时尚产业高价值环节相关的产业方面实力雄厚。2017年深圳文化创意产业实现增加值2243.95亿元，增长14.5%，占全市GDP的比重超过10%。预计到2020年，全市文化创意产业增加值将突破3000亿元，占全市生产总值的比重将超过10%[2]（见图13-3）。

(三) 年轻活力的城市特质和持续强劲的时尚消费需求

深圳是一座典型的移民城市，人口多元、文化包容，不同的价值观、消费观集聚，兼容并蓄的历史塑造了深圳独特的文化氛围，形成了敢于冒险、宽容失败、忠于职业、能者至上的创新创业精神。深圳常住人口平均年龄为32.5岁，人口结构相对年轻，善于捕捉时尚潮流，对发展时尚产业、营造时尚文化具有一定的先知先觉性。年轻与活力是深圳的城市特点，为其带来了前沿的时尚理念和强劲的时尚消费需求，也让消费者成为城市时尚话语权的真正掌控者。

(四) 龙头企业的引领效应突出

经过多年的产业积累和快速发展，深圳已成长和涌现出一批时尚产业龙头企业，产生

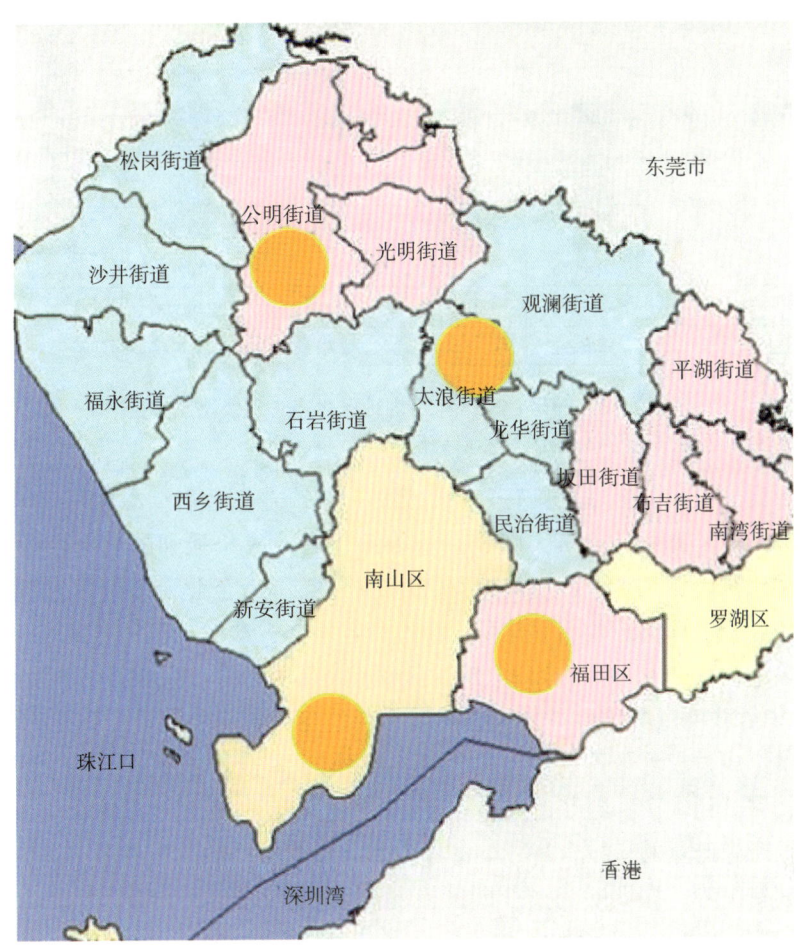

图 13-1 深圳市服装产业四大集群

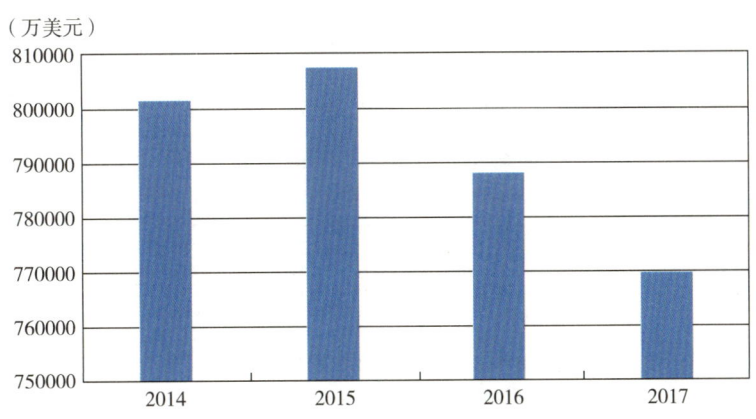

图 13-2 2014~2015 年深圳市服装及衣着附件出口金额

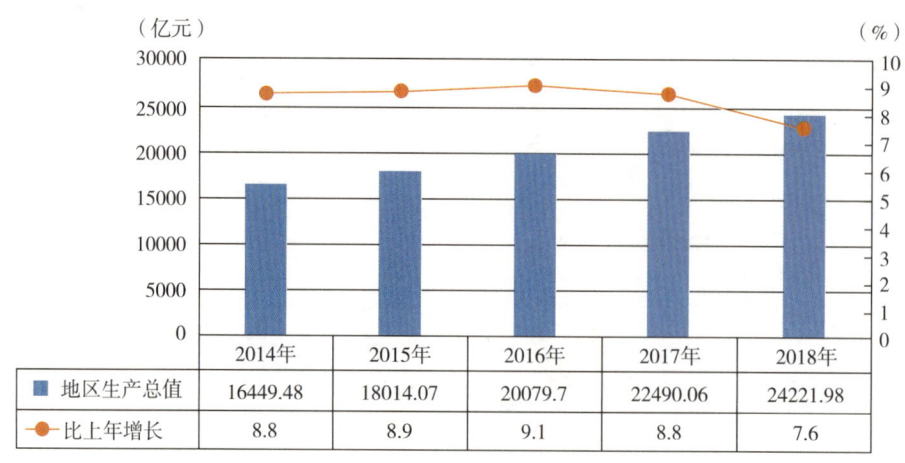

图 13-3 2014~2018 年深圳地区生产总值及增长速度

资料来源：《深圳市 2018 年国民经济和社会发展统计公报》。

了良好的产业集聚效应，形成了具有独特优势的时尚产业企业群。深圳现有华为、腾讯等 7 家"世界 500 强"企业，也有大疆创新、碳云智能等成长强劲的创新企业，还有华侨城、雅昌等文化时尚领军企业，境内外 40 多家文化类上市企业，3000 多家规模以上文化企业，上述企业能发挥支撑和引导作用，通过产业协作，形成规模集群效应。同时，深圳现已集聚了多个文化产业园区，如 F518 创意园、大芬油画村、深圳国家动漫画产业基地、OCT-LOFT 华侨城创意文化园等，这些园区平台的建设对公共文化空间的形成和中小微文化企业的聚集成长起到了至关重要的作用。此外，华强北被称为"硬件创客的天堂"，具有从开模、测试到生产、封装的完整链条和最快的创新理念到成品的转化能力。这都将有力提升深圳时尚产业的科技含量，丰富深圳时尚产业的产品和服务形态，为深圳时尚产业发展提供创新优势。深圳时尚产业园区概况如表 13-1 所示，其中大浪时尚小镇如图 13-4 所示，深圳 F518 创意园如图 13-5 所示。

表 13-1 深圳时尚产业园区

园区名称	园区概况
大浪时尚小镇	以建设世界级时尚产业集群为目标，依托大浪女装时尚品牌优势、深圳时尚科技优势、粤港澳大湾区的国际商贸流通和消费市场网络优势，突出创意设计能力，着力打造时尚企业总部集聚区、时尚创意人才集聚区、时尚创新中心、时尚发布中心和时尚消费中心
深圳 F518 创意园	深度挖掘、整合、联动相关产业资源，通过制定标准化的运营体系、搭建信息化的公共服务平台、打造优良的创意服务与孵化氛围，真正实现信息化管理（线上）+标准化运营体系（线下）的 O2O 运营模式，逐渐成长为中小微文化企业及文化产业项目的孵化器
深圳设计之都创意产业园	以规范化的企业运营模式专注于展会服务与会议服务
粤港澳（深圳）影视文化创意产业园	集影视艺术创作、影视技术制作、影视人才孵化、时尚创意设计、文化主题酒店、文化创客空间、特色餐饮为一体的"产业聚合型影视文化创意产业园"
李朗国际珠宝产业园	集珠宝加工、生产、展示、拍卖、批发、国际交易为一体的大型珠宝产业园

资料来源：笔者整理。

图 13-4　大浪时尚小镇

资料来源：http://www.sznews.com/news/content/2019-03/19/content_21484944.htm.

图 13-5　深圳 F518 创意园

资料来源：http://www.chinadaily.com.cn/dfpd/sz/2014-12/22/content_19139873.htm.

时尚产业是以文化为依托、技术为基础、艺术为支撑，通过创新、创意、创造对各类传统产业资源要素进行整合、提升、组合后形成的新兴产业链，是跨越高附加值先进制造业与现代服务业产业界限的多产业集群的综合化产业。在产业形式上，以服装服饰、皮具包袋、鞋帽、钟表、珠宝首饰、美容化妆品、数码电子等行业为基础，涵盖了时尚研发、时尚创意设计、时尚制造、时尚商贸、时尚品牌营运、时尚咨询策划、时尚推广、包装印刷、时尚摄影、时尚展览展示、模特演艺、时尚媒体、时尚教育、时尚消费、时尚文化艺术、时尚娱乐、金融服务等产业链环节。结合深圳时尚产业发展的基础优势、城市发展特质，深圳时尚产业可分为三个层次，包括核心产业、延伸产业、支撑产业，具体内容如表13-2 所示。

表 13-2 深圳时尚产业的分类体系

体系	内容
核心产业	设计以及服装、黄金珠宝、钟表、眼镜、皮革箱包、时尚电子等产品和服务
延伸产业	时尚运动、时尚健康、时尚动漫、时尚家居、乐器、工艺品等产品和服务,以及相关产业的时尚化
支撑产业	时尚媒体、时尚传播、时尚展览、时尚教育、文艺创作、出版、广告、咨询、互联网时尚资讯

资料来源：笔者整理。

总的来说，深圳时尚产业发展的行业导向是开放的，产业链发展重点集中在研发设计、时尚总部经济、时尚金融、精益制造、品牌营销等产业价值链高端环节。未来深圳将打造世界级湾区时尚中心和国际时尚之都，其时尚产业链条必将延展至其他领域，因此产业现状的分析和对未来产业融合趋势的判断把控十分必要。

二、深圳时尚产业发展的特点

得益于完善健全的市场配套和资源集聚，经过多年发展，深圳时尚产业形成了产业链纵向一体化和同类产品资源横向集群化的发展模式，呈现出融合发展的态势。与此同时，本地企业在不断寻求新市场、接受新技术和满足新需求的过程中，分工逐渐细化，上下游分工协作、共性资源共享的特征日益凸显。主要表现在以下四个方面：

（一）产业链分工更加细化和专业化

由于时尚产业跨行业、跨区域协同发展的内在驱动力较强，导致时尚产业业态的裂变与重组加速，行业分工更加细密和专业化。如深圳钟表行业，目前深圳是全球主要的钟表生产和配套基地，产业链完整，形成了精密加工设备制造、机芯、表壳、表盘、表带及芯片、电路板、微型步进电机等完整产业链，以及研究开发、外观设计、加工设计、加工制造、试制检测、表面精细化处理、材料改性等价值链[3]。深圳时尚企业将生产环节转向内陆，将设计研发环节留在深圳，是深圳时尚产业分工升级的体现。基于新的技术和商业模式，新一轮的时尚产品和服务开启了线下制造商、线上销售商、第三方运营商、内容提供商等的多方联合，形成了多个企业共同经营一条产业链的分工模式。在出版和影视行业领域，深圳建成广东国家数字出版基地深圳园区，形成国内领先的数字出版产业链，内容创意和出版、影视制作和播出呈现逐步分立的态势，既可以带动细分领域的专业化提升和市场化合作，也可以促进影视文化产业链资源在全国范围内配置，这些产业链条上各环节、各要素错综复杂交织在一起，催生了产业生态集群。

（二）产业间跨界合作需求日益增强

数字技术、新媒体技术、移动终端技术、"互联网+"等通用先进技术的发展，为深圳时尚产业的跨界融合创造了机遇。例如，在新媒体及文化信息服务等领域，深圳集聚了易尚展示、丝路数字视觉、骄阳创意等一批领军型企业。通过数字出版和新媒体运营，实现了与读者的体验互动，更加关注基于大数据库的多维度阅读需求、有效阅读资源、用户行为状态的信息采集；更加注重从读者需求出发，强化出版资源的规模化集成、整合和推广；更加注重充分利用互联网、移动互联网和物联网的作用，强化全媒体、全介质、全通道、全设备、全装置的内容传播，出版发行产业与新媒体产业之间的合作点越来越广泛。深圳在文化创意产业跨产业链和跨区域合作的过程中，打破了以技术为导向的产业联盟发展格局，推动组建了以市场与应用为导向的新兴文化业态产业联盟，如建立了深圳市服装行业协会、深圳市时装设计师协会、深圳市文化创意行业协会等[4]。通过培育跨文化领域的新型文化创意企业，实现不同类型文化创意产业之间的深度融合与创新发展，进一步拓展文化创意产业发展空间，构建更大体量的产业生态链。

（三）大中小企业生态构建更加完善

从时尚产业发展的载体来看，深圳拥有完善、开放、创新的时尚产业生态系统，形成了企业自身持续良性发展的活力源泉。时尚产业的发展既需要龙头企业或平台企业提供骨架支撑，也需要中小微创新企业作为配套，实现活力带动。时尚产业的持续发展离不开多元化、集团化企业的带动，也离不开大量中小微时尚产业企业的行业补链。深圳时尚产业的快速裂变与重组是产业发展与市场接轨的结果，中小微企业专注于"做专业的事"与龙头企业之间形成互补发展的格局。例如，目前深圳南山区的荔秀街区云集国内外知名高档面料商家，服装原料、辅料及生产、加工等企业和商铺，商户基本将设计、打版、销售等业务流程设在街区，形成完备的产业链服务体系。街区商铺7000多家，自主原创高端女装品牌上千家，其中有90%以上的商户注册了自己的品牌，这些品牌有自主知识产权、研发设计队伍、运营和销售团队[5]。时尚产业发展不仅需要龙头企业必须主导时尚产业的主旋律，还需要强化行业内产业链上下游的专业化配置布局，运用市场化机制推进各细分行业链环节实现专业化、市场化发展，以市场为导向，持续推进行业竞争力。

（四）时尚与科技融合更加紧密

深圳顶尖科技创新企业如华为、中兴、腾讯、光启、三诺、大疆等层出不穷，深圳4G技术、超材料、基因测序、3D显示、新能源汽车等科技领域的创新能力也已处于世界前沿。与此同时，创意、创新设计师在"设计之都"的深圳不断集聚，推动着深圳时尚产业快速崛起。党的十九大以来，中国不断加强产业与科技融合的创新和应用推广，涌现出一批以高新技术为依托、以数字内容为主体、以自主知识产权为核心的高成长型科技企业，促使科技交融渗透到时尚产品创作、生产、传播、消费的各个层面和关键环节，成为文化创意产业发展的核心支撑和重要引擎。具体来说，时尚与科技融合在深圳逐步形成了多层次、宽视野、跨行业的崭新格局[6]。一方面，时尚科技融合创新出以电子技术、网络技术、信息技术和数字技术为核心的时尚传播方式，极大地提升了时尚的表现力、传播力、吸引力和影响力，如各类音视频技术在中国（深圳）国际品牌服装服饰交易会、深圳国际珠宝展、深圳国际家具展、中国（深圳）国际品牌内衣展等时尚类展览交易会的成功应用，使艺术演出和实景视听节目的观赏效应、交互效应、时尚氛围愈加突出。另一方面，深圳在4D电影、"VR＋艺术"、"VR＋博物馆"等科技新载体和新业态方面的领先地位，推动了优秀时尚产品数字化传播和体验化传承，极大地提升了时尚产业的附加值。

总之，随着科技创新和消费升级，深圳市从代工到自主制造再到产生众多代表本土气质的原创品牌，其间经历了三十多年的发展壮大，在中国时尚界独当一面。深圳有超过1000个时尚品牌；在全国一线城市商场中，分布着10万余家专柜；每销售5件中高端服装，就有3件出自深圳设计师之手。深圳时尚从业者坚持抓品牌、抓设计、抓质量、抓渠道，以产业融合为抓手，正逐步实现从"加工代工"到"智造创造"的跨越。

三、深圳时尚产业发展面临的制约因素

（一）时尚产业整体发展水平有待提高

与其他国际时尚之都相比，深圳时尚产业发展水平不高。深圳的各类时尚产业起步较晚，起点较低，前期均主要依托香港的产业转移，从代工开始做起，时尚产业整体的专业性、权威性、引领性、艺术性、国际知名度与国际时尚之都相比，存在较大差距。目前，深圳黄金珠宝、钟表、眼镜、家具等传统制造类企业数量占比仍然较大，且代工（OEM）相对较多。深圳黄金珠宝行业主要集聚了周大生、金大福、TTF等国内知名品牌，但产业整体上同质化较为严重，行业品牌化建设比较落后。深圳眼镜产业目前主要以贴牌（ODM）和代工（OEM）为主，自有品牌较少，研发环节最为薄弱，科研和技术服务投入占比较低，10%左右的利润率与销售环境高达500%以上的毛利率相差比较悬殊。

（二）国际时尚品牌影响力较弱

从国际时尚之都的发展来看，本土时尚品牌是城市时尚产业中的明星，是支撑城市时尚地位的核心要素。深圳市虽然在电子信息等领域全球知名，集聚了华为、中兴、腾讯等国际龙头企业，但服装、钟表、黄金珠宝等深圳本土时尚品牌的影响力仅限于国内，与米兰、巴黎、伦敦等国际时尚之都拥有的国际顶级品牌相比，国际化水平仍然相对较低。在服装领域，除玛丝菲尔、歌力思等企业通过资本运作跨国并购其他品牌提升国际知名度外，其他品牌缺少自己本土时尚品牌支撑国际时尚地位。在钟表领域，飞亚达作为境内唯一一家表业上市公司，集手表研发、设计、制造、销售为一体，营销网络覆盖全国，并延伸至国外，是国内手表界的领头羊，但在国际品牌排名中却属于中档手表。

（三）时尚专业人才缺乏

一是时尚产业教育院校相对较少。国际时尚之都依托国际顶尖的时尚教育学府培育和集聚了一批国际时尚创意人才，如米兰理工大学、法兰西时尚学院、伦敦时装学院、纽约帕森斯设计学院、东京艺术大学等高校。与国际时尚之都相比，深圳建市时间较短，高等院校仍处于发展建设阶段，历史积淀不足。与此同时，高校及时尚专业教育均比较匮乏，在高端时尚教育资源方面仍有较大差距，与国外差距较大。

二是时尚专业人才稀缺。虽然深圳在科技创新、工业设计人才等人才集聚方面在全国范围内具有较大优势，但高端时尚创意人才、时尚大师、媒介人才等匮乏，时尚品牌管理、市场运营管理等类型人才较为短缺。同时，高房价、高生活成本加重企业负担，一定程度上造成深圳时尚产业人才短缺、外流等情况。此外，现有高校的设计、服装等时尚产业人才毕业生只接受了设计理念及基本功教育，没有很系统地将现代设计理念理解并贯彻到实践中去，供给双方难以有效对接，企业需要后期培养；深圳设计人才市场依然缺少从内容工业、设计服务，到设计经营管理等综合性复合人才。

三是时尚人才认定体系需进步完善。深圳现有的人才评定体系将获得过国际著名工业设计 iF 奖的金奖或红点奖的至尊奖项的主设计师（Team Leader）、工艺美术大师、中国服装设计金顶奖获得者、中国十佳服装设计师等专业人才纳入到深圳市海外高层次人才认定和深圳市高层次人才认定体系，并给予资金支持和政策扶持。但市级层面目前尚未对服装、黄金珠宝、钟表、眼镜等时尚产业各层级的人才进行认定，时尚人才认定体系需进一步完善。

四是海外学习与深造机制尚未形成。深圳缺乏时尚人才培育专项政策，尚未形成稳定的时尚设计人才培养机制。从国际五大时尚之都来看，英国为培养人才专门成立公立基金，每年针对 10 名新锐设计师进行扶持；日本有专门途径送设计师前往巴黎、米兰深造学习。从国内来看，2007～2017 年，杭州实施了中国杰出女装设计师发现计划。通过中国国际女装设计师大奖赛，杭州市政府每年选拔 6 名优秀设计师赴法国、意大利、英国、美国等国家进行专业培训，并提供 30 万～50 万元的全额奖学金[7]。

（四）时尚生态系统尚需进一步加强

一是对外交流的高端平台不多。深圳近些年举办了中国（深圳）国际文化产业博览交易会、深圳国际时装周、中国（深圳）国际珠宝展、中国（深圳）国际钟表展等重大活动，在国内具有非常高的影响力，引领国内行业发展。但是，与五大国际时尚之都的著名时装周以及米兰国际家具展、伦敦设计节、法国巴黎家居装饰展、东京设计周等特色创意设计会展品牌相比，时尚交流合作的层次仍然不够高、具有国际影响力的时尚展示平台相对不足，交流平台国际化水平有待进一步提高。

二是深圳时尚媒体较为匮乏。时尚媒体是时尚传播的主要媒介，通过时尚媒介，米兰的潮流趋势和时尚文化才能够辐射到全世界。伦敦是全球重要的传媒中心，是全球 3 个广告产业中心之一，包括 BBC 和路透社在内的多家电视及广播媒体都在伦敦设立总部，为宣传伦敦城市及时尚产业提供了有力支撑。深圳时尚媒体整体实力不强，全球化的时尚资讯吸纳和传播能力、重大时尚活动的频次和影响力、时尚人才的国际化程度和规模能力都相对偏弱，媒体影响力仅限于国内，国际话语权亟须进一步提升。

三是知识产权保护有待加强。深圳知识产权保护力度有待进一步加强。珠宝行业发展深受形象产品高度同质化、创意设计盲目跟风、知识产权保护意识薄弱和企业维权艰难四大难题的困扰。深圳设计市场竞争激烈，工业设计公司参差不齐，存在以外观产业设计为主的各种中小设计公司通过压低价格、低层次模仿等方式生产的现象，存在劣币驱逐良币的现象，此外"先设计后付款"容易使知识产权被剽窃，不利于整个行业的发展。

同时，深圳时尚产业缺少成体系的时尚原创能力和关键技术研发能力，资本运营、品牌宣传、品牌经营管理等，高端工业设计的公共服务平台、产业融资平台、综合交易平台、公共检验检测平台较少，城市宣传推广方式等也有待优化升级。

四、深圳时尚产业进一步融合发展的途径

深圳时尚产业的发展需要进一步紧密结合数字化、移动化的发展趋势，以科技为支撑，以新型时尚产业业态发展为动力，在低层技术架构、基础技术研发、应用技术开发、技术系统等方面推动时尚产业的创新发展，加强时尚产业融合发展的创新系统，从而提升融合发展的研发能力、集成应用能力、成果转化能力、示范引领能力和推动激励能力。

（一）积极推进时尚与科技深度融合发展

加快时尚产业科技化发展。围绕时尚产业发展需求，开展时尚产品关键核心技术研究，加强虚拟现实、实时传感、语音控制、交互、物联网等新技术研发及应用，促进服装、钟表、黄金珠宝与可穿戴产品的融合。积极推进环保材料、功能性材料、科技智能型材料等科技材料在时尚产业中的应用，增强时尚产品的新科技功能，用新材料、新技术开拓科技时尚新潮流，加强工业设计、科技时尚、纺织服装、钟表、黄金、眼镜、皮革等行业关键设备与集成系统研发，提高重点时尚领域的技术装备水平。

鼓励新型时尚产业新业态发展。加强时尚产业领域技术集成创新与模式创新，培育新兴时尚产业。依托云计算、大数据、物联网、虚拟现实等最新科技成果，发展和培育动漫游戏、3D打印、移动多媒体、网络电视、绿色印刷、虚拟会展、艺术品网络交易等时尚产业新业态，培育一批特色鲜明、创新能力强的时尚企业。加快传统文化资源与现代设计产业、展示渲染高科技等融合发展，创新时尚消费体验业态，催生时尚与科技融合衍生产品和服务。

注重科技产品设计的时尚化。鼓励深圳科技企业提升产品的时尚化发展水平，推进科技产业的时尚化转型，在现有科技研发载体的基础上，着重时尚创意、美学、时尚元素的

整合与搭配，支持科技企业发展以健康生活时尚和医疗时尚为主题的智能可穿戴设备、无人机、医疗器械等新型电子终端产品。

（二）强化差异协同的时尚产业发展格局

结合各区时尚资源禀赋和比较优势，合理开发管理和利用区域时尚资源，推进各区时尚产业资源优化整合、优势互补、良性互动，加快形成各区梯次演进、分工合理、重点突出、各具特色的时尚产业空间发展格局。

推进时尚产业集聚区建设。结合城市功能布局，综合考虑各区（新区）时尚产业发展现状、特征和发展空间的需求，确定深圳时尚产业发展定位和总体布局。重点推进福田时尚橱窗经济集聚区，支持深业上城建设国际时尚消费电子展示中心，推进车公庙片区打造集时尚产业研发、展示、销售等功能于一体的城市会客厅，支持罗湖打造黄金珠宝首饰产业集聚区，加快建设龙华大浪时尚服装基地、光明"中国时间谷"、横岗眼镜产业基地，加快大浪服装基地等集聚区的道路、地铁等产业服务配套建设。

打造时尚商圈，促进时尚产业消费升级。以打造时尚标志性窗口为导向，谋划创立时尚智造基地、时尚消费地标等，在福田车公庙、罗湖水贝等区域，打造具有国际时尚风范的地标性时尚大道。以福田中心区、罗湖蔡屋围、南山后海等区域的核心时尚消费商圈为重点，加快传统商街改造升级。支持各区已有特色商业中心，打造时尚特色街区。

建设时尚双创空间。依托深圳产业优势，借鉴中关村时尚产业创意园模式，在高校、旧工业区等设立时尚双创空间，以时尚产品设计与开发、设计产业公共服务、原创设计师创作创业和企业孵化基地为重点，建设一批时尚双创空间。依托龙头企业，搭建互联网平台，建设线上时尚双创空间，精准对接供给与需求，推进线上线下融合发展。

（三）完善时尚产业融合发展要素市场

完善高端人才培育引进机制。培育高端创新人才，依托深圳大学、南方科技大学等著名高校、科研机构，在移动互联网、新一代信息技术、动漫游戏等领域培育一批高端创业人才。加强与英国中央圣马丁艺术与设计学院、意大利马兰欧尼学院、美国纽约帕森斯设计学院、巴黎 ESMOD 高等时装设计学校、比利时安特卫普皇家艺术学院等国际时尚教育机构的交流合作，积极与北京服装学院、东华大学服装与艺术设计学院等国内著名时尚院校沟通，采取合作办学等方式，培养植根产业、面向市场、跨界融合、接轨国际的时尚设计人才。

建立完善的时尚产业服务机构。按照优化布局、重点建设、分层管理、规范运行原则，建设一批突破型、引领型、平台型的国家时尚创新研究中心。支持建立时尚科技创新联盟及区域性时尚科技协同创新平台，推动时尚产业社会组织建设。培育时尚科技领域市场化新型组织、研发服务中介和研发服务外包新业态。建立时尚科技融合产业技术创新联盟，支持高校、科研院所参与时尚科技创新，探索时尚企业、科技企业、科研机构合作机制。

完善金融服务体系。借鉴国外产业基金运作模式，成立深圳时尚产业发展基金，出台促进股权投资基金业发展的若干规定，建立从试验研究、技术开发、产品中试到规模生产的全过程的融资模式，促进各时尚产业发展。大力培育上市资源，推动时尚科技型企业上市融资。积极发展债券市场，支持时尚科技型企业发行企业债券，扩大债券融资规模。健全社会信用服务体系，完善自主创新担保和再担保体系。

（四）重视时尚传播与交流建设

加强国际时尚交流与推广。加强与纽约、米兰、巴黎等国际时尚之都的交流合作，引进对接时尚领域资源。在国外知名时尚之都建立"深圳设计海外推广中心"等深圳时尚国际推广机构，鼓励企业积极开辟海外市场，参与国际重大时尚活动，实现深圳时尚产业与国际时尚界全方位、深层次、宽领域的务实合作。统一"深圳设计""深圳服装""深圳钟表"等"深圳时尚"的海外推广标识系统，在全球主流时尚媒体进行定期推广，并邀请具有全球影响的时尚大师、权威人士、行业带头人、专家学者等开展重点推介活动。

提升时尚活动国际影响力。集聚各方资源，打造以时尚会展、时尚发布、时尚设计、时尚大奖赛等时尚活动为主要内容的，高端化、常态化、多层次、广范围的深圳时尚活动集群。提高深圳时尚展会规格，邀请国际时尚大师、国际时尚协会主席等具有国际影响力的时尚达人参与深圳设计周、深圳时装周、深圳时尚家居设计周、钟表展、家具展等重大活动，提供专业化、国际化的时尚发布、交流综合平台，扩大深圳时尚品牌的国际影响力。支持中国深圳服装原创设计人赛、中国（深圳）国际珠宝首饰设计大赛、钟表文化周品牌创新设计大赛、中国（深圳）皮革创意设计大赛等深圳时尚产业领域设计师甄选比赛平台品牌化、国际化发展，挖掘国内外时尚产业人才。举办深圳环球设计大奖，提高"深圳设计"在全球的话语权，增强"深圳时尚"影响力。研究筹划具备区域绝对影响力的时尚活动、国际性的时尚展览等，积极争取米兰时尚电影节等国际时尚活动在深圳的举办权。筹划粤港澳大湾区时尚之都论坛、国际科技时尚峰会等活动。

加强时尚传播渠道建设。整合发展深圳广播、电视、互联网等多门类、多层次的时尚传播渠道，鼓励媒体积极参与深圳时尚产业的策划、组织、报道，研究制作并发放"时尚深圳"系列宣传品，重视新媒体、新网络、自媒体的时尚传播作用，在社交媒体上运营"时尚深圳"传播平台及策划有影响力的公关活动；有效利用传统媒体的时尚传播能力，在传统媒体上开辟"时尚深圳"专栏；创办具有专业影响力的时尚杂志，增强全社会对时尚深圳的认知。积极引进国际时尚传播媒体，加大深圳时尚产业、时尚品牌和时尚企业的宣传力度，增强时尚深圳的国际影响力。

（巨少达　综合开发研究院（中国·深圳）
吴小军　北京服装学院艺术文化研究院）

参考文献

[1] 罗建华. 十年砺剑气如虹："设计之都"深圳品牌这样炼成！[EB/OL]. 南方网，

http：//opinion. southcn. com/o/2017 -04/26/content_ 169637366. htm，2017 -04 -26.

［2］深圳出台意见加快文化创意产业发展，产值3年内占GDP一成［EB/OL］. 澎湃，https：//www. thepaper. cn/newsDetail_ forward_ 2037108，2018 -03 -22.

［3］深圳钟表业试点推进知识产权布局［EB/OL］. 金华网，http：//www. dghuarong. com/weibo/33856. html.

［4］姚正华. 深圳"设计之都"品牌建设研究［D］. 北京交通大学硕士学位论文，2014.

［5］林曦屏. 南山荔秀服饰文化街区打造时尚界的华尔街［EB/OL］. 新浪网，http：//k. sina. com. cn/article_ 6427252959_ 17f1818df001002rar. html，2018 -01 -22.

［6］时尚科技跨界融合深圳到底在布什么"局"？［EB/OL］. 环球网，http：//tech. huanqiu. com/news/2015 -11/8058028. html，2015 -11 -27.

［7］蒋斌. 我国服装品牌的政府管理问题研究——以浙江省为例［D］. 东南大学硕士学位论文，2011.

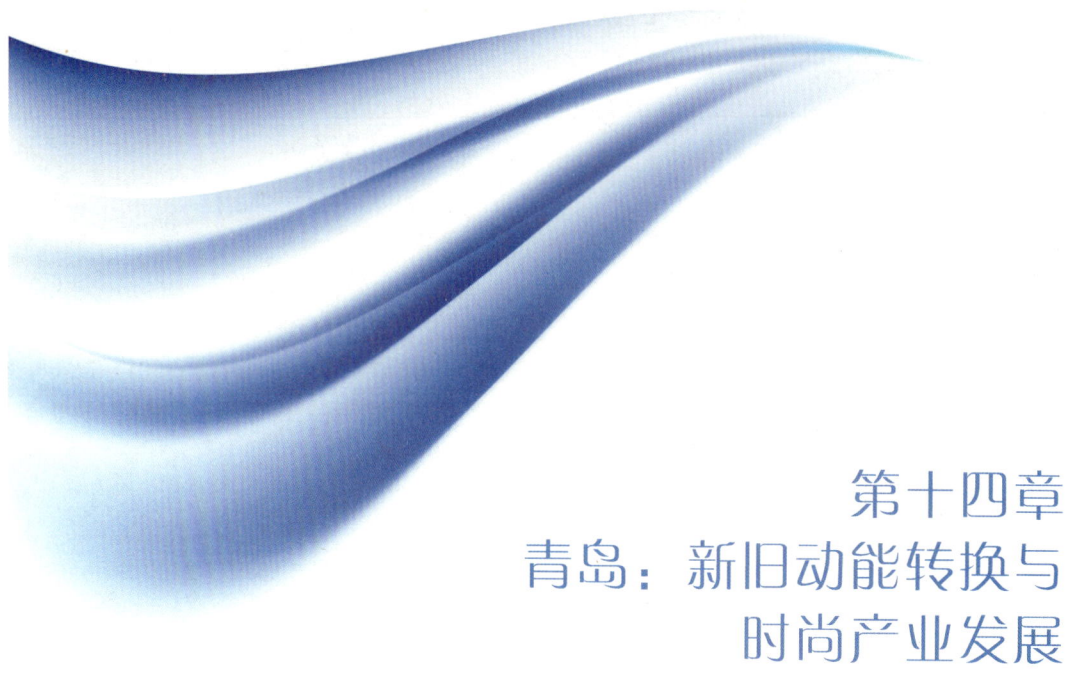

第十四章
青岛：新旧动能转换与时尚产业发展

一、青岛引领新旧动能转换的发展背景

（一）青岛引领新旧动能转换是时代的要求

2017年1月，国务院办公厅印发《关于创新管理优化服务培育壮大经济发展新动能加快新旧动能接续转换的意见》，将加快推进新旧动能转换作为对各省市的要求。2018年1月，国家发改委印发了《山东新旧动能转换综合试验区建设总体方案》，标志着山东新旧动能转换综合试验区的建设正式成为国家战略，山东将在全国新旧动能转换中先行先试、提供示范。在方案的战略构想中，济南、青岛、烟台作为省内三个经济实力雄厚、创新资源富集的强市，被视为新旧动能转换的主引擎。青岛作为山东的龙头城市，被赋予了"形成东部地区转型发展增长极"的国家使命，这既是推动青岛经济社会发展的重大机遇，也是历史性的重大责任。支持新旧动能转换既是青岛贯彻党的十九大精神的重要举措，也是青岛实现自身高质量发展的努力方向。

2018年5月，青岛市委市政府出台《关于推进新旧动能转换重大工程的实施意见》，明确了青岛市推进新旧动能转换重大工程的转型方案与实施路径，对青岛市率先全面实现高质量发展的美好蓝图进行描绘。2018年9月，山东省政府办公厅印发《青岛市新旧动能转换重大工程实施规划》，从战略高度对青岛市实施新旧动能转换重大工程的重点发展方向、发展目标以及实施路径进行了阐述。青岛高度重视新旧动能转换，先后出台《青岛市新旧动能转换重大工程科技创新行动计划》《关于实施新旧动能转换技能人才支撑计划的意见》《关于在新旧动能转换中推动青岛文化创意产业跨越式发展的若干意见》等政策文件，对建设新旧动能转换先行区这一重大工程从各个领域进行统筹和规划，大力培育青岛市经济发展的新动能。

（二）形成新动能是青岛建设国际时尚城的重要目标

时尚产业，作为联系传统制造业与现代服务业的重要纽带，在当今世界的新兴产业中具有无限的发展潜力。中共青岛市委十二届五次全会上，青岛明确了建设国际大都市的四大定位，"时尚"作为建设国际大都市的四大定位之一，首次被明确定为青岛发展的主要目标。这次会议上，青岛提出要全力打造能够吸引、会聚大量年轻人来体验、生活、创业的国际时尚城。要打造国际时尚城，必须要以诸如旅游、文化、会展、体育等新的产业模式为依托，集聚和融合多元文化，做创新与创意的策源地，这是青岛打造国际时尚城的主要方向[1]。

青岛建设国际时尚城既必要又可行，青岛的发展基础很好，近10年符合时尚特征的业态创新，也涌现出不少成功案例。但若用全国领先的标准看、某个领域国际一流的标准来看，青岛的发展仍然有巨大差距。总结起来就是：产业优势不显、要素组合不够、业态引领不力，在某些方面已有陷入高质量发展瓶颈之态。这其中的有些问题，是在目前的资源条件下，通过资源重组、机制创新实现业态升级即可解决的，且解决后必然产生至少在全国领先的新动能。在青岛"三好、三少、一弱"（即资源好、基础好、人气好，整合少、升级少、引领少，话语权弱）的现实情况下，新旧动能转换将助力国际时尚城建设，并在某些产业和城市形象上率先达到国际一流。无论是区位环境、文化环境、经济环境、城市环境、政策环境还是产业基础，青岛基础条件都很好并已在影视、文化旅游、智能技术、时装等产业上具备了全面形成时尚三特征、实现跨越式发展和在细分领域达到国际水平的可行性。

形成新动能是青岛国际时尚城建设的重要目标，时尚只有与产业结合起来，才能真正形成新动能[2]。时尚与产业的结合方式，可以用"时尚产业化"和"产业时尚化"两方面来描述：时尚产业化是将现有零散分布且低效利用的时尚资源进行培育，使时尚资源在新的产业业态中转化为产品，并通过产业链延伸形成附加值较高的商品，从而获得新动能；产业时尚化是结合时尚要素与时尚理念提升现有产业的话语权与引领权，从而占据产业链高附加值环节并能带动相关产业的发展，以此激发新动能。

二、青岛市引领新旧动能转换助力时尚产业发展的现状

(一) 青岛市引领新旧动能转换具备的优势

作为中国重要的港口城市和首批对外开放的14座沿海城市之一,青岛凭借其强有力的外向型经济和制造业,在产业上具备明显的优势。青岛经济基础较好且发展速度较快,这为推进新旧动能转换奠定了良好的基础。经济总量方面,2018年,青岛市以12001.5亿元的经济总量位列山东省17个地级市的首位,其经济发展速度(增速7.4%)相较于山东省总体水平(增速6.4%)高15.6%,相较于全国总体水平(增速6.6%)高12.5%。产业结构及增速方面,青岛第三产业增长势头迅猛。相较于2017年,青岛第三产业的增长速度(7.7%)明显高于第一产业和第二产业(见图14-1)。

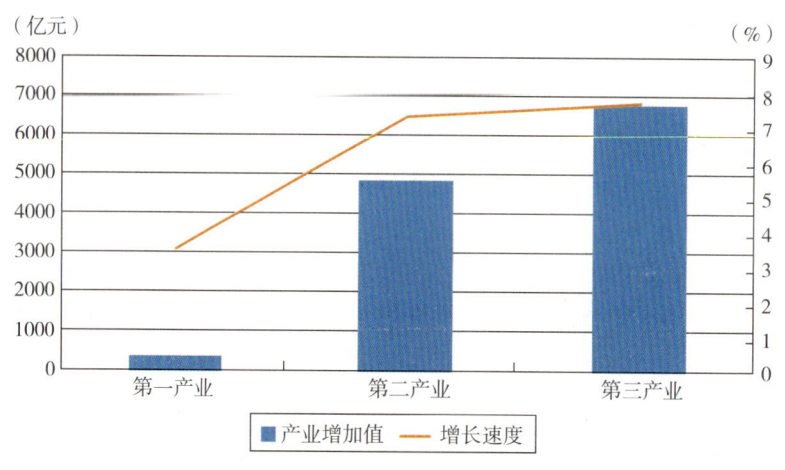

图14-1 2018年青岛三次产业增加值及增长速度

资料来源:《2018年青岛市国民经济和社会发展统计公报》。

产业方面,青岛市在产业融合,尤其是"互联网+"方面具有明显的优势。在信息化时代,"互联网+"基因已经融入青岛这座海滨城市的血脉——国家"智慧城市"技术和标准试点城市、国家下一代互联网示范城市的优势……青岛在推动互联网与实体经济的深度融合上,一直走在前列。2017年2月12日,《人民日报》在头版刊发文章,为青岛的实体经济点赞,文中提到:青岛一手抓规模与转型,一手抓创新与技改,推动实体经济加快向新兴、蓝色、高端和智能方向发展[3]。

从创新方面来看,青岛以其卓越的表现走在行业的前端。2018年底,青岛国内发明专利申请量达2.25万件,发明专利授权量6496件,同比分别增长0.1%和9.4%,发明

专利申请量和授权量均居山东省首位,分别占全省的比重为29.7%和31.9%。

与此同时,青岛具有"开放牌"这一优势牌。从2014年亚太经合组织贸易部长会、2016年二十国集团民间社会会议、2017年亚洲媒体峰会到2018年上合组织峰会,越来越多的高规格国际会议花落青岛。青岛先后与大众、西门子、庞巴迪、高盛等世界500强企业签约,开放,让青岛的知名度和美誉度不断提高,城市形象和品位不断升级。

(二) 青岛市新旧动能转换中时尚产业发展的成效

1. "新产业"质量效益稳中有升,品牌效应成势

当前,青岛市由"旧产业"向"新产业"的转换已初具成效。2018年,青岛高技术制造业增加值占规模以上工业增加值的比重达10.7%,比2017年同期提高3.0个百分点。在新兴智能产业领域,工业机器人、人工智能等正集聚成势,成为青岛工业经济发展的新兴力量。山东省"十强产业"中,新一代信息技术、新能源新材料、高端化工、高端装备产业保持稳中有进,实现增加值同比增长7.7%,高于青岛规模以上工业增速0.9个百分点,拉动青岛市规模以上工业生产增长3.8个百分点(见表14-1)。

表14-1 山东省"十强产业"青岛市代表企业及产业布局

产业名称	代表企业(品牌)		产业布局
新一代信息技术产业	海尔、海信	新型显示	海尔国际信息谷、海信激光
		虚拟现实	青岛国家虚拟现实高新技术产业化基地
		高端软件	青岛软件城
		大数据与云计算	浪潮青岛大数据产业园
高端装备产业	中车青岛四方机车	轨道交通	青岛国家高速列车技术创新中心、千亿级世界动车小镇
		通用航空	莱西航空文化小镇
		石油工程装备	兰石海洋工程和钻采装备(青岛)产业基地
新能源新材料产业	青岛昌盛日电	智能电网及储能	青岛特锐德多能生态网
		先进高分子材料	青岛董家口石化新材料基地
现代海洋产业	青岛明月海藻集团	重大科研平台	青岛海洋科学与技术国家实验室、国家深海基地、海洋水下设备试验检测国家工程实验室
		国际交流平台	中国(青岛)国际海洋科技展览会、海洋国际高峰论坛、东亚海洋合作平台
		海洋交易平台	中国北方(青岛)国际水产品交易中心
医养健康产业	青岛和睦家医院	医药工业	青岛生物医药产业园
		医养结合	青岛国家体育产业园
		试点示范	青岛国际健康养老试验区和健康产业先行先试区
高端化工产业	—		主要以鲁西南石油工业为主
现代高效农业	胶州大白菜、万福猪肉、茂余牙鲆鱼	特色产业基地	青岛农业高新技术产业开发区
		现代种业	青岛国际种都、海水稻研发中心实验基地

续表

产业名称	代表企业（品牌）	产业布局	
文化创意产业	青岛城市传媒股份有限公司	重点项目	国家级广告创意产业园、青岛"东方影都"
精品旅游产业	银座、青岛城投、青岛欧亚	国家级旅游度假区	青岛石老人、凤凰岛
		重点项目	青岛国际邮轮港城、藏马山国际旅游度假区、华红湾国际旅游度假区、飞阅崂山通用航空旅游、即墨港中旅帆船小镇、莱西姜山文旅小镇
现代金融服务业	各种政策性银行、股份制银行、商业银行、外资银行及证券公司等	青岛建设财富管理金融综合改革试验区	

同时，青岛具有良好的品牌依托。近年来，青岛在全国闯出了一条"品牌产品—品牌企业—品牌产业—品牌经济—品牌城市"的特色发展道路，创造了中国制造业传奇。以海尔、海信、青啤、双星、澳柯玛、中车等为代表的大企业群体成就了"青岛现象"。在由世界品牌实验室（World Brand Lab）独家编制的 2018 年度（第十五届）《世界品牌500 强》排行榜中，青岛企业海尔、青啤表现亮眼。目前，青岛凭借两个世界品牌——海尔、海信、68 个中国名牌和 644 个山东名牌在全国同类城市中稳居品牌数量前列。青岛企业积极"走出去"，让这座城市收获了一张又一张享誉国际的城市名片。曾经，"青岛啤酒"为青岛带来一定的国际知名度。如今，青岛中车四方研发出独特的耐高寒技术，并成功在美国芝加哥投入应用并建设了地铁车辆生产工厂；2018 年俄罗斯世界杯和 2016 年欧洲杯的绿茵场上，来自世界各国的球迷都看得到青岛海信电视的品牌标识；繁华的日本东京银座交叉路口，青岛海尔的巨幅广告时时刻刻吸引着往来游客和行人的注意……以产品为载体享誉全球的同时，青岛品牌大手笔的并购，也为这座城市赢得越来越多的全球关注。近年来，青岛品牌加大并购力度，新西兰斐雪派克、美国的 GE 家电业务和夏普墨西哥工厂、日本的东芝彩电业务、韩国的锦湖轮胎等知名企业及业务被青岛本土企业海尔、海信、双星等一一收购并购……可以说，新旧动能转换过程中，伴随着青岛啤酒、海尔、海信、中车四方、双星等青岛品牌"走出去"的步伐，"中国品牌之都"的城市名片，让青岛的名字传播得越来越广，"黄海之滨，中国青岛"享誉全球（见表 14 – 2）。

表 14 – 2　2016 ~ 2018 年世界品牌 500 强中的青岛企业

品牌英文	品牌中文	品牌年龄	行业	2016 年世界排名	2017 年世界排名	2018 年世界排名
Haier	海尔	34	物联网生态	76	50	41
Tsingtao	青岛啤酒	115	食品与饮料	319	315	310

资料来源：由世界品牌实验室（World Brand Lab）独家编制的 2016 ~ 2018 年的《世界品牌 500 强》排行榜整理而成。

在"高端制造业+人工智能"攻势的引领下,青岛制造正在奋起直追。借助与互联网、大数据、人工智能的深度融合,汽车、动车组等传统制造业企业实现产品升级换代。2018年,青岛规模以上装备制造业增加值占青岛市规模以上工业的比重达49.0%,较2017年同期提高3.2个百分点,从行业看,汽车制造业、铁路船舶航空航天和其他运输设备制造业、电气机械和器材制造业、计算机通信和其他电子设备制造业占比提升较快,较2017年同期分别提高3.1个百分点、3.8个百分点、2.4个百分点和2.9个百分点。从产品产量看,新能源汽车、城市轨道车辆的产量分别同比增长14.4%和20.5%。

2. "新模式、新业态"消费升级呈现活力,"时尚生活"深入人心

(1) 新模式新业态一:电子商务。

2018年,青岛市电子商务交易平台实现交易额1.02万亿元,占山东省平台交易额比重的51.4%,较2017年同期提高6.3个百分点,其中,企业对企业(B2B+B2G)交易额为1.01万亿元,占山东省企业对企业交易额比重的51.3%,比2017年同期提高4.6个百分点。企业对个人(B2C+C2C)交易额同比增长16.1%,快于青岛市平台交易额增速13.1个百分点。

随着电子商务的深入发展,线上线下融合服务模式的创新,网络购物已成为当前消费转型升级进程中的领跑者。2018年,青岛限额以上批发和零售业单位网络零售额为357.8亿元,同比增长27.6%,增速高于青岛社会消费品销售总额17.6个百分点,网络零售额占青岛市限额以上零售额的比重为21.7%,比2017年同期提高3.9个百分点。

(2) 新模式新业态二:智能出行。

近年来,以智能手机为代表的终端应用技术的飞速发展,为人们的住宿、餐饮、社交、乘车、导航等带来极大便利,这为互联网出行平台提供了良好的发展环境。2018年,青岛自营互联网出行平台完成订单数量8.24万单,年末注册用户数1.32万人,月度活跃用户数达1130人。互联网出行平台的兴起,既是对原有出租车市场运营机制的创新,也是对路边招手和电话叫车等传统乘车方式的升级,从业态到市民体验,整个城市在走向"时尚生活"。

(3) 新模式新业态三:打造时尚文化地标,形成时尚夜生活新业态。

放眼全球,包括纽约、巴黎等国际时尚名城,都拥有著名的时尚街区,并由街区来承载时尚产业和时尚文化。2018年以来,五四广场因其夜晚"灯光秀"吸引了大量游客的目光,沿海一带的高楼大厦上被灯光点缀,流光溢彩的动画在"巨幕"上呈现,十分震撼。随后,情人坝酒吧街、新都心1907等一系列时尚文化地标如雨后春笋般涌现,成为青岛市的"网红"景点(见图14-2、图14-3)。

青岛市情人坝酒吧街是青岛咖啡美酒的汇聚地、观海餐饮的体验地以及浪漫爱情的见证地。如今,情人坝已成为青岛市休闲及夜生活的新地标与新名片。市北区着眼于"夜经济"的打造和提升,深入挖掘台柳路丰厚的历史文化资源,按照"简约、活力、时尚、新潮"的原则,倾力打造了台柳路1907音乐街区。独具创意的开放式block街区设计,汇聚了大型酒吧旗舰店YOUSYS曳秀和民谣吧熊本酒吧、音乐餐厅百花深处、金属摇滚DMC等20余家酒吧,构成了青岛潮流时尚的网红打卡地。同时,还推出了"青岛夜色美·

图 14-2　青岛市五四广场"灯光秀"夜景

图 14-3　青岛市情人坝酒吧街夜景

市北 HOT 音乐微演艺"活动,吸引流行音乐的知名歌手前来驻唱,为岛城喜欢音乐的年轻人搭建互动展示的舞台。在西海岸新区金沙滩啤酒城内,如今也已入驻 27 个商家,包括酒吧、咖啡吧、书吧、茶吧等多种业态。如今,时尚夜生活成为一种新的业态,渐渐深入人心,助力着青岛国际时尚城的建设。

3. 扩大开放,形成全面时尚开放新格局

青岛素来有着对外开放的良好基础。新旧动能转换过程中,青岛把国际城市战略作为一项重要发展举措,成立国际城市战略推进委员会,以国际上各先进城市为目标,在城市经济、城市功能、创新人才、交往能力等方面提升国际化水平。随着国际城市战略的不断推进,青岛市具备了在更高水平上参加国际竞争和获取国际资源的能力,国际竞争力显著提升,形成对外开放的时尚新格局。

同时,青岛在对外开放方面创新性地打造有青岛特色的体制机制,创设新的工作模式——境外工商中心,分别在美国、德国、日本、新加坡、以色列、中国香港、韩国设立了7处代表青岛履行驻外商务机构职能的境外工商中心。境外工商中心的推动使得青岛市和上述7个国家(地区)在经贸往来方面变得越来越密切。在主要商品进出口方面,青岛加大高新技术产品进出口力度,高新技术产品进出口额不断增加(见表14-3)。

表14-3 2017~2018年青岛市高新技术产品进出口情况　　单位:亿元,%

项目	年份	进出口		出口		进口	
		金额	增长	金额	增长	金额	增长
高新技术产品	2018	525.2	5.1	316.1	5.1	209.1	5.1
	2017	499.7	6.9	300.8	11.6	198.9	0.6

资料来源:《2018年青岛市国民经济和社会发展统计公报》《2017年青岛市国民经济和社会发展统计公报》。

此外,青岛抢抓"一带一路"机遇。2018年,青岛与"一带一路"沿线国家和地区双向投资快速增长,青岛企业投资项目22个,协议投资额达到2.0亿美元,贸易进出口额达到2590.4亿元,同比增长4.2%,推动了与"一带一路"沿线国家和地区的物流贸易和产能合作。

4. 文化创意产业跨越式发展,打造时尚设计策源地

2019年春天,两部极具轰动效应的国产科幻大片《流浪地球》和《疯狂的外星人》在贺岁档票房榜登顶。青岛,这个它们共同的置景拍摄地更是成为焦点。影视业方面,青岛有得天独厚的优势,出台了全国首个与国际接轨的影视产业政策,当选中国第一个世界"电影之都",全球最大万米影棚竣工使用。目前,已有30座摄影棚投入使用,年底摄影棚总数将达40座,吸引好莱坞6大影视巨头来青洽谈,十多部好莱坞大片签约在青拍摄。"金凤凰"电影节、电影交博会接连举办,国家级电影交易中心已经授权青岛,上合组织国家电影节、国际首个知名VR电影节在青岛举办,搭建起了具有国际影响力的影视文化传播交流平台。同时作为联合国教科文组织"世界电影之都",青岛正在为建成全球最大全产业链影视基地的目标而努力奋进(见表14-4)。

表14-4 在青岛取景的热门电影

电影名称	上映时间	类型	导演	主要演员	取景地点
《流浪地球》	2019年2月	科幻、灾难、冒险、动作	郭帆	吴京、屈楚萧、李光洁、吴孟达、赵今麦、隋凯	青岛东方影都影视产业园
《疯狂的外星人》	2019年2月	喜剧、剧情、科幻	宁浩	黄渤、沈腾、马修·莫里森、汤姆·派福瑞	青岛东方影都影视产业园

续表

电影名称	上映时间	类型	导演	主要演员	取景地点
《一出好戏》	2018年8月	剧情、喜剧	黄渤	黄渤、王宝强、舒淇、张艺兴、于和伟、王迅	五四广场、青岛老城区
《环太平洋2》	2018年3月	科幻片	斯蒂文·S.迪奈特	约翰·波耶加、斯科特·伊斯特伍德、景甜、卡莉·史派妮	青岛东方影都影视产业园
《长城》	2016年12月	动作、奇幻	张艺谋	马特·达蒙、景甜、佩德罗·帕斯卡、威廉·达福、刘德华、张涵予	西海岸新区东方影都星光岛
《硬汉2：奉陪到底》	2011年4月	动作	丁晟	刘烨、孙红雷、黄秋生、尤勇	跨海大桥、天主教堂、浙江路、中山路、百盛、海军博物馆、大学路
《海洋天堂》	2010年6月	文艺	薛晓路	李连杰、文章、桂纶镁、高圆圆、董勇、朱媛媛	极地海洋世界

　　工艺美术业方面，青岛连年举办中国（青岛）工艺美术精品博览会、东亚版权创意精品交易会。仅2017年，就有900余家参展企业，签约额达40余亿元。国家级版权交易中心落户青岛。青岛共有手工艺从业人员20万余人，各类工艺美术设计创意高端人才数千人，其中中国工艺美术大师1名、山东省工艺美术大师15名。拥有包括工艺美术店铺、专柜、企业、大师工作室等2000多家经营机构，其中，规模以上企业超过300家，形成了城阳工艺品加工商贸中心区、即墨工艺蜡烛出口加工基地、胶州发制品生产基地、平度草编工艺品加工基地等产业聚集区，所生产的商品涉及工艺品界的十大门类，涵盖了包括抽纱刺绣、金属画、烙画、木雕、贝雕、玉石雕刻、工艺蜡烛、发制品、珠宝首饰、草编制品和特色工艺美术产品等上万个品种，年产值260亿元，出口交货值130亿元。以草编业为例，青岛草编业产量占到全球的70%以上，年产值20余亿元。在此基础上，促成世界手工艺理事会国际文化中心落户青岛，2018年6月29日至7月2日，青岛市举办国内首个亚太手工艺文化周，就世界手工艺理事会与青岛市加强国际文化中心合作项目进一步沟通和讨论，为整个产业的跨越式发展产生良好的集聚效应。

　　同时，青岛率先在全国提出建设"滨海历史文化长廊"的想法和概念，将"海城联动、古今交融、区带展开、梯次推进"作为发展理念，对青岛市沿海地区的历史和文化要素进行充分挖掘并予以整合梳理，空间布局上将"五带四区一轴"作为发展基础，发挥好重点项目的支撑作用，从而推动整个城市的发展。国家文物局水下文化遗产保护中心北海基地主体工程完工，青岛成为我国第一艘自主建造的水下考古专用船"中国考古1号"的母港，青岛市具有得天独厚的优势资源，并借此进行水下文化遗产的调研、勘察、挖掘、研究、修缮、保护、展示和培训，打造一条全新的产业链。青岛对"海上丝绸之路"的文化历史渊源和"青岛故事"进行深入挖掘，舞剧《法显》获"泰山文艺奖"，

《海路》被评为优秀国产纪录片。

5. "旅游+"激活新动能，全面打造时尚旅游

青岛市将"旅游为民"和"旅游便民"作为其旅游业主要的发展思路，从发展空间与旅游资源角度对旅游业进行拓展延伸，对旅游业态进行"旅游+"的创新，使得旅游业蓬勃发展，为青岛开辟了一条崭新的发展之路（见图14-4）。

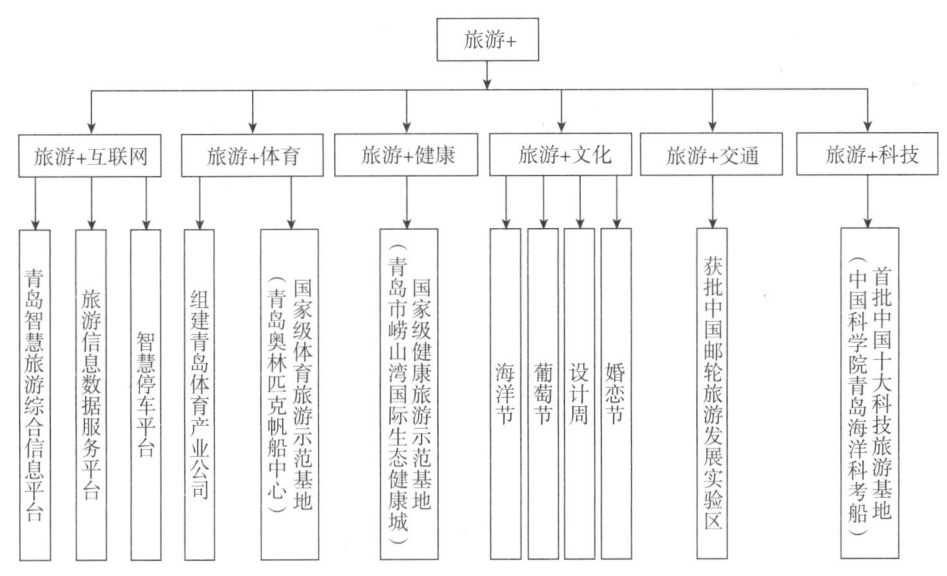

图14-4 青岛市"旅游+"实施成果

青岛市以新旧动能转换为依托，将全域旅游作为切入点，对传统旅游模式、旅游业态进行改造和升级，形成新的高质量旅游路线。青岛市具有许多历史遗留下来的老街区、古街巷和百年老字号等，这些重大文化片区是青岛历史文化的特色资源，青岛市对其进行保护性的改造并打造成为新的旅游地标。例如，为更好地宣传青岛啤酒品牌形象，青岛市积极打造国家级青岛啤酒工业旅游文化创意产业基地，成为引领中国工业旅游和啤酒文化产业发展的标杆。培育近年来新兴的诸如温泉、滑雪等具有趣味性和体验感的新业态吸引年轻人消费，加速对"旅游+"的打造，在保留传统旅游优势的基础上，开拓"商、养、学、闲、情、奇"等旅游产业新要素，从而形成旅游产业的新动能，将青岛建设成一座历史文化内涵和宜居宜游并存的时尚魅力之城。

在努力打造"旅游+"的过程中，青岛作为获批首批国家级旅游业改革创新先行区的城市之一，出境旅游人数和外来旅游人数都呈现增长趋势。另外，青岛市一批"旅游+"项目获得了首批中国十大科技旅游基地、国家级健康旅游示范基地、国家级体育旅游示范基地、运动休闲特色小镇试点项目等称号，"旅游+体育""旅游+文化""旅游+休闲"等新业态迅猛发展；加大对旅游业的宣传推广，发行以城市旅游形象为主题的青岛"旅游一卡通"，从细节上展示城市风采；公共服务水平方面，将机场、高铁、地铁进行统筹规划，打造游客入青的"快速通道"，同时完善和美化基础设施，修建滨海精品厕

所、滨海木栈道等,将青岛打造成"处处皆景"的时尚之城。

6. 集聚优质资源,走在创业和创新的前沿

越来越多的优质高等教育资源被引进青岛。目前,青岛已经将此作为一项重大工程,先后对被引进青岛的优质高校或教育机构提供大力支持,涵盖方面包括资金、土地一系列优惠政策等。截至目前,青岛已经引进国内知名高校30余所。清华、北大、人大、同济等高校的引进,为青岛实施新旧动能转换提供了大量的人才。与此同时,青岛大力出台相关政策措施,为创业者提供众多福利。为创业者提供优质高效的培训服务,提高创业者的创业成功率,还为创业者提供相关财政补贴以及贷款担保,一定程度上缓解了创业者的资金压力,此外,还对创业孵化示范基地给予最高可达700万元的奖补,很大程度上激励创业者自主创业。目前,青岛拥有国家级孵化载体115家、众创空间80家,在国内已经具有一定影响力。整个青岛的创业创新载体空间布局和相关服务体系已经基本形成(见图14-5)。

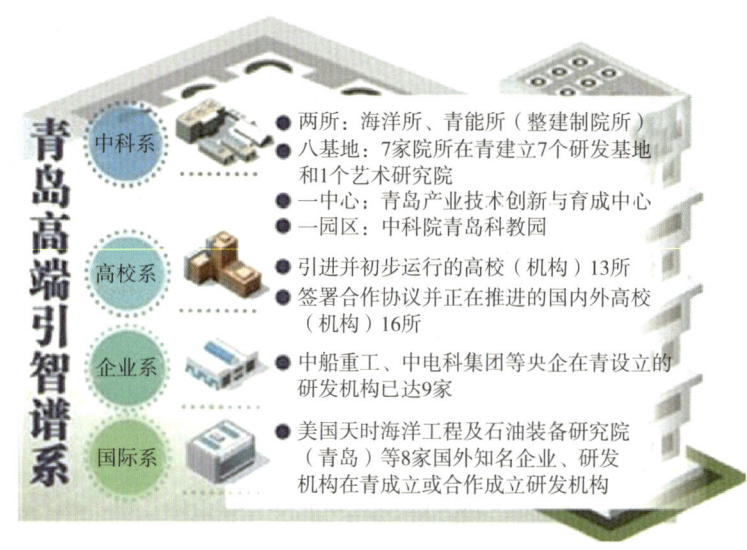

图14-5 青岛市高端引智谱系[4]

资料来源:青岛新闻网。

与此同时,青岛依托青岛国际院士港建设,吸引集聚高端人才,加快培育新经济增长点,加快海洋经济转型升级。到目前为止,已经有100多名来自海内外的院士前往国际院士岗进行考察对接,60多名海内外院士签约入驻,包括中国工程院院士袁隆平,印度国家科学院(外)、印度国家工程院(外)院士苏雷什·巴尔加瓦,瑞典皇家科学院院士卡塔琳娜·勒·布兰柯等。由院士领衔的海镭激光科技、博隆生物技术、袁策生物科技等一批高新技术企业先后入驻青岛,在先进动力与新能源、半导体激光等多个前沿领域开展研究和成果转化,为青岛经济的持续发展提供足够的保障和动力,是引领青岛市创新发展的"永动机"。

（三）青岛市新旧动能转换中时尚产业发展的问题

1. 挖掘内外需求的能力有待提高

从支撑消费的收入来看，2018年青岛城镇居民人均可支配收入为50817元，深圳为57543元，广州为59982元，上海为64183元，均高于青岛，青岛在新一线城市中名列第5位。目前青岛市仍存在城乡居民收入差距明显、消费水平不均匀、农村地区消费水平整体偏低等一系列问题，加之现状态下居民的消费观念和方式仍然比较保守，导致大量的资金用于储蓄存款，整体消费水平较低，急需相关的刺激消费举措，提高消费水平，促进经济发展（见图14-6）。

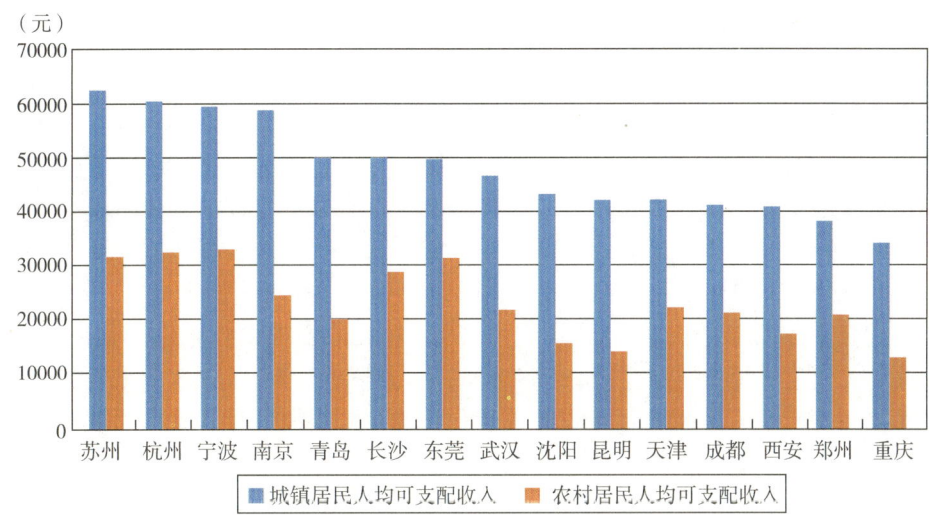

图14-6　2018年新一线城市城乡居民人均可支配收入

资料来源：各地市2018年统计公报。

外需方面，从全球产业链的角度看，青岛出口企业目前还存在严重的不足。目前，岛市外贸出口所面临的最大困境是只能承担产业链中价值低端部分，与产业链的高端差距明显。而且这一困境导致全市净出口持续降低。

2. 新产业、新模式的培育力度有待加强

尽管青岛在新产业与新模式的培养方面初具成效，然而与国内先进城市（上海市、深圳市）对比，青岛在很多方面上的政策措施力度仍然需要加强，其中最明显的就是在扶持新产业、新模式发展方面。关于此，青岛可以学习深圳市。深圳市每年投入大量资金来扶持新产业和新模式的发展[5]。一方面，超前布局七大战略性新兴产业和五个未来产业，另一方面，又充分发挥诸如华为、大疆、腾讯等龙头企业对经济和社会的推动作用，极大地促进了深圳市的发展。另外像合肥采取集中优势资源，大力发展新兴产业。在新型平板显示、光伏设备、集成电路等方面取得了重大突破。此外，京东方6代线投入175亿元、8.5代线投入285亿元、10.5代线投入400亿元，大量的资金投入，不仅使得新兴产

业快速发展,而且使整个市场也发生了巨大变化。目前,新型平板显示已经成为合肥市新兴产业的金字招牌,先后有海尔、格力、美的等电企,以及多家配套企业落户合肥。这些企业的到来将为合肥的发展起到巨大的推动作用。

3. 时尚产业聚集度不够,产业层级不够完备

在新旧动能转换过程中,我们发现,青岛虽具备发展时尚产业的相关要素,但受限于系统性整体发展规划的不完备以及对应配套政策的缺乏,时尚产业和时尚文化都呈现出分散化分布的特征,从而导致整个产业在统筹全局方向上略显乏力,无法实现与金融行业的深度融合。与此同时,青岛的时尚产业虽然在规模和水平上有了较大提高,但是,在诸如国际国内知名度、品牌影响力、知名品牌分布范围及数量等一些关键指标上依旧面临缩小与国内发达城市差距的压力。目前,青岛依旧缺乏较大规模的时尚企业,时尚产业链条相对狭窄单一,时尚产业体系缺乏立体性,不够完备[6]。

4. 人才引进工作尚未形成合力

目前青岛时尚人才极度缺乏创新能力,特别是原创能力。这主要体现在:人才队伍中高端时尚人才特别是大师级时尚人才所占整体比重严重过低,能够将相关产品进行产业化和市场化推广的经营型人才严重缺乏,从而制约了产品的市场化推广。目前,负责青岛市人才工作的相关部门过多,主要涵盖组织部、人社局、科技局、教育局等多个部门,由于这些部门间缺乏相关协调工作,导致政出多门,一些良好的政策规定难以得到贯彻落实。另外,人才服务方式落后于整体进度,人才吸引工作没有实现物质奖励、情感鼓励及事业激励三项要素的相互均衡而过分偏重物质奖励。人才引进与产业政策产生严重脱节,相关服务缺乏连续一致性,具有明显的"头重脚轻"现象。同时,相关部门急需建立功能完善的绩效评估体系对现有的人才引进政策进行考评。

(四) 青岛引领新旧动能转换工作面临的困难

1. 外部环境复杂且严峻

青岛所处的外部环境复杂而严峻。在亚太区域,我国和邻国日本的关系长期低迷,近几年的"萨德"问题又给中韩关系蒙上一层阴影。与日韩两国关系的紧张直接造成了日韩投资的减少,间接影响了青岛新旧动能的转换工作。在世界范围内,"逆全球化"态势空前高涨。特朗普政府所奉行的贸易保护主义,对华为、中兴的制裁,对中国单方面启动"301调查",退出多个多边协定等行为,在保护美国利益的同时,使我国的利益在多方面受到损害。

2. 制度陈腐,新的管理办法尚未形成

在对传统动能进行改造的道路上,当经济要素产生扭曲与误置时,需要及时进行矫正调整,现阶段的体制约束在一定程度上影响了这种矫正的实施,体制约束已经成为经济转型升级的羁绊。在现有行业中,国有企业人员冗杂,在占用过多资源的同时,也使得改革缺乏动力;相反,一些民营企业却因配置不到足够资源而被制约了发展;外资企业经营活动内部化,对本土企业溢出效应有限。现有行业的状况使得改造传统动能必须依靠制度创新,依靠培育新动能来完成。在培育新动能的过程中,新的生产技术催生的新业态、新模

式与原有的规章制度相抵触，较高的机会成本使得企业在遵循这些规章制度时难以持久，造成新业态和新模式难以维持。无论是对传统动能的改造还是对新动能的培育，都离不开制度的创新。然而，任何制度的创新都需要时间的滋养，这给新旧动能转换带来了巨大挑战[7]。

3. 地区发展差异显著

从青岛的历史发展来看，青岛的经济、政治重心，文化旅游资源大多分布在沿海一线。资源的分布不均造成了各区市之间较大的经济发展差距，从而形成了各区域发展不均衡的局面。青岛现有的七区三市中，西海岸新区无论是整体GDP规模还是人均GDP水平都排名第一。从2018年的数据来看，西海岸新区GDP规模为3517.07万元，而排名第2的即墨区GDP规模只有1413.43万元，不及西海岸新区的1/2，排名最后的红岛经济区则只有107.36万元，仅占西海岸新区的3%；在人均GDP方面，西海岸新区人均GDP达到22.30万元，排在最末位的平度市则只有6.50万元，仅占西海岸新区的29%。巨大的数据差异说明区域发展不平衡问题较为严重，区域协调发展有待加强（见表14-5）。

表14-5 2018年青岛市各区市GDP规模及人均GDP　　　　单位：万元

	GDP规模	人均GDP
市南区	1203.37	20.56
市北区	832.20	7.56
李沧区	453.53	7.85
崂山区	697.00	15.63
西海岸新区	3517.07	22.30
城阳区	1079.02	14.98
即墨区	1413.43	11.41
胶州市	1211.38	13.45
平度市	895.85	6.50
莱西市	620.11	8.13
红岛经济区	107.36	10.35

资料来源：由青岛市各区市2018年统计公报整理而成。

4. 人口具有明显的老龄化趋势

截止到2017年底，青岛已经有21.8%的老年人口，老年人口同比增长6.9%，增速明显高于全市人口平均增速（0.94%）；老龄化水平高于全国（17.3%）4.5个百分点，人口具有明显的老龄化趋势。更严重的是，目前，外来人口前往青岛扎根的兴趣也在逐渐消退。这当中的主要原因来自于巨大的生存压力，以2017年为例，青岛人均工资为6591元，而二手房的成交均价约为人均工资的3倍。经济学人智库（EIU）发布的2018年《全球城市生活成本》中显示，青岛的生活成本高居全国第7位，其名次仅次于中国香港、上海、深圳、大连、北京和中国台北。高昂的房价、巨大的生存压力和相对微薄的薪资水平,使青岛渐渐丧失对人口的集聚能力,年轻一族对青岛望而却步,从而更加深了青岛的老龄化现象(见图14-7)。

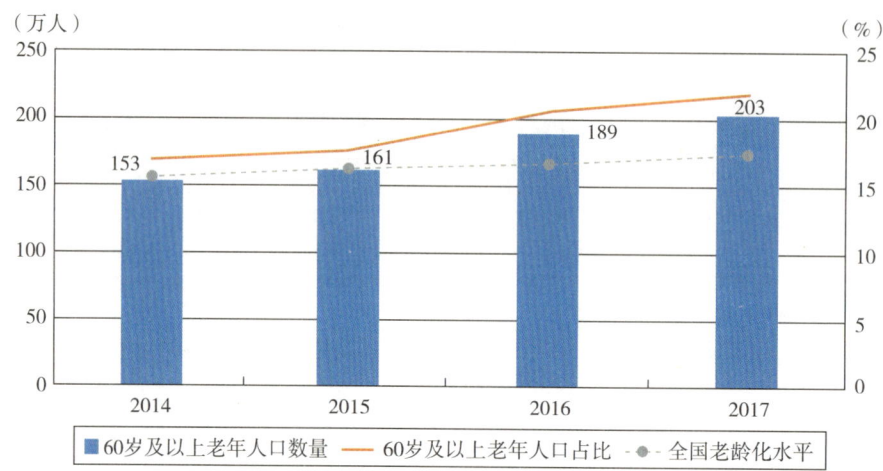

图14-7 2014~2017年青岛60岁及以上老年人口数量及比重
资料来源:《青岛市统计年鉴》(2015~2018年)。

三、青岛加速新旧动能转换促进时尚产业发展的思路与对策

(一)实施多种策略合理应对瞬息万变的外部环境

1. 积极融入"一带一路"倡议

青岛具有陆海双向开放的优势,要充分利用与发挥这一优势和青岛作为"一带一路"新亚欧大陆桥经济走廊的主要节点和海上合作战略支点城市的作用,积极融入"一带一路"倡议。

不断加强和增深与"一带一路"沿线国家的往来交流,积极促成友好合作,对对外贸易的转型升级进行促进,大力推进青岛跨境电商综合试验区建设。加强创新能力开放合作,努力提升青岛市自主品牌以及具有高附加值的产品的出口比重,对跨境电商B2B出口进行重点支持,形成"陆海内外联动""产业多元化"的开放格局。

2. 抓住"上合机遇"扩大开放

2018年5月,青岛获批创建"中国/上海合作组织地方经贸合作示范区"。2018年6月,青岛举行了上海合作组织成员国元首理事会第十八次会议,并发表了《青岛宣言》。青岛应抓住"上合组织地方经贸合作示范区"等机遇,利用青岛中韩贸易合作区、中德生态园、中英创新产业园、中法工商创新基地、中芬中心、中瑞中心等青岛国际经济合作

区的国际资源,扩大国际合作带动产业发展,树立青岛国际高端工业设计服务资源品牌,打造工业设计集聚新高地,形成具有国际水准和青岛特色的工业设计产业。

(二) 统筹兼顾,促进区域协调发展

(1) 明确各个区市定位,促进各区市高效发展。优势互补,提高整体性能,统筹全域联动发展(见表14-6)。

表14-6 青岛各区市发展定位[8]

区域	发展定位
西海岸新区	做强现代海洋、高端装备、现代物流等产业,培育新一代信息技术、文化创意等产业,经济实力和创新水平保持国家级新区前列
市南区	做强现代金融、商务服务、文化创意、现代旅游等产业,培育壮大现代海洋、新一代信息技术、健康养老等产业
市北区	做强商贸服务、现代旅游、新一代信息技术等产业,发展壮大邮轮产业、人力资源服务、现代保险等行业
李沧区	做强商贸服务、现代物流、科学研究与技术服务等产业,培育工业设计、电子商务、互联网数据服务等行业,建设国际院士港及产业核心区
崂山区	做强现代金融、新一代信息技术、生物医药、现代旅游等产业,培育虚拟现实与增强现实、基础电子元器件及器材制造、医疗仪器设备及器械制造等行业,建设财富金融聚集区
城阳区	做强轨道交通装备、新能源新材料、汽车制造等产业,培育生物医药、节能环保、高端装备等行业,依托国家高速列车技术创新中心,发展轨道交通装备研发、制造、检修、服务等全产业链,打造世界"动车小镇"
即墨区	做强现代海洋、汽车制造、健康养老等产业,培育航空航天器及设备制造、基础电子元器件及器材制造、新材料制造等行业,打造具有全国影响力的海洋科技产业城和商贸名城
胶州市	做强高端装备、现代物流、节能环保等产业,培育航空运输、航空航天器及设备制造、多式联运和运输代理等行业,发展临空经济,建设现代化生态智慧空港城
平度市	做强智能家电、高端化工、食品饮料、现代农业等产业,培育通用航空、高效节能等行业,提升青岛北部区域性中心城市功能
莱西市	做强汽车制造、食品加工、新材料等产业,培育新能源汽车制造、石墨烯新材料制造等行业,打造现代化区域次中心城市

资料来源:《青岛市人民政府关于推进新旧动能转换重大工程的实施意见》。

(2) 在最短时间内培育出一批具有青岛特色的小镇。在全国认定的两批特色小镇中,青岛只有胶州市李哥庄镇和平度市南村镇入围,在特色小镇建设中,无论数量还是质量青岛都还有很大提升空间。因此,青岛市需要通过增加特色小镇的数量,提升特色小镇的质量,加快试点小城市经济建设,进而缩小各区市间经济差距,促进各区市的经济协同发展。

(3) 复制推广平度国家中小城市综合改革试点经验。早在2015年,青岛的平度市就

被确定为国家中小城市综合改革试点。从试点3年的实际效果看,青岛通过协调各级政府部门,出台政策措施,使得平度市的经济、政治、文化都有了较大发展。在此过程中,各级部门获得了若干好的经验、实践了若干好的做法,吸取了若干实践教训。这些经验、做法、教训都是宝贵的财富。青岛应将这些经验、做法、教训加以调整优化,复制推广到其他相对落后的区市,促进区域协调发展。

(三) 建立充满活力指向未来的产业体系,引领时尚经济潮流

首先,在优势突出的拳头产业方面,要以产业链的拓宽、创新点的突出为目的,在发展方向上,创造性地突出产业的智能化与集群化,在汽车制造、透明海洋、医疗养老、轨道基建、互联网金融、智慧物流、智慧家居、新型旅游等产业有的放矢,重点突破。

其次,在生意盎然的新兴产业方面,要以追赶先进行列、产业产值快速增长为目的,紧跟多元融合、智慧信息化发展潮流。打好人工智能赋能青岛制造"7+N"攻坚战(见表14-7),全面提升青岛制造业发展水平这盘棋,成功发起"高端制造业+人工智能攻势"。逐其根本,要通过科学的方式重新规划设计产业链,将焦点放在生物制药、信息技术、精密设备等领域,系统梳理发展路线,认清产业竞争中的核心竞争力,抢占产业竞争先头梯队。要着眼于自身在硬件与内容生产等方面的优势,着力推动4K/8K超高清视频与5G、人工智能、虚拟现实、集成电路等产业的协调全面发展。充分发挥品牌企业的模范带头作用,提升海信、青岛啤酒、海尔等知名企业的品牌效应,引领时尚经济新潮流。

表14-7 青岛"7+N"攻坚战

攻坚战	攻坚目标
新一代信息技术"振芯铸魂"攻坚战	以推动新一代信息技术与制造技术深度融合为主线,夯实人工智能、集成电路、5G通信、高端软件等软硬件基础,培育壮大数字经济
新能源汽车产业倍增攻坚战	瞄准汽车产业轻量化、新能源化、智能网联化发展方向,在推进现有整车企业传统燃油车型提档升级的基础上,加大轻量化材料、高续航电池、智能车联网等关键技术攻关,推动新能源汽车产业集群发展
生物医药产业跨越赶超攻坚战	抢抓生命科学、生物技术与信息技术融合发展机遇,坚持仿创并举、引育共进的推进路径,突破发展生物医药、医疗器械、精准医疗等
高端智能家电创新引领攻坚战	引领家电产业高端化、智能化升级潮流,以发展智能家电、新型显示、智能家居为主线,推动家电产业高端迈进、智能升级
轨道交通装备加速领跑攻坚战	瞄准轨道交通装备标准化、谱系化、智能化发展方向,提升整车制造、补齐产业短板、拓展智能运维,加快建设国家高速列车技术创新中心,巩固提升青岛轨道交通产业示范区领跑优势
智能制造装备迭代升级攻坚战	突出数字化、网络化、智能化发展导向,坚持自主研发与引进培育相结合,培育机器人与增材制造装备、开发智能仪器仪表与测控设备、突破重大成套设备与短板装备
船舶海工装备高端迈进攻坚战	瞄准大型、高端、深水、智能发展方向,开发高技术船舶、发展海洋工程装备,推动船舶海工装备企业与研发机构资源共享、优势互补,提升研发设计、总装建造、关键系统集成和设备自主配套能力

续表

攻坚战	攻坚目标
传统支柱产业智能提升攻坚战	以提升品牌价值、改善产品结构、提高智造水平、优化产业生态为核心,加快人工智能技术在研发设计、生产制造、运营管理各环节融合应用,推动纺织服装、食品饮料、石化化工等传统支柱产业智能改造、转型升级,向价值链中高端迈进

资料来源:《青岛市"高端制造业+人工智能"攻势行动方案(2019~2022年)》。

(四)发起"互联网+攻势",促进产业结构优化升级

为了构建跨界融合的全新格局。要从体制上入手,打破现有人才跨领域流动的瓶颈,以多学科、多领域的跨界交流研究为目的,切实激励、扶持高校科研院所的相互交流与学习。与此同时,也要从政策上,为快速实现科研成果到社会生产力的转化提供有力支持,如积极引进知名学府与科研院所,大力促进不同领域的跨界创新活动。

"互联网+"已成为当今产业发展新模式,促进"互联网+"行动,深化细化互联网技术在工商业,特别是物流、金融等行业的应用,建立以互联网为依托,由大批量定制、智能工业、智慧金融等组成的公共服务平台。并将文化推广、农业发展、旅游宣传等特色经济与"互联网+"相结合,开拓农业精准化、影视共享化、旅游智慧化等新产业。为增强国际时尚影视娱乐、餐饮休闲等第三产业组合配套作用,应大力推动"互联网+"的商业模式,以传统实体店与网上虚拟店并存的形式,实现商业全方位多层次融合。矢志不渝地推出以用户体验为本,以用户个性为特色的精细定制化高端产品,不断丰富高品质时尚产品目录。构建出一个购物旅游与文化输出并存的融合性商圈,不断推动产业结构优化升级。

(五)改善时尚产业成长环境,强化企业吸引力与凝聚力

1. 提高公共服务平台水平

借助各类协会、企业及园区等平台,建设一批具有法律保障的公共服务平台来提供人才培训、共性技术支持等服务,降低时尚文化企业所需承担的成本与风险。严惩窃取知识产权,盗用和侵犯品牌、商标等非法行为,建立不法行为黑名单。加大对时尚产业的信息服务、时尚技术的扶持力度,将时尚产品和时尚服务纳入政府采购目录。

2. 对公共服务政策进行优化,提升公共服务水平

建立面向市场、高权威且具有极强专业性的对时尚品牌、时尚设计师、时尚传媒、时尚模特等的评价机构,对品牌评价实行公平公正的原则,建立适宜的评价体系与评估指数,为品牌提供保障机制。鼓励诸如时尚婚庆、时尚销售、时尚设计、时尚体育等时尚产业形成联盟会或时尚产业协会,支持和促进"时尚+金融""时尚+科技"等产业融合联动发展的公共平台。

3. 拓展时尚产业获取资金的途径

设立关于时尚产业的专业引导资金,联合地方金融机构发行信托产品,拓展时尚产业

的融资途径。成立针对于时尚产业所专有的发展基金，有倾向性地对服装设计、家纺、建筑及工业设计、环境和视觉艺术、数码娱乐等相关领域的成果与产业相结合、新产品研发、设计及营销服务的购买和引进以及产学研合作等项目给予资金扶持。

4. 加大培养时尚人才的力度

创建优美的生活环境和适宜创业的服务环境，吸引国际和国家级时尚大师，从政策上对前往青岛创办工作室的国内外知名设计师予以支持。加大对北京电影学院青岛创意媒体学院、青岛大学美术学院、纺织服装学院、青岛理工大学艺术与设计学院等时尚院校的扶持力度，对人才培养的方式进行创新，吸引越来越多的学生以各种方式参与时尚相关的活动，增强时尚产业人才的就业能力和就业质量。

（六）全力构建"幸福城"，引领共享发展

新时代，我国社会的主要矛盾发生了改变，人们对美好生活充满向往与憧憬。人民幸福，这一经济社会发展的最终目标，既是建设时尚之都的内在要求，也是实施新旧动能转换的发展要求。

首先，要践行"绿色"发展观念，构建有机城市。享有"红瓦绿树、碧海蓝天"，青岛是中国的美丽之城，同时，青岛也在着力构建魅力之城和时尚之都。随着近年来的高速发展，青岛发展目标已不仅仅局限于对经济增长以及规模集聚扩张的追求。如今，青岛把打造"绿色、幸福、宜居、宜业"的智慧城市作为其新的发展目标。为此，青岛要倡导现代、绿色、健康的生产和生活方式，努力提高城市品位与风格；不断将文明信息进行汇聚，促进文化繁荣，从而提升整个城市的文化素养；构建一座生机勃勃、品质卓越的有机城市。

其次，要将"品质"作为发展理念贯穿始终，构建创新型、创意型城市。一座城市如果没有自己的文化，那将是一座匮乏灵魂深度不足的城市。在新旧动能转换的过程中，青岛应该更加注重城市文化的发展。积极倡导文明与时尚，为城市生活注入更多时尚元素，打造更多青岛市特有的时尚坐标，为整个城市注入新活力、增添新气象。借助影视作品的力量对风尚和风情进行传播，将青岛市建设成一个创意新城，引领世界文化和亚洲文明。

最后，要树立"魅力"这一城市发展观，建设具有人文色彩的城市。青岛是一座具有独特东方魅力的城市，这种独一无二的魅力来源于其建制以来的城市风情与文化特色，也来源于其对自身自然风貌魅力的挖掘、对历史文化魅力的保护和对城市品牌魅力与人文精神魅力的充分彰显。只有保护和留住青岛市特有的建筑风格、地域环境、民俗习惯和文化特色，在新时代赋予其崭新的精神、理念和风尚的同时，才能留住青岛的独特风情与魅力。我们要以新旧动能转换为平台，塑造新时代青岛的新魅力与新情怀。

（王程　中国海洋大学

韩勇　中国海洋大学）

参考文献

[1] 冷静. 加快打造国际时尚城 助推青岛国际大都市建设 [N]. 青岛日报, 2019-05-07 (007).

[2] 青岛国际时尚城建设攻势作战方案 (2019-2022年) [N]. 青岛日报, 2019-07-11 (002).

[3] 青岛做厚家底做足成色 [N]. 人民日报, 2017-02-12.

[4] 王娉. 创新青岛, 大院大所"繁花似锦" [EB/OL]. 青岛新闻网, http://news.qingdaonews.com/qingdao/2017-02/10/content_ 11930995.htm.

[5] 于忠珍. 青岛市新旧动能转换的现实思考 [J]. 青岛职业技术学院学报, 2017 (4): 7-13.

[6] 嵇焕飞. 发展时尚产业 建设时尚之都 [N]. 青岛日报, 2018-08-01 (008).

[7] 林芹. 青岛引领新旧动能转换路径分析 [J]. 内蒙古科技与经济, 2018 (21): 14-15, 17.

[8] 中共青岛市委、青岛市人民政府. 关于推动新旧动能转换重大工程的实施意见 (青发〔2018〕22号) [Z].

第六篇　发展趋势篇

第十五章
绿色发展背景下的全球时尚产业发展

一、绿色发展理念对全球时尚产业的影响

　　时尚，简言之就是时代的风尚。时尚可以广泛寓居在社会生活的诸多事物之中，如时尚发型、时尚家居、时尚生活、时尚品牌、时尚服饰等。时尚的实质是一个时代的精神气质和价值取向。但正如社会生活总如大海一般宽广浩瀚而又变动不居，时尚给人们的感觉也总是有些缥缈而难以把握。对于一些具体而微的事物，我们常难以判定它是不是代表着时尚，不确定它能否引起全社会的崇尚与追随。但是对于一些显著的社会观念，一些已经是亿万人心所向的情感意识，我们是可以认定它必将影响和决定时尚的内容与走向的。绿色发展即是这样的一种社会理念，从它的应运而生开始，就决定了它必将成为一杆高高飘扬的旗帜，全人类社会生活的方方面面都将会受到它的引导。

　　回顾过往，时尚与绿色并未存在天然的亲近关系。绿色发展理念成为一种普遍的社会发展共识，成为人们要求对社会生活方式全面进行规范的潮流性理念，乃是近现代以来的事情。工业革命以后，人类对自然资源的过度索取，以及对自然环境前所未有的破坏造成了一系列的恶果。水土流失、土地荒漠化、生物多样性减少、全球气候变暖、"三废"污染严重等现象灾难性地呈现出来，越来越多的人意识到了环境和生态的重要性，提出了绿色发展、可持续发展的理念。现如今，全球已经普遍接受了这样一种观念，世界各国必须改变现有的经济发展模式，并在全人类中倡导一种环保的、可持续的生活方式。正是基于此种现实，时尚与绿色理念开始走向深度融合，全球时尚界开始主动寻求拥抱绿色的时尚表达方式。

绿色发展的理念有其广博的知识体系和内容，本文只对它与时尚的结合部分做一些总结，以便于进行后文内容的展示和分析。概括起来说，绿色理念对时尚产业的影响集中在如下三个方面。

（一）凸显行业对保护生态环境的责任意识

2018年3月，由联合国欧洲经济委员会举办的"时尚与可持续发展目标：联合国的作用？"论坛在日内瓦召开，集中探讨了时尚行业的可持续性发展和环境污染问题。据会议报告，全球时尚行业每年产值约为3万亿美元，产生了全球20%的废水（全球第二大用水大户行业）和全球10%的碳排放量。尽管时尚行业只使用世界耕地的3%，但棉花种植所使用的杀虫剂和农药分别占全球总量的24%和11%。该委员会执行秘书长Olga Algayerova表示：很明显，时尚业需要做出调整改革，它需要变得更环保，并向更为健康的工作环境转型，将时尚行业转变为可持续发展目标的驱动因素。

时尚行业与人们的日常生活紧密相连，仅就其中的纺织服装产业来说，也是规模庞大、影响至深。全球纺织服装产业的快速发展，有效地满足了人们的日常穿着需求，极大地提高了人们的物质生活水平。以中国纺织服装产业来说，2018年全国规模以上纺织企业达到了38000余家，累计实现主营业务收入53703.5亿元，而据中国服装协会发布的《2018～2019年中国服装行业发展报告》，2018年全国完成服装总产量约456亿件，销售总额约达3.08万亿元。如此庞大的产业规模，一方面体现了我国纺织产业对国民经济的巨大贡献，对人民生活需求的有效满足；另一方面也说明了纺织服装产业在全国时尚产业中实现绿色发展具有极为重要的作用和意义。

当前中国的纺织服装产业正处于转型升级的发展阶段，一方面，在很大程度上还存在着低端劳动力密集、资源消耗大、环保任务突出的基础状况；另一方面，两化融合的进步，智能制造在行业内的推广应用，以及环保技术和管理水平的大幅提升，让中国的纺织服装产业已经在绿色发展道路上前进了一大步，在行业内已经形成了"以责任为引导的绿色产业"的发展定位。

总之，绿色发展理念对于中国的纺织服装产业，对于全球的时尚产业发展，警醒了产业相关各方的责任意识，对产业未来的发展方式提出了挑战和要求。

（二）推动行业提高从业者工作权益的人本关怀

时尚产业，尤其是其中的服装服饰产业，长期以来是典型的劳动力密集型产业，人工、手工的工作部分比重较大。即便是现如今，在纺织服装产业体量的基础部分，仍然存在着依靠聚集大量低端劳动力来推动产业产能低效增长的状况。一方面，可以认为是时尚产业为促进全球的劳动力就业创造了大量的工作机会。另一方面，数量庞大的低端劳动力聚集在时尚产业中，也让这部分人群的工作、生活窘境在行业层面上集中呈现出来，让人们生发出时尚产业推进社会责任建设任重道远的感受。

毋庸讳言，作为低端劳动力密集的行业，时尚产业在低工资水平、高劳动强度、恶劣工作环境等方面的状况相对于其他社会产业来说还是比较突出的。有一大部分的产业工人的工资水平仅仅高于社会最低工资标准，因为工作的劳动强度大以及工作环境差，时尚产业也普遍面临着产业工人老龄化、招工难等问题。根据中国纺织工业联合会《2016－2017 中国纺织服装行业社会责任年报》的一组数据，全球纺织服装产业的低端用工问题也可见一斑。该报告抽样调查了缅甸的部分纺织企业，得出的结论是：从性别比例看，男女员工分别占 12.5% 和 87.5%；从学历看，小学、初中、高中、大学和研究生毕业人数分别占 2.9%、14.4%、32.7%、36.5% 和 13.5%；基层员工占比达 65%。从员工工资水平看，有 42.9% 只与最低工资差不多，有 42.9% 的员工工资高于最低工资的幅度处在 50% 以下（见图 15－1）。总之，纺织服装产业员工的工资收入，绝大部分都离最低工资标准不远，员工对自己的工资收入也普遍不满意（见图 15－2）。

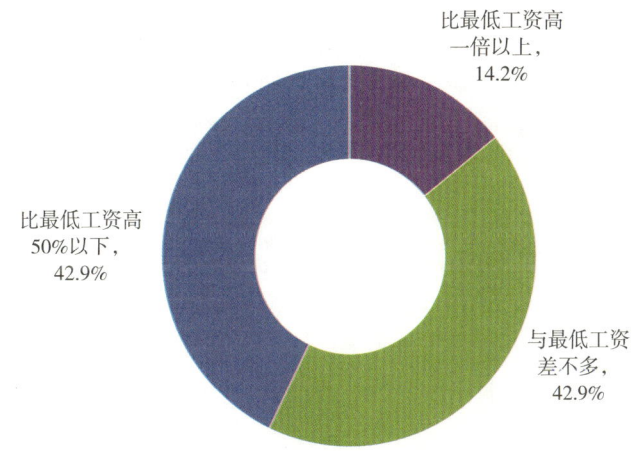

图 15－1　企业工资与当地最低工资水平比较

资料来源：《2016－2017 中国纺织服装行业社会责任年报》。

这个数据虽然采集的范围不是很大，但还是比较有代表性的。在中国，大部分服装企业的基层工人的月工资水平也多在 3000～5000 元，相对社会各个行业而言，工资水平是相对偏低的。

此外，因为服装企业的工人多在流水线上操作，工作内容枯燥，劳动强度大，加之噪声污染、化学品污染、粉尘污染等问题，纺织服装产业的工作环境还有待整体提升和改善。相信许多人对于 2013 年孟加拉国 Rana Plaza 服装工厂倒塌以致近千人丧生的血腥事故，还留有深刻的印象。

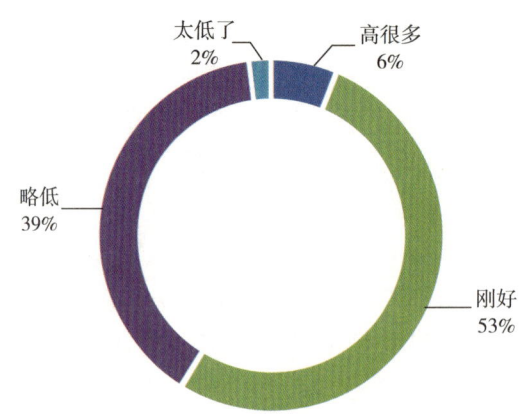

图 15-2 员工的工资满意度（工资与工作量比较）

资料来源：《2016-2017 中国纺织服装行业社会责任年报》。

面对绿色发展、和谐用工的时代呼唤，时尚产业亟须大力推进人本责任建设，要求企业遵循以人为本的原则，尊重员工的各项权利，促进企业与人的协调发展。

（三）强化消费者对产品绿色性能的需求趋势

开发绿色时尚产品，满足消费者亲近自然、追求健康的时代需求，是绿色理念对于时尚产业的主要影响之一。当前，全社会对消费品的健康功能提出了更高的标准，对产品的绿色性能掀起了空前高涨的热情。为适应这样的绿色消费理念，时尚产业需要从以下三个方面进行产品的改造升级。

第一，从产品的原材料上进行开发、提升。例如，服装服饰产业在纤维环节开发各种功能性纤维：包括抗菌抑菌、防污快干、导电、发热、防辐射等具有特殊功能的纤维，在智能服装、体育用品等领域中形成广泛应用，促进纺织市场的健康多元化发展。第二，从用户角度提供个性化的产品定制和快速服务，将柔性生产模式推广成为行业发展的主要方向。通过精益化、可视化、定制化生产，让消费者获得更加舒适的消费体验，获得更加契合自己体型、审美情趣的服装产品。第三，在服装面料和辅料的选择上，更加注重天然纤维的使用，更多选用新型生态环保型面辅料，提升服装产品的安全和健康性能。

二、全球时尚产业实现绿色发展的推动力量

（一）国际性组织

1. 重要国际组织介绍

国际性环保组织突破了传统的国家主导的治理模式，在国际环境保护领域中发挥了不

可替代的作用。这些组织的工作顺应了全球居民参与的新环保理念,极大地推动了全球绿色发展事业的进步(见表 15-1)。

表 15-1 重要国际组织介绍

机构	核心文件或标准	主要议题
联合国(UN)	联合国商业与人权指导原则、全球契约	社会:①强迫劳动、抵债劳动、服刑人员劳动和非法劳动;②童工及未成年工;③工资福利;④雇佣;⑤结社自由与集体谈判;⑥健康与安全;⑦歧视、多样性和平等;⑧工作时间 环境:①资源能源使用;②"三废"排放(废弃物排放与回收再利用);③化学品合规使用 其他:①物种保护与动物福利;②反腐败与反贿赂;③透明化与可追溯;④信息安全等
国际劳工组织(ILO)	国际劳工公约与建议书	
欧盟(EU)	公平贸易决议书、行动计划提案等系列文件	
经济合作与发展组织(OECD)	跨国企业准则	
公平劳动协会(FLA)	公平劳动行为守则	
社会责任国际组织(SAI)	社会责任标准(SA8000)	
欧洲对外贸易协会(FTA)	商业社会责任倡议(BSCI)	
国际社会责任认证组织(WRAP)	负责任的全球成衣制造行为准则(WRAP)	
国际公平贸易协会(IFAT)	公平贸易组织标签	
国际标准化组织(ISO)	国际社会责任指南(ISO26000)	

资料来源:《2016-2017 中国纺织服装行业社会责任年报》。

2. 重要国际性纲领文件介绍

(1) 2030 年可持续发展议程。

2015 年 9 月,联合国的 193 个会员国一致通过了可持续发展目标,这些目标述及发达国家和发展中国家人民的普遍需求。该议程涉及可持续发展的三个层面:社会、经济和环境,于 2016 年 1 月 1 日正式启动。新议程呼吁各国立即采取行动,为今后 15 年实现 17 项可持续发展目标而努力。联合国原秘书长潘基文指出:这 17 项可持续发展目标是人类的共同愿景,也是世界各国领导人与各国人民之间达成的社会契约。它们既是一份造福人类和地球的行动清单,也是谋求取得成功的一幅蓝图。

(2) SA8000。

SA8000 即"社会责任标准",是 Social Accountability 8000 的英文简称,是根据《国际劳工组织公约》《世界人权宣言》和《联合国儿童权益公约》制定的全球首个道德规范国际标准,于 1997 年 10 月公布。其宗旨是确保供应商所提供的产品,都符合社会责任标准的要求。SA8000 标准适用于世界各地、任何行业、不同规范的企业。

SA8000 是一套可被第三方认证机构审核的国际标准,主要关注的是人,而不是产品和环境。SA8000 只有一个国际统一认证机构 SAI(Social Accountability International),即社会责任倡议组织。

SA8000 认证一般需要 1 年的时间,证书有效期为 3 年,每 6 个月复查一次。SA8000 是保护企业内部劳工的权利,它规定了企业必须承担的对社会和利益相关者的责任。SA8000 标准对企业的要求包括:①不得使用或者支持使用童工;②不得使用或支持使用强迫性劳动；③工作时间要严格遵守当地法律要求；④企业支付给员工的工资不应低于法律或行业的最低标准；⑤应具备避免各种工业与特定危害的知识，为员工提供安全健康的工作环境，采取足够的措施，降低工作中的危险因素。

(3) WRAP。

WRAP 的中文译意是"负责任的全球成衣制造行为准则"，该标准是由环球服装生产社会责任组织制定的，属于独立监控和证明制造业符合这些全球性的社会责任标准，保证产品是在合法、人性化和符合伦理的条件下生产的。WRAP 项目将改善工作场所条件的首要责任放在拥有和经营缝制产品制造设施的业主身上。

(4) ISO9000。

ISO9000 是国际标准化组织颁布的在世界范围内通用的质量管理和质量保证的系列认证标准，目前已被 80 多个国家等同或等效采用。该体系是由国际标准化组织根据发达国家的技术水平量身定做的，要求最终产品要达到这一质量保证体系所规定的质量技术标准。

(5) ISO1400。

ISO1400 环境保证体系标准要求产品从开发、设计、加工、流通、使用、报废处理到再生利用，整个生命周期都要达到这一环境管理系统所规定的技术标准，体系运行相当严格，以保证在国际贸易中的控制地位。

(6) 欧盟纺织品服装生态标签认证。

欧盟在纺织品服装领域主要有生态标签和生态纺织品认证两种绿色标签。相关机构还制定了生态标签认证标准（Eco‐label）和生态环保纺织品标准（Oeko‐TexStandard100），这些已成为鉴定绿色纺织品服装的重要标准。它主要要求生产企业实现生产过程清洁化、无毒化和无害化。生态标签标准涉及纺织品原料、生产、产品本身和耐用性等方面；生态纺织品认证主要关注纺织品服装本身，前者比后者的要求更为严格。

（二）重要主权国家的管理机构和组织（以中国为例）

中国环保事业的国家主管部门是环保生态部，涉及时尚产业生产、制造、贸易的主要部门还有国家发改委、工业和信息化部、科技部、商务部、质检总局等。此外，相关的行业协会也是重要的参与力量，如中国纺织工业联合会、中国服装协会、中国化学纤维工业协会、中国印染行业协会等。在这里，我们重点介绍几个由国家相关部门和行业协会发布的重要政策文件和发展规划。

1. 中国制造 2025

中国政府关于制造业的国家战略和纲领性文件，着力于全面提升各个制造产业在智能化、信息化等方面的发展水平，绿色制造是其中的主要领域之一。文件提出，要通过坚持可持续发展促进制造强国建设。指导全国制造业全面推行清洁生产，发展循环经济，加强节能环保技术、工艺、装备的推广应用，以及提高资源的回收利用效率。《中国制造 2025》提出到 2020 年，要建成千家绿色示范工厂和百家绿色示范园区，重点行业主要污染物排放强度下降 20%；到 2025 年，中国制造业绿色发展要达到世界先进水平，届时绿色制造体系已基本建立。

2. 绿色制造工程实施指南（2016~2020年）

由国家发改委、工业和信息化部、科技部、财政部等联合印发，目的在于贯彻落实《中国制造2025》，加快推动中国生产制造绿色化，全面构建绿色制造体系。文件从"绿色制造技术创新及产业化示范应用""传统制造业绿色化改造示范推广""绿色制造体系构建试点""资源循环利用绿色发展示范应用"等方面，进行了具体的工作部署。同时，该文件还结合行业现状调研和现有先进技术的效果预测，确定了相关工作的具体发展目标。

3. 工业绿色发展规划（2016~2020年）

由工信部发布，旨在加快推进生态文明建设，促进工业绿色发展。该规划提出要以传统工业绿色化改造为重点，以绿色科技创新为支撑，以法规标准和制度建设为保障，具体通过推进绿色产品、绿色工厂、绿色园区和绿色供应链建设，全面推进绿色制造，加快构建我国绿色制造体系。

4. 关于促进绿色消费的指导意见的通知，关于建立统一的绿色产品标准、认证、标志体系的意见

2016年初，十部委联合印发《关于促进绿色消费的指导意见的通知》，将在2020年前推动大幅提高绿色产品市场占有率；2016年12月，国务院办公厅又发布了《关于建立统一的绿色产品标准、认证、标志体系的意见》，为提升绿色产品质量，引领绿色消费指明具体路径。

5. 行业组织的各类发展规划

2016年，中国纺织工业联合会配合政府有关部门制定了《纺织工业发展规划（2016~2020年）》，并发布《纺织工业"十三五"科技进步纲要》，为行业提供了系统科学的发展蓝图与路径。以此为统领，结合各分行业特点与现状，制定发布了棉纺、化纤、服装、印染、家纺、毛纺、麻纺、长丝织造、针织、纺机、产业用纺织品等子行业的"十三五"发展指导意见。中国纺织工业联合会社会责任办公室启动了对《中国纺织服装行业企业社会责任管理体系CSC9000T》的修订与升级工作。

（三）行业领军企业与具有环保意识的广大消费者

1. 行业领军企业

行业领军企业因为特别关注企业自身的公众形象，又因为富有对未来的远见并具备相应的发展实力，在推动产业绿色发展上显得更为积极、主动。近年来，诸多国际著名的时尚品牌，或多或少都对环保问题做出了响应。作为大型的跨国公司，它们的产业经济体量大、行业引领能力强，能率先实现绿色生产，对于整个行业的发展具有极为重要的意义。

联合国全球契约组织已经建立了一个公司联盟：拥有超过9000家私营和3000个非私营利益相关的合作伙伴，在73个国家获得地方企业和利益相关方支持。该组织通过与H&M、GAP等时尚企业合作，推动在公司间进行知识分享，改善水资源供应链的可持续发展。

2. 具有环保意识的广大消费者

在欧美等发达经济体，环境保护早已成为较为普遍的社会共识。这既源于它们的经济发展水平较高，也源于对环保意识的倡导和对环保知识的深入教育。如今，在荷兰、瑞典、德国等许多国家，消费者在购物时已经能把产品的环保标准列为重要的选购标准之一。

近年来，中国居民的环保意识也取得了长足的进步。2018 年，中国连锁经营协会发布的报告称：根据对中国 10 座城市，近 10 万消费者进行的调查，70% 以上的受访者已能认识到他们的个人消费行为会对自然环境产生影响。其中，众多消费者最为关心的是产品使用的"安全健康"问题，随后即是产品的环保性能和品质性能。

根据《2018 伊利中国可持续消费报告》，约 70% 的中国消费者对可持续消费已有较高的关注，而 90% 以上的中国消费者已具备了一定程度的可持续消费意识。归结起来，该调研有三条结果与时尚行业关联度比较大：

（1）不同性别和年龄段的消费者对可持续消费的关注程度不同。首先，女性相对于男性，更具有可持续消费意识，调查显示 89.5% 的男性消费者认为通过改善自己的消费行为能有益于环境保护，而女性消费者在这一问题上的比例则达到了 91.1%；其次，相较于高年龄的消费者，年轻群体对可持续消费有更高的关注度，其中 20 岁以下的消费者群体关注可持续消费的比重最高，占比为 81.8%。

（2）消费者越来越关注企业履行社会责任的状况。根据 2017 年的调查结果，只有 27.53% 的消费者在选购产品时，会虑及产品制造商履行社会责任的知名度。而在 2018 年的调查结果里，已有 43.2% 的消费者表示会加以考虑。

（3）可持续性的生活理念正在影响消费者的购物方式。根据该报告，不少消费者在选购服装服饰时，已经在注重选择环保材料的衣物，会通过改造、送人再利用的方式延长衣物的使用寿命，受调查的消费者中表示会租赁或购买二手衣物的已经超过 70%。

对全世界来说，中国消费者环保意识的进步，具有重大的作用和意义，占全球约 1/4 人口的中国市场的变化，将会整体推进全球时尚产业的绿色发展。

三、全球时尚产业绿色发展的实践与创新

（一）设计领域

绿色设计（Green Design）是 20 世纪 80 年代末开始出现的一股国际设计潮流。这种设计强调在保证产品应用功能的同时，要积极满足环境保护的相关要求。绿色设计针对产品的整个生命周期，在产品制造、消费、回收的各个环节都把产品的绿色程度作为设计工作的主要目标。绿色设计反映了国际时尚行业对于环境生态破坏问题的重视，同时也体现

了设计师的职业道德和社会责任意识。

在2018年的中国时尚产业可持续发展高峰论坛上,加拿大设计师Amelie Mongrain的发言颇能代表当前绿色设计的理念。他表示,我们衡量一个国家的时尚文化时,要更多关注其从设计到生产当中体现出来的慢时尚。当我们把一件产品交到消费者手中时,应该是一件艺术品。所以我们要明确消费者真正想要的东西,有目的地进行生产。

当下随着环保意识的普及,在设计领域推行绿色发展理念已经形成了比较好的发展态势。根据全球时尚协会(Global Fashion Agenda)在2017年的研究统计,全球75%的时尚公司已经在积极提高设计工作的环保效能,各尽所能推出了一系列的环保措施。在2017年的米兰时装周,意大利时装协会和Eco-Age推出了环保时尚服装奖项,鼓励更多的设计师去关注环保问题。2018年的伦敦时装周因为全面禁止使用皮草,成为全球首个弃用动物皮草的知名时装周。英国时装协会在当时发布声明时表示,作为英国时尚界的代表,英国时装协会在支持设计师创造力的同时,还将鼓励他们在挑选材料和供应链时做出道德的选择。

除设计师协会等组织的联合行动外,一些积极投身环保事业的时尚设计师的行动也可圈可点。他们关注并发扬非洲等地的民族传统文化,从中吸取到自然和绿色的时尚因素。Dianevan Furstenberg、Jonathan Simkhai、Brook Collection和Edun等多位美国设计师与非洲展开面料供应和开发项目,将非洲大陆热情、乐观的精神与高饱和度的色彩深深嵌入了华美衣饰之中。意大利设计师Stella Jean吸收了埃塞俄比亚文化中的科特面料、编织斗篷和琉璃珠串等元素,将埃塞俄比亚文化变成一种全新的流行符号,推广到世界的每一个角落,以此呼吁人们对这个位于非洲之角国家的关注。设计师们希望人们可以花更多的时间去了解这些民族国家的独特文化,对慈善事业做出自己的贡献。

此外,一些院校组织和品牌企业还推出宣传环保课程,如法国奢侈品巨头开云集团联合伦敦时尚学院针对时尚和奢侈品领域的可持续发展课题,推出了"Fashion and Sustainability: Understanding Luxury Fashion in a Changing World"的线上公开课程;美国户外装备品牌Patagonia推出了将环保志愿者与环保活动人士联系起来的数字平台——Patagonia Action Works,致力于联合环保人士共同为环保做贡献。

(二) 原材料领域

首先,全行业都在呼吁减少对动物的虐杀行为。2016年9月26日,第十七届《濒危野生动植物种国际贸易公约》(CITES)缔约方大会在南非约翰内斯堡举行,大会通过了关于象牙贸易的决议,呼吁凡存在国内合法象牙市场且刺激盗猎和非法贸易的缔约方,应尽快停止国内象牙及其制品的商业性贸易。中国作为积极响应的国家,2016年12月30日,国务院发出了《关于有序停止商业性加工销售象牙及制品活动的通知》,规定"2017年3月31日前先行停止一批象牙定点加工单位和定点销售场所的加工销售象牙及制品活动,2017年12月31日前全面停止"。

在服装服饰领域,表现最突出的是对皮草的弃用。近年来,越来越多的品牌秉承"停止杀戮、保护动物"的环保理念,摒弃真皮革,改用人造皮革,达到了很好的环保效果。Vivienne Westwood、Michael Kors、Ralph Lauren、Versace、Stella McCartney、DVF、LV、Tom Ford、Armani 等品牌参与了 Go Fur Free 行动，用人工皮草替代真实皮草；英国最大电商集团 YNAP 以及旗下所有购物平台，包括 Net-A-Porter、Mr Porter、The Outnet 和 Yoox 都承诺与动物皮草彻底划清界限。

其次，对新型绿色纤维的开发利用。随着全球进入"工业革命4.0"时代，在新一轮工业革命的带动下，一些大国从自身优势出发，争相抢占新型纤维产业各细分领域的战略制高点。美国推出革命性纤维和纺织品计划，建立纤维和织物产业创新机构，重点发展新一代具有智能特征的纤维纱线技术和织物。欧盟推出了 Horizon 2020 计划，重点是医疗器械和智能纤维制品，新工业发展用的高技术非织造材料，轻质化的高性能复合纤维材料，纳米纤维先进材料，安全防腐纤维材料等。德国在"工业4.0"中推出了 Future TEX 计划，重点是可再生纤维材料，以顾客为中心的定制化纤维产品制造，以智能纤维为主体的未来新兴纤维材料等。日本重点在高新技术纤维和高端纤维制品等领域推动研发和成果产业化，试图占据纤维创新产业的战略制高点。仅从绿色发展的方面看，这些新时代纤维更加关注社会责任、终端消费和未来发展。纤维材料领域的科技革新推动了纤维产业的颠覆性发展，催生了新一代纤维产业，诸如生物基化学纤维、循环再利用化学纤维、新型生态催化聚酯纤维、碳纤维、功能性纤维等相继问世并得到推广。

最后，通过现代生物技术，开发新的服装饰品材料。不少研发机构积极推出纯天然无污染，可降解的替代面料，如将酵母、藻类、蛋白质、动物细胞和真菌等有机体转化成生物材料。荷兰女设计师 Aniela Hoitink 创作了一条裙子，原材料是一种利用真菌和培养皿制成的可降解生物，简单来说就是像蘑菇一样的真菌；乌克兰 Ochis 公司设计了一款由咖啡渣制成的太阳镜，太阳镜中还添加了亚麻成分，可 100% 生物降解，时尚的同时也十分环保；环保品牌 Pangaia 设计出的每款单品都是由回收的材料和塑料制成的，它们的产品包括 T 恤、连帽衫、运动裤等。

（三）制造领域

首先，通过技术和管理的进步，提升生产效率，降低能耗与污染。近年来，全球的服装服饰企业形成了包括绿色生产、绿色管理、绿色物流、绿色营销、绿色标准的发展模式，如通过建设绿色工厂，实行厂房集约化，达到各类企业低污排放的目标，又如通过生产设备更新和技术升级，在提高产能、促进生产效率提高的同时，减少了单位生产的污染指标。以中国羽绒服装制造名城高邮市为例，高邮现有纺织服装企业 400 余家，规模以上企业近 100 家，熟练产业工人 4 万人。高邮纺织服装行业面对环保法规和相关标准变得日益严格的趋势，把绿色发展作为纺织服装行业发展的指导理念，实现了喷印自动化，由计算机控制将染料和助剂自动喷印到织物上，喷印过程不会产生噪声和废水、废气。智能化印染，能够对生产过程中的耗水量、污水和废气排放进行检测，有效降低污染排放和资源消耗。

其次，在生产过程中尽量减少对人体和环境有害物质的使用。牛仔裤的制造和处理所排放的废水和化学废料对环境有极大的影响。2016 年，优衣库在加州成立专注于丹宁创新的研发中心Jeans Innovation Center（JIC），JIC采用生态水洗材料和激光褪色技术打造更为环保的牛仔裤生产方式。著名牛仔品牌Levi's也通过推出Project F.L.X.计划，以减少牛仔制作时间和化学药剂的使用来减少污染。Zara的母公司Inditex集团制定了"2020去毒计划"，包含了一个"洁净工厂"的解决方案以保证逐步淘汰众多危险物质。中国江苏盛虹集团运用最古老的"草木染"，提取茶多酚、栀子黄、黄芩等植物的成分，对天然纤维进行染色，从而创建了真丝草木染高端自主品牌，让古老工艺成为时尚新宠。

最后，制定更严格的生产环保管理标准，提高供应链透明度。例如，软件公司EVERYTHING和包装生产企业艾利丹尼森共同发起了一项服装标记的举措，让消费者能够沿着供应链上溯各个单品的生产历程。中国浙江省的柯桥拥有全国最大的面料市场——中国轻纺城市场。为让面料与服装的质量得到规范和保障，柯桥区研发了纺织服装质量安全防伪追溯管理系统。该系统给每件服装都赋予了唯一的电子标签标识，用户通过手机扫码，就可以查询到服装的名称、款号、面料、里料、防伪码等相关生产信息。

（四）销售领域

在销售领域，时尚行业最需要解决的环保问题是产业的生产过剩问题。快时尚品牌是服装产业中生产过剩最严重的类别，2018年3月H&M被曝光在2017年积攒了43亿美元的库存，2017年也曾被曝出该公司每年都会焚烧12吨全新未出售的服装，引起了许多环保人士的抗议。相对于快时尚品牌一般还会通过打折促销的方式清理库存，奢侈品牌出于对品牌资产和名声的保护，更不愿意让品牌因为促销而降低档次和声誉，更有倾向做出销毁库存的行为。2018年7月，Burberry公司被曝光在上一年度销毁了价值2860万英镑的库存，遭到了强烈的社会指责。根据零售软件公司ShareCloth发布的报告，全球时尚行业在2018年共生产了约1500亿件服装，其中的30%未被售出，并有50%以上的快时尚产品在生产一年后就被抛弃掉，形成了约1280万吨的服装废弃物。时尚行业的环保形势非常严峻，面对不可抗拒的环保潮流，行业各方正在积极寻求改变，探寻未来可持续的发展之道。

面对强大的环保压力，Burberry已于2018年9月宣布停止销毁剩余库存，而通过以重新利用、修理、捐赠或回收等手段代替处理。法国品牌Vetements解决生产过剩问题的方式是让生产量略少于市场需求，让供给少于或刚好满足市场需求。法国奢侈品巨头LVMH集团旗下有纪梵希、路易威登等50多个精品品牌，该集团在其最新的年度报告中也表示：只要产品过时了或缺乏销售前景，公司就会考虑适时削减库存。

此外，为解决好生产过剩的问题，一些有能力的大品牌开始寻求更大力度控制好供应链系统。开云集团、Chanel等集团近年都在大力收购供应链端，这样可以做到从设计到生产等过程掌握更多主动权，也就能更灵活地应对市场变化。

如今，有Burberry和Rimowa等越来越多的奢侈品牌开始尝试"drop"式上新，这种限时发布限量版商品的方式既保证了商品不会过剩，也能让消费者对品牌单品总是抱有新鲜感。

二手转售网站也可以缓解生产过剩的问题，注重可持续的品牌Stella McCartney和二手奢侈品转售网站 The ReaLReal 签订了合作协议，确保 Stella McCartney 的单品都能做到循环使用而不被送到垃圾填埋场处理。

GAP、优衣库等快时尚品牌，在绿色环保方面也做出了自己的行动。这些品牌在门店里实行旧衣服回收利用措施，鼓励消费者把旧衣服拿到门店换取优惠券进行再消费，而收回的旧衣服则交给第三方公司进行回收利用处理。

（五）消费领域

几十年来，由于服装服饰行业产能水平的飞速提升，全世界人民能以相对其他消费品更加低廉的价格获得服装服饰产品。这是全世界解决民生问题的进步，但也在环保方面带来极大的负面效应，如前所述纺织服装产业已成为了全世界主要污染源头之一。

为遏制住过度消费、非环保方式消费的不良势头，全球的有识之士纷纷呼唤全球居民对纺织服装产品进行理性的、可持续性的消费。联合国环境规划署于1994年在《可持续消费的政策因素》中最先提出了可持续消费的定义："提供服务以及相关产品以满足人类的基本需求，提高生活质量，同时使自然资源和有毒材料的使用量最少，使服务或产品的生命周期中所产生的废物和污染最少，从而不危及后代的需求。"

当下，在时尚消费品领域人们的可持续消费理念已经有了长足的进步。麦肯锡2017年对中国消费者的调研报告称，已有45%的受访者表示愿意为环境友好型产品多承担一定的成本。由《华丽志》发布的《2017年度中国时尚消费调查报告》显示：有28.7%的"80后""90后"高端消费者会因为品牌注重环保等社会责任，而更加关注品牌，甚至由此产生好感。《2018伊利中国可持续消费报告》也称我国消费者可持续消费的意识正在快速进步，消费者群体中有可持续理念的人员比重已经超过九成，他们各方面的环保生活习惯正在逐步形成。

当前人们践行可持续消费的主要方式之一是减少过度消费。通过倡导"慢时尚"，提高产品品质、设计经典款式、提高产品耐用性能以延长服装的使用寿命。如果所有人对服装的使用时间能提高10%，那么理论上对环境的破坏程度也将相应减少10%。用帆布袋代替塑料袋购物即是典型案例之一。2008年"限塑令"颁布后，环保袋开始被大量用以购物使用，随着人们对它使用频率的提高，环保袋的种类和样式也得到重视，被丰富和提升起来。凭借它的简约、时尚特性，对于短裤、牛仔裤、哈伦裤、棉布裙、牛仔裙、纱裙的百搭效果，还引发了一个崭新的审美趋向——"Effortless Chic"，意思是毫不费力的时尚。

此外，服装服饰行业还通过开发修补、退货、分享、租赁、转卖和定制服务，以及鼓励消费者采用更环保的方式护理衣物，如减少洗涤剂的使用，减少热水洗涤衣物、高温烘干的时间等。这方面的例子已有不少：H&M 和 Levi's 两个品牌各自与 I：CO 开展了回收服装鞋履的合作，以实现产品的再次使用和循环利用；I：CO 为合作品牌提供回收箱并分拣单品，使那些尚可穿戴的衣物重新进入市场，余下的则可循环利用；巴塔哥尼亚公司不仅通过门店和邮寄的方式回收旧衣物，还为客户提供修补服务，以延长衣物寿命。行业内的这些做法和行为解决了服装服饰产品被快速丢弃、造成使用中的污染等问题都起到了一定程度的效用。

（六）时尚文化领域

首先，在全球时尚界，掀起了鼓励运动、亲近自然的热潮。时尚行业倡导人们选择一种绿色的生活方式，如在公园里跑步、用步行代替乘车，得力于此的休闲运动类服装已迅速走红起来。全球最大的运动品牌 NIKE 宣布与时装设计师 Johanna Schneider 进行新一轮从配色原理到廓形塑造的跨界合作，意在提升运动的功能性和时髦韵味。adidas 同样积极与 Stella McCartney、Yohji Yamamoto、Mary Katrantzou 和 Rick Owens 等品牌达成战略伙伴关系，让户外运动变成一种全新的奢华体验。

其次，在时尚界提倡简单、节约的简朴之美。奢华的面料和繁复的工艺固然能够帮助设计师更好地展现作品，但利用可循环材质，塑造返璞归真的"平实之美"才是当今时尚圈对"奢华"一词的新注解。法国潮流鞋履品牌 Veja 的主理人 Sebastien Kopp 和 Francois-Ghsilain Morillion 认为越是古朴简约的材质，越能呈现出奢华的质感。两位设计师不断从亚马逊雨林收集废弃橡胶，坚持采用有机棉制作鞋垫，将单品的降解度提升至最大化。最受大众追捧的"Holiday"鞋款上的透气网是由回收塑料瓶制作而成，以此减少人为塑料材质对土壤和水资源的污染。

最后，在全社会营造环保即流行、环保更受到尊重的舆论氛围。法国时装品牌 Lacoste 一直以其经典的鳄鱼形象深入人心。但在不久前却一改经典 Logo，取而代之的是其他的动物形象。原来 Lacoste 和国际自然保护联盟合作，意图通过用别的动物取代高识别度的鳄鱼形象呼吁人们保护濒危动物，并打造了 Save Our Species 系列限量 Polo 衫。近年来，越来越多的娱乐明星也加入了环保队伍中，将自己的正能量传递给粉丝，用流行文化的影响力带动大家关注环保。政府及社会组织也通过评选环保人物、任命环保亲善大使、表彰先进人物等在全社会弘扬环保的正能量，树立可供大众追随的人物典范。

四、全球时尚产业绿色发展的特点及未来趋势

（一）时尚与自然生态实现交互式融合

全球时尚产业绿色发展的目的是为了绿化地球，建设人类美好的生态家园，在产业的发展过程中、在产业的发展方式上也充分取材于自然，并借鉴自然的各种表达方式。

随着社会工业化程度加深，生活压力变大，人们已经对呆滞、拥挤的城市生活感到厌倦，萌发了返璞归真的欲望，因此贴近自然的风格理念成为了社会的时尚主流，并对当今服饰设计的灵感产生了重要的启迪作用。

一方面，各个品牌和设计师们越来越喜欢选用天然纤维制作而成的面辅料。天然纤维

以其良好的吸湿、透气、纯天然、安全、生物相容性受到了设计师和消费者的一致青睐。近年来，天然纤维的开发利用出现了迅猛发展的态势，除传统的纯棉织物、麻织物、毛织物、丝织物外，还开发出了原生竹纤维面料、虾蟹壳面料、菠萝叶纤维面料、海藻纤维面料、牛奶蛋白纤维面料等。

另一方面，各类效法自然、亲近自然的服装设计风格在社会上广泛流行起来，时尚界纷纷追求一种不慕虚饰的、原始的、淳朴自然的美。在这样的文化氛围下，服装设计形成了追求田园自然清新气象的田园风格，形成了几乎不要任何装饰、信奉简约主义的简约风格，形成了追求舒适、崇尚自然的森林系列风格，形成了乐意继承和发扬传统工艺的民族风格。

（二）时尚与科学技术实现多边融合

服装服饰产业具有产业链长、生产加工环节众多的特点，在当前全球绿色发展的大背景下，服装服饰产业充分应用物理学、生物学、化学等学科的最新发展成果，积极发展出了一系列的时尚产业绿色科技。

通过对3D技术的应用，毛衫生产行业研发出了一体成形的技术和设备，提升了毛衫的舒适性和美观程度；通过对VR技术和现代信息技术的应用，服装零售界研发出了模拟试穿、个性化定制的产业模式；通过与生物技术的交叉融合，设计师们以培养细菌的方式，获得了环保、新颖的纺织品材料；通过对纳米技术的吸收应用，纺织面料研发出了一系列用途广泛的功能性产品。总之，在当今社会，科技、时尚、绿色已经形成了互相生发、多边交融的紧密关系，并且这还将是未来产业继续发展的主要态势和方向之一。

（三）时尚与多民族的传统文化实现输入式融合

传统的服装生产制作全部靠手工完成，虽然生产效率低下，但积累了千万年的宝贵经验，对于发扬民族文化、和谐融入自然生态，具有一系列的优势。当前的全球时尚产业，迫于环境保护的压力，多方寻求符合绿色发展的时尚表达方式，世界各民族的传统服饰是其中的一个重要突破口。

首先，传统服装文化里具有可贵的工匠精神可资现代服装生产借鉴。诚如许多当代设计师提倡的，为应对耗竭资源的快时尚，需要在行业里提倡讲究品质和可持续的"慢时尚"，充分考虑到服装的生产、使用、回收全过程，把服装当作一件艺术品，满足消费者长期的穿着功用和审美效果。

其次，传统服装里具有许多取材于自然、取法合乎自然的服装制作工艺。如世界各民族的传统服装，都有顺应当地环境、气候和资源的特点，在天然纤维应用、矿植物染色、刺绣等方面都有丰富的经验和文化内涵。现代服装设计和制作，已经开始注重去发现和借鉴这些传统工艺，让它们在与现代技术条件和审美理念的结合中，重新焕发出光辉。

（四）全产业链各环节实现一体式融合

服装服饰产业具有产业链长、分工环节多的特点，在过去产业上下游之间由于缺乏透明、标准化的环保对接体系,致使产业环保方面形成了不少症结。为有效推进全行业的环保工作,探索跨供应链的环保协作机制,需要打通产业供应链,制定细分领域的环保标准,明确各个产业环节的责任,以便通过信息查询、追溯的方式推动产业环保的进步。

如前文所述,许多时尚行业知名品牌为能有效控制产品的绿色品质,及时进行销量和产量的高效匹配,已纷纷启动对供应链进行整合与把控。此外,各品牌之间结成联盟共同推进产业绿色发展,也发挥了非常积极的作用。由阿迪达斯、耐克等20家国际品牌联合发起成立的国际组织ZDHC(有害化学物质零排放缔约品牌组织),其使命是推动纺织品和鞋类供应链中危险化学品的零排放。因为这些品牌的管理者都已经意识到,要推动时尚产业的环保进步,需要价值链中的所有人联动起来对整个系统进行变革才能获得成功。

(五)全球各地产业的绿色标准实现统一式融合

当前,世界各国都有自己不同的环保法规,在服装服饰行业的标准也是纷繁复杂、不一而同。例如,美国纺织品的测试标准主要有:AATCC标准、ASTM标准、CPSC和FTC强制性标准等。英国是现代纺织业的发源地,纺织标准体系相对更加完善,有CBS和BSBN两套标准体系。欧盟纺织品的测试标准大多数与ISO标准相同。日本对纺织品服装贸易也有一套严格的产品质量标准体系,如日本工业标准(JISL)、产品责任法(P/L)。

由于科技的进步,纺织服装产业的新技术、新品种还在不断问世,这为纺织产品的技术认定、环保标准认定工作提出了挑战。一方面,各地的政府和行业组织需要加强产品绿色标准体系的建立,积极完善标准的制定。另一方面,为便于环保标准的普及和认知,以及利于企业在不同国家进行贸易,全球的纺织服装产业环保标准需要逐步实现规范、统一。一项全球化标准的制定需要很长时间的磨合,需要所有利益相关方都充分参与进去。但无论如何,让标准变得更标准,让规则走向统一乃是全球产业形势所需,改变和进步可能会晚到,但它必将到来!

(郑治民 中国纺织工业联合会行业发展部)

参考文献

[1] 中国服装协会. 2017—2018中国服装行业发展报告[R]. 2018.

[2] 中国化学纤维工业协会. 2018—2019中国纤维流行趋势报告[R]. 2019.

[3] 中国纺织工业联合会. 2016—2017中国纺织服装行业社会责任发展年报[R]. 2017.

[4] 中国纺织工业联合会. 2017—2018中国纺织服装行业社会责任发展年报[R]. 2018.

[5] 朱钇儒. 浅谈绿色服装设计[J]. 文艺生活·文艺理论, 2015(3).

[6] 伊利集团. 2018伊利中国可持续消费报告[R]. 2019.

[7] 为了环保时尚圈做了哪些事?[EB/OL]. 海报时尚网, http://www.haibao.com/, 2018-06-08.

［8］中国服饰. 可持续时尚的消费需求已被唤醒［EB/OL］. http：//www.31yh.com，2019-03-22.

［9］华丽志，杨涛声. 联合国会议：如何解决"用水大户"时尚行业环境污染问题［EB/OL］. https：//www.021news.cn，2018-03-07.

第十六章
新商业模式背景下的全球时尚产业发展

新零售背景下,全球时尚产业消费需求不断升级,主力消费群体过渡到千禧一代,消费者对产品个性化、时尚化的要求使设计师品牌发展迅速。针对于此,时尚产业的商业模式会更快过渡到以"专业""服务"和"特色"为重点的全新阶段。本章首先将重点梳理新零售背景下中国时尚产业的商业模式递进过程;其次分别以国产男装品牌海澜之家和西班牙休闲服饰品牌ZARA为例,剖析其商业模式的成功所在;最后针对时尚产业的发展趋势展开讨论,提出可持续商业模式的必要性。

一、中国时尚产业的商业模式演进

时尚零售主要是指鞋服配饰行业,中国的时尚零售业市场庞大,涌现了很多世界级企业。受季节性、时尚性因素影响,时尚产业竞争激烈,企业对管理水平和商业模式创新要求较高。由于中国地域辽阔、人口基数大、区域发展存在差异,社会转型迅速,时尚消费品市场呈现一、二、三线城市市场和小城镇、农村市场的阶梯分布,客流特性和门店类型变化多端。中国消费者形成时尚消费的品牌意识从20世纪90年代初开始,在近30年的时间里,经历了大约四个发展阶段,目前已经出现向第五阶段转型的趋势。

(一) 第一阶段:品牌制造商模式

从 20 世纪 90 年代初开始,中国的一些鞋服制造商开始意识到品牌的重要性,他们最初以发展经销商的方式,拓展全国销售网络。厂商主要是负责制造生产,对渠道话语权的掌控几乎没有。直到今天,这类模式仍然广泛存在,以一些温州鞋厂、西服厂为代表。

(二) 第二阶段:微笑曲线模式

20 世纪 90 年代中期,福建、浙江的一些体育服饰企业以耐克为标杆模仿其经营模式,将其称为"微笑曲线"(见图 16-1),即一端抓产品开发、另一端抓品牌营销推广,外包制造、运作经销商订货制,很快形成了全国性品牌[1]。

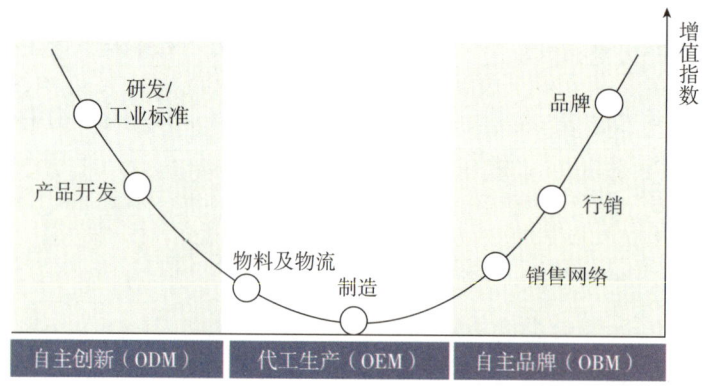

图 16-1 微笑曲线模型

资料来源:http://www.ctoutiao.com/1012281.html。

(三) 第三阶段:自有品牌零售模式 (SPA)

SPA 模式起源于费希尔夫妇的服装品牌 GAP。SPA 模式即自主品牌专业零售商经营模式,采用委外加工的生产方式,由店铺自行设计、下单。细分下来,一种是"设计—大规模订单—销售"的生产模式,被称为"推动型 SPA 模式";另一种是"拉动型 SPA 模式"[2]。推式供应链和拉式供应链的模式比较如图 16-2 所示。

由于供应链条长而慢与时尚产品变化快的要求相矛盾,使服装企业想对快速变化的潮流做出产品调整方案较为吃力。SPA 模式的核心就是解决供应链散和慢的问题,把分散变为集中,沿着供应链上下游进行整合,合理控制物流、资金流和信息流,使整个链条快起来[3]。SPA 模式下,服装业已经不仅仅是劳动密集型产业,更是高技术信息化产业。

综上所述,SPA 模式是"商品管理—设计—供应链—零售"价值链的垂直整合。20世纪 90 年代后期在国内兴盛一时的佐丹奴就是 SPA 模式的先行者,直到 GAP、优衣库开始大量进入中国市场,从 2007 年开始,以美特斯·邦威、七匹狼等公司上市为标志,国内

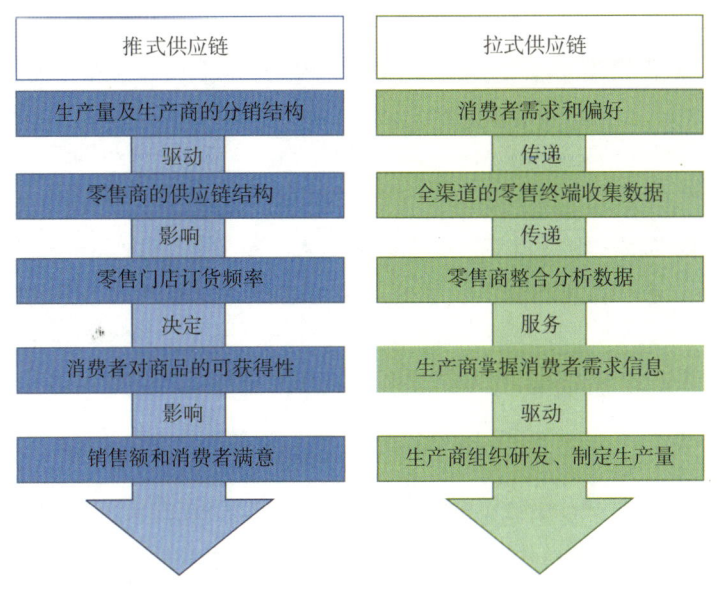

图 16-2 推式供应链和拉式供应链比较

资料来源：商务部流通产业促进中心. 走进零售新时代——深度解读新零售 [EB/OL]. http://images.mofcom.gov.cn/lczx/2017 09/20170914154400211.pdf.

服装企业开始学习 SPA 模式的集中商品管理体系，又结合中国市场特点，混合了自营开店和加盟联营等体系。

（四）第四阶段：快时尚模式——三大快时尚品牌供应链比较

快时尚的典范是 ZARA 和 H&M，中国时尚零售行业关注到这种模式，基本上是与对 SPA 模式研究同时产生的，在很长一段时间里，国内业界把快时尚模式和 SPA 模式混为一谈。

GAP、优衣库、ZARA 分别代表 SPA 模式发展的三个阶段：第一代就是美国 GAP 公司提出并发展的 SPA 模式；第二代则是以 UNIQLO 品牌为代表大众基本款日本化 SPA 模式；第三代则是将平民快速时尚发展到极致的西班牙 ZARA、瑞典 H&M 这样的欧洲品牌[4]。

1. ZARA——一条供应链模式

ZARA 斥资建立了快速供应链体系，使每一款产品从设计到选料、染整、剪裁、缝纫、运送再到成品上架，整个过程最长只需 3 周时间[5]。ZARA 对门店拥有极强的控制能力，总部可迅速和精准地掌控每个门店的情况。ZARA 在每个区域市场都保持供应链的单一节奏，无论是直营还是加盟门店，ZARA 都强势地要求其使用标准化的信息系统。

2. H&M——供应链可视化和全面协同机制

H&M 有两条不同的供应链，一是管控亚洲生产的高效供应链，二是管控欧洲生产的快速反应供应链[6]。常规款式的时装和童装是在亚洲生产，量小且流行性强的服装通常

3. GAP——重品牌和终端

GAP是SPA模式的首创者，拥有三条供应链模式，分别集中在亚洲、美国中部和意大利。亚洲生产成本较低、渠道网络密集；美国市场反应速度快；意大利则在产品设计上更有优势。

综上所述，三大快时尚品牌的供应链各有侧重，优势略有不同。ZARA重视信息系统，自主开发信息系统，IT团队不仅熟悉业务流程，而且精通IT技术[7]。H&M坚持自营所有分店，从而保证了信息能够顺畅地流通。GAP通过卫星来整合全球的供应链系统，其中包括面料商、辅料商、采购商、物流和生产进行外包，公司本身只负责全球市场的经营和品牌的推广，还有品牌多元化的战略和发展的控制。

（五）第五阶段：全渠道销售和C2M

C2M是一种开放的互联网商业模式，它重视与消费者的互动，整合设计、供应链、市场资源，将产业链环节不断优化调整，以适应消费者需求。当前，电商模式已经从早期的B2C、C2C发展到如今的PC端的联网向移动端转移，使传统零售电商模式向线上线下打通的O2O模式倾斜[8]。一些服装大品牌从中看到了传统服装业的发展前景，已经开始尝试O2O模式。电商与传统服装业的完美融合与创新，将是服装产业未来的必然趋势。

1. 门店模式

门店模式最具代表性的品牌当属优衣库。与前面提到的GAP不同，优衣库既不采取快速反应战略，也没有推行快速时尚路线，而是充分发挥原材料的优势和强大的研发能力，在各地开设大型的基础类服饰商店，与上游产业公司进行合作研发，如动漫系列、保暖系列、轻羽绒系列等。2019年6月，优衣库与KAWS联名发售限量版T恤，这是优衣库与纽约当代艺术家KAWS联名推出的第六季UT，充满玩味潮趣。产品一经上架，诸多一线城市门店中上演了顾客连夜排队、奔跑进场的一幕。

优衣库把门店作为O2O的核心，线上的信息与活动旨在将消费者吸引到线下的门店，接受面对面的客户服务，既提高了线下销量，又保证了用户的满意度。例如，线上发放优惠券线下使用，增加门店销量；线上发布新品预告和相关搭配，吸引到店试穿、刺激用户购买欲望；收集门店数据，做精准营销；通过地理位置定位功能帮助快速找到门店位置，为线下门店导流等[9]。来自Euromonitor的数据显示，2012~2016年，ZARA、优衣库、H&M三大品牌在中国市场占有率均快速提升。但是从2014年开始，优衣库一举超过ZARA市占率位列第二，仅次于中国本土品牌海澜之家[10]（见图16-3）。

2. 生活体验模式

生活体验模式的关键在于形成了时尚品牌和消费者之间的有效沟通，这种沟通不单单局限在时尚品牌与消费者的互动，更将其扩展至消费者之间的交流与互动。当前，很多时尚品牌的旗舰店将服务功能拓展至生活领域，即它们不仅是顾客挑选、试换衣服的空间，也是顾客交流、休闲的场所。2012年，美特斯·邦威在位于上海的旗舰店中开设了品牌咖啡店，为顾客提供现磨的花式咖啡和免费Wi-Fi服务。2014年，优衣库将咖啡连锁品牌

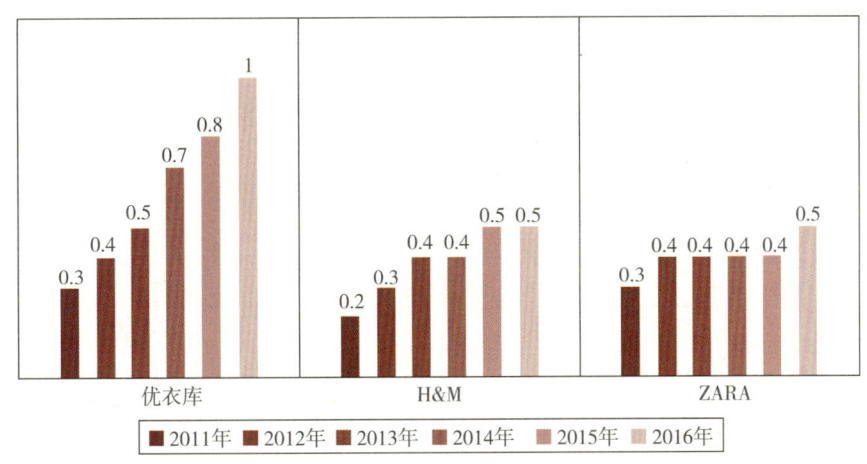

图16-3 2011~2016年优衣库、H&M、ZARA三大品牌在中国市场的占有率

资料来源：中国新闻周刊。

星巴克引入其位于纽约的优衣库旗舰店内，成为全美第一家在店内引入星巴克的服装零售商。这些服务还不仅限于食品和饮料，在英国快时尚品牌Topshop位于伦敦牛津大街的旗舰店内，还有一个发廊和刺青沙龙[11]。由此可见，这些体验服务最重要的部分就是它与目标人群同步。当然，仅依靠生活体验服务来增加品牌的销售业界远远不够。在大数据时代还要充分挖掘客户信息，进行有针对性的信息推送及精准客户营销，才能获得消费者的青睐（见图16-4）。

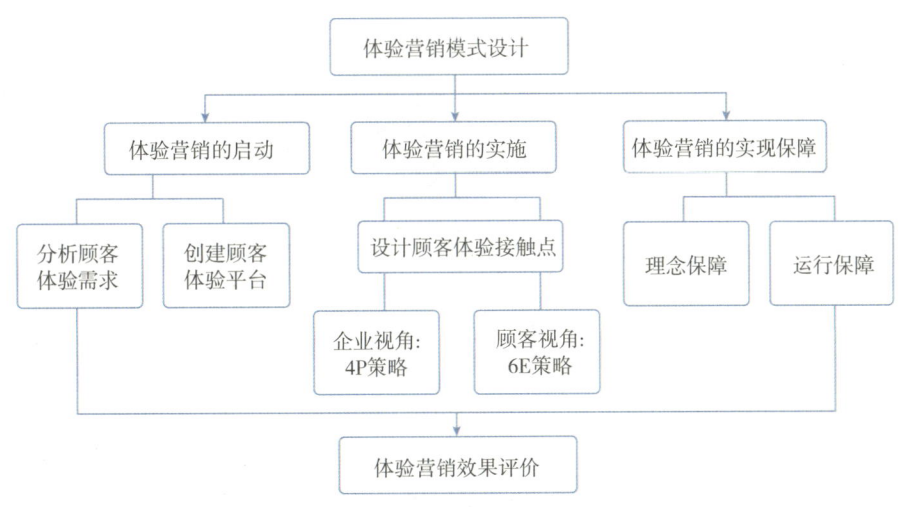

图16-4 体验式营销模式

资料来源：霍奕. 基于顾客体验的时尚品牌营销模式研究［D］. 南京艺术学院硕士学位论文，2016.

3. 私人订制模式

传统观念中的"私人订制"是为消费者个人量身定做衣服、护肤品、香水等。例如，化妆品牌兰蔻、科颜氏等在专柜推出私人订制款产品,通过扫描顾客的脸颊、额头、下巴采集数据,再通过仪器显示肤质和适合色号。而这里我们提到的"私人订制"是指:当一个顾客在线下店或者微购物平台与一个导购建立起联系,并在未来保持这种联系,导购将成为该顾客的私人导购,为其进行定期的服装推荐[12]。

代表性的企业当属绫致时装,它通过第三方的 O2O 平台、APP 等工具,建立起与消费者之间的长远合作与无缝连接,充分利用国内微信等移动 APP 大入口的便利优势,进行融合式的创新。企业基于消费者以往的购买记录向其单独推送产品和优惠信息,也就是说营销做得更加细致化,在提供个性化服务的同时,消费者也可以向品牌提出个性化需求。例如,绫致可以满足消费者的预约试穿和送货上门等,这样看起来比较像是一对一的服务,满足了消费者从心底里的私人订制梦想。

二、案例分析

(一) 海澜之家

瑞士商业模式专家 Alex Osterwalder 用九个模块来描述和分析零售模式,即商业模式画布。本部分以海澜之家的商业模式为研究对象,通过商业模式画布的九个模块剖析海澜之家商业模式的成功所在(见表 16-1)。

表 16-1 海澜之家的商业模式画布

KP 关键合作	KA 关键业务	VP 价值主张	CP 客户关系	CS 客户细分
联营模式的供应商	供应链整合品牌管理	男士着装整体解决方案	男人的衣柜	都市白领男士
	KR 核心资源		CH 渠道通路	
	品牌、流量		托管式加盟标准化经营	
C $ 成本结构			R $ 收入来源	
预付货款			加盟费、利润分成	

资料来源:范鹏.海澜之家:新零售模式分析[J].时代经贸,2017(11):42-47。

1. 明确产品定位

海澜之家提供了中国男士着装的整体解决方案,帮助客户在穿衣选择上做减法、节省时间。海澜之家已有的服饰品类包括:套装西服、休闲西服、夹克、大衣、羽绒服、针织衫、衬衫、T 恤、西裤、休闲裤等,基本满足了中青年男性的生活、工作、社交所需[13]。

海澜之家的目标客户是 25~45 周岁、年收入范围在 5 万~10 万元的男士,这是品牌男装市场中竞争相对较小,但是市场份额足够大的市场。它的每套西服的价格在 480~1680 元,完美满足了"高品位,中价位"的客户理想需求[14]。

2. 轻资产重经营模式

在年报中，海澜之家自己描述与上游供货商的关系："在采购环节主要采取零售导向的赊购、联合开发、滞销商品退货及二次采购相结合的模式，与供应商结为利益共同体，充分利用了服装生产资源。商品以赊购为主，货款逐月与供应商结算，减少采购端的资金占用"[15-16]。

作为典型的"轻资产"模式，海澜之家将生产环节和部分销售渠道大部分外包或完全外包，自己经营的重点就放在品牌运营、终端渠道和供应链管理等环节上，不用加盟商管理和承担存货滞销风险[17]；一个供货，另一个供资金，而且省去了产品设计、成衣生产等环节[18]。

3. 高效率供应链整合

在供应链管理上，海澜之家从生产到销售，整个流程都统一管理，以减少中间环节、降低成本。同时，从板型设计、面料选择，到质量管理都严格执行国际服装行业生产标准，在这个过程中，经历了最纯净的流通环节[19]。与此同时，海澜之家不断拓展线上流量，整合线上资源，与线下不打折、不降价的定价策略相匹配，严格保证线上线下的同款同价，并与天猫、唯品会等平台合作，自主创新策划符合品牌调性的店铺活动，提升品牌线上的影响力。

4. 小结

当然，海澜之家的商业模式也存在些许隐患，如过季商品的动销效率低、库存大、缺乏消费者数据和粉丝社群等。这也反映了我国时尚企业普遍存在的现状——轻资产导致缺乏核心竞争力，而无论采取何种商业模式，产品仍旧是企业的核心。因此，时尚企业应以产品和设计为主，找准品牌自身的个性和定位，打造属于自身的品牌文化。

（二）ZARA

1. 垂直一体化生产

ZARA 的垂直一体化生产具体包括：

（1）面料供应商的无缝配合。ZARA 拥有多家面料供应商，在生产过程中可以直接到仓库中领用原料，缩短了生产时间（见图 16-5）。

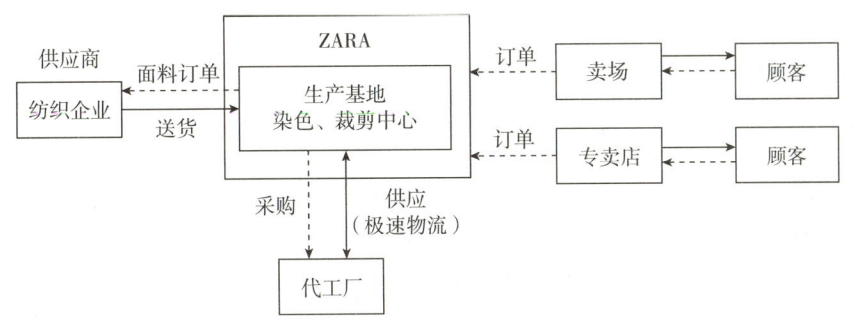

图 16-5 ZARA 的供应链

资料来源：钱莹. 供应链模式的本土迁移之困——以美邦和 ZARA 的对比分析为例 [J]. 物流技术，2015，34（5）：236-238.

(2) 半成品材料的后整理延迟。面料商根据新的设计需求确定的色彩为 ZARA 库存未染色的原材料进行染整处理,通过采用这种后整理延迟方式,可以使生产计划随时根据市场变化调整。

(3) 就近协作模式与自营整理优势。裁剪完成的部件通过地下运输网络被运送到就近的 400 多家协作工厂进行加工,保证了极端情况下的大规模生产能力;将成品送往 ZARA 自有工厂整理,直接由 ZARA 整理人员进行质量检验[20]。

(4) 贴标配送整合完成。完成后的成衣由吊挂系统按照订单设置贴标,根据物流要求和设计业务小组确定的销售价格等细节内容,标签打上用于不同地区销售的价格贴标,随后装袋,再通过吊挂系统按目的地分类派送到各运输仓库。这些产品运往目的地后可直接开袋上架销售。

2. 运输

ZARA 的产品都是通过统一的配送中心向各国店铺进行发送的,在西班牙、巴西、阿根廷和墨西哥都有自己的配送中心,而且在非欧洲地区也将要建设新的配送中心。ZARA 为了加快产品的流通速度,使用现代化方法,所有产品检测用激光条码读取。[21]

3. 营销

与其他快时尚品牌相比,ZARA 的营销成本并不高,其广告成本仅占其销售额的 0.3%。在店铺选址方面,一般都在高档商业区,毗邻全球顶级品牌,让 LV 和 PRADA 无形中给自己做了广告,这对带动销售额起到了很大作用。

三、未来时尚产业的可持续商业模式

根据麦肯锡报告的分析,目前全球服装年产量已比 2000 年产量翻了 1 倍,2014 年首次超过 1000 亿件[22]。欧洲环境署已将制衣、纺织和制鞋业列为环境影响第四高的行业。时尚产业能否有一个更可持续的商业模式?在时尚产业新的可持续商业模式中,厂家能将环境价值纳入决策,而对环保的考虑又不会牺牲掉消费者所追求的时尚感以及厂家的利益。这样的新商业模式至关重要,但也任重道远。

(一) 时尚产业对环境的影响

近十年来,时尚行业全球化、快时尚商业模式发展对环境造成了很大压力。服装生产过程中,会生成大量有毒化学物质和二氧化碳;快时尚鼓励消费者用后即丢,大批量生产所谓紧跟潮流的服装,极大地缩短了服装的使用寿命。那些被丢弃的服装进入垃圾填埋场,产生甲烷,排放入大气。

Ellen MacArthur Foundation 基金会的研究调查显示,如果保持当前的增速继续发展,到 2050 年,全球的年度碳预算在一个季度之内便会耗光。该基金会 2017 年的报告指出,纺织行业生产每年造成的温室气体排放量约 12 亿吨，超过了所有国际航班和海运排放温室气体的总和；未回收废料每年导致的损失约为 5000 亿美元，服装行业每年向全球海洋排放了 50 万吨微纤维，相当于 500 亿个塑料瓶[23]。

在时尚产业被认为是继石油业后对环境具有最大毁灭效应的行业后，废弃纺织品的填埋已经成为全球关注的热点问题之一。一项调查显示，如果每个品牌从供应链源头践行环保，每年将至少有 95% 被填埋的纺织品得到循环再利用。当前，时尚消费者越发关注他们购买行为背后产生的社会和环境影响，而时尚企业也逐渐意识到商业利益与废弃纺织物有效利用带来经济捆绑。

（二）时尚企业的可持续商业模式实践

目前，已有不少时装品牌和零售商都承诺要提高自身的可持续发展能力，如英国最大百货商店 John Lewis 推出试点回购计划，回购顾客不想要的服装。NIKE、H&M、Burberry 和 Gap 等品牌宣布，加入 Ellen MacArthur Foundation 基金会发起的 Make Fashion Circular 计划，通过回收原材料和产品来减少全球时尚行业的浪费。快时尚巨头 H&M 和 ZARA 推出店内回收项目，在门店内放置衣物回收箱，鼓励消费者减少旧衣物的丢弃。

在奢侈品领域，GUCCI 推广了一款 100% 可降解的鞋履。这款鞋子的鞋跟采用可循环塑料材质，目前 GUCCI 至少有 40% 的鞋底采用了可循环塑料。Vivienne Westwood 设计了一款用循环塑料瓶作为织物的晚礼服，演员 Lily Cole 于 2016 年的奥斯卡颁奖典礼身着这身服装亮相，受到空前好评。另外，Vivienne Westwood 结合世贸中心提出的少数民族时尚议题，与联合国和世界银行携手开展了"非洲出品"环保项目，取得圆满成功。项目运行的五年已经雇用了来自肯尼亚的 1500 名工匠，为其提供高于当地平均工资标准的薪酬。

MND Jeans 是一家致力于可循环商业模式的公司。公司主打产品——牛仔裤以一个月的租金租赁给消费者，消费者可以在任何不需要的时候退回。废弃的牛仔裤被撕成碎布条和布块，然后加以天然棉混合重新制作。退回的牛仔裤则进入循环模式，经过升级改造，所有穿过此条裤子的消费者的名字都将印在牛仔裤内侧，作为一条带有人文情感的独一无二的上等品销售（见图 16-6）。

（三）可持续商业模式的未来

在过去很长一段时间里，全球的时尚企业和设计师将政治、社会、环保等因素视为其权责之外的话题。这种局面使根植于设计领域的时尚教育始终维持在训练和培育听从市场和商业需求、以此来销售"物品"的设计师这一层面。但近些年，可持续模式要求时尚教育在培育技能的同时，促使年轻设计师考虑产品的生命周期和低污染能。因此，许多可持续时尚领域相关的课程体系相继建立。

综上所述，可持续时尚商业模式已经被一些企业成功实践，但就整个行业来说，大部分企业还处于被传统设计思想套牢的阶段，它们不愿意尝试，甚至害怕展望可持续商业模式的未来。传统观念里，可持续时尚被视为由消费者领导的运动，由此给时尚品牌带来前所未有的压力。而根植于社会责任的商业模式集合了纺织品的创新技术、设计师的创作技

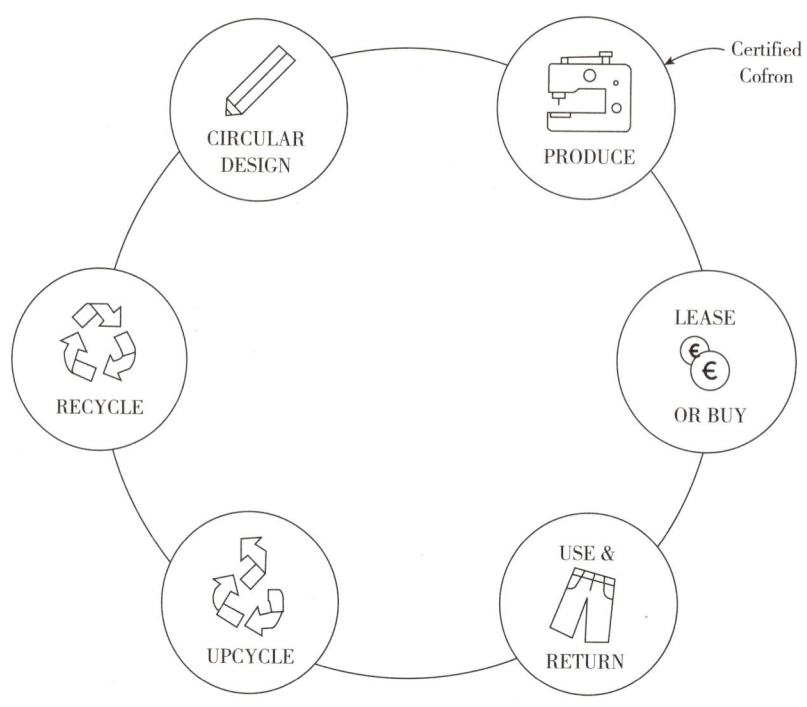

图 16－6　MUD Jeans 的循环设计模式

资料来源：Debbie Moorhouse, Danielle Moorhouse. Sustainable Design：Circular Economy in Fashion and Textiles［J］. The Design Journal, 2017, 20（1）：1948－1959.

巧和最小的废弃污染生产法则。未来随着持续不断的技术更新，时尚企业需要设计和生产独一无二的产品吸引眼球。当企业在可持续设计领域取得成功的时候，其品牌身份和价值也会得到巩固，消费者购买环保产品的自信心也会提升。

（刘雅婷　北京服装学院中国时尚研究院
袁宗刚　北京服装学院民族服饰博物馆）

参考文献

［1］中国零售品牌商业模式及定位［EB/OL］. 金刺猬网, http：//www. jinciwei. cn/j936849. html, 2019－02－16.

［2］李悟. 从快时尚看商业模式差异［EB/OL］. 搜狐网, http：//www. sohu. com/a/133132870_649293, 2017－04－10.

［3］数据化管理——零售之王优衣库的经营之道［EB/OL］. 搜狐网, https：//www. sohu. com/a/234529775_161245, 2018－06－07.

［4］郝凤茹. 为什么 ZARA、优衣库、GAP 都是"SPA 模式"？［EB/OL］. 搜狐网, http：//mt. sohu. com/20170823/n508120514. shtml, 2018－06－07.

［5］刘振华. 基于价值流管理的商业模式研究——ZARA 公司"快时尚"商业模式

案例研究［J］. 商场现代化，2018（21）：1-4.

［6］黄浩. H&M 的时尚供应链［J］. 中国信息化，2010（9）：62-63.

［7］葛星. IT 构造 ZARA 极速"神经线"［J］. 信息系统工程，2007（4）：48-50.

［8］韦丽娜. O2O 视角下的服装业商业模式创新［J］. 湖北科技学院学报，2014，34（10）：1-2.

［9］周雯，李可心. 新零售模式下实体企业发展问题及策略探究——以优衣库为例［J］. 中国商论，2019（10）：1-2.

［10］ZARA 卷入价格战"唯快不破"的灵药不灵了［EB/OL］. 东方头条，http：//mini. eastday. com/a/180725114443378-2. html，2018-07-25.

［11］黄斯杨. 服装品牌跨界究竟怎么玩儿？［J］. 纺织服装周刊，2014（46）：54-55.

［12］霍鑫. 服装零售店"私人订制"模式提升坪效策略研究［D］. 浙江理工大学硕士学位论文，2016.

［13］中国服装巨头的称霸之路，"海澜之家"零售商业模式分析［EB/OL］. 搜狐网，https：//www. sohu. com/a/257868310_747767，2018-10-06.

［14］女装企业迎来春天，男装产业将何去何从［EB/OL］. 网易订阅，http：//dy. 163. com/v2/article/detail/DJNRK3BO0518SB3L. html，2018-06-07.

［15］海澜之家怎样的运营模式产生了如此大的差距？［EB/OL］. 世界服装鞋帽网，https：//www. tnc. com. cn/info/c-001006-d-3645355. html，2018-04-18.

［16］马艳. 海澜之家财务战略案例研究［D］. 中国财政科学研究院硕士学位论文，2018.

［17］范鹏. 海澜之家：新零售模式分析［J］. 时代经贸，2017（11）：42-47.

［18］张凡琛. 传统行业中创新型企业的估值及重组方案研究——海澜之家借壳凯诺科技上市案例研究［D］. 上海交通大学硕士大学位论文，2015.

［19］戚罗琦. "海澜之家"营销策略初探［J］. 集团经济研究，2007（25）：233-234.

［20］孙静. ZARA 的快速营销策略及其关键增值点研究［J］. 上海纺织科技，2010（12）：59-62.

［21］郭烨炜，赵洪珊. 基于买手机制的快时尚模式探讨［J］. 山东纺织经济，2011（9）：37-39，103.

［22］Debbie Moorhouse, Danielle Moorhouse. Sustainable Design：Circular Economy in Fashion and Textiles［J］. The Design Journal，2017，20（1）：1948-1959.

［23］快时尚商业模式发展对环境造成的压力有多大？怎么解决？［EB/OL］. 中服网，http：//news. efu. com. cn/newsview-1254499-1. html，2018-06-25.

第十七章
国际消费中心建设背景下的时尚城市发展

在时尚消费对经济增长贡献比例逐渐扩大之际,建设国际时尚消费中心对各大城市的经济发展作用日益凸显。本章首先以经济地理学视角探讨了时尚消费中心的形成条件和发展特点,其次对三个城市时尚消费新业态进行简要分析,再次选取上海、香港两个城市总结其国际时尚消费中心建设的先进做法,最后提出未来构建以城市文化自信为根基的国际时尚消费中心需要完善的城市管理体制和系统的政策支持,只有让产业发展顺应城市消费升级,才能真正打造城市的时尚话语权。

一、背景解读

全球经济一体化加速了各国彼此间的联系,让诸多文化特征与消费习惯大相径庭的城市成为国际消费中心。这些城市尽管拥有不同的区位条件、历史文化背景、空间扩张规律,但随着国际品牌的进驻、时尚概念的普及,市民的生活品位和消费意愿受到潜移默化的影响,无论是服饰、饮食、居所还是出行、娱乐,都在具有全球化特色的新型消费空间体现。可以说,国际消费中心的形成是城市发展到一定阶段的产物,与城市释放消费潜力起着相互促进的作用,也是社会经济健康稳定可持续发展的重要保障之一。

(一) 国际时尚消费中心的形成

1. 时尚消费的概念

时尚消费的发生是时尚消费品生产者、销售者和购买者围绕产品展开三重行为叠加的结果。时尚品牌的创造者为提升产品口碑和消费影响力，通过营销手段创造某种氛围，将消费者网罗其中，直接或间接引导其消费。而绝大多数消费者在从众心理驱使下，为追求时下备受推崇的时尚产品或生活方式，会购买时尚产品或服务。值得注意的是，"消费"这一行为可以发生在多种业态空间，包括有形的商业综合体店、电影院、健身房、餐厅，也包括无形的无人超市、无人便利店机、无人货柜、无人加油站等。同样，时尚"消费"的对象可以是某种有形的商品，如时装、配饰、生活用品、减脂代餐，也可以是无形的服务，如健身课程指导、流行音乐试听续费等。

当一种时尚消费经历兴起、繁荣、没落时，另一种时尚消费会接踵而至，经历同样的过程，呈现周而复始的发展规律。有学者将其归纳为：时尚消费的酝酿期、发展期、消费流行期、过时期四个阶段[1-2]。目前来看，随着时尚产品更新换代速度的提升，时尚消费的周期也在经历递减的变化，技术的革新、设计形式的变幻、产品代言人的更替、时尚娱乐事件的发生等，都会使时尚消费频率增加，消费周期缩短。

2. 时尚消费中心的概念

从宏观层面看，学术界对于消费中心没有一个明确的定义。20世纪30年代，德国经济地理学家克里斯·泰勒首次提出中心性（Centrality）概念，探讨了在完全均质空间假设条件下，以零售商业为核心而后又拓展至批发业的城市在区域内发挥的中心地作用[3-4]。而今，全球经济一体化格局使城市中心地作用进一步拓展，门户职能、工业职能和中枢管理职能一并纳入其中。20世纪90年代以来，一些拥有门户职能、管理职能和文化职能的国际大都市从消费城市发展中脱颖而出，迅速成为国际或地区范围内的消费中心[5]。这些消费中心或多或少有着相似的发展规律，如地铁的开发、商业购物中心的建造、国际时尚品牌的进驻等，在上述因素的作用下，城市消费空间得以形成，并潜移默化地演变为时尚消费业态的最初雏形。全球化带来的品牌集聚效应不仅提升了时尚消费中心的全球化水平，也是时尚消费文化形成的客观物质载体。

笔者认为，消费中心是消费资源配置高效合理、消费品牌不断更迭、消费者类型多样且规模庞大，能够在一定空间尺度上引领消费发展的高地。基于此，时尚消费中心还应该具有以下特点，既拥有较高的经济社会发展水平、开放包容的市场和政策环境、不同年龄、品位、消费偏好及购买力的时尚消费者，同时，还拥有区域、国家乃至全球范围内的最高时尚敏感度人群。

(二) 商业综合体的兴起

党的十九大报告提出，新时代人民群众的需要已经从"物质文化需要"发展到"美好生活需要"。由此可见，当前以满足基本购物需求的传统百货商场、购物中心已不再适合广大消费者对于时尚购物体验、文化创意消费、餐饮娱乐休闲服务等更高层次的需要。

以家庭为核心的时尚消费群体对于产品或服务的诉求不尽相同,年轻消费者普遍青睐时尚、有个性、健康、身心愉悦的消费体验,中老年消费者更加关注产品的性价比与时尚消费过程中获得的免费增值服务。

随着中国经济实力的不断增强,一些国际时尚品牌纷纷进驻中国市场。起初,这些时尚品牌的产品局限在时装、配饰、鞋履、化妆品等可穿戴类型上,而这些类型的产品对于交易的需求远远高过展示。也可以说,根植于传统购物中心的展销模式还未唤醒消费者对于"时尚体验"的潜意识和诉求。而后,美容、生活家居、康体健身、餐饮休闲、娱乐等涵盖了消费者"衣—食—行—娱—购"的时尚品牌开始涌现,但这类产品对于展示空间要求较多,其产品设施有时也会成为时尚消费的一部分,如生活家居、概念性餐饮、微型动物园等,这就使无论是物质商品还是休闲服务甚至各类空间装饰符号,均具有了商品消费的意义[6]。由此,城市商业综合体开始替代传统的百货商店,承载时尚消费的空间设施,也是最早时尚消费中心在空间上的表现形式之一。

当前,中国商业综合体的开发速度不断加快,以奥特莱斯、主题公园为代表的新型时尚消费综合体的出现推动了城市消费空间从中心区向边缘外溢,一方面改善了郊区、村域的基础设施条件和人居环境,另一方面植入的国际时尚文化氛围与当地的城镇化面貌显得格格不入。一些时尚消费中心先后在东部沿海城市兴起,而后扩散到全国各地,促使相互之间的消费文化氛围趋同化[7]。

二、时尚消费新业态的涌现

时尚产业是融合了第二产业的制造业,第三产业的商业、媒体等服务业中的细分业态,是产业集群的综合表现。从某种程度上说,过去的奢侈品、轻奢品乃至生活必需品都在随着消费者需求的变化不断注入时尚元素完成升级换代。在城市向国际时尚消费中心转型的过程中,会源源不断地衍生出新产品、新业态,都能形成"新消费"。以下,笔者将选取三个城市时尚消费的新业态进行解读。

(一) 新零售

所谓新零售,就是以互联网为依托,通过大数据、云计算等技术手段,打通线上线下与物流渠道[8]重塑零售业态下的新商业模式,其目的在于降低企业运营成本的同时提升其运营效率,为消费者带来便捷、高效的消费体验。在国内电商巨头阿里巴巴提出"新零售"概念后,许多行业开始在此领域探索,时尚产业也不例外。

中国时尚产业衍生的新零售业态是对产业链要素的有机整合和重构,电商平台拥有强大的数据整合分析能力,能够为时尚企业提供精准的市场预测结果。同时,企业根据获取的信息,将消费者认知、设计师决策和供应商选择有机结合,这种信息的即时反馈有效提高了时尚品牌市场营销的精准性。目前,中国一些具有时尚影响力的传统品牌已经进军电商领域,入驻天猫、京东、苏宁等平台,并取得不俗的市场业绩。有必要指出的是,新零售强调的是线上与线下的优势互补——而非单独依赖其中一方。尽管当下以消费者体验至上为核心竞争力的时尚产业对于线下的依赖程度远高于线上,但借助电商平台通过大数据的信息反馈及时调整产品策略能够有效规避由突发事件造成的损失,这也是新零售业区别于传统零售业的优越性所在。

新零售业的崛起将对时尚产业的发展产生深远影响。根据《2018年度全球时尚业态报告》的预测,截至2020年,预计消费者将在跨境电商消费超过1万亿美元。以微信和Whatsapp为代表的线上社交平台拥有的用户数量与所在国家人口数达到了同一量级,这不仅强化了全球市场的透明度和效率,还减少了国际交流和交易的成本[9]。

（二）文化创意

有学者认为,从中国文化产业自身的发展阶段来看,第一阶段主要倚重当地特色资源开发,第二阶段主要表现为在文化体制改革浪潮中大批转企改制的影视、出版行业翘楚脱颖而出,第三阶段则是以创意经济为主的时期,更加注重文化与科技的融合,创意创新所发挥的作用是文化产业升级换代的方向[10]。

时尚产业作为创意经济的有机组成部分,其发展程度是衡量创意经济发展水平的重要标尺,并在国际经济、文化等各领域交流与合作中扮演重要角色。文化创意产业将设计师的灵感、创意实现物化表达。以时装为例,从款式设计、打样、制版再到生产、销售等一系列过程都是文化创意活动。

时尚消费体现着情感因素的参与,因此任何产品的设计加入文创和时尚元素,将传统文化融入现代生活的需求中,都会令消费者产生共鸣,具有创新型和奇特感的产品很大程度上会激起时尚消费者的购买欲[11]。例如,纽约现代艺术博物馆商店推出的地球仪,主料为纸和棉,并配套50枚红色标记针,消费者可以在三维地图上将全球各国的旅行轨迹记录下来,每个作品都是私人定制。再如,时尚街区和时尚产业园区,有形的空间内植入时尚元素,不仅承担了社会人际交往、时尚购物、休闲娱乐、创意展示等功能,还吸引了设计师的入驻,成为时尚灵感和时尚文化的培育之地。

（三）科技应用

在过去,时尚产业被认为是与先进技术完全脱节的领域,因为它与手工生产联系密切。然而,近十年来在全球化趋势的引领下,时尚产业面临前所未有的竞争和消费者行为方式的巨大转变。例如,在最近由麦肯锡出版的时尚商业报告中,数字化被认为是未来有效提升时尚产业供应链效率至关重要的因素之一。即便一些时尚企业已完成了产品周期管理软件的升级换代,但当提及数字科技,如3D打印、增强现实技术等,这些时尚企业仍在探索阶段,许多先进技术在应用端处于空白。

起源于20世纪八九十年代的3D数字技术,如3D设计软件和3D打印在很长一段时间内应用于传统领域,如汽车和航空。这项领先技术的应用和由此带来的利润让其他产开始蠢蠢欲动。从实操性来说，与时尚产品的传统设计方法和生产方式相比，3D技术的应用是一种略带破坏性的变革和创新。事实上，时尚产品的创作、生产过程是一个交互的过程，在这其中，不计其数的重复性样本、配件、打版不断循环组合，只为得到遵于设计师最初灵感的物化。这是一个时间和金钱成本颇高的工程，它占据了一个普通产品生命周期的70%。可视化技术允许设计师在产品物化前将概念应用于不同面料，自由组合，大大缩短了成本，减少了人为错误。

综上所述，3D打印技术能够让时尚设计师不再受限于传统设计过程中的制约因素，探索更自由、更复杂的设计。因此，以3D技术为代表的新科技的应用将成为未来时尚产业细分业态中最具潜力的领域之一（见图17-1）。目前，3D数字技术已经被广泛应用于时尚服饰和运动品牌，比如，NIKE、New Balance。作为一个工具而言，新科技可以为时尚产业锦上添花，但如果这项技术要完全渗透到时尚业，仍需要未来技术的普及和从业者的高度认可。

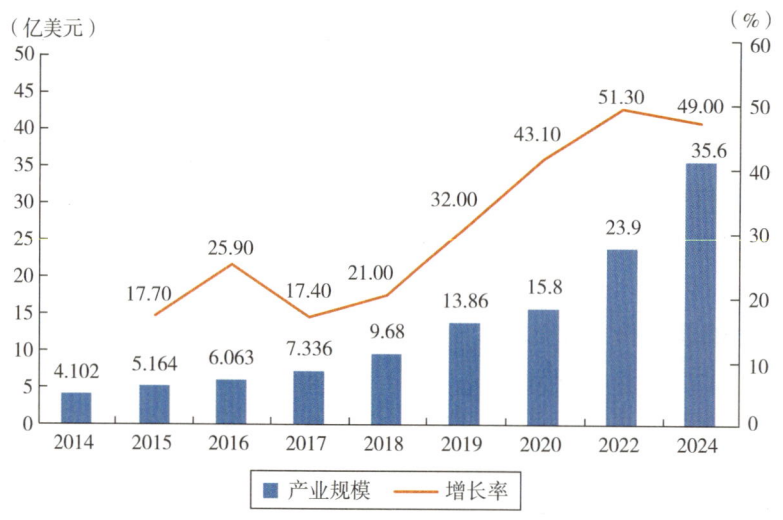

图17-1　2014~2024年全球3D打印产业规模

资料来源：https://www.iyiou.com/intelligence/insight97250.html。

三、典型的国际时尚消费中心

时尚产业是都市产业的代表。综观巴黎、纽约、米兰、香港、上海、首尔等知名的国际时尚消费中心，其时尚产业的繁荣都离不开便利的交通、繁荣的商贸、独特的文化底蕴等先天优势。而且，这些城市的时尚品牌聚集度并不单一，涵盖了时装、美妆、家居、电子数码、动漫、广播电视、餐饮、旅游等多种细分领域。任何与消费者能接触的领域都有可能被时尚的概念所渗透,甚至延展出与时尚产业融合的无限可能性并被成功实践。本节将选取上海、香港两个城市,总结其在国际时尚消费中心建设中的先进做法,以期促进其他城市将资源优势转化为产业优势,探索时尚产业的新领域和增长点。

(一)上海

2019年初,中国商务部提出将"开展国际消费中心城市建设试点"。这是继2016年原文化部在全国开展国家文化消费试点城市之后,在国家部委层面提出的又一个关于"消费城市"的战略定位和发展目标。国际消费中心城市的提出,为中国经济从工业制造业转向文化服务业、中国城市从生产型城市转向消费型城市、促进消费市场从国内走向世界发出了更为明确的信号,传递出更加丰富的信息。

2018年4月,上海市发布《全力打响"上海购物"品牌加快国际消费城市建设三年行动计划(2018-2020年)》,明确提出"全力打响'上海购物',加快国际消费城市建设"[12]。作为时尚之都,上海已确立建设"全球城市"和"社会主义现代化国际大都市"的定位,提出"加快国际消费城市建设",是对"国际消费中心城市"的一种试探和摸索。

1. 发展背景

上海在20世纪二三十年代曾被誉为"远东的巴黎",是中国时尚业的重要发源地,是世界级的时尚消费中心。近年来,上海正在加快经济社会发展方式的转变,以建设时尚之都、品牌之都、设计之都为目标,探索推进时尚之都的功能、载体、人才和品牌的四位一体的建设。进入21世纪以来,与时尚产业密切相关的各类文化、娱乐、休闲、体育、传媒、会展等设施相继在上海建成,前卫时尚、接轨国际的一系列节庆活动相继举办,上海已经具备大力发展时尚产业的良好条件和难得的后发优势。

时尚产业全球化趋势日益明显且日趋多元化,互联网成了时尚产业非常重要的战场,而服务型企业成为驱动时尚产业的关键。以上海纺织集团为代表的本地时尚龙头企业成功实现升级转型,一是完成了从传统纺织制造业向产业用纺织品、新型功能性化纤等高端制造业的转型;二是从纺织制造业为主向国际贸易、品牌营销、时尚产业等现代服务型转型[13]。同时,随着时尚电商平台崛起,新一代消费者更关注时尚个性化、多元化,文化自信正加速时尚产业发展,上海正以传统纺织轻工业重新振兴为方向,以生产性服务业园区为依托,以政府公共服务为支撑发展好时尚产业。

2. 空间特征

从时尚地标来看,上海拥有外滩、南京路、淮海路、新天地、静安寺、徐家汇等时尚商圈或街区,打造了田子坊、八号桥等一批时尚创意产业园,还有外滩3号、外滩5号、外滩6号、外滩18号、外滩22号等为代表的国际高端时尚餐饮。

作为国际时尚消费中心,上海的时尚消费空间分布集中,自西向东依次是南京西路、淮海中路、陆家嘴、新虹桥地区和南京东路—外滩五个地区,以上区域集聚了全市超过80%的时尚消费品牌店[14]。2017年以来,新增城市商业综合体向各区分散式扩增,至2018年6月末,浦东、闵行、黄浦、静安四区城市商业综合体的商业建筑面积之和占据了全市总面积的五成多。其中浦东最多,达到328万平方米,占全市的19%。从2017年至2018年上半年新开业的情况来看,全市共有12个区有新增综合体,其中浦东、闵行最多,各新开11个项目。传统的以市中心商圈为核心的格局正在发生变化,各个区域多核心的格局正在形成[15]。截至2018年上半年上海市各区城市商业综合体商业建筑面积比如图17-2所示,截至2018年上半年上海市商业综合体数量及面积分布(按商圈级别)如图17-3所示。

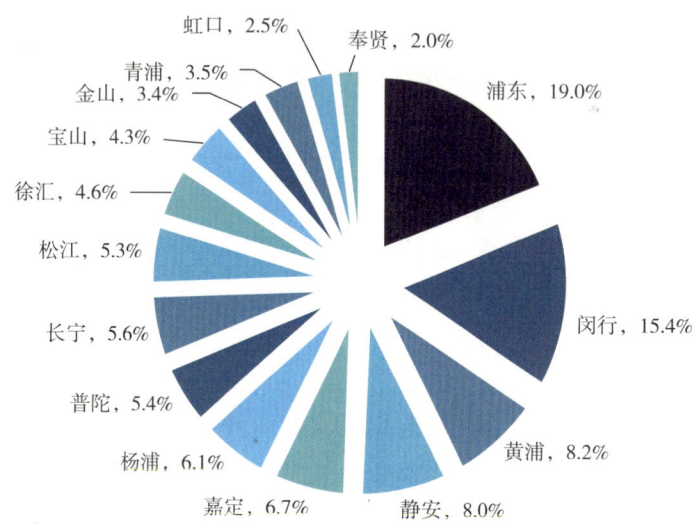

图17-2　截至2018年上半年上海市各区城市商业综合体商业建筑面积比

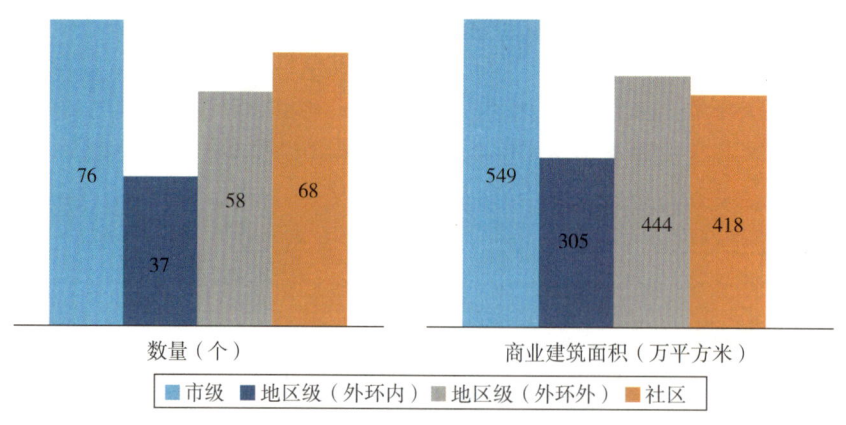

图17-3　截至2018年上半年上海市城市商业综合体数量及面积分布(按商圈级别)

资料来源:《上海城市商业综合体发展情况报告(2017-2018)》。

3. 具体做法

2015年,上海市政府与中国纺织工业联合会签署《共建上海国际时尚之都战略合作框架协议》,共同推进国家级时尚产业基地"中国纺织服装品牌创业园"等载体建设,打造了新天地、田子坊、8号桥等时尚创意地标,设立中国时尚趋势研究院,引入了中国国际服装服饰博览会等一批重点展会。2016年,上海市被国际时尚联盟认定为全球成长最快的时尚之都,被中国品牌促进会认定为品牌经济发展要素最好城市。2017年2月,上海市政府发布了《关于推进本市消费品工业增品种、提品质、创品牌的实施意见》,聚焦产业创新、要素保障、营商环境等方面,提出了12条举措;10月,又发布了《关于推进上海美丽健康产业发展的若干意见》,提出了13条举措,意见提出,要加快消费品工业升级发展、改善供给水平,进一步提升实体经济发展动能。

同时,上海不断加快城市商业综合体建设,在探索时尚"新零售"模式等方面也取得了显著成效。2017年末,上海城市商业综合体零售额与餐饮总额合计占全市社会消费品零售总额约12.3%;营业额增速约16.8%,超过同期营业额增速约8.1个百分点,对经济发展的贡献度进一步增强。2009～2018年上半年上海城市商业综合体数量和增长情况如图17-4所示,2009～2018年上半年上海城市商业综合体总商业建筑面积增长情况如图17-5所示。

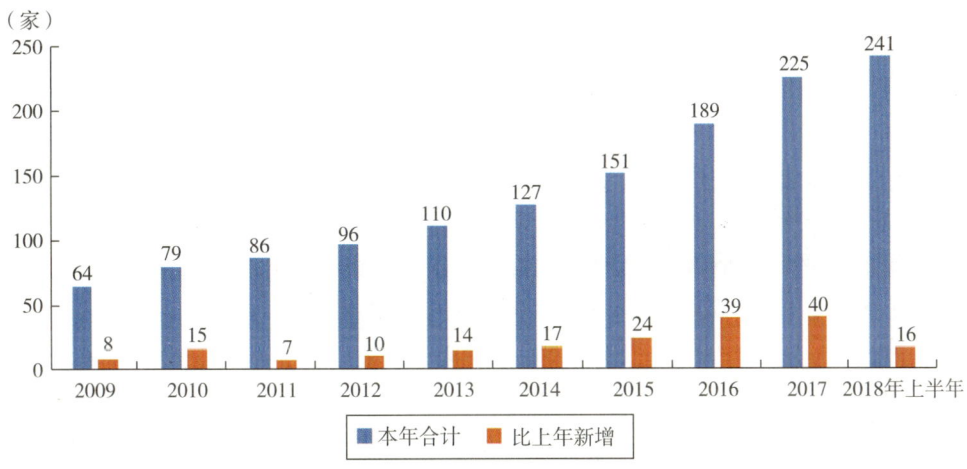

图17-4　2009～2018年上半年上海城市商业综合体数量和增长情况

图17-5　2009～2018年上半年上海城市商业综合体总商业建筑面积增长情况

资料来源:《上海城市商业综合体发展情况报告(2017-2018)》。

4. 未来思考

上海作为国内领先的时尚消费中心,与国际知名的时尚之都相比依然存在着差距,如缺少本土原创设计人才、时尚产业发展环境有待提升等。因此,时尚产业已成为当前打响上海服务、上海制造、上海购物、上海文化四大品牌的产业之一,打造全球"第五大时装周"已作为上海全力打响"上海购物"品牌、加快国际消费城市建设三年行动计划的重要内容。以浦东新区为例,为率先打响"上海购物"品牌,将主要聚焦四个领域,即聚焦国际消费,提升中高端商品集散度;聚焦品质消费,提升国际品牌聚集度;聚焦时尚消费,提升潮流新品体验度;聚焦创新消费,提升商业新模式显示度,并将着力打造陆家嘴、国际旅游度假区、世博前滩区域成为高端知名商圈地标。

综上所述,时尚产业的发展水平是城市软环境和综合竞争力的重要体现。作为中国时尚业的重要发源地和中国时尚品牌培育诞生的摇篮,重提国际时尚消费城市建设,是上海建设全球卓越城市的必然选择,也是满足人民群众对美好生活向往的重要实现途径。树立"大时尚"产业及消费概念、通过需求的时尚化倒逼消费品等传统产业转型升级从而实现科技、资本与时尚产业融合,对上海迈向国际领先的时尚消费中心具有战略性意义。

(二) 香港

香港是亚洲公认的国际时尚消费中心,得益于先天的区位优势、港口贸易的集散功能、健全高效的资本运作体系,时尚消费成为香港经济不可替代的驱动力。2018年出版的《中国时尚产业发展蓝皮书(2018)》中,笔者已详尽阐述了香港如何将时尚资源优势转化为产业竞争力,在此不做过多赘述。笔者在此将从城市规划与建设的角度出发,解读时尚购物中心和商业综合体的建设如何重塑香港社会的消费文化,从而推动香港从单纯的购物天堂向国际时尚消费中心的转变的。

1. 发展背景

作为国际时尚消费中心,零售业对香港服务业的贡献不可替代。在2018年,约64200家机构单位从事零售业务;同时,包括所有零售摊档及小贩在内,零售业的就业人数约为324500人。2018年香港零售业销货价值为4852亿元,较2017年的4461亿元上升8.7%。按零售商主要类别分析,2018年全年与2017年全年相比,所有零售商类别的销货价值均呈现增长。按零售商主要类别销货价值由高至低分析,前五位分别是珠宝首饰、钟表及名贵礼物(销货价值上升13.7%);百货公司货品(上升9.5%);超级市场货品(上升1.2%);服装(上升6.0%);药物及化妆品(上升14.3%)。2008~2018年香港零售业销售情况如表17-1所示,2008~2018年香港零售业的机构单位数目及就业人数如图17-6所示。

香港的零售业渗透性极强,其物化表现在时尚商业综合体的建设上。在港岛以铜锣湾地铁站为中心,遍布着时代广场、崇光百货等居民和游客必去的"扫货"胜地;九龙以尖沙咀和旺角一带最为知名;位于新界的沙田新城市广场不仅是购物中心而且是一个生活中心,空间内还容纳着大量的社区运动设施[16],如亚洲第一个史努比乐园(儿童活动区)、电影院、屋顶平台花园等。

表 17-1 2008~2018 年香港零售业销售情况

年份	零售业销售		
	零售业总销货价值 （百万元）	价值指数 （2014 年 10 月至 2015 年 9 月 = 100）	数量指数 （2014 年 10 月至 2015 年 9 月 = 100）
2008	273.126	56.5	63.1
2014	493.236	102.0	100.4
2015	475.156	98.3	98.9
2016	436.623	90.3	91.9
2017	446.136	92.3	93.6
2018	485.169	100.3	100.7

资料来源：香港政府统计处. 服务业统计摘要 2019 年版［EB/OL］. https://www.statistics.gov.hk/pub/B10800072019AN19B0100.pdf.

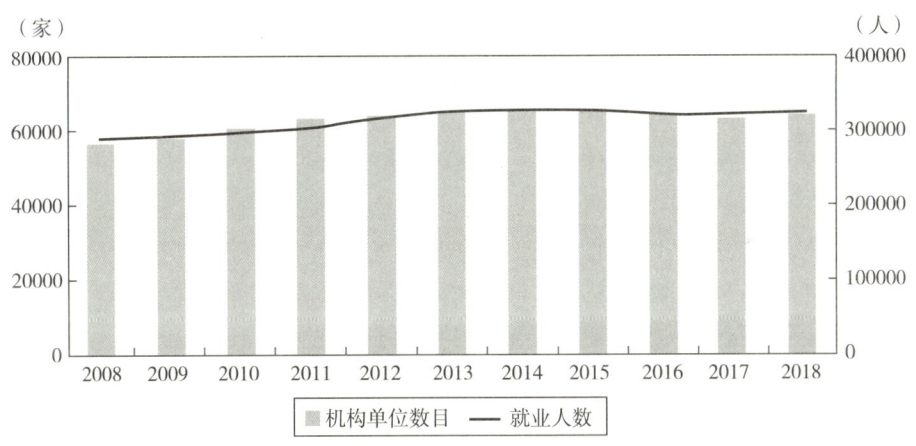

图 17-6 2008~2018 年香港零售业的机构单位数目及就业人数

资料来源：香港政府统计处. 服务业统计摘要 2019 年版［EB/OL］. https://www.statistics.gov.hk/pub/B10800072019AN19B0100.pdf.

上述这些时尚消费地标从最初建成到形成规模效应也经历了一个过程。1966 年，香港第一个大型购物中心海港城在尖沙咀落成；20 世纪 80 年代，多个购物中心在香港各区域相继建成投入使用；1994 年铜锣湾时代广场开幕，为时尚消费者提供了更加优质的购物环境[17]。2000 年后，时尚购物中心已经成为香港各种生活服务的综合体，单纯的购物消费已不是主要功能。电影院、健身娱乐设施、体验式时尚消费场所等丰富的功能弱化了传统购物商城的刻板印象。目前，香港时尚购物中心和商业综合体的建筑面积已经占到商业楼宇总建筑面积的近 30%，服务于居民的邻里生活消费和服务于游客的时尚购物成为香港城市的重要功能之一[18]。

2. 空间分布规律

（1）人口稠密与交通便捷。

香港的时尚消费中心均分布在人口稠密区，设有地铁、机场快线、巴士总站等交通站点。以新界地区为例，多年来已发展成住宅区，高楼公寓林立，而服务居民的邻里时尚购物中心应运而生，以沙田新城市广场为代表的城市综合体规模之大，非一般商场所能比拟。

从接驳方式看，香港大部分商业综合体的户外空间都设有巴士换乘站和的士落客站，甚至还设有跨境巴士、轮渡，是城市中重要的交通节点[19]，因此无论在上下班高峰期还是日常时间，市民和游客都会路过这些公共空间。另外，在全方位引导消费客流方面，最成功的方式就在于消费综合体不止设置一个地铁出入口，使时尚消费与地铁接驳融为一体。

从时尚消费中心的内部设计看，香港习惯设计跨多层的"通天梯"实现人流跨层传送。按照商业价值随楼层上升递减的规律，则楼层越高商业价值越低[20]，但设置高层直达扶梯后，由于可从低楼层直达高楼层，如3楼直达8楼，两层楼具有了几乎相同的商业价值。另外，有些购物中心每层有数个主力店，通过多主力店的设置，使购物中心的人流拉动力达到最强。如又一城、海港城等购物中心，某些层级一层甚至于有3家以上的主力店。

（2）城市空间介入商业综合体。

早些时候，香港的街道、社区公园、私人住宅通向地铁的连廊本是居民日常生活的公共空间，而伴随着新型购物中心的落成，越来越多的公共空间转移至室内并开始被消费所取代。由于诸多户外公共空间被私人开发，市民的日常生活逐渐转移至家中、办公室、购物中心等室内场所，旧有的公众参与形式慢慢转变为以消费为主导。例如，大部分香港的商业综合体会在一个面积较大的区域设置专门的美食区。美食广场位置的设定，各有不同，如青衣城安排在中庭地面，时代广场、旺角新世纪等则安排在顶楼。美食广场具有"365天的市民餐桌"的特点，美食具有"经常性"的特点，而且顾客在就餐前后，必定会在购物中心内行走，随时都有可能购物。从这个角度来看，由时尚消费中心提供的休闲娱乐活动取代了传统的家庭户外活动与商务社交，因此，时尚购物中心的发展加快了取代传统公共空间的步伐。

3. 小结

从香港城市发展进程看，其公共空间的利用形式与时尚消费文化联系紧密。从旧有商业中心的改造开始，继而到室内商业综合体落成和发展，开始带动香港经济的转型，地产、金融和旅游等软性经济成为城市的主导。无论是市民还是游客对于以时尚消费为核心功能的商业综合体的依赖程度越发提升，同时，餐饮、娱乐、节庆、亲子游乐等活动不断地吸引着市民走出家门涌向这个特定空间。

香港成为国际时尚消费中心绝非偶然，它是由先天的地缘优势、灵活的商业综合体建设方案、多元的时尚消费诉求等多种因素综合作用的结果。起初，商业购物中心的建设和改造只是对越发紧张的土地供应指标的灵活应对，而后随着涵盖餐饮、娱乐等多种细分业态的零售品牌强力渗透，时尚购物中心使人们的消费诉求与生活、社交需求融为一体，打破了户外公共活动空间和室内消费空间的心理界限，也可以说，国际时尚消费中心是对香港消费文化的适应与重塑。

四、结语

时尚产业在城市中的主导地位不断上升，已成为全球经济发展的重要驱动力。《上海时尚产业发展报告（2017）》的预测显示：2016年全球时尚行业总价值约为2.4万亿美元，如果将时尚产业与一个国家的GDP相比，全球时尚产业将成为第七大经济体。中国已成为世界第二大经济体，全球第二大时尚产品消费国家，这些都为中国的发达城市建立国际时尚消费中心创造了绝佳的外部条件。

从巴黎、伦敦、米兰、纽约和东京等国际时尚消费中心的发展经验来看，其城市本身便是孕育原创设计师的摇篮、诸多国际一线时尚品牌的诞生地；另外，这些城市具备了相似的地理、经济、产业和政策基础。国际时尚消费中心的建设从本质上需要融合上述诸多基础要素，完成从产品到服务、从生产到消费、从环境到个体、从物理到心理的价值聚合和价值实现。近年来，以上海、北京、深圳为代表的城市也陆续建设了一批与国际标准相接轨的时尚消费商业综合体，培育引进了诸多时尚设计师，但要使国际时尚消费中心完成从"单体建筑"向整座城市功能的意向转变还需要一定时间。

时尚产业链条长、涉及领域多，既包括服装制造等时尚制造业，还包括时尚创意设计、展示传播、营销贸易、教育培训等服务业以及时尚旅游、时尚科技等相关产业。目前，这些环节领域相对离散，各类资源要素分属不同行业，跨越城市的不同管理部门。因此，未来构建以城市文化自信为根基的国际时尚消费中心需要更完善的城市管理体制和系统的政策支持，让产业发展顺应城市消费升级，打造城市的时尚话语权。

（刘雅婷　北京服装学院中国时尚研究院）

参考文献

[1] 魏子皓，黄睿，汪骞，徐登峰. 消费升级对我国青年时尚消费的影响［J］. 商场现代化，2018（18）：55-56.

[2] 万翔. 消费时尚、流行与品牌战略［J］. 商业研究，2004（13）：31-32.

[3] 赵群毅. 全球化背景下的城市中心性：概念、测量与应用［J］. 城市发展研究，2009，16（4）：76-82.

［4］程玉鸿，孟俊华．基于高端消费文化视角的中国城市中心性及其网络结构的实证分析［J］．经济地理，2014，34（2）：28－34，49．

［5］刘涛，王微．国际消费中心形成和发展的经验启示［J］．财经智库，2017，2（4）：100－109，141－142．

［6］洪涛，郏红梅．新时代消费升级的中国时尚消费［J］．消费经济，2018，34（2）：28－36．

［7］李喆．基于时尚人群消费习惯的时尚品牌本土化策略研究［J］．北京服装学院学报（自然科学版），2018，38（4）：74－80．

［8］田晶晶，杨海丽，杨建安．新零售：动因、特征、现状及趋势［J］．郑州航空工业管理学院学报，2018，36（3）：57－64．

［9］BoF Team and McKinsey & Company. The State of Fashion 2018 ［EB/OL］. https：//www.mckinsey.com/~/media/McKinsey/Industries/Retail/Our%20Insights/Renewed%20optimism%20for%20the%20fashion%20industry/The-state-of-fashion-2018-FINAL.ashx．

［10］李采姣．时尚产业为文化产业发展提供创新驱动力［EB/OL］．人民网（2018－11－30），http：//www.creader.com/news/20011219/200112190019.html．

［11］梁思思．博物馆文创产品的时尚化设计研究［D］．浙江理工大学硕士学位论文，2018．

［12］孙鑫．三年行动计划陆续发布 上海全力打响"四大品牌"［J］．上海人大月刊，2018（6）：39．

［13］共论时尚产业新发展，引领时尚之都新潮流——《上海时尚产业发展报告（2017）》在沪发布［EB/OL］．新华网，（2017－11－15）．http：//www.xinhuanet.com/fashion/2017－11/15/c_1121958513.htm．

［14］孙莹．全球地方化背景下上海时尚消费空间研究［D］．华东师范大学硕士学位论文，2015．

［15］上海市商务委员会．《上海城市商业综合体发展情况报告（2017－2018）》发布［EB/OL］．上海市人民政府网（2018－11－20）．http：//www.sh.gov.cn/zcjdgn-mygl/245615.htm．

［16］谭峥．"非场所"理论视野中的商业空间——从香港垂直购物中心审视私有领域的社群性［J］．新建筑，2013（5）：32－39．

［17］邢娜，邵健伟．公共？私有？有关香港户外公共空间公众参与的讨论［J］．设计艺术研究，2014，4（3）：6－13，31．

［18］翟玉英．香港购物中心发展策略及面临的挑战［J］．旅游纵览（下半月），2015（6）：209．

［19］覃力，汪诚．港深大型购物中心比较研究［J］．城市建筑，2010（5）：33－38．

［20］李斌，唐岳麓．城市轨道交通车站商业中心规划开发研究［J］．城市建设理论研究中心规划开发研究，2014（36）：158－163．